Jugendhilfe und Schule

Ulrich Deinet
Maria Icking (Hrsg.)

Jugendhilfe und Schule

Analysen und Konzepte für die kommunale Kooperation

Verlag Barbara Budrich, Opladen 2006

Gedruckt auf säurefreiem und alterungsbeständigem Papier.

Die Deutsche Bibliothek – CIP-Einheitsaufnahme
Ein Titeldatensatz für die Publikation ist bei Der Deutschen Bibliothek erhältlich.

www.budrich-verlag.de

ISBN 10: **3-86649-012-7**
ISBN 13: **978-3-86649-012-3**

Umschlaggestaltung: disegno visuelle kommunikation, Wuppertal – www.disenjo.de
Druck: DruckPartner Rübelmann, Hemsbach
Printed in Germany

Inhalt

Einleitung

Ulrich Deinet, Maria Icking

Gesellschaftliche Veränderungen (Wandel der Familie als Sozialisationsinstanz, steigende Erwerbsbeteiligung von Frauen, erweiterte und veränderte Kompetenzanforderungen, soziale Desintegration) und die damit verbundenen veränderten Lebenswelten von Kindern und Jugendlichen haben zu neuen Anforderungen an das Schulsystem und an die Jugendhilfe geführt, die mit den traditionellen und getrennten institutionellen Mustern nicht mehr zu beantworten sind. Die deutsche Halbtagsschule mit ihren bildungsorientierten Fachdidaktiken sieht sich nicht erst nach dem PISA-Schock zunehmend dem inneren Druck und äußeren Erwartungen gegenüber, nicht nur den Unterricht optimal gestalten, sondern auch soziale Probleme lösen zu müssen, die traditionell anderen gesellschaftlichen Bereichen wie der Familie und der Jugendhilfe zugeordnet wurden. Es sind insbesondere drei Ebene bzw. Aufträge, die verstärkt eine Kooperation erfordern und dabei in einem Gesamtzusammenhang von Bildung, Erziehung und Betreuung gesehen werden.

- Der vorschulische Bereich der Jugendhilfe (Kindertageseinrichtungen), dem zunehmend ein Bildungsauftrag zugemessen wird, der den Betreuungsauftrag ergänzt.
- Die Ganztagsschule, die nicht nur ganztägig „versorgt“, sondern auch qualitativ ermöglicht, dass Schule zu einem Lern- und Lebensort wird.
- Die Schule, die einzelfallbezogene (z.B. Hilfen zur Erziehung) und präventive (Schulsozialarbeit) Unterstützungsangebote insbesondere für benachteiligte Kinder und Jugendliche ebenso macht wie sie sich der Aufgabe der Bewältigung bedeutsamer Statuspassagen (z.B. von der Schule in den Beruf) stellt.

Insbesondere auf den beiden letzten Ebenen stellt sich die Frage, ob diese Anforderungen eher dadurch zu beantworten sind, dass möglichst alle Ressourcen im Schulsystem gebündelt werden oder ob eine Kooperation zwischen Schule, Jugendhilfe und weiteren außerschulischen Partnern eine adäquatere Antwort ist. Die These ist, dass in der Kooperation von Schule und Jugendhilfe dann große Chancen liegen, wenn diese nicht allein als „Notlösung“ wegen knapper Ressourcen betrachtet wird, sondern wenn sich beide Systeme auf eine gemeinsame Rahmung verständigen. Dazu gehört die Verständigung über Ziele unter dem Aspekt eines Bildungs- und Erziehungsauftrags ebenso wie beispielsweise die Zusammenführung der Schulentwicklungs- und Jugendhilfeplanung zu einer kommunalen Bildungsplanung. Einerseits ist also eine intensivere Kooperation zwischen Jugendhilfe und Schule, die auf einem breiten Bildungsverständnis aufbaut, zwingend notwendig, andererseits würde aber eine völlige Integration der Jugendhilfe, insbesondere der Kinder- und Jugendarbeit, in den schulischen Bereich deren eigenständigen Auftrag negieren.

Die Grundlage einer Kooperation zwischen Jugendhilfe und Schule liegt vielmehr in der Wahrung eigenständiger Profile und in der Bearbeitung gemeinsamer Aufgaben. Damit aber die vielfach geforderte Kooperation auf gleicher Augenhöhe gewährleistet werden kann, muss es um die Entwicklung geeigneter Rahmenbedingungen auch als Grundlage für eine adäquate Planung und Steuerung der Kooperation gehen. Da hier die kommunale Ebene eine zentrale Bedeutung hat, wird diesem Aspekt eine besondere Aufmerksamkeit gewidmet.

Das Buch erhebt nicht den Anspruch auf eine vollständige Bearbeitung des breiten Spektrums der Kooperationsfelder zwischen Jugendhilfe und Schule, sondern beschäftigt sich exemplarisch mit einzelnen Feldern wie der Kinder- und Jugendarbeit sowie aktuellen Themen wie Schulsozialarbeit und Übergang Schule Beruf. Es will insbesondere die Fachkräfte in Jugendhilfe und Schule ansprechen und hier nicht zuletzt diejenigen, die die Kooperation vor Ort in den Kommunen in der Schulentwicklungs- und Jugendhilfeplanung, als Leitungskräfte und Kommunalpolitiker/innen planen und steuern.

Der erste Teil des Buchs geht auf theoretische und konzeptionelle Grundlagen der Kooperation ein. *Ulrich Deinet* und *Maria Icking* thematisieren die Kooperation unter dem Aspekt der Erweiterung des Bildungsbegriffs. Die insbesondere für die Kinder- und Jugendarbeit bedeutsamen nicht-formellen und informellen Bildungsprozesse werden unter dem Begriff „Aneignung“ rekonstruiert und veranschaulicht. Kompetenz als Ziel der Bildungsprozesse wird umfassend als Lebensbewältigungskompetenz verstanden, die insbesondere in diesem umfassenden Sinn nicht nur vermittelt werden kann, sondern nicht zuletzt durch Aneignungsprozesse im Rahmen informeller und nicht-formeller Bildungsmöglichkeiten erworben wird.

Eine Brücke für eine ausgewogene Kooperation zwischen Jugendhilfe und Schule besteht in der gemeinsamen Sozialraumorientierung, die anschließend von *Ulrich Deinet* vorgestellt wird. Die Orientierung an Sozialräumen und Lebenswelten von Kindern und Jugendlichen macht es möglich, Schule als Lebensort zu interpretieren und Themen und Bereiche in den Blick zu nehmen, die über die engen institutionellen Zugänge hinaus gehen. Mit den Begriffen: Öffnung von Schule, Schulprogrammentwicklung u.ä. sind bereits seitens der Schule Ansätze einer Sozialraumorientierung erkennbar.

Raingard Knauer ergänzt in ihrem Beitrag den Bildungsaspekt um den Erziehungsaspekt. Bildung und Erziehung, Unterricht und Unterstützung werden als Eckpunkte beschrieben, zwischen denen sich Schule und Jugendhilfe in der Kooperation bewegen, wobei die ersten beiden Aufgaben als gemeinsame und die beiden anderen als arbeitsteilige Herausforderung der jeweiligen Partner verstanden werden. Im Zusammenhang mit dem Bildungsauftrag führt sie den Begriff der Bildungsassistenz ein. Vor diesem Hintergrund werden Qualitätsansprüche an die Kooperation formuliert.

Der zweite Teil des Buches beschäftigt sich mit der Kooperation zwischen Jugendarbeit und Schule. *Ulrich Deinets* Beitrag nimmt Erfahrungen aus bestehenden Ganztags- und Betreuungsangeboten auf und reflektiert, welche Bedeutung die Ganztagsschule in Kooperation mit der Jugendhilfe insbesondere für die jüngeren Jugendlichen (in der Übergangsphase zwischen Kindheit und Jugend) hat.

Karlheinz Thimm geht davon aus, dass die Jugendarbeit für die Entwicklungsprozesse von Kindern und Jugendlichen „etwas zu bieten" hat. Daraus ergibt sich das Gebot, mit der Schule zusammenzuarbeiten und sich zu ergänzen. Im Beitrag wird ausführlich beschrieben, was die Jugendarbeit in der Kooperation leisten kann. Der Autor formuliert zudem qualitative Kooperationsstandards aus Sicht der Jugendarbeit.

Auf der Grundlage der Erfahrungen des Projekts „Politik & Partizipation in der Ganztagsschule" beschreibt *Helle Becker* Chancen und Probleme politischer Bildung in Kooperation mit Schule. Deutlich wird, wie schwierig es ist, die Zielsetzungen und Qualitäten politischer Bildung mit den Rahmenbedingungen der Schule zu verbinden.

Ein weiterer Bereich der Kooperation von Jugendhilfe und Schule ist die soziale Arbeit in der Schule, die im dritten Teil behandelt wird. Schulsozialarbeit hat sich als Kooperationsfeld zwischen Jugendhilfe und Schule in den letzten Jahren in unterschiedlichen Konzepten entwickelt. Das Spektrum reicht von einer schulspezifischen Schulsozialarbeit wie sie etwa an Gesamtschulen im Schulsystem etabliert wurde bis hin zu einer eher freizeitorientierten Schulsozialarbeit, die im Jugendhilfesystem beheimatet ist. Im Beitrag von *Ulrich Deinet* werden Bausteine und Spannungsfelder der Schulsozialarbeit sowie zwei exemplarische Konzepte dargestellt.

Die Elternarbeit im Kontext der Kooperation mit der Jugendhilfe ist Thema des Beitrags von *Ulrike Leonhardt* und *Beate Schnabel*. Sie beschreiben, wie es gelingen kann, die Eltern als Kooperationspartner in die schulische Arbeit einzubeziehen.

Claudia Streblow stellt in ihrem Beitrag die Schulstation als einen besonderen Ansatz der Schulsozialarbeit am Beispiel einer Hauptschule in Berlin vor.

Der vierte Abschnitt beschäftigt sich mit dem Themenfeld Berufsorientierung und Übergang von der Schule in den Beruf, das in besonderem Maße ein Kooperationsfeld zwischen Schule und Unternehmen/Wirtschaft ist. Mit diesem Thema wird die Kooperation Jugendhilfe und Schule im engeren Sinne erweitert und gezeigt, dass die Öffnung von Schule in den Sozialraum und die Bedeutung von außerschulischen Bildungsmöglichkeiten nicht nur auf die Jugendhilfe beschränkt werden können. *Maria Icking* verdeutlicht in ihrem Beitrag anhand der Bausteine Berufsorientierung/Übergang Schule/Beruf,

Betriebspraktika und Schulprojekte die Relevanz der Kooperation mit Unternehmen.

Wegen des nach wie vor deutlichen geschlechtsspezifischen Berufswahlverhaltens ist es unerlässlich, die berufliche Orientierung von Jugendlichen auch unter diesem Aspekt zu begleiten. Ein Beispiel dafür ist der Girls'Day – Mädchen-Zukunftstag, aus dessen Perspektive *Wenka Wentzel* die Ausprägungen und Folgen geschlechtsspezifischer Berufsorientierung schildert und die Möglichkeiten von Kooperationen für die Jugendhilfe aufgezeigt.

Der Übergang zwischen Schule und Beruf stellt nicht nur für die Jugendlichen, die die Schule verlassen und in die Berufswelt eintreten sollen, eine Herausforderung dar, sondern auch für die professionellen Akteure, die diesen Übergang begleiten. Wie die Kooperation dieser sehr unterschiedlichen Partner in Netzwerken gesteuert und erfolgreich gemanagt werden kann, ist Thema des Beitrags von *Holger Spieckermann*, der dazu Ergebnisse aus der wissenschaftlichen Begleitung des Aufbaus eines Übergangsmanagements Schule – Beruf in Köln verarbeitet.

Im letzten Abschnitt geht es nicht mehr um ein inhaltliches Themenfeld der Kooperation, sondern im Mittelpunkt stehen Fragen nach Kooperationsstrukturen und Planungskonzepten. Aufbauend auf einem sozialräumlichen Verständnis der Kooperation werden auf der kommunalen Ebene wichtige Rahmenbedingung für die Zusammenarbeit zwischen Jugendhilfe und Schule gesetzt. *Maria Icking* stellt die Ergebnisse einer Erhebung bei den Kommunen und Kreise in Nordrhein-Westfalen vor, die die kommunalen Kooperationsstrukturen untersucht, aber auch nach dem Umfang der Beteiligung der Schulformen und der Einrichtungen der Jugendhilfe und nach den Themenbereichen der Kooperation gefragt hat.

Dass diese Zusammenarbeit von Schule und Jugendhilfe insbesondere unter dem Aspekt der Abstimmung und Verknüpfung von Schulentwicklungs- und Jugendhilfeplanung noch entwicklungsbedürftig ist, ist Ausgangspunkt des Beitrags von *Stefan Maykus*. Er analysiert die unterschiedlichen Planungskonzepte und –strukturen und skizziert die Verschränkung beider Planungskonzepte als eine erste Phase eines weiterführenden Entwicklungsprozesses auf dem Weg zu einer kommunalen Bildungsberichterstattung als gemeinsames Produkt.

Im letzten Beitrag entwirft *Gaby Grimm* das Konzept einer „Zukunftsschule im Wohnquartier“, die eine umfassende, generationenübergreifende Bildungseinrichtung auf der Basis einer integrierten Stadtentwicklung ist. Allerdings geht dieser Ansatz bereits über die Kooperation hinaus und erfordert die Integration unterschiedlicher Bildungsbereiche in einem institutionellen Zusammenhang.

Jugendhilfe als Partner der Schule – die Öffnung zu informellen und nicht-formellen Bildungsbereichen

Ulrich Deinet, Maria Icking

Der Bildungsbegriff der Jugendhilfe beinhaltet mehr als „Wissenserwerb", vielmehr wird Bildung als ein Prozess der Befähigung zu eigenbestimmter Lebensführung und als Aneignung von Selbstbildungsmöglichkeiten verstanden. Bildung ist unter diesem Aspekt mehr als formelle Bildung, gefasst als „das gesamte hierarchisch strukturierte und zeitlich aufeinander aufbauende Schul-, Ausbildungs- und Hochschulsystem ..... mit weitgehend verpflichtendem Charakter und unvermeidlichen Leistungszertifikaten". Bildung ist ebenfalls nicht- formelle Bildung, worunter „jede Form organisierter Bildung und Erziehung zu verstehen ist, die generell freiwilliger Natur ist und Angebotscharakter hat". Und nicht zuletzt ist Bildung informelle Bildung, darunter werden „ungeplante und nicht-intendierte Bildungsprozesse verstanden, die sich im Alltag von Familie, Nachbarschaft, Arbeit und Freizeit ergeben, aber auch fehlen können. Sie sind zugleich unverzichtbare Voraussetzung und 'Grundton', auf dem formelle und nicht-formelle Bildungsprozesse aufbauen".[1]

Im Folgenden werden insbesondere die für die Jugendhilfe bedeutsamen nicht-formellen und informellen Bildungsprozesse unter dem Begriff „Aneignung" rekonstruiert und veranschaulicht. Im Mittelpunkt steht dabei die Kinder- und Jugendarbeit, weil sie „in ihrem elementaren Bereich Bildung vor allem ‚informelle Bildung', d.h. Selbstbildung, ‚Selbstauffassungsarbeit' von Jugendlichen ist" (Müller 2002: 15). Des Weiteren lassen sich an der Kinder- und Jugendarbeit auch die nicht-formellen Bildungsprozesse gut beschreiben.

Die inhaltlichen Dimensionen und die Ergebnisse dieser vielfältigen Bildungsprozesse werden in einem zweiten Schritt unter einem stark erweiterten Kompetenzbegriff gefasst. Begründet wird die Notwendigkeit des Erwerbs von Lebensbewältigungs- und Gestaltungskompetenz im Hinblick auf die eigene Biografie, die deutlich über den Begriff der Schlüsselqualifikationen hinausgeht.

---

1 Die Definitionen sind der Streitschrift des Bundesjugendkuratoriums „Zukunftsfähigkeit sichern. Für ein neues Verhältnis von Bildung und Jugendhilfe" entnommen.

1. „Aneignung“ als Bildungskonzept der Jugendhilfe

Die Ursprünge des Aneignungskonzeptes gehen auf die so genannte kulturhistorische Schule der sowjetischen Psychologie zurück, die vor allem mit dem Namen Leontjew (1983) verbunden ist. Die grundlegende Auffassung dieses Ansatzes besteht darin, die Entwicklung des Menschen als tätige Auseinandersetzung mit seiner Umwelt, als Aneignung der gegenständlichen und symbolischen Kultur zu verstehen. Die Umwelt präsentiert sich dem Menschen in wesentlichen Teilen als eine Welt, die bereits durch menschliche Tätigkeit geschaffen bzw. verändert wurde.

Die Aneignungsprozesse beziehen sich nicht auf “wertfreie” Räume, denn die “räumliche Umwelt ist gleichzeitig besetzt, gesellschaftlich definiert und funktionalisiert” (Böhnisch 1996: 149). Die Erforschung von sozialräumlichen Zusammenhängen muss also sowohl Deutungen und Handlungen von Kindern und Jugendlichen verstehen als auch die gesellschaftlichen Strukturen “als Botschaften, die in den Räumen sind” (Böhnisch 1990: 13).

Als tätigkeitstheoretischer Ansatz wurde das Aneignungskonzept besonders von Klaus Holzkamp (1973) weiterentwickelt und auf die heutigen gesellschaftlichen Bedingungen übertragen. Die Übertragung des tätigkeitsorientierten Aneignungskonzeptes führt auch zu einer Verbindung von Aneignung und Raum, das sich sehr fruchtbar auf die Bildungsdiskussion anwenden lässt (vgl. Deinet/Reutlinger 2004). Räume werden darin als Möglichkeitsräume verstanden, weil die in ihnen eingelagerten gesellschaftlichen Sinngebungen vom Subjekt erschlossen werden müssen bzw. Kinder und Jugendliche Orten und Räumen einen eigenen Sinn geben und sich so ihre Lebenswelt erschließen.

Vor diesem Hintergrund soll der Aneignungsbegriff wie folgt operationalisiert werden. Dabei wird versucht, die Qualitäten von Räumen und deren Erschließung als Aneignungsqualitäten zu fassen.
“Aneignung” ist:

- eigentätige Auseinandersetzung mit der Umwelt
- (kreative) Gestaltung von Räumen mit Symbolen etc.
- Inszenierung, Verortung im öffentlichen Raum (Nischen, Ecken, Bühnen) und in Institutionen
- Erweiterung des Handlungsraumes (Nutzung der neuen Möglichkeiten, die in erweiterten Räumen liegen)
- Veränderung vorgegebener Situationen und Arrangements
- Erweiterung motorischer, gegenständlicher, kreativer und medialer Kompetenz
- Erprobung des erweiterten Verhaltensrepertoires und neuer Fähigkeiten in neuen Situationen
- Entwicklung situationsübergreifender Kompetenzen.

Betrachtet man Bildungsprozesse unter dem Aspekt der Sozialisation und definiert diesen Prozess als Entwicklung des Subjekts durch aktive Aneignung von Welt, dann ergeben sich daraus keine grundsätzlichen Differenzen zwischen Aneignungsprozessen in der alltäglichen Lebenspraxis und Aneignungsprozessen in institutionalisierten Bildungsräumen (Kade 1993, der sich auf Erwachsenenbildung bezieht). Dies heißt also, Kinder und Jugendliche lernen nicht nur in der Institution Schule, sondern auch in ihren jeweiligen Lebenswelten, Nahräumen, Dörfern, Stadtteilen, vor allem auch im öffentlichen Raum. Die Aneignung der jeweiligen Lebenswelt ist ein Prozess der eigentätigen Auseinandersetzung mit der gegenständlichen und symbolischen Kultur der Gestaltung und Veränderung von Räumen und Situationen und damit Bildung des Subjektes im Raum, aber sie wird wesentlich beeinflusst, gefördert oder eingeschränkt durch die sozial-strukturellen Bedingungen von Dörfern, Wohnquartieren, Stadtteilen, Regionen. Dennoch sind diese Bereiche Orte des informellen Lernens. Über die Erfahrungen in wechselnden Gruppen oder im Umgang mit fremden Menschen in neuen Situationen werden soziale Kompetenzen entwickelt. Die Erweiterung des Handlungsraumes steigert Handlungskompetenz und personale Kompetenzen wie Risikoabschätzung, Neugier und Offenheit. Die Chancen, solche Kompetenz zu entwickeln, werden wesentlich geprägt durch die Struktur der jeweiligen Lebenswelten und die Möglichkeiten des Individuums, sich seine Lebenswelt anzueignen.

Auch die Schule ist ein Sozialraum, wo Aneignungsprozesse möglich sind. Allerdings ist hier die Vermittlung von Wissen über Welt zumindest aus gesellschaftlicher Sicht die zentrale Funktion. Aber auch dieses Wissen muss selbsttätig von den Kindern und Jugendlichen angeeignet werden, wobei nicht zuletzt die durch Aneignungsprozesse in der Lebenswelt erworben sozialen und personellen Kompetenzen als grundlegende Schlüsselkompetenzen von Bedeutung sind.

Die Kinder- und Jugendarbeit reflektiert mit ihrem „sozialräumlichen Blick“ Aneignungsmöglichkeiten als Bildungsmöglichkeiten von Kindern und Jugendlichen im öffentlichen Raum aber auch in Institutionen wie etwa der Schule. Sie entwickelt daraus ein Konzept, das auf die Steigerung und Schaffung von Aneignungsmöglichkeiten als Bildungsprozesse innerhalb der Kinder- und Jugendarbeit z.B. im öffentlichen Raum bzw. in der Schule zielt und versteht sich auf dieser Grundlage als Medium von Aneignung und Bildung.

Im Vergleich zu Schule und anderen Institutionen bietet die Kinder- und Jugendarbeit wenig vordefinierte Orte, an denen eine selbsttätige, eigensinnige Raum-Bildung möglich ist. Die Gestaltung von Räumen, die Nutzung der Kinder- und Jugendarbeit als Aneignungsraum fördert die Selbstbildung von Kindern und Jugendlichen, ihre Kompetenzen zur Veränderung, zur Gestaltung eigener Situationen und damit zur Erweiterung ihres Handlungsrepertoires. Solche Bildungssettings können nicht pädagogisch durchstrukturiert werden, sonst hätten sie nicht mehr den Charakter der Selbstbildung. Die Kinder- und Jugendarbeit hat jedoch hervorragende Möglichkeiten, die Rahmenbedingungen für solche informellen Bildungsprozesse zur Verfügung zu stellen.

Daneben entwickelt die Kinder- und Jugendarbeit zielgerichtete Angebote, die Aneignungs- und Bildungsprozesse herausfordern. Hier ist ein breites Repertoire in unterschiedlichen Themenbereichen entwickelt worden. Didaktisiert in Form von Projekten, Kursen, Workshops, finden zahlreiche Lernangebote im Bereich der Medien (z. B. Internetkurse) und der Kultur- und Erlebnis-Pädagogik statt. Auch die Ferien- und Freizeitmaßnahmen stehen zumindest implizit unter einem Aneignungs- und Bildungsanspruch, z. B. im Rahmen interkultureller Begegnung oder der Erkundung neuer Lebensorte etc. Wegen der Freiwilligkeit und ihres Angebotscharakters gehören diese Bildungsbereiche zur nichtformellen Bildung. Für den schulischen Bereich hat dieser Bereich den Vorteil, dass er in seinem Bildungscharakter klar erkennbar und didaktisierbar ist. Kurse, Workshops und Projekte lassen sich relativ einfach in Kooperationsprojekte einbringen und der Bildungscharakter wird verständlicher und ist deutlich akzeptierter als etwa der im offenen Bereich.

Die Kinder- und Jugendarbeit stellt auf mehreren Ebenen mit der Ermöglichung informeller und nichtformeller Bildungsprozesse eine wichtige Ergänzung des überwiegend formellen Lernens in der Schule dar:

- Im Vergleich zu Schule und anderen Institutionen bietet die Kinder- und Jugendarbeit wenig vordefinierte Orte, an denen eine Raumbildung (Spacing) möglich ist. Diese Gestaltung von Räumen, die Nutzung der Kinder- und Jugendarbeit als Aneignungsraum, fördert die Selbstbildung von Kindern und Jugendlichen, ihre Kompetenzen zur Raumbildung, zur Veränderung, Gestaltung etc.
- Sie bietet Unterstützung bei der Bewältigung von Lebenssituationen durch Beratung und Einzelfallhilfe ebenso wie durch Übermittag-Betreuung, Schulaufgabenhilfe und Unterstützung beim Übergang Schule und Beruf.
- Durch gezielte Aneignungs- und Bildungsangebote schafft Kinder- und Jugendarbeit Räume, die Bildungsmöglichkeiten schaffen, die in Ergänzung zum schulischen Lernen von den Lebenswelten der Kinder und Jugendlichen ausgehen können.
- Jugendarbeit unterstützt Aneignungs- und Bildungsprozesse auch außerhalb ihrer Orte, insbesondere im öffentlichen Raum. Mit ihrem „sozialräumlichen Blick“ unterstützt sie Prozesse zur Revitalisierung öffentlicher Räume für Kinder und Jugendliche, die diesen intensive Aneignungs- und Bildungsmöglichkeiten bieten.

2. Bildung als Kompetenzerwerb

Bildungsprozesse in der Jugendhilfe müssen nicht zuletzt unter dem Aspekt des Kompetenzerwerbs gesehen werden. Ohne auf die wirtschaftlichen und gesellschaftlichen Hintergründe hier eingehen zu können wird man davon ausgehen können, dass Kinder und Jugendliche mehr denn je auf nicht mehr so stark vorgeprägte Berufs- und Erwerbsbiografien setzen können und Lebensläufe sich stärker individualisieren. Diese Entwicklung ist ambivalent, bedeutet für den einzelnen sowohl Risiken wie Chancen (Beck 1986) und vergrößert das Gewicht individueller Entscheidungen hinsichtlich der Gestaltung der Biografie. Je nach dem, ob die Risiken der Biografie als ständige Zumutung oder ob neben den Risiken auch die Chancen gesehen werden, wird man eher von Gefährdung, Belastung und Bewältigung sprechen oder mehr die Gestaltungsoptionen in den Vordergrund rücken.

Auch die Jugendphase ist kein Schonraum und keine geschützte Phase biografischer Vorbereitung auf eine destabilisierte (Erwerbs)Biografie mehr, sondern Ernstsituation mit schwierigen Lebensbewältigungsaufgaben (Münchmeier 2001).

Damit rücken die Bildungsprozesse bzw. der Prozess des Kompetenzerwerbs in den Vordergrund. Wenn das Ziel mehr Autonomie zur Nutzung von Gestaltungsoptionen ist, dann können die dafür notwendigen Kompetenzen nicht vermittelt, sondern nur über den Weg von Aneignungsprozessen, die durch Selbsttätigkeit und Selbststeuerung gekennzeichnet sind, erworben werden.

Im Fokus der folgenden Darstellung stehen die Kompetenzen, die dazu befähigen, unter Berücksichtigung von Risiken und Chancen das eigene Leben zu gestalten. Kompetenzen werden üblicherweise als Kompetenzen zur Bewältigung von Arbeitstätigkeiten gefasst, wobei sich die Dimensionen des Kompetenzbegriffs durch Ergänzung der fachlichen Dimension um methodische, soziale und personale Dimensionen deutlich erweitert haben. Was fehlt ist eine Kompetenzdimension, die sich nicht nur auf die jeweilige Arbeitstätigkeit, sondern auf das gesamte Leben im biografischen Zusammenhang bezieht. Deswegen werden die inhaltlichen Dimensionen einer Bewältigungs- und Gestaltungskompetenz der (Erwerbs)Biografie herausgearbeitet.

Bereits in den 70er Jahren hat Mertens (1974) den Begriff der Schlüsselqualifikation eingeführt. Vor dem Hintergrund veränderter Anforderungen des Beschäftigungssystems, wo neben systematischem Fachwissen und fachlichen Fertigkeiten zunehmend mehr Zugriffs- und Verfahrungswissen erforderlich wird, werden im Begriff Schlüsselqualifikationen Bildungsziele und Bildungsinhalte angesprochen, die das Bildungssystem, insbesondere das Ausbildungssystem, flexibler und anpassungsfähiger machen sollten. Es ging darum, möglichst alle Bildungsgänge mit „Schlüsseln“ anzureichern, um damit rasch und reibungslos das wachsende Spezialwissen erschließen zu können.

Unabhängig von dieser ursprünglichen Fassung des Begriffs wird heute der Schlüsselqualifikationsbegriff weitaus beliebiger und unpräziser verwendet. Dies gilt in gleicher Weise für den Kompetenzbegriff. Unter dem Gesichtspunkt von beruflicher Kompetenzentwicklung, hier weitgehend gleichgesetzt mit beruflicher Weiterbildung, versuchen Erpenbeck/Heyse (1996) eine Begriffsbestimmung, die sich stark auf arbeits- und lernpsychologische Grundlagen stützt. Ziel der Kompetenzentwicklung ist die Entwicklung von Handlungskompetenz, wobei unter Handlungskompetenz die folgenden Kompetenzbereiche zusammengefasst werden:

- Fachkompetenz
- Methodenkompetenz
- Sozialkompetenz
- Personale Kompetenz

Im Unterschied insbesondere zu dem Schlüsselqualifikationsverständnis von Mertens umfasst der Kompetenzbegriff kognitive, motivationale, emotionale und moralische Aspekte des Handelns. Zudem ist der Kompetenzbegriff ein Dispositionsbegriff. Der Kompetenzbegriff hebt mehr auf die Ressourcen (Anlage, Wissen, Fähigkeiten, Motivationen) ab, über die Personen verfügen, um Handlungen und Tätigkeiten durchzuführen.

Bezogen auf Jugendliche und insbesondere hier bezogen auf die Statuspassage Schule in Beschäftigung werden diese Kompetenzkataloge variiert, bedeutet Fachkompetenz: Lesen, Schreiben, Rechnen und werden um gesellschaftliche Kompetenzen wie Toleranz und Demokratiefähigkeit ergänzt (Matzdorf 2003).

Eine inhaltliche Erweiterung erfährt der Kompetenzbegriff im Zusammenhang mit der These der zunehmenden Entgrenzung von Arbeit einerseits (Voß 1998) und der Entgrenzung von Jugend andererseits (Schroer 2004). Entgrenzung der Arbeit bedeutet in diesem Zusammenhang nicht nur die räumliche Vermischung der Arbeitsorte (z.B. Teleheimarbeit) oder die auf Arbeitszeit bezogene Entgrenzung durch weitgehende Arbeitszeitflexibilisierung (z.B. Vertrauensarbeitszeit), sondern insgesamt die Tendenz zur Selbstökonomisierung, d.h. der/die Einzelne übernimmt für die Herstellung und Vermarktung des Arbeitsvermögens mehr Verantwortung, was nicht zuletzt zur Folge hat, dass der gesamte Lebenszusammenhang einschließlich der Alltagsorganisation erwerbsgerichtet gestaltet wird (Voß 1998: 478). Bemerkenswert an den Kompetenzdimensionen bei Voß ist der weit über die erwerbsbezogenen Tätigkeiten hinausgehende Bezug zur alltäglichen Lebensführung. Als alltägliche Lebensführung wird der Zusammenhang aller Tätigkeiten von Personen in ihren verschiedenen Lebensbereichen wie Erwerbsarbeit, Familie, Freizeit, Bildung definiert (Voß 1997: 210). Konsequenzen ergeben sich daraus auch im Hinblick auf die Organisation der Qualifizierung des Arbeitsvermögens: die Verantwortung für Aus- und Weiterbildung (inhaltlich, zeitlich, materiell) zum Beispiel wird zunehmend individuell zugewiesen. Unter inhaltlichen Gesichtspunkten werden solche wichtiger, die auf die Entwicklung strategischer „unternehmerischer" Kompetenzen zielen:

- die eigenen Kompetenzen managen,
- Fähigkeiten zur Selbstvermarktung,
- Lebens- und Karriereplanung aktiv und zielgerichtet verbinden,
- berufliche und private Netze als Ressourcen entwickeln und pflegen,
- die eigene Persönlichkeit (einschließlich Emotionalität) strategisch entwickeln und stabilisieren,
- Fähigkeit zur individueller Sinnfindung und Motivierung.

Die These von der Entgrenzung der Jugend geht von der zeitlichen Entgrenzung des Jugendalters bis weit in das Erwachsenenalter aus und stellt als Problem fest, dass damit auch die Übergangsphase Jugend offen und ungewiss wird und sich in der Tendenz zu einem dauerhaft –transitorischen Zustand wandelt (Galuske 2002), wo vor dem Hintergrund der Destabilisierung der Arbeitsgesellschaft konkrete Übergangsperspektiven fehlen. Gleichzeitig wird die Jugendphase selbst mehr und mehr zu einer Ernstsituation. Schon der Übergang von der Schule in den Beruf bzw. in die Arbeitswelt wird für Jugendliche zu einer aktiven Konstruktionsleistung, wo Handlungskompetenzen nicht nur erworben werden, sondern zur Bewältigung schon eingesetzt werden müssen, wobei diese Lebensbewältigungskompetenz weit über das hinausgeht, was bisher z.B. unter Berufswahlkompetenz verstanden wurde. „Lebensbewältigung bedeutet in diesem Zusammenhang das Streben nach subjektiver Handlungsfähigkeit in entgrenzten Lebenssituationen, in denen das psychosoziale Gleichgewicht - Selbstwert und soziale Anerkennung - gefährdet ist" (Kreher/Oehme 2003: 22).

Eine etwas andere Perspektive nehmen solche Ansätze ein, die sich auf „heimliche" Schlüsselkompetenzen (tacit competences) beziehen, auf die Individuen bei der Gestaltung der (Erwerbs)biografie auch in Phasen der Ungewissheit als Ressourcen zurückgreifen können. Nach Hendrich (2003: 122) sind „heimliche" Schlüsselkompetenzen solche, die den Individuen nicht unmittelbar bewusst sind und die sowohl in Arbeitssituationen wie z.B. auch in der Familienarbeit eher informell erworben wurden. Hinsichtlich der inhaltlichen Dimensionen werden sie ebenfalls in fachliche, methodische (z.B. Organisationskompetenz) und soziale Kompetenzen (z.B. Fähigkeit zur Kooperation) unterteilt, wobei zusätzlich noch wertorientierte Kompetenzen (z.B. Vertrauen fördern können) und Lernkompetenzen ergänzt werden. In Befragungen von Personen im Übergang zu neuer Erwerbstätigkeit wurde erkennbar, dass solche bewusst gemachten Kompetenzen „eine Form von surplus-Qualifikationen darzustellen (scheinen), die neben fachlichen Qualifikationen eine berufliche Mobilität bzw. eine erfolgreiche Reintegration in den Arbeitsmarkt ermöglichen“ (Hendrich 2003: 200).

In jedem Fall ist es von Bedeutung, wie und wo diese notwendigen Lebensbewältigungs- bzw. Gestaltungskompetenzen erworben werden. Mit Blick auf die Kompetenzen des Arbeitskraftunternehmers vermutet Pongratz (2000), dass Fähigkeiten dieser Qualität „nur bedingt in organisatorisch eng zugerichteten, vom sonstigen gesellschaftlichen Geschehen und der konkreten Arbeits- und Lebenspraxis der Betroffenen strikt getrennten Sondersituationen erworben werden, wie sie bisher für die Allgemein- und Berufsbildung charakteristisch sind. Die entscheidenden Eigenschaften des entgrenzten Arbeitskrafttypus müssen vielmehr verstärkt dort gebildet werden, wo sie angewendet werden und worin sie wurzeln: im „wirklichen Leben“ – oder in Bildungskontexten, die weitgehend an die gesellschaftliche Praxis in „Arbeit“ und „Leben“ angekoppelt oder dieser nachgebildet sind“ (Pongratz 2000: 8).

Damit schließt der Prozess des Erwerbens von Kompetenzen an das Aneignungskonzept an, dass im ersten Teil als grundlegend für Bildungsprozesse der Jugendarbeit entwickelt wurde. Der Kompetenzbegriff erfährt vor dem Hintergrund gesellschaftlicher Entwicklungen (entgrenzte Arbeit, entgrenzte Jugend) eine entscheidende Erweiterung zu einer Lebensbewältigungskompetenz bzw. zu einer Gestaltungskompetenz mit Blick auf die eigene (Erwerbs)biografie. Insbesondere in diesem umfassenden Sinn können Kompetenzen nicht vermittelt werden, sondern werden durch Aneignungsprozesse im Rahmen informeller und nicht-formeller Bildungsmöglichkeiten erworben.

Bei der Gestaltung nicht-formeller Bildungsmöglichkeiten wird das Bildungssystem, das schulische wie insbesondere auch das außerschulische System, zu einem Supportsystem, dass die Rahmenbedingungen für selbstorganisiertes und selbstverantwortetes Lernen schafft, aber auch entsprechende Angebote macht (vgl. Icking 2004: 201). Nicht zuletzt Jugendliche, die aufgrund sozialstruktureller Lebenslagen benachteiligt sind, sind auf solche Angebote und Lernorte besonders angewiesen, die Lernprozesse ermöglichen, die andere Jugendliche als informelle Prozesse in ihrer Lebenswelt und ihren Nahräumen erfahren können.

Zu den Angeboten gehört nicht nur der Zugang zu außerschulischen Lernorten wie Freizeiteinrichtungen und auch zu Unternehmen (Betriebspraktika), sondern dazu gehören auch gestaltete Angebote wie kulturelle und Sportangebote, Schulprojekte und Schülerfirmen. Nicht zuletzt sind individuelle Beratung und Einzelfallhilfe Teil eines sich als Supportsystem verstehenden Bildungssystems. Eine Möglichkeit, informelle und nicht-formelle Lernerfolge und auf diesem Weg erworbene Kompetenzen an das formale Bildungssystem anzuschließen sind Angebote, diese zu zertifizieren und damit auch zu einer offiziellen Anerkennung zu bringen.

3. Literatur

Beck, Ulrich (1986): Risikogesellschaft. Frankfurt/M.

Böhnisch, Lothar/Münchmeier, Richard (1990): Pädagogik des Jugendraums. Zur Begründung und Praxis einer sozialräumlichen Jugendpädagogik. Weinheim und München.

Böhnisch, Lothar 1996): Pädagogische Soziologie. Weinheim und München.

Deinet, Ulrich/Reutlinger, Christian(2004): "Aneignung" als Bildungskonzept der Sozialpädagogik. Beiträge zur Pädagogik des Kindes- und Jugendalters in Zeiten entgrenzter Lernorte. Wiesbaden.

Erpenbeck, John/ Heyse, Volker (1996): Berufliche Weiterbildung und berufliche Kompetenzentwicklung. In: Arbeitsgemeinschaft Qualifikations-Entwicklungs-Management (Hrsg): Kompetenzentwicklung ,96. Münster, S. 15-152

Galuske, Michael (2003): Jugendberufshilfe in der flexiblen Arbeitsgesellschaft? In: Lindner, W. u.a. (Hrsg.): Kinder- und Jugendarbeit als Bildungsprojekt. Opladen.

Hendrich, Wolfgang (2003): Implizites Wissen für erwerbsbiographische Gestaltungskompetenz. Habil. A. Flensburg: Universität.

Holzkamp, Klaus (1973): Sinnliche Erkenntnis. Frankfurt a. M.

Icking, Maria (2004): Entwicklung erwerbsbiografischer Gestaltungskompetenzen zwischen Vermittlung und Aneignung. In: Deinet, Ulrich/Reutlinger, Christian: "Aneignung" als Bildungskonzept der Sozialpädagogik. Beiträge zur Pädagogik des Kindes- und Jugendalters in Zeiten entgrenzter Lernorte, Wiesbaden.

Kade, Jochen (1993): Aneignungsverhältnisse diesseits und jenseits der Erwachsenenbildung. In: Zeitschrift für Pädagogik 39, 3, S. 392-408

Kreher, Thomas/Oehme, Andreas (2003): Individuelle Tätigkeits- und Lernverläufe sowie Unterstützungsformen zur Kompetenzentwicklung für aktive Arbeits- und Lebensgestaltung, QUEM-Materialien Nr. 42, Berlin.

Leontjew, A.N.(1983): Problem der Entwicklung des Psychischen. Frankfurt a.M.

Matzdorf, Roland (2003): Ein "BUS" in die Arbeitswelt. In: Durchblick, Heft 2

Mertens, Dieter (1974): Schlüsselqualifikationen. Thesen zur Schulung für eine moderne Gesellschaft. In: Mitteilungen aus der Arbeitsmarkt- und Berufsforschung 7, 1, S. 36-43

Münchmeier, Richard (2001): Strukturwandel der Jugendphase. In: Fülbier,Paul/ Münchmeier, Richard (Hrsg.): Handbuch Jugendsozialarbeit Geschichte Grundlagen Konzepte Handlungsfelder Organisation. Münster, S. 101-113

Müller, Burkhard (2002): Bildungsbegriffe in der Jugendarbeit. In: Offene Jugendarbeit, Zeitschrift für Jugendhäuser, Jugendzentren, Spielmobile, Hrsg.: Arbeitsgemeinschaft Jugendfreizeitstätten Baden-Württemberg e.V., Heft 2, S. 16 -25

Pongratz, Hans (2001) Arbeitskraftunternehmer als neuer Leittypus? Flexibilisierung der Arbeit und Patchwork-Biographien. Einführungsreferat zum DIE-Forum Weiterbildung 2000 „Zukunftsfelder der Weiterbildung". Frankfurt a. M.

Schröer, Wolfgang (2004): Aneignung in der entgrenzten Arbeitsgesellschaft. In: Deinet, Ulrich/Reutlinger, Christian: "Aneignung" als Bildungskonzept der Sozialpädagogik. Beiträge zur Pädagogik des Kindes- und Jugendalters in Zeiten entgrenzter Lernorte. Wiesbaden.

Voß, Günter: Die Entgrenzung von Arbeit und Arbeitskraft. Eine subjektorientierte Interpretation des Wandels der Arbeit, in: Mitteilungen aus der Arbeitsmarkt- und Berufsforschung 31 (1998) 3, S. 473-487

Voß, Günter: Beruf und alltägliche Lebensführung – zwei subjektnahe Instanzen der Vermittlung von Individuum und Gesellschaft, in: Voß, Günter/ Pongratz, Hans-Jürgen (Hrsg): Subjektorientierte Soziologie. Opladen, 1997, S. 201-222

Sozialraumorientierung als Brücke zwischen Jugendhilfe und Schule

Ulrich Deinet

1. Die Sozialraumdebatte in der Jugendhilfe und ihr Bezug zu Schule

Die Sozialraumorientierung ist zu einem der wichtigsten Paradigmen der Jugendhilfe und der sozialen Arbeit insgesamt geworden. Darunter versteht man die konzeptionelle Ausrichtung von Angeboten und Einrichtungen an Bedarfen und Lebenslagen von Menschen in ihren jeweiligen Sozialräumen z.B. Stadtteile und Wohnquartiere. Sozialraumorientierung bedeutet aber auch, die subjektiven Lebenswelten einzelner Menschen bzw. Gruppen in den Blick zu nehmen, wobei sich diese zum Teil deutlich von den jeweiligen geographischen Sozialräumen unterscheiden bzw. darüber hinausgehen. So werden etwa mit dem Stichwort Verinselung Lebensräume von Kindern und Jugendlichen beschrieben. Gemeint sind nicht nur eingegrenzte Wohnquartiere, sondern ein Geflecht bzw. Netzwerk einzelner nicht zusammenhängender Orte (Wohnung, Schule etc.). Der Besuch einer weiterführenden Schule in einer anderen Stadt führt z.B. zu einer Erweiterung der Lebenswelt eines Kindes oder eines Jugendlichen, die mit dem Inselmodell beschrieben werden kann.

Sozialraumorientierung wird auch als Prinzip einer Neuorganisation sozialer Einrichtungen und Dienste verstanden: Diese werden dezentralisiert und regionalisiert, um Leistungen näher an Bürgerinnen und Bürger heranzubringen. Es werden z.B. im Bereich Hilfen zur Erziehung Sozialraumteams gebildet, um die in Großstädten, aber auch in Landkreisen vorhandene zentralistische Struktur zugunsten einer Orientierung an den unterschiedlichen Bedarfen in verschiedenen Sozialräumen zu verändern. Dazu dienen Maßnahmen der Organisationsentwicklung ebenso wie die Dezentralisierung von Diensten bis hin zur Erprobung so genannter Sozialraumbudgets, in denen die finanziellen Ressourcen an die Sozialstrukturen bestimmter Sozialräume gebunden werden.

Auch im schulischen Bereich ist so etwas wie eine Sozialraumorientierung zu verzeichnen, auch wenn der Begriff dort kaum genutzt wird. Programme und Stichworte wie „Kommunalisierung von Schule“, „selbstständige Schule“, „Öffnung von Schule“ bezeichnen Prozesse, wo sich die einzelne Schule u.a. stärker an ihrem sozialen Umfeld orientiert. Dahinter steht auch die Einsicht, dass sich soziale Strukturen, Lebensräume von Kindern und Jugendlichen, familiäre Strukturen etc. auf die jeweilige Schule auswirken und berücksichtigt werden müssen. Auch die in Nordrhein-Westfalen begonnene Schulprogrammentwicklung zeigt die Tendenz, die Konzeption der Einzelschule stärker als bisher zu betonen. Dafür kann die gemeinsame Orientierung an den sozialräumlichen Bedingungen und die Kooperation zwischen Jugendhilfe und Schule eine gute Grundlage schaffen.

Der Begriff der Sozialraumorientierung wird allerdings sehr unterschiedlich gebraucht und verstanden: Schon die zwischen Jugendhilfe und Schule differierende Definition von Sozialräumen als Planungsräumen ist problematisch auch für die Zusammenarbeit von Einrichtungen der Jugendhilfe und Schulen: Wenn Schulbezirke anders zugeschnitten sind als die Planungsräume der Jugendhilfe, wird eine gemeinsame Orientierung erschwert.

2. Schule ist Teil des Sozialraums und Bestandteil der Lebenswelt von Kindern und Jugendlichen

Um die Bedeutung von Schule als Bestandteil der Lebenswelt von Kindern besser verstehen zu können, sind die sozialökologischen Ansätze geeignet, die den Zusammenhang zwischen den Räumen, in denen Kinder und Jugendliche leben, und ihrer Entwicklung thematisieren. Baacke (1984) geht von einem Zonenmodell aus, in dem sich Kinder und Jugendliche in immer größeren Bereichen ihre Umwelt aneignen.

Das Zonenmodell
von Dieter Baacke (1984)

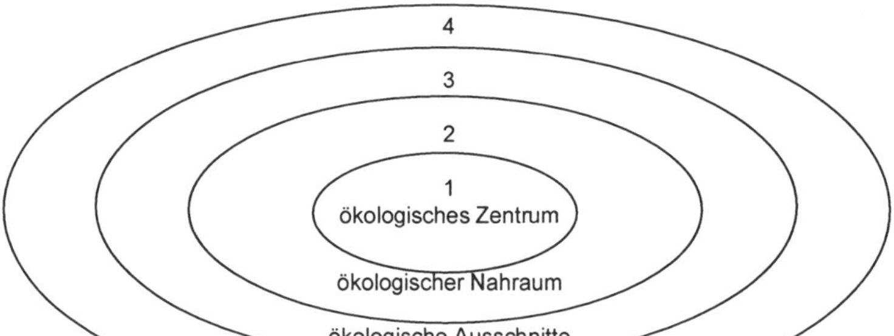

Er beschreibt vier ökologische Zonen, in denen sich die Entwicklung von Kindern und Jugendlichen vollzieht. Neben dem ökologischen Zentrum der Familie ist der Nahraum, das Wohnumfeld, von besonderer Bedeutung für jüngere Kinder, aber auch für Jugendliche, die in ihrem Nahraum wesentliche Unterstützungsstrukturen finden. Die ökologischen Ausschnitte thematisieren Bereiche wie Schule und funktionsspezifische Zusammenhänge in Institutionen, die sich Kinder und Jugendliche im Rahmen ihrer Entwicklung aneignen müssen. Die ökologische Peripherie beschreibt aus dem Alltag herausgehobene Situationen und Räume, die gerade deshalb, weil sie nicht alltäglich sind einen besonderen Einfluss auf die Entwicklung von Kindern und Jugendlichen haben (z.B. Freizeiten, Fahrten).

Helga Zeiher (1983) beschreibt die Raumaneignung in einer Inselstruktur, in der sich Kinder und Jugendliche ausgehend von ihrer Wohninsel unterschiedliche Bereiche ihrer Umwelt aneignen, die in keinem direkten räumlichen Zusammenhang stehen. So werden etwa mit dem Stichwort der Verinselung Lebensräume von Kindern und Jugendlichen beschrieben, die nicht nur in einem eingegrenzten Wohnquartier existieren, sondern als Geflecht bzw. Netzwerk einzelner nicht zusammenhängender Orte, wobei Wohnung und Schule als Lebensorte eine wesentliche Stellung einnehmen. So führt etwa der Besuch einer weiterführenden Schule in einer anderen Stadt zu einer Erweiterung der Lebenswelt eines Kindes oder eines Jugendlichen, was mit dem Inselmodell beschrieben werden kann.

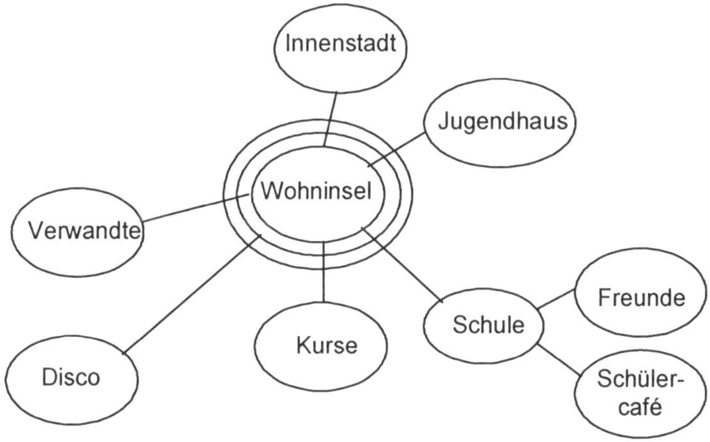

Viele Grundschulen liegen im Wohnumfeld und sind für die Kinder fußläufig zu erreichen. Sie sind für die Kinder wichtige Bereiche ihres ökologischen Nahraums, sind auch Spiel- und Streifraum, insbesondere dann, wenn die

Grundschulen nachmittags als Spielräume geöffnet sind. Die weiterführenden Schulen gehören meist zu den ökologischen Ausschnitten, ihr Besuch führt Kinder und Jugendliche aus ihrem Nahraum heraus, sie verlassen ihre enges Wohnumfeld und erobern sich mit dem Besuch ihrer Schule auch neue Räume.

Das Inselmodell von Helga Zeiher zeigt deutlich, wie die Lebenswelten von Kindern und Jugendlichen auch als einzelne um die Wohninsel herum gruppierte Rauminseln zu beschreiben sind, in der die Schule eine bedeutende Stellung einnimmt. In der Schule werden Beziehungen zu Gleichaltrigen geknüpft, entstehen Freundschaften und - im Modell der Verinselung von Kindheit - neue Rauminseln etwa in Form des Kinderzimmers einer Freundin/eines Freundes in einem benachbarten Stadtteil. Diese neuen Raumerfahrungen haben für die Entwicklung von Kindern und Jugendlichen eine wichtige Bedeutung, weil sie auch neue soziale Erfahrungen ermöglichen.

Kinder und Jugendliche leben aber auch in medialen Räumen, in Phantasieräumen, die durch die kommerziellen Medien heute wesentlich mitgeprägt werden. Kinder lernen heute viel früher sehr souverän mit diesen Medien umzugehen und wir müssen von einer völlig anderen Sozialisation ausgehen: Martina Löw (Löw 2001) beschreibt, dass Kinder und Jugendliche heute keine homogene Raumvorstellung, so wie frühere Generationen, entwickeln können, sondern auch auf Grund des Einflusses der Medien ihre räumliche Umwelt als inkonsistent erfahren. Die Tatsache, dass Kinder und Jugendliche keinen homogenen Raum erleben, führt Löw insbesondere auch auf den Einfluss der modernen Medien zurück: „Was jedoch die Kinder und Jugendlichen betrifft, die mit Cyberspace-Technologien aufwachsen, so ist meine Schlussfolgerung, dass in virtuellen Räumen systematisch wiederholt wird, was bereits in der verinselten Raumaneignung vorgegeben wird: Die Bezugnahme auf einen nicht einheitlichen Raum“ (Löw 2001: 100).

Grundsätzlich sollten bei der Betrachtung von Schule im Sozialraum die sozial-strukturellen Bedingungen von großer Bedeutung sind. Auch für die Konzipierung der Offenen Ganztagsgrundschule und für das gesamte Schulleben stellen die sozialstrukturellen Bedingungen ihres jeweiligen Einzugsbereiches, Stadtteils etc. eine wesentliche Rahmenbedingung dar. So verfügen Schulen in sozial belasteten Stadtteilen oft nur über wenige Ressourcen in ihrem Umfeld, z. B. in Elternvereinen, Sport- und Kulturvereinen, in der Unterstützung durch Unternehmen (Sponsoring).

Wir können zusammenfassen, dass die sozialräumliche Orientierung typisch ist für Kinder und Jugendliche in ihrer Entwicklung. Während Erwachsene etwa einen Parkplatz nur in seiner Funktion sehen, wird dieser für Kinder und Jugendliche zu einem informellen Treff, zu einer Möglichkeit zum Spielen etc. Auch die Schule ist ein Sozialraum, wo Aneignungsprozesse möglich sind. Allerdings ist hier die Vermittlung von Wissen über Welt zumindest aus gesellschaftlicher Sicht die zentrale Funktion. Aber auch dieses

Wissen muss selbstständig von den Kindern und Jugendlichen angeeignet werden, wobei nicht zuletzt die durch Aneignungsprozesse in der Lebenswelt erworbenen sozialen und personalen Kompetenzen als grundlegende Schlüsselkompetenzen von Bedeutung sind.

2.1 Gestaltung der Schule als Ort der informellen Bildung und Aneignungsraum

Mack u.a. kommen in ihrer vergleichenden Untersuchung „Schule, Stadtteil, Lebenswelt" von Schulen in sechs Regionen zu der Einschätzung: „Schule kann außerschulisch erworbene Kompetenzen nicht mehr ignorieren." und aus einer sozialräumlich orientierten Perspektive folgern sie, „dass auch die Aneignungsqualität des schulischen Raums betrachtet werden und danach gefragt werden muss, ob und in welcher Form schulische Räume selbstbestimmtes Aneignungshandeln von Kindern und Jugendlichen zulassen" (Mack u.a., 2003: 215).

Schule ist also selbst Aneignungsraum und Aneignung als subjektive Seite der informellen Bildung findet auch am Ort der Schule statt. Insofern müssen beide Funktionen, die Vermittlungs- und die Aneignungsfunktion zusammen gesehen werden. Die Vermittlung als gesellschaftliche Funktionszuschreibung von Schule und anderen Institutionen steht der Aneignungsfunktion, die in der Schule Teil der subjektiven Lebenswelt und des Sozialraum ist, gegenüber. Diese beiden Prozesse sollten didaktisch verknüpft werden und diese Verbindung kann auch Eingang in die Gestaltung der Offenen Ganztagsgrundschule in Nordrhein-Westfalen finden.

Versteht sich Schule als Teil der Lebenswelt, so werden selbstverständlich Schulhöfe als Spielräume geöffnet und als Lernumwelten gestaltet. Die im Rahmen der Offenen Ganztagsgrundschule möglichen Investitionen in Schulräume sollten auch unter diesem Aspekt getätigt werden. Es kann also nicht nur um Kantinen und Sozialräume im klassischen Sinne gehen, sondern auch um die Gestaltungsmöglichkeiten im Sinne von informeller Bildung und Aneignung. Karl-Heinz Braun und Konstanze Wetzel beschreiben in ihrem Buch „Sozialpädagogisches Handeln in der Schule" wie die Schule als kind- und jugendgemäßer Lebensort gestaltet werden kann (Braun/Wetzel 2000). „Schule als kind- und jugendgemäßer Lebensort:

- Schulleben als offene Milieubildung
- Das Schulhaus und -gelände als ein wohnlicher und erlebnisreicher Ort
- flexible und offene Raumgestaltung
- soziale und lebensweltliche Gestaltung des Baumilieus
- Balancen zwischen den Zonen der Besinnung und Bewegung
- Balance von Natur und umbautem Raum

- Erfahrung und Gestaltung des pädagogischen und architektonischen Zusammenhangs
- Abenteuer: Bewegungslernen und Risikobewältigung" (Braun/Wetzel 2000: 91ff).

Auch das Österreichische Institut für Schul- und Sportstättenbau (ÖISS) formuliert weitgehende Prinzipien der Schulfreiraumgestaltung, die ansatzweise in die jetzt vorzunehmenden Gestaltungsprozesse der Offenen Ganztagsgrundschule zu berücksichtigen sind: „Bewegung; Erholung, Gender Equality, Kommunikation, Lernort, Mehrfachnutzung, Multifunktionalität, Nachhaltigkeit, Ökologie, Partizipation, Präsentation, Veränderbarkeit" (ÖISS 2004).

Es geht also nicht unbedingt um große Investitionen, sondern darum, Räume auch als Aneignungsräume zu verstehen, Gestaltungs- und Veränderungsprozesse zu ermöglichen, durch Gestaltung, Animation und Material informelle Bildungsprozesse zuzulassen und zu fördern und nicht durch eine durchgeplante funktionalistische Architektur und Gestaltung zu verhindern.

Mit einem aneignungsorientierten Blick auf die Lebenswelten von Kindern und Jugendlichen kann auch der Lebensort Schule anders gesehen werden. In dieser Perspektive werden auch Schul-Räume als Teile sozialer Lebenswelten verstanden, die sich durch die individuellen Aneignungsprozesse von Kindern und Jugendlichen erschließen. Schulen sind dabei wesentliche Bestandteile öffentlicher Räume und ihre Bedeutung geht dabei weit über den Unterricht hinaus. Schulen sind Treffpunkte von Cliquen, Orte des informellen Lernens. Der Ort Schule bestimmt durch seine architektonischen und strukturellen Gegebenheiten, in welchem Umfang informelle Bildungsprozesse und Aneignungsprozesse möglich sind.

Mack u.a. betonen ebenfalls die soziale Funktion der Schule und konstatieren, „dass Schule auch über den Unterricht hinaus als Aufenthalts-, Arbeits- und Lebensraum von Schülerinnen und Schülern nachgefragt ist" (Mack u.a. 2003: 224). Auf der Grundlage dieser Einschätzung empfehlen die Autoren eine stärkere Nutzung der Räume.

2.2 Sozialraumorientierung als Grundlage von Kooperation und Vernetzung

Die Sozialraumorientierung in der Kooperation von Jugendarbeit und Schule ist mit der großen Chance verbunden, Schule als Institution zu öffnen, sie als Lebensort von Kindern und Jugendlichen zu thematisieren und stärker auf die sehr differenzierten Lebenswelten von Kindern und Jugendlichen zu beziehen. Dies ist aber auch eine große Herausforderung, die weit über verbreitete Definition von schulischer sozialer Arbeit als „Klimaanlage" von Schule hinausgeht. Eine solche sozialräumliche Orientierung wird nur dort Erfolg haben, wo sich die Schule als Institution bereits geöffnet hat und ein Verständnis für die „Herstellung des Sozialen“ und die konkrete Kooperation mit außerschulischen Partnern gewonnen hat. Dabei ist Schule auf die Kooperationspartner der Jugendhilfe angewiesen, weil diese tendenziell sozialraumorientiert sind und die Lebenswelten von Kindern und Jugendlichen im Blick haben.

Dass im schulischen Bereich die Entwicklung von Kooperation und Vernetzung bereits weit fortgeschritten ist, zeigt eine Studie des Deutschen Jugendinstituts, in der u. a. bundesweit Schulleiter/innen zur Zusammenarbeit von allgemein bildenden Schulen mit anderen Einrichtungen und Personen befragt wurden: “Die große Mehrzahl der allgemein bildenden Schulen ist vielfach vernetzt, nur eine kleine Minderheit (2 %) pflegt überhaupt keine Kooperationen” (Deutsches Jugendinstitut 2002: 7). Bei der Frage nach den drei wichtigsten Kooperationspartnern findet sich die Jugendhilfe in den Feldern “Schulunterstützende Dienste” (Platz 1) und “Einrichtungen und Betriebe der Kommune” (Platz 2) wieder (ebd.).

3. Der „sozialräumliche Blick“ der Jugendarbeit als Grundlage einer bildungsorientierten Kooperation

Auf einem subjektorientierten Verständnis aufbauend, versucht eine sozialräumliche Konzeptentwicklung in der Kinder- und Jugendarbeit Einblicke in die unterschiedlichen Lebenswelten und Sozialräume von Kindern, Jugendlichen, Mädchen, Jungen, verschiedenen Cliquen usw. zu erhalten. Qualitative Methoden einer Lebensweltanalyse ermöglichen die erforderlichen differenzierten Einblicke:

- Stadtteilbegehung mit Kindern und Jugendlichen
- Nadelmethode
- Cliquenraster
- Institutionenbefragung
- Strukturierte Stadtteilbegehung
- Autofotografie
- Subjektive Landkarten
- Zeitbudgets,
- Fremdbilderkundung (Deinet/Krisch 2002)

Neben statistischem Material z.B. zur Bevölkerungsstruktur und anderen relevanten Daten des jeweiligen Sozialraums werden in einer Lebensweltanalyse solche qualitativen Methoden aus dem Reservoir der empirischen Sozialforschung im Rahmen einer „kleinen“ Feldforschung eingesetzt. Teilweise können auch Methoden der Jugendhilfeplanung oder aber Aktionsformen der Jugendarbeit selbst eingesetzt werden (z. B. Videostreifzüge). Die Anwendung solcher Methoden soll helfen, Lebenswelten von Kindern und Jugendlichen besser zu erfassen und die in der Praxis immer noch vorhandene Einrichtungsbezogenheit zu überwinden. Diese Methoden lehnen sich zum Teil an qualitative ethnografische oder biografische Forschungsmethoden an und versuchen, diese für die Praxis der Jugendarbeit anwendbar zu machen.

Zahlreiche dieser Methoden können als aktivierende Projekte direkt in der Kinder- und Jugendarbeit eingesetzt werden und dabei Beteiligungsmöglichkeiten für Kinder und Jugendliche eröffnen, die Jugendbefragungen so nicht bieten können. Lebensweltanalyse und Praxis der Kinder- und Jugendarbeit lassen sich auch ansatzweise verbinden, indem Kinder und Jugendliche etwa im Rahmen eines Videostreifzuges durch den Stadtteil zu Experten ihrer Lebenswelt gemacht werden. Die folgenden Beispiele zeigen, dass solche Methoden auch in enger Kooperation zwischen Jugendarbeit und Schule durchgeführt werden können und für beide Institutionen interessant sind.

Die Ergebnisse der Methoden können dann im Rahmen einer Konzeptentwicklung genutzt werden. Damit kann eine sozialräumlich orientierte Sozialpädagogik ein Methodenrepertoire und eine Kompetenz zum Verstehen der Lebenswelten von Kindern und Jugendlichen einbringen, die weit über die klassischen „Betreuungsfunktionen“ hinausgehen und sich somit zu einem wichtigen Bestandteil einer gemeinwesen- und lebensweltorientierten Jugendhilfe weiterentwickeln. Diese Jugendhilfe ist idealer Partner einer sich öffnenden Schule.

Beispiel: *In einem Stadtteil werden im Rahmen einer sozialräumlichen Konzeptentwicklung von Mitarbeiterinnen und Mitarbeitern einer Einrichtung der offenen Arbeit mit Kindern unterschiedliche Methoden zur Sozialraumanalyse durchgeführt. Bei einer dieser Methoden handelt es sich um die Methode der Autofotografie, bei der Kindergruppen motiviert und angeleitet werden, mit Einwegkameras wichtige Eindrücke aus ihrer Lebenswelt festzuhalten. In einer Kooperation mit einer Grundschule wurde dieser Methode durchgeführt und die Fotos ausgewertet. Neben der typisch kindlichen Sichtweise des eigenen Sozialraums wurden dabei auch Problembereiche deutlich, die vorher unbekannt waren. So gab es immer wieder Fotos aus dem Bereich einer Grundschule, die mit einer Schule für Körperbehinderte sehr dicht zusammen liegt. Typisch für die dortigen Fotografien war die Unterschrift "Hier hat mir mal ein Behinderter hinterher geschrieen". Diese und ähnliche Aussagen machten deutlich, dass viele Kinder Ängste im Kontakt mit körperbehinderten Kindern haben und diese sich über unterschiedliche Fotos in einem bestimmten Bereich des Stadtteils ausdrückten. Dieser Angstraum war weder den Lehrerkollegen noch der Jugendarbeit vorher bekannt und führte in der Auswertung zur Planung eines gemeinsamen Projektes, um Ängste bei den Kindern abzubauen und Kontakte herzustellen etc.*

Ein weiteres Beispiel aus dieser Sozialraum-/Lebenswelterkundung bezog sich auf die Ernährungssituation vieler Kinder. Es war schon vorher klar, dass die Ernäh-

rungssituation der Kinder und Familien zumindest in der Woche über durch Fastfood gekennzeichnet ist. Über die Methode „Zeitbudget", in der Kinder Wochenpläne bzw. Tagespläne mit Symbolen für die jeweiligen Tätigkeiten versehen, wurde deutlich, dass auch die Ernährungssituation am Wochenende in den Familien sehr ungenügend ist. Dazu wurden viele Tagespläne der Kinder ausgewertet, die für das Essen ein bestimmtes Symbol benutzten und dieses Symbol dann auch entsprechend beschrifteten („Was gab es zu essen? Welche Mahlzeiten?"). So entstand bei Lehrerkollegen und der Kinder- und Jugendarbeit ein Bild, das deutlich machte, dass die Gesundheits-/Ernährungssituation ein Thema ist, das von den Institutionen aufgegriffen werden muss. Auch aus diesem Thema ergaben sich unterschiedliche Projekte, etwa ein Frühstück in zwei Grundschulen sowie eine zusätzliche Über-Mittag-Betreuung in der Einrichtung der offenen Arbeit mit Kindern.

Zwischen Schulen und Einrichtungen der Jugendhilfe können sich im sozialräumlichen Rahmen, z.B. eines Stadtteils, zahlreiche Themen und gemeinsame Aufgaben ergeben, die nicht so sehr aus der jeweiligen institutionellen Sicht bestimmt sind, sondern aus den Anforderungen, Problemen, Themen des Sozialraums und der Lebenswelten einzelner Zielgruppen etc.

Der Stadtteil/der Sozialraum ist sowohl für Schule als auch Jugendarbeit die wesentliche Klammer, aber in der Regel verfügen die Jugendarbeiter/innen eher als die Lehrer/innen über detaillierte Einblicke in die Lebenswelten von Kindern und Jugendlichen. Diese Kompetenz als Experten/innen für den Sozialraum basiert auf einer wesentlichen Veränderung der Konzeptionierung der Kinder- und Jugendarbeit: Weg von der Einrichtungszentriertheit hin zu einer Orientierung potenziell an alle Kinder und Jugendlichen im Sozialraum und einer herausreichenden, die Grenzen der Einrichtung überschreitenden Arbeit im Stadtteil.

Auf dieser Grundlage ist eine sehr viel breitere Kooperation zwischen Schulen und Einrichtungen der Jugendarbeit möglich: Eine sozialräumlich orientierte Offene Kinder- und Jugendarbeit versteht sich als Bindeglied zwischen dem Lebensort Schule und den Lebenswelten von Kindern und Jugendlichen. Eine solche Kooperation ist deshalb nicht nur fixiert auf die am Ort der Schule und durch die Institution Schule verursachten Themen und Probleme von Kindern und Jugendlichen. Der Blick auf die Lebenswelten macht es auch möglich, Themen und Aufgaben zu entwickeln, die nicht aus einer rein institutionellen Sicht bestimmt werden, sondern sich aus den Anforderungen, Problemen und Themen des Sozialraums, Stadtteils etc. ergeben.

Viele Schulen erweitern ebenfalls ihren Erziehungs- und Bildungsauftrag und versuchen über die Unterrichtsgestaltung hinaus ihr Schulleben so zu verändern, dass Schule zum Lebensort für Kinder und Jugendliche werden kann. Dies bedeutet auch eine stärkere Verzahnung zwischen Schulen und den jeweiligen Sozialräumen, in denen sie liegen. Mack u.a. betonen in ihrer Untersuchung diese Tendenz und unterscheiden sogar verschiedene Formen der sozialräumlichen Öffnung von Schule: „Die Schule mit stadtteilorientiertem Schulprogramm, die gemeinwesenorientierte (offene) Schule und die Stadtteilschule“ (Mack u.a. 2004: 214 f.).

Auf diesem sozialräumlichen Hintergrund kann sich eine Brücke zwischen Jugendarbeit und Schule entwickeln. Schulen gehören zu den wichtigsten Sozialräumen von Kindern und Jugendlichen. Neben ihrer Funktion als formelle Bildungsinstitutionen sind Schulen auch soziale Orte, Treffpunkte, an denen auch informelle Bildungsprozesse stattfinden. Die Ergebnisse sozialräumlicher Analysen sind für Schule interessant unter dem Aspekt der Öffnung von Schule und der Erweiterung der Schulkonzeption im Schulprogramm, und sie können eine Grundlage für gemeinsames Handeln im Sozialraum bilden.

Der sozialräumliche Blick der Kinder- und Jugendarbeit als eigenständige sozialräumliche Profilierung und Grundlage einer Kooperation mit Schulen, der sich an den Lebenswelten von Kindern und Jugendlichen orientiert, ist auch in anderen Bereichen der Jugendhilfe anwendbar (z.B. Hilfen zur Erziehung und Tageseinrichtungen).

4. Sozialräume als Planungs- und Organisationsrahmen für Jugendhilfe und Schule

Die am Beispiel der Offenen Kinder- und Jugendarbeit vorgestellte sozialräumliche Orientierung ist auch in weiteren Feldern der Jugendhilfe zu einem wichtigen Muster der fachlichen Orientierung geworden. Im Folgenden wird deshalb auf das gesamte Feld der Jugendhilfe und nicht nur auf die Offene Kinder- und Jugendarbeit Bezug genommen.

Die in der Jugendhilfe vielfach diskutierte Sozialraumorientierung muss als tragfähige Grundlage für eine Kooperation zwischen Schule und Jugendhilfe entsprechend modifiziert werden. Schon die in der Jugendhilfe unterschiedliche Definition von Sozialräumen zwischen Hilfen zur Erziehung, Jugendarbeit und anderen Abteilungen bzw. Zuschnitten ist problematisch. Wenn dann Schulbezirke noch völlig anders zugeschnitten sind, macht eine gemeinsame Orientierung wenig Sinn. Es muss deshalb darum gehen, in einer Kommune/in einem Landkreis den Zuschnitt der sozialräumlichen Orientierung der Jugendhilfe und der Schulbezirke in eine bessere Übereinstimmung zu bringen, so dass gewährleistet ist, dass beide Bereiche, wenn sie von Sozialräumen sprechen, gleiche Lebensbereiche und sozialgeographische Bezirke meinen.

Diese sozialräumliche Verbindung funktioniert aber in der Praxis nur da, wo die Orientierung einer Schule auch einen ganz konkreten Bezug zum Stadtteil bzw. Einzugsbereich aufbauen lässt. Dies ist im Bereich insbesondere der städtischen Hauptschulen meist sehr gut möglich, da diese eingebunden sind in einem Stadtteil und ihr Einzugsbereich relativ überschaubar ist. Eine Orientierung an den Lebenswelten von Kindern und Jugendlichen bedeutet hier für Schule auch immer eine Orientierung an dem jeweiligen Stadtteil und Sozialraum, auch wenn subjektive Lebenswelten von Kindern und Jugendlichen nicht immer mit dem jeweiligen Sozialraum (Stadtteil, Bezirk etc.) deckungsgleich sein müssen. Gemeinsame Planungsräume sind eine wesentliche Grundlage für die Kooperation! Deshalb ist z.B. in Schulzentren mit einem großen Einzugsbereich insbesondere im ländlichen Raum eine solche sozialräumliche Verbindung kaum möglich. Die Kinder und Jugendlichen kommen aus einem oft weit verstreuten Gebiet, ihre subjektiven Lebenswelten haben Bezüge zu sehr unterschiedlichen Sozialräumen und die Schule findet keine Orientierung zu „ihrem“ Sozialraum, in dem sich die Lebenswelten konkretisieren.

Eine sozialräumliche Orientierung von Schule und Jugendhilfe sollte auch dazu führen, dass die entsprechenden Planungsinstrumente besser aufeinander abgestimmt werden. Es wird deshalb in einem ersten Schritt darum gehen, in einer Kommune, in einem Landkreis den Zuschnitt der sozialräumlichen Orientierung der Jugendhilfe und der Schulbezirke in eine bessere Übereinstimmung zu bringen, so dass gewährleistet ist, dass beide Bereiche, wenn sie von Sozialräumen sprechen, gleiche Lebensbereiche und sozialgeographische Bezirke meinen.

Eine solche, auf die Abstimmung der Planungsräume bezogene sozialräumliche Orientierung von Schule und Jugendhilfe muss weiter dazu führen, dass die entsprechenden Planungsinstrumente besser aufeinander abgestimmt werden: Eine Integration von Schulentwicklungs- und Jugendhilfeplanung ist anzustreben, ohne die eine der anderen Planungsform unterzuordnen. Dafür muss sich insbesondere die Schulentwicklungsplanung wesentlich von einer rein quantitativen Planung zusätzlicher Schulbauten und Bedarfe zu einem Verständnis einer erweiterten Schulträgerschaft entwickeln, in der z. B. auch Ganztagsangebote im schulischen Bereich Teil der schulischen Planung sind.

Auch Schulprogramme und Konzepte von Einrichtungen der Jugendhilfe könnten wichtige Grundlage für eine sozialräumlich orientierte Verbindung von Schulentwicklungs- und Jugendhilfeplanung sein. Beide Konzepte beschreiben Profile einzelner Einrichtungen von Schulen in ihren jeweiligen Sozialräumen und die sich dort stellenden Aufgaben und Bedarfe. Für eine auch sozialräumlich ausgerichtete Verbindung von Schulentwicklungs- und Jugendhilfeplanung könnte dies die fachliche Grundlage sein um für Sozialräume gemeinsame Bedarfe sowohl im Bezug auf Schulentwicklung als auch auf die Entwicklung der Jugendhilfe zu formulieren. Die Bedeutung von Schulprogrammen wird auch in der o.g. Studie des Deutschen Jugendinstituts hervorgehoben: „So verfügen bereits 42 % der befragten Schulen über ein

Schulprogramm, bei 27 % ist ein solches in Arbeit und 11 % sind in der Planung" (Deutsches Jugendinstitut 2002: 12).

Die skizzierte Sozialraumorientierung kann Anstoß sein für eine Organisationsentwicklung, die den kommunalen Rahmen für die Kooperation von Jugendhilfe und Schule bildet. Dazu gehören aber auch verwaltungsorganisatorische Bedingungen: Günstig für die Kooperation wirkt sich aus, wenn beide Bereiche innerhalb eines Dezernates angesiedelt sind. Konkurrenz oder immer wieder auftretende Abstimmungsprobleme zwischen unterschiedlichen Dezernaten bzw. Geschäftsbereichen wirken sich nachteilig auf die Kooperation zwischen Jugendhilfe und Schule aus. Noch bessere Bedingungen für eine Kooperation ergeben sich, wenn Jugendhilfe und Schulträger in einem Amt oder Fachbereich integriert sind.

Wie die Befragung der Kommunen gezeigt hat (vgl. den Beitrag von M. Icking in diesem Band), liegt in 60 % der Kommunen und Landkreise die Zuständigkeit für die Bereiche Schulverwaltung und Jugendhilfe in einem Dezernat bzw. in einem Geschäftsbereich. Damit sind hier bereits überwiegend gute Voraussetzungen für die Kooperation geschaffen worden. Allerdings ist die u.a. durch die Organisationsentwicklung im Rahmen neuer kommunaler Steuerungsmodelle angestoßene weitere Integration von Schulverwaltungs- und Jugendämtern in gemeinsame Ämter bzw. zu Fachbereichen Jugendhilfe und Schule weit weniger verbreitet. Erst in 17 % der Kommunen und Landkreise ist diese Zusammenführung bereits abgeschlossen bzw. in der Planung.

Die beschriebene sozialräumliche Verbindung zwischen Jugendhilfe und Schule stößt in den Landkreisen auf besondere Schwierigkeiten. Zwischen den großen Schulzentren mit weiten Einzugsbereichen und eher zufällig in der Nähe liegenden Einrichtungen der Jugendhilfe (etwa einer kommunalen Jugendeinrichtung) existiert nicht die Brücke eines gemeinsamen Sozialraums. Die Kinder und Jugendlichen einen Schulzentrums kommen aus vielen Sozialräumen eines weiten Einzugsbereiches und sind nicht automatisch auch (potenzielle) Besucher/innen eines Jugendhauses oder einer anderen Jugendhilfeeinrichtung.

Schaut man in andere Bereiche der Jugendhilfe, stellt sich die Landkreissituation ebenfalls ausgesprochen schwierig dar: Die Hilfen zur Erziehung sind entweder zentral organisiert oder befinden sich in der Entwicklung zu Sozialraumteams mit einer regionalen Orientierung im Landkreis. Schulbezirke und sozialräumliche Orientierung im Landkreis lassen sich nur schwer in Deckung bringen. Dazu kommt eine besondere Strukturproblematik, da es in den meisten Landkreisen zahlreiche kleinere Gemeinden ohne eigenes Jugendamt gibt, die aber selbst Träger von Jugendhilfemaßnahmen sind, etwa im Bereich der Schulsozialarbeit oder der Jugendarbeit. Die Rolle der Kreise/Kreisjugendämter als Schul- und Jugendhilfeträger in der Kooperation zwischen Jugendhilfe und Schule ist deshalb oft schwierig zu gestalten.

5. Entwicklungsaufgaben für Schule und Jugendhilfe

Auf der Grundlage einer sozialräumlichen Verbindung lassen sich Entwicklungsaufgaben für beide Bereiche beschreiben, die für die Zusammenarbeit von Jugendhilfe und Schule wichtige Rahmenbedingungen schaffen, fördern und verändern. Schulische Entwicklungsaufgaben sind:

- „Kommunalisierung von Schule" bedeutet die Verlagerung möglichst vieler Kompetenzen und Entscheidungsbefugnisse auf die Ebene der Kommune bzw. der einzelnen Schule, so dass sich Schulen etwa bei der Einstellung von Lehrkräften oder anderen Fachkräften auf die Bedarfe ihres Sozialraums einstellen können.
- In der Schulprogramm-Entwicklung, die als Konzeptentwicklung der Einzelschule zu verstehen ist, geht es darum, ein möglichst individuelles Profil der Einzelschule zu entwickeln, das sich u. a. auch dadurch auszeichnet, dass es auf den jeweiligen Einzugsbereich/Sozialraum orientiert ist.
- Die Kommunen können diesen Prozess dadurch unterstützen, dass sie ein erweitertes Verständnis der Schulträgerschaft entwickeln, d. h. sich selbst auch verantwortlich sehen für die Schule als Lebensort im Gemeinwesen, etwa durch die Bereitstellung von Stellen für Schulsozialarbeit in der Jugendhilfe. Konsequenz dieser Entwicklung ist eine Überwindung der Trennung der äußeren und inneren Schulangelegenheiten, so wie sie bisher im Schulbereich noch anzutreffen ist.

Diesen Anforderungen an Schule stehen Entwicklungsaufgaben der Jugendhilfe gegenüber. Es geht zunächst darum, Schule als Lebensort zu begreifen und vorhandene Hemmnisse und Vorurteile zu überwinden. Wenn Jugendhilfe als Kooperationspartner von Schule akzeptiert werden will, muss die jetzt noch vorhandene Segmentierung innerhalb der Jugendhilfe überwunden werden.

Voraussetzung für eine solche Umorientierung der Jugendhilfe ist die weitere sozialräumliche Orientierung in allen Bereichen der Jugendhilfe, z.B. die Perspektive „vom Fall zum Feld" in den Hilfen zur Erziehung. Es geht um eine sozialräumliche Orientierung an den Bedarfen, Erfordernissen, Themen und Problemen des jeweiligen Sozialraums, weg von der reinen institutionellen Sichtweise des jeweiligen Bereiches. Dadurch entsteht ein erweitertes Blick- und Handlungsfeld der Jugendhilfe, das über ihren eigenen Bereich hinaus geht und etwa in den Bereichen der Stadtentwicklung und Raumplanung auch Themen aufnimmt und transportiert, die nicht nur in den Zuständigkeitsbereich der Jugendhilfe fallen.

Die hier nur kurz skizzierten Entwicklungsperspektiven Schule und Jugendhilfe können zu einem besseren sozialräumlichen Verständnis in beiden

Bereichen führen. Grundlage dafür ist aber der Verzicht auf eine Vermischung der beiden Bereiche. Schule und Jugendhilfe haben eigenständige und unterschiedliche Bildungsaufträge und Methoden. Die Lebenswelt der Kinder und Jugendlichen und die Gestaltung des Sozialen können zu einer sozialräumlichen Brücke und zu gemeinsamen Aufgaben führen. Aus den unterschiedlichen Zugängen und der Formulierung gemeinsamer Ziele lassen sich Schnittmengen finden, die gemeinsam anzugehende Bereiche beschreiben.

6. Literatur

Baacke, Dieter (1984): Die 6-12jährigen. Weinheim.

Braun,Karl-Heinz/Wetzel,Konstanze (2000): Sozialpädagogisches Handeln in der Schule. Neuwied.

Deinet, Ulrich/Krisch, Richard (2002): Der sozialräumliche Blick der Jugendarbeit. Methoden und Bausteine zur Konzeptentwicklung und Qualifizierung. Opladen.

Deutsches Jugendinstitut (2002): Schule und soziale Netzwerke. Erste Ergebnisse der Befragung von Schulleitern zur Zusammenarbeit allgemeinbildender Schulen mit anderen Einrichtungen und Personen, Zwischenbericht. München.

Krisch, Richard (2001): Über die pädagogische Aufschließung des Stadtraumes: Sozialräumliche Perspektiven von Jugendarbeit. In: Liegle Ludwig/Thiersch Hans/Treptow Rainer (Hrsg.): Zur Neubestimmung des Bildungsbegriffs in der Pädagogik der frühen Kindheit und in der Sozialpädagogik. Freiburg im Breisgau.

Löw, Martina (2001): Raumsoziologie. Frankfurt a. M.

Mack, Wolfgang/Raab, Erich/Rademacker, Hermann (2003): Schule, Stadtteil, Lebenswelt. Eine empirische Untersuchung. Opladen.

Österreichisches Institut für Schul- und Sportstättenbau (ÖISS) (2004): Prinzipien der Schulfreiraumgestaltung".Wien

Zeiher, Helga (1983): Die vielen Räume der Kinder. Zum Wandel räumlicher Lebensbedingungen seit 1945.In: Preuss-Lausitz, Ulf u. a.: Kriegskinder, Konsumkinder, Krisenkinder. Berlin.

Kooperation von Jugendhilfe und Schule im Spannungsfeld unterschiedlicher Anforderungen

Raingard Knauer

Jugendhilfe und Schule nähern sich aneinander an – manchmal vorsichtig, manchmal in brisantem Tempo. Die Zusammenarbeit bietet Chancen aber auch Risiken für beide Partner. Zu häufig stehen pragmatische Lösungen im Vordergrund, zu selten findet zunächst eine Klärung der fachlichen Eckpfeiler als Basis der Zusammenarbeit statt. Der folgende Beitrag liefert Diskussionsanregungen für diese fachliche Klärung und formuliert Qualitätsansprüche an die Kooperation zweier Partner, die zwar in der Regel mit den selben Kindern und Jugendlichen arbeiten, aber doch mit ganz unterschiedlichen Perspektiven und vor dem Hintergrund einer eigenständigen Fachlichkeit.

Jugendhilfe und Schule sind in Bewegung geraten – jede Institution für sich und beide zusammen. Die Jugendhilfe entdeckt zumindest für Kindertageseinrichtungen und die offene Jugendarbeit die Bildung (wieder und zum Teil neu) und ist durch die drängenden Probleme von Kindern und Jugendlichen aufgrund gesellschaftlicher Entwicklungen (Armut, Benachteiligungen etc.) in ihrer Unterstützungsfunktion gefordert. Die Schule steht einerseits Anforderungen der Individualisierung bei gleichzeitig verschärfter Leistungsorientierung gegenüber, soll sich andererseits vom Lernort zum Lebensort wandeln und Kindern und Jugendlichen ganztags einen verlässlichen Ort bieten. Dass diese beiden, sich selbst in Bewegung befindlichen Institutionen nun auch noch miteinander kooperieren und sich aufeinander zu bewegen sollen, führt manchmal zu heftigen Schlingerbewegungen, bei denen das eine oder andere Projekt auch aus der Bahn geworfen wird.

In Ganztagsschulen treffen diese sich bewegenden Institutionen in ganz besonderer Form aufeinander. Sie sollen wenn möglich zu einem gemeinsamen dritten (Bundesministerium für Familie Senioren Frauen und Jugend 2005) zusammenwachsen. Nicht nur das Betreuungsdilemma (Thimm 2002) führt zur Forderung nach mehr Ganztagsschulen. Auch die Ergebnisse der Pisa-Studien weisen darauf hin, dass Ganztagsschulen Vorteile bieten, u.a. ist mit ihnen die Hoffnung verbunden, die Schere, die sich zwischen sozialer Herkunft und Bildungsabschlüssen aufgetan hat, zu verkleinern.

Die Zusammenarbeit von Jugendhilfe und Schule ist eine Zusammenarbeit von sich selbst erheblich verändernden Institutionen und wird darüber hinaus gerade durch die vermeintliche „Ähnlichkeit" ihrer Tätigkeit (beides sind pädagogische Institutionen und doch arbeiten sie auf ganz unterschiedlichen fachlichen Grundlagen – dadurch entstehen immer wieder Kommunikationsprobleme) erschwert. Die unterschiedlichen Machtkonstellationen zwischen Jugendhilfe und Schule, bei der die Schule aufgrund ihres Pflichtcharakters und ihrer Allokationsfunktion durch die Erteilung formaler Bildungsabschlüsse eine wesentlich größere Bedeutung hat als die Jugendhilfe, tun ein weiteres um die Kooperation zu erschweren. Dabei hat die Jugendhilfe berechtigterweise die größeren Befürchtungen in der Kooperation als kleinerer Partner funktionalisiert zu werden. Ich wage zu behaupten, dass die sich derzeit konstituierenden Kooperationsmodelle zwischen Jugendhilfe und Schule das Gesicht der Jugendhilfe ganz erheblich ändern können, vor allem dann, wenn sie die Einheit der Jugendhilfe in Frage stellen. Auch der 12. Kinder- und Jugendbericht spricht im Zusammenhang mit der Ganztagsschule von einer „Neuvermessung des gesamten Systems öffentlicher Bildung, Erziehung und Betreuung (Deutschland. Bundesministerium für Familie Senioren Frauen und Jugend 2005: 490). So steht die Zukunft der Zuordnung von Kindertageseinrichtungen zur Jugendhilfe im Extremfall ebenso zur Disposition wie der unabhängige Bildungsauftrag der Jugendarbeit. Es ist durchaus ein Szenario denkbar, in dem die Institutionen der Jugendhilfe, die allgemeine Bildungsaufgaben haben (Kindertageseinrichtungen und offene Jugendarbeit bzw. Jugendverbandsarbeit) künftig unter dem Dach der Schule agieren und von den eher sozial-unterstützenden Angeboten für benachteiligte Jugendliche (Hilfen zur Erziehung oder Jugendsozialarbeit), die dann in der klassischen Jugendhilfe verbleiben, abrücken. Dies wäre ein Verlust für alle Beteiligten, insbesondere für die Kinder und Jugendlichen und ihre Familien. Es gilt, so das Plädoyer auch in diesem Aufsatz, die Einheit der Jugendhilfe als starker Partner der Schule zu erhalten.

Wenn die Zusammenarbeit von Jugendhilfe und Schule tatsächlich etwas Neues im Sinne von mehr Bildungs- und Unterstützungsqualität für Kinder und Jugendliche hervorbringen soll, müssen die Eckpunkte beschrieben werden, zwischen denen sich Schule und Jugendhilfe in der Kooperation bewegen. Diese werden im Folgenden dargestellt als: Bildung und Erziehung als gemeinsame Aufgabe beider Institutionen sowie Unterricht und Unterstützung als arbeitsteilige Herausforderung für Jugendhilfe und Schule. Diese Eckpunkte – im Folgenden näher ausgeführt – lassen sich graphisch darstellen (siehe Zeichnung).

Im Bild wird deutlich, dass die Jugendhilfe ihren Bezugspunkt „Unterstützung" in der Regel außerhalb der Schule hat (die Träger von Jugendhilfe in schulischen Ganztagsangeboten sind häufig Jugendhilfeträger), während Schule die sie konstituierende Kernaufgabe „Unterricht" in der Schule hat. Mit ihren gemeinsamen Aufgaben „Bildung" und „Erziehung" reichen beide Institutionen über die Schule hinaus.

Die Aufgabe der Betreuung von Kindern (als zeitliche Kategorie) wird im Folgenden vernachlässigt, obwohl sie aufgrund veränderter familiärer Lebenssituationen (verlässliche Zeiten öffentlicher Bildung und Erziehung als Voraussetzung für die Vereinbarkeit von Berufs- und Familienarbeit) ein starker Motor für die Entwicklung von Kooperationsangeboten und Aufgabe beider Einrichtungen ist. Verlässliche Betreuung ist unerlässlich, stellt aber primär Anforderungen an die zeitliche Organisation von Schule und Jugendhilfe; fachlich ist sie eher uninteressant.

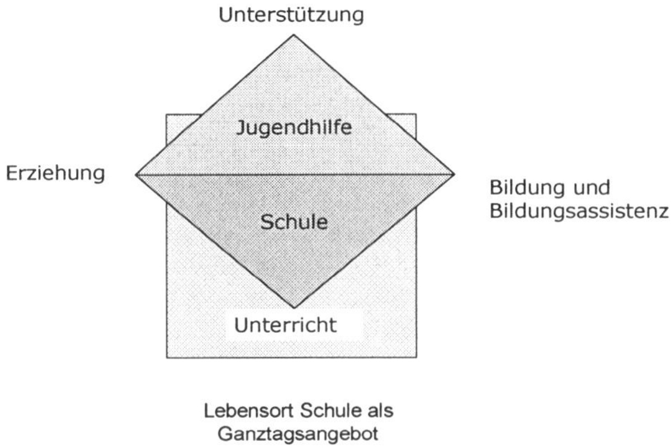

Im Folgenden werden diese Eckpunkte, aus denen sich das Spannungsfeld der Kooperation von Jugendhilfe und Schule ableitet, erläutert.

1. Bildung und Bildungsassistenz als gemeinsame Herausforderung für Jugendhilfe und Schule

Die Autoren des Zwölften Kinder- und Jugendberichts heben die zweifache Bedeutung von Bildung hervor:

„Bildung in diesem Sinne ist – zumindest in ihrer deutschen Variante – ein zentraler Begriff der Moderne, der sowohl auf das Individuum als auch auf die Gesellschaft zielt. Im Bildungsbegriff sind Vorstellungen von der Gesellschaft und deren Entwicklung ebenso aufgehoben wie Vorstellungen von den Individuen und deren persönlicher Entwicklung. Bildung hat deshalb immer zwei Funktionen im Blick: auf der einen Seite die Selbstkonstitution des Subjekts, auf der anderen Seite die Konstitution der Gesellschaft“ (Bundesministerium für Familie, Senioren, Frauen und Jugend: 2005: 107).

In der Regel wird Bildung als das verstanden, was jemand weiß und kann – und zwar vornehmlich in Bezug auf schulisches Wissen. Bildung wird hier gleichgesetzt mit der Reproduktion von Unterrichtsinhalten. Bildung in diesem Verständnis ist in erster Linie ein Produkt (wie in dem Begriff Bildungsabschluss fast parodistisch auf die Spitze getrieben). Auch die Pisa-Untersuchungen beschäftigen sich mit dem Produkt Bildung – sie untersuchen im internationalen Vergleich die Kompetenzen, die Kinder und Jugendliche im Alter von 15 Jahren in Bezug auf die erfragten Bereiche erworben haben (wenn auch unabhängig von den geltenden Lehrplänen). Diese Seite der Bildung verweist auf das gesellschaftliche Interesse an Bildung:

„Bildung dient in ihrer gesellschaftlichen Funktion der Reproduktion und dem Fortbestand der Gesellschaft, der Sicherung, Weiterentwicklung und Tradierung des kulturellen Erbes, der Herstellung und Gewährleistung der gesellschaftlichen und intergenerativen Ordnung, der sozialen Integration und der Herstellung von Sinn. In das, was als Bildung definiert wird, fließen somit auch Vorstellungen darüber ein, was die Gesellschaft zusammenhält und welche Werte für die Gesellschaft leitend sind“ (Bundesministerium für Familie Senioren Frauen und Jugend: 2005: 107).

Um die gesellschaftlich gewünschten Kompetenzen zu erreichen, wird aber die andere Seite der Bildung wichtig – die Selbstkonstitution des Subjekts. Bildung kann nicht von außen hergestellt werden sondern ist immer die Aktivität des Einzelnen und kann auch nur durch den Einzelnen selbst erfolgen. „Es besteht keine Möglichkeit einer direkten Übertragung von Erfahrung / Wissen / Kompetenzen vom Erwachsenen auf Kinder. Zwischen der anzueignenden Kultur und dem Kind steht grundsätzlich eine Konstruktionsleistung des Kindes. Pädagogik muss deshalb auf die Verstellung verzichten, Kindern (oder Erwachsenen) etwas beibringen zu können“ (Laewen 2002: 14). Bildung gelingt letztlich nur, wenn Kinder (und auch Erwachsene) sich selbstbildend betätigen. Schon Humboldt hat auf die Bedeutung des aktiven Tuns des sich Bildenden hingewiesen: „Bildung ist die Anregung aller Kräfte eines Menschen, damit diese sich über die Aneignung der Welt in wechselseitiger Ver- und Beschränkung harmonisch-proportionierlich entfalten und zu einer sich selbst bestimmenden Individualität oder Persönlichkeit führen, die in ihrer Idealität und Einzigartigkeit die Menschen bereichere“ (zitiert nach Hentig 1999: 38).

Vor allem in der fachlichen Debatte um Bildung in der frühen Kindheit und der offenen Jugendarbeit ist dieses Verständnis von Bildung dominant. Im Forschungsprojekt „Bildung in Kindertageseinrichtungen“ kommt Laewen zu dem Schluss: „Wir meinen dieses selbsttätige Bemühen des Kindes um Weltaneignung und Handlungskompetenz, wenn wir von Bildung als Selbstbildung im doppelten Sinn sprechen: Bildung durch Selbst-Tätigkeit und Bildung des Selbst als dem Kern der Persönlichkeit. Bildung – so verstanden – wäre also der Anteil des Kindes an seiner eigenen Entwicklung“ (2001: 61, vgl. auch Sting/Sturzenhecker 2005).

Bildung als lebenslanger Selbstbildungsprozess ist damit mehr als das was in der Schule geschieht. Hartmut von Hentig sagt auf die Frage: „Was bildet den Menschen?“ „Alles!“ (Hentig 1999: 13). Bildung findet in der Familie, in der Kindertageseinrichtung, beim Waldspaziergang, im Museum, beim ersten außerhäusigen Übernachten, der ersten Reise ohne Eltern und eben auch in Angeboten der Jugendhilfe und der Schule statt. Das Deutsche

Bundesjugendkuratorium unterscheidet in seiner Streitschrift „Zukunftsfähigkeit sichern!“ zwischen formeller Bildung (Schul-, Ausbildung und Hochschulsystem mit Bildungszertifikaten), nichtformeller Bildung (jede Form organisierter Bildung und Erziehung, die generell freiwilliger Natur ist und Angebotscharakter hat – damit u.a. alle Jugendhilfeangebote) und informeller Bildung (ungeplante Selbstbildungsprozesse im Alltag) (vgl. Bundesjugendkuratorium 2001).

Wenn Menschen sich überall bilden ist es auch aus gesellschaftlicher Perspektive zu kurz gegriffen, Bildung vor allem auf unterrichtliche Bildung zu verkürzen. Es geht vielmehr darum, zu prüfen, wie welche Bildungsinstitutionen Kinder und Jugendliche in ihren Bildungsprozessen begleiten und unterstützen können. Notwendig dafür ist ein grundsätzlicher Perspektivenwechsel, der nicht mehr die Institutionen (Schule und Jugendhilfe) in den Mittelpunkt stellt, sondern das Kind bzw. den Jugendlichen mit seiner Biographie und seinen konkreten Lebenssituationen.

Bildung braucht damit sowohl in der Jugendhilfe als auch in der Schule Pädagoginnen und Pädagogen, die (Selbst-)Bildungsprozesse von Kindern und Jugendlichen begleiten, erweitern und herausfordern (vgl. Schäfer 2003: 111; Sting/Sturzenhecker 2005: 44). Damit verbunden ist ein Rollenwechsel derer, die professionell in Bildungseinrichtungen arbeiten. Unter der Perspektive von Selbstbildung gerät die begleitende Tätigkeit von Pädagogen in den Blick.

Dafür wird im Folgenden der Begriff der *Bildungsassistenz* eingeführt. Dieser Begriff stammt aus der Arbeit mit Menschen mit Behinderungen oder Benachteiligungen (vgl. Jakobs 1997: 9f.). Er meint jede Art von Hilfe, die Menschen mit Behinderungen die Teilnahme an Bildungsangeboten größtmöglich unabhängig und selbstbestimmt ermöglicht. Voraussetzung dafür ist, dass die individuellen Bildungsprozesse vor dem biographischen Hintergrund jedes Kindes in den Blick geraten. Menschen mit Behinderungen können sich nur bilden, wenn ihre individuellen Sichtweisen und Zugänge wahrgenommen und in die Bildungsbegleitung integriert werden.

Was für die Zielgruppe der Menschen mit Behinderungen leicht nachvollziehbar ist, gilt unter der Perspektive von Selbstbildung grundsätzlich für alle Kinder und Jugendliche. Bildung als Selbstbildung erfordert Pädagoginnen und Pädagogen, die Kinder und Jugendliche in ihren individuellen Bildungsaktivitäten begleiten und immer wieder so herausfordern, dass Kinder diese Herausforderungen bewältigen können. In subjektorientierten Bildungskonzepten werden Pädagogen zu Assistenten der Selbstbildungsbewegungen der Kinder.

In den Bildungsleitlinien für Kindertageseinrichtungen in Schleswig-Holstein wird dieser Perspektivenwechsel wie folgt beschrieben: „Dieses Verständnis von früher Bildung als Selbstbildung geht mit einem Perspektivenwechsel der pädagogischen Arbeit einher. Während Bildungseinrichtungen bislang häufig fragten, wie Erwachsene Kindern etwas vermitteln können, gilt es unter diesem Blickwinkel eher zu fragen, welche Bedingungen Kinder brauchen, um selbst Fragen stellen und Antworten suchen zu können. Das hat unmittelbare Konsequenzen für die pädagogische Arbeit der Erzieherinnen und Erzieher. Ein solches Bildungskonzept verlangt von den Erwachsenen Offenheit und Kompetenz, sowie die Bereitschaft, differenziert und sensibel zuzuhören und zu beobachten als auch sowie den Kindern individuell neue Bildungsthemen zuzumuten.“ (MBWFK 2004: 7f.).

Die Unterstützung von Bildung durch Bildungsassistenz beinhaltet vor allem drei Aspekte:

Begleitung der Kinder und Jugendlichen bei ihren Bildungsfragen: Ausgangspunkt von Bildungsassistenz sind zunächst Themen, Interessen, Fragen und Herausforderungen, die von den Kindern und Jugendlichen selbst benannt und bearbeitet werden[1]. Fünf Mädchen aus der sechsten Klasse möchten Kino machen. Sie haben viele Fragen, vom Filmverleih bis zur Technik. Die Pädagogen nehmen diesen Wunsch ernst und bestätigen die Mädchen in ihrem Interesse. Fragen beantworten sie aber zurückhaltend. Sie übernehmen nicht das Ruder und organisieren einen Kinoabend sondern begleiten die Schülerinnen bei der Suche nach eigenen Lösungswegen.

Eröffnung neuer Bildungsfragen: Bildungsprozesse sind immer komplex und eröffnen weitere Bildungsfragen. Bildungsassistenz bedeutet, Kinder darin zu unterstützen, die vielen neuen Fragen und Anregungen, die sich ergeben, wahrzunehmen.

Eine Gruppe 12-jähriger Jungen verweigert sich seit einiger Zeit den Sportunterricht und fordert lautstark: „Sportunterricht ist langweilig - Wir wollen Kampfsport!“ Lehrkräfte und Sozialpädagogen bieten daraufhin eine Arbeitsgruppe „Kampfsport“ an. Zunächst steht das Training und sportliche Technik im Mittelpunkt. Nach und nach aber werden andere Themen auch für die Jugendlichen sichtbar: Regeln, Fairness, Konzentration, Körperwahrnehmung etc. Indem die Pädagogen diese Erfahrungen zum Thema machen, werden sie auch den Jugendlichen bewusster zugänglich. Die ursprüngliche „Kampfsporttruppe“ wird zu einem wichtigen Bildungsort für diese Jungen.

Zumutung von Bildungsfragen: Bildungsassistenz erfordert Vertrauen in die Fähigkeiten junger Menschen. Bildung findet vor allem an den Grenzen der eigenen Kompetenz statt. Kinder lernen vor allem dann, wenn sie sich mit Anforderungen auseinandersetzen, die sie noch nicht gemeistert haben, die aber innerhalb der Zone ihrer Möglichkeiten liegen. Der Psychologe Vygotskij bezeichnet diesen Spielraum als „Zone der nächsten Entwicklung“ (Vygotskij 2002: 326 ff.). Bildungsassistenz beinhaltet damit auch „Zumutungen“ (Laewen), die innerhalb der Bewältigungsmöglichkeiten der Kinder

---

1 Der Zusammenhang zwischen der Erkundung individueller Bildungsfragen von Kindern (also Partizipation) und Bildung wurde im Projekt „Philosophieren mit Kindern“ im Rahmen des Modellprojekts *„Die Kinderstube der Demokratie“* besonders deutlich (vgl. Hansen/Knauer/Friedrich 2004)

liegen. Die anstehende Klassenfahrt will organisiert werden. „Das macht ihr alleine – das schafft ihr schon“ ist das Motto der Pädagogen. Sie beobachten die Vorbereitungen, ermutigen die Kinder, selbst Lösungen für anstehende Probleme zu finden. Sie trauen ihnen immer ein wenig mehr zu, als die Kinder meinen, derzeit vielleicht zu können. So wachsen die Kinder über sich hinaus und organisieren die Klassenfahrt weitgehend selbständig.

Zu diesen Aspekten gehört zwingend ein vierter Aspekt, der im Abschnitt drei beschrieben wird – die Unterstützung des einzelnen Kindes bzw. seines Bezugssystems, wenn diese (z.B. für Kinder in benachteiligten Lebenssituationen) notwendig ist.

Fazit: Im Gegensatz zum allgemeinen Verständnis von Bildung (Gleichsetzung mit schulischem Unterricht) kann Bildung nicht durch Erwachsene hergestellt werden, sie kann allerdings durch Bildungsassistenz gefördert werden. In Kooperationsangeboten von Jugendhilfe und Schule muss geklärt werden, wie Lehrkräfte und Jugendhilfemitarbeiterinnen Bildungsassistenz leisten können.

2. Erziehung als gemeinsame Herausforderung für Jugendhilfe und Schule

Der Begriff der Erziehung ist ebenso klärungsbedürftig wie der Begriff der Bildung. Die klassische Definition von Erziehung lautete: „Erziehung ist die Summe der Reaktionen einer Gesellschaft auf die Entwicklungstatsache“ (Bernfeld, vgl. Thole/Pfaffenberger 2002). Erziehung in diesem Sinne meint die Initiierung von Lernprozessen als Antwort auf die Tatsache, dass junge Menschen darauf angewiesen sind, Kompetenzen zu erwerben. Erziehung ist damit die Aktivität der Erwachsenen. Erziehung beruht auf einer Vorstellung davon, was richtig und falsch ist, welche Kompetenzen und Verhaltensweisen notwendig sind. Erziehung ist immer auf Erziehungs*ziele* ausgerichtet – mit anderen Worten, um erziehen zu können, brauchen Erwachsene eine Vorstellung von der (erwünschten oder befürchteten) Welt von morgen.

Auch wenn der Begriff der Erziehung sowohl in der Schule als auch in der Jugendhilfe eher randständig genutzt wird (die öffentliche Aufforderung, wieder mehr Mut zur Erziehung zu zeigen wird von beiden Institutionen eher abgelehnt[2]), findet Erziehung in beiden Institutionen täglich statt. Sowohl

2 Die Schule verweist in diesem Zusammenhang gerne darauf, dass die Aufgabe der Erziehung in den Elternhäusern läge und dass die Schule Erziehungsdefizite der Familien nicht ersetzen könne. Die Jugendhilfe vermutet hinter der Aufforderung nach mehr Erziehung schnell autoritäres Gedankengut, das ihrer Vorstellung einer partizipativen Pädagogik widerspricht.

Lehrkräfte als auch Sozialpädagoginnen verfolgen mit ihrem Handeln Erziehungsziele: Die Lehrerin lässt die Klasse eine Klassenordnung erarbeiten, damit sich die Kinder auf sozial erwünschte Verhaltensweisen einigen; der Lehrer droht Strafarbeiten an, wenn die Klasse nicht ruhiger wird; der Sozialpädagoge weigert sich, die Hinterlassenschaften der letzten Fete wegzuräumen und macht die Durchführung des geplanten Kinobesuchs davon abhängig, ob die Kinder selbst aufräumen; die Sozialpädagogin hält in der Gruppensitzung ein deutliches Plädoyer dafür, miteinander zu reden, statt sich anzupöbeln. Ob es ihnen bewusst ist oder nicht - alle erziehen und begründen dies in der Regel mit der Verantwortung, die sie für die Zukunft des Kindes haben.

Allerdings bleibt Erziehung ohne das Zutun derjenigen, die erzogen werden sollen, machtlos. Erziehung (als Tätigkeit der Erwachsenen) wird erst wirksam, wenn Bildung (als Tätigkeit der Kinder) hinzukommt. Ob die Aufforderung, eine Klassenordnung zu erstellen, bei den Kindern tatsächlich die erwünschten Wirkungen zeigt, ob das eindrückliche Plädoyer für eine achtende Gesprächskultur die Kinder wirklich zum Nachdenken bringt, - das liegt nur zum Teil in den Händen der Erziehenden. Hier wird das untrennbare Verhältnis von Erziehung und Bildung deutlich.

Bildung kann durch Erziehung initiiert werden. Erziehung ist aber nicht gleichbedeutend mit Bildungsassistenz. Während Bildungsassistenz die Tätigkeit der Erwachsenen vor allem in Bezug auf die Bildungsprozesse der Kinder fokussiert, basiert Erziehung auf normativen Grundüberzeugungen der Erwachsenen. Erziehung will bestimmte Ziele erreichen, will bestimmte Ergebnisse von Bildungsprozessen anregen. In der Erziehung steht sehr viel stärker als in der Bildungsassistenz die Person des Erziehenden im Mittelpunkt. Erziehen kann ich nur, wenn ich mich als Person mit meinen Normen und Werten, meinen Standpunkten und meinen Kompetenzen darstelle. Erziehung beinhaltet damit immer auch ein konfrontatives Aushandeln mit Kindern und Jugendlichen.

Erziehung kann dabei unterschiedlich begriffen und umgesetzt werden. Heinrich Kupffer unterscheidet traditionelle Ansätze von Erziehung in denen das Verhältnis zwischen Erziehendem und Erzogenem durch ein Machtverhältnis gekennzeichnet ist von freiheitlichen Ansätzen in denen Erziehung von den Rechten des Kindes ausgeht (vgl. Kupffer 1980). Erziehung kann einerseits als mit Macht unterstützte Durchsetzung erwünschter Verhaltensweisen verstanden werden (Das Kind bleibt in diesem Verständnis Objekt der Pädagogik). Erziehung kann andererseits aber auch als diskursiver Prozess zwischen Subjekten gestaltet werden (dann geht es um Formulierung von Anforderungen, um Auseinandersetzung, um Suche nach Konsens oder Kompromissen, manchmal auch um das Aushalten unterschiedlicher Werte und Normen). Eine solche Erziehung basiert auf fortlaufenden Verhandlungen zwischen Erzieher und Kind (vgl. Oelkers 2002). Das Kind ist Subjekt, es geht um Mündigkeit, Autonomie und Emanzipation in der Erziehung.

Erziehung ist sowohl theoretisch als auch in der Praxis ein unbestimmter Begriff. Während Hermann Gieseke angesichts gesellschaftlicher Veränderungen „Das Ende der Erziehung" (Gieseke 1996) gekommen sieht, während Werner Thole und Hans Pfaffenberger im Fachlexikon der Sozialen Arbeit feststellen: „Im Konzert der sozialpädagogischen Diskussionen spielt der Erziehungsbegriff heute keine bedeutende Rolle mehr" (2002: 281), spielt in der Öffentlichkeit die Forderung nach mehr Erziehung dagegen eine wichtige Rolle. So wird der Erziehungsnotstand oder die Erziehungskatastrophe medienwirksam ausgerufen und ‚Mut zur Erziehung' gefordert. Sowohl Lehrkräfte als auch sozialpädagogische Fachkräfte tun gut daran, reflexiv mit dem Begriff Erziehung umzugehen, um nicht in die Aktionismusfalle zu geraten oder Erziehung mit Anpassung gleichzusetzen. Dies ist insbesondere notwendig an pädagogisch gestalteten Lebensorten, wie zum Beispiel in der Ganztagsschule.

3. Unterricht und Unterstützung als arbeitsteilige Herausforderung für Schule und Jugendhilfe

Während Bildung und Erziehung in der Ganztagsschule gemeinsame Aufgabe von Jugendhilfe und Schule sind, in die beide ihre spezifischen Kompetenzen einbringen, ist Unterricht primär die Tätigkeit von Lehrkräften, Unterstützung bei der Lebensbewältigung primär Aufgabe von sozialpädagogischen Fachkräften.

Unterricht: Schule als Ort des fachlichen Lernens (Thimm 2002: 183) ist vor allem durch den Unterricht geprägt. Unterricht ist ein „geplanter Lehr- bzw. Lernprozess, in dem durch einen oder mehrere Lehrer an einen oder mehrere Schüler Wissen, Fähigkeiten, Fertigkeiten, Handlungsweisen und Einstellungen in meist organisierter und institutionalisierter Form vermittelt werden" (Meyers Großes Taschenlexikon 1992: 24). Kern des Unterrichts ist die geplante Vermittlung bestimmter Sachverhalte und Kompetenzen. In diesem Sinne ähnelt der Unterricht Erziehung. Ziel des Unterrichts ist die Vermittlung von Kompetenzen in der Annahme, dass Schülerinnen und Schüler durch Unterricht dazu befähigt werden, sich diese Kompetenzen anzueignen. Aber auch Unterricht ist wie Erziehung auf die Bildungstätigkeit der Kinder angewiesen. Jede Lehrerin weiß, dass sie letztlich keine Möglichkeit hat, einem Kind, das im Deutschunterricht sinnierend die Vögel auf dem Fensterbrett beobachtet, dazu zu zwingen, z.B. den Konjunktiv von „geben" zu vermitteln, wenn das Kind diesen, aus welchen Gründen auch immer, nicht irgendwann selbst begreifen will.

Die Reformempfehlungen für das Bildungswesen der Hans-Böckler-Stiftung fordern von der Schule, darüber nachzudenken, wie es gelingen kann, Schülerinnen und Schüler vom Objekt der Belehrung zum Subjekt des Lernens zu machen (vgl. Sachverständigenrat Bildung bei der Hans-Böckler-Stiftung 2002: 79). Die Tätigkeit der Lehrkräfte muss daraufhin überprüft werden, ob und wie es gelingt, Kinder und Jugendliche dazu anzuregen, sich mit den Anlässen, die der Unterricht bietet, auseinanderzusetzen. Von Hentig sagt dazu: „Der ... Grundsatz ‚Soviel Belehrung wie möglich durch Erfahrung ersetzen' wird durch den anderen Grundsatz ‚Erfahrung ins Bewusstsein heben' ergänzt: Das Erfahrene muss eingeordnet, die dabei gewonnene Erkenntnis oder Fähigkeit eingeübt und durch Übertragung auf andere Gegenstände verallgemeinert werden." (von Hentig 1995 zit. nach Knopff 1997: 42). Schule muss dabei an den Lebenserfahrungen der einzelnen Schülerinnen und Schüler anknüpfen. Dies fordert Individualisierung, Differenzierung und Reflexion des Unterrichts.

Unterstützung: Bildung und Erziehung braucht eine Basis: sie baut auf verlässlichen Bindungen, Zugehörigkeit und sozialer Sicherung. Kinder in schwierigen Lebenssituationen, Jugendliche, die keine Zukunftschancen sehen oder junge Menschen, die sich nicht zugehörig fühlen, sind in ihren Bildungsmöglichkeiten eingeschränkt. Darauf weist die Pisa-Studie hin, die auch als Armutsstudie gelesen werden kann. Michael Winkler fordert in diesem Zusammenhang nicht nur eine Bildungs- sondern auch eine Armutsdiskussion zu führen. "Mehr denn je steht zur Debatte, dass Sozialpädagogik und Jugendhilfe als Infrastruktur zu stabilisieren sind, in welcher um die fundamentalen Leistungen zu ringen ist, durch die Bildung überhaupt erst ermöglicht wird" (Winkler 2004: 70).

Bildungspolitik kann von Sozialpolitik nicht getrennt betrachtet werden. Ein Teil von Sozialpolitik ist die Gestaltung der Aufgaben und Rahmenbedingungen Sozialer Arbeit, in diesem Fall der Jugendhilfe. Jugendhilfe hat neben der Bildung auch die Aufgabe, Kinder, Jugendliche und ihre Erziehungsberechtigten in der Lebensbewältigung zu unterstützen. Jugendhilfe hat damit eine doppelte Funktion: sie hat einen nichtformellen Bildungsauftrag und sie soll dazu beitragen, vor allem Kinder und Jugendliche sowie deren Familien in schwierigen Lebenssituationen zu unterstützen:

- Dennis wünscht sich angesichts einer Auseinandersetzung mit dem Vater einen Gesprächspartner, der vorurteilsfrei zuhört.
- Miriam leidet unter häuslichem Streit und der Arbeitslosigkeit und Alkoholabhängigkeit des Vaters.
- Aishe benötigt einen kulturellen Dolmetscher – sie findet keinen Weg zwischen den elterlichen Wertvorstellungen und ihren Lebenswünschen in Deutschland.
- Marc (12 Jahre) hat seit zwei Jahren keine Schule mehr betreten (damals war er in der dritten Klasse). Je länger er schwänzt, desto unmöglicher

wird ihm der Schulbesuch. Er braucht Unterstützung darin, wieder einen Weg in die Schule zu finden, der es ihm erlaubt, in Würde zurückzukehren (wieder in die dritte Klasse eingeschult zu werden, kommt für ihn nicht in Frage) und die Herausforderungen bewältigen zu können (mit den Gleichaltrigen in der 5. Klasse kann er nicht mithalten).

Diese Jugendlichen brauchen Unterstützung. Häufig muss die Unterstützung zumindest Teile des Familiensystems mit einbeziehen. Unterstützung ist für einige Kinder und Jugendliche die Voraussetzung, damit sie sich schulischen Herausforderungen überhaupt stellen können. Dies betont auch der Zwölfte Kinder- und Jugendbericht, wenn er sagt: „familiäre Erziehung [kann] auch ‚schief gehen'. Infolgedessen muss ein künftiges System der öffentlichen Bildung, Betreuung und Erziehung so ausgerichtet sein, dass Familien von Anfang an in der Ausübung ihrer Erziehungsverantwortung unterstützt und ergänzt werden, damit die soziale Herkunft so wenig wie möglich auf die (Bildungs-)Biografie der Kinder durchschlägt. Die deutschen PISA -Befunde sind diesbezüglich eine bedrückende Mahnung." (Bundesministerium für Familie Senioren Frauen und Jugend 2005: 548). Die Autoren formulieren weiter: „Kinder- und Jugendhilfe kann u. a. dazu beitragen, dass Elternarbeit an Schulen auch Beratung für Eltern umfasst und Formen der Mitwirkung von Eltern ermöglicht werden, die über formale Mitbestimmung hinausgehen."(Bundesministerium für Familie Senioren Frauen und Jugend 2005: 556). In den beschriebenen Fällen kann dies heißen:

- Dennis kann beim Schulsozialarbeiter „Luft ablassen".
- Miriam entwickelt in der Theatergruppe neue Interessen. Gleichzeitig erhält die Mutter über eine ambulante Erziehungsberatung, die zweimal in der Woche in die Schule kommt, Unterstützung.
- Aishe findet Unterstützung bei einer Handballtrainerin, selbst türkischer Abstammung, die an der Schule eine Handballmannschaft aufbauen will. Die Eltern stimmen dem Training zu und Aishe gelingt es durch die Unterstützung der Trainerin in einigen Bereichen Teil besser die verschiedenen Kulturen miteinander zu verbinden.
- Für Marc wird ein Hilfeplan entwickelt. Die Mitarbeiterin des ASD und der Sozialpädagoge der Tagesgruppe an der Ganztagsschule verabreden, dass Marc zunächst morgens von zu Hause abgeholt wird und Einzelunterricht bekommt. Nach drei Monaten kann Marc in „stressfreien" Fächern (wie Sport, Kunst, Religion etc.) am Unterricht der 5. Klasse teilnehmen und findet so vorerst einen neuen Zugang zur Schule ohne „sein Gesicht zu verlieren".

In ihrer klassischen Funktion der Unterstützung kann die Jugendhilfe versuchen, Bildungsfähigkeit (und damit auch die Fähigkeit, dem Unterricht zu folgen) zum Teil überhaupt erst herzustellen. In der Ganztagsschule bedient sich die Jugendhilfe dabei auch der klassischen Unterstützungsangebote außerhalb der Schule: dem ASD, der Erziehungsberatung, dem Kinder- und Jugendschutz etc.

4. Damit Kooperationen gelingen – Qualitätsansprüche an die Kooperation von Jugendhilfe und Schule

Kooperationsangebote von Jugendhilfe und Schule und Ganztagsschulen, die vom Lern- zum Lebensort werden wollen, müssen ihre Qualität daran messen, wie gut es ihnen gelingt, die Belange der Kinder und Jugendlichen, ihre Bildungsprozesse in den Mittelpunkt zu stellen. Damit ist ein Perspektivenwechsel verbunden: nicht mehr die Qualität einer Institution sondern die Leistungen dieser Institution für die Entwicklung junger Menschen dient als Maßstab für Qualität. Die Frage danach, ob Kooperationsangebote von Jugendhilfe und Schule gut arbeiten, beinhaltet die Frage nach den vier dargestellten Anforderungen (Bildung, Erziehung, Unterstützung und Unterricht), die Jugendhilfe und Schule z.B. in Kooperationsangeboten erbringen:

- Gute Kooperationsprojekte bzw. gute Ganztagsschulen bieten einen Lebens- und Lernort, an dem Kinder und Jugendliche vielfältige Anregungen und Unterstützungen für *Bildungsprozesse* erhalten.
- Gute Kooperationsprojekte bzw. gute Ganztagsschulen reflektieren ihre Erziehungskonzepte und verstehen *Erziehung* als gleichberechtigtes Aushandeln zwischen Erwachsenen und Kindern / Jugendlichen.
- Gute Kooperationsprojekte bzw. gute Ganztagsschulen lassen niemanden zurück. Sie versuchen soziale Behinderungen von Bildung durch *Unterstützungsangebote* der Jugendhilfe zu verringern.
- Gute Kooperationsprojekte bzw. gute Ganztagsschulen sind Orte, die Kinder und Jugendliche durch die Gestaltung *individueller Unterichtssettings* darin unterstützen am Ende ihrer Schulzeit möglichst gut die Anforderungen formeller Bildung zu erfüllen.

Dazu tragen die unterschiedlichen Berufsgruppen, die in Kooperationsangeboten agieren, mit ihren jeweiligen fachlichen Kompetenzen bei. Folgt man der in diesem Text aufgezeigten Argumentation, müssen sich auch die Standards der Kooperation von Jugendhilfe und Schule in Ganztagsangeboten an diesen Leistungen orientieren.

Ausgangspunkt der folgenden Standards ist die Annahme: Kooperationen gelingen vor allem dann, wenn die Kooperationspartner wissen, welches ihre eigenen Aufgaben sind und wo die Grenzen ihres Handelns liegen. Etwas gemeinsames Drittes in Kooperationsprojekten oder Ganztagsschulangeboten schaffen zu wollen, setzt voraus, dass die beteiligten Partner ihre Ziele geklärt und ihre Vorgehensweisen aufeinander abgestimmt haben, so dass fachliche Perspektiven komplexer und Handlungsoptionen für die Arbeit mit Kindern und Jugendlichen vielfältiger werden können. Es geht um die Frage, wie die beschriebenen arbeitsteiligen Aufgaben ins Verhältnis gesetzt werden. Gemeinsames Ziel ist die Unterstützung der Kinder und Jugendlichen bei der Aneignung von Welt und damit bei der Lebensbewältigung. Diese Ziele verfolgen die Jugendhilfe und die Schule mit ihren jeweiligen fachlichen Kompetenzen und Handlungskonzepten: Die Schule mit Bildungsassistenz, Erziehung und Unterricht, die Jugendhilfe mit Bildungsassistenz, Erziehung und Unterstützung.

Im Folgenden werden vor diesem Hintergrund Qualitätsstandards für die Kooperation von Jugendhilfe und Schule vorgeschlagen. Die Güte von Kooperationen kann allerdings nie unabhängig von der Güte der jeweils miteinander kooperierenden Institutionen beschrieben werden. Die Qualität von Kooperationsprojekten ist auch abhängig von den Qualitätsstandards der Jugendhilfe und der Schule.

Ergebnisqualität

Ergebnisqualität beschreibt das Ergebnis bzw. die Wirkung einer Leistung. Die Feststellung der Ergebnisqualität von Kooperationsangeboten ist die Frage nach der Wirkung des fachlichen Handelns auf die Förderung von (Selbst-)Bildungs- und Erziehungsprozesse, die wiederum abhängig von der Qualität des Unterrichts und von Unterstützungssettings sind. Damit ist Ergebnisqualität mehr als die Güte der Abschlüsse bzw. Zensuren.

Gute Kooperationen von Jugendhilfe und Schule tragen ihren Teil dazu bei, dass Kinder und Jugendliche ihre Fähigkeiten ausschöpfen können, sich vielfältige Kompetenzen aneignen und damit eine gute Grundlage für Herausforderungen neben und nach der Schule erwerben: die Kinder und Jugendlichen entwickeln und vertiefen Interessen, verfolgen selbst gesetzte Ziele, gestalten und pflegen soziale Netzwerke, entwickeln demokratisches Engagement und lernen auch mit Rückschlägen wie z.B. Arbeitslosigkeit umgehen zu können. Ergebnisqualität kann nur retrospektiv erfasst werden und muss immer die Sicht der ehemaligen Schüler/innen mit einbeziehen.

Strukturqualität

Strukturqualität meint den Grad, in dem die Strukturen einer Einrichtung bzw. eines Projekts zu einer guten Qualität der Arbeit beitragen. Kooperationen von Jugendhilfe und Schule stehen bezüglich ihrer Strukturqualität vor einer besonderen Herausforderung, arbeiten sie doch in unterschiedlichen Systemen. Sie müssen daher tragfähige Strukturen aufbauen, die eine Zusammenarbeit der handelnden Fachkräfte in Bezug auf die gemeinsamen Aufgaben unterstützen und nicht behindern. Das heißt insbesondere:

(1) Kooperationskonzepte erarbeiten
Basis der Zusammenarbeit ist ein Konzept, in dem Ziele, Arbeitsweisen, Zuständigkeiten und Rahmenbedingungen der Kooperation geklärt sind. Dazu gehört auch die Klärung der Verankerung von Jugendhilfe (Sind die Jugendhilfefachkräfte beim Schulträger oder bei einem Jugendhilfeträger angestellt?). Eine Kooperation „auf Augenhöhe" ist vermutlich eher gewährleistet, wenn die Angebote der Jugendhilfe bei einem Jugendhilfeträger verankert sind und die Jugendhilfefachkräfte dessen fachliche Unterstützungssysteme nutzen können. Damit ist die Gefahr verringert, dass Jugendhilfe sich im Alltagsgeschäft zu schnell den organisatorischen Zwängen des Schulalltags unterordnet.

(2) Diskussionsstrukturen schaffen
Damit beide Partner mit ihren Kompetenzen am gleichen Ziel arbeiten können, brauchen Sie Räume und Zeiten zur regelmäßigen Reflexion und Auseinandersetzung.

(3) Partizipationsstrukturen entwickeln
Bildung und Erziehung basieren auf Partizipation. Lehrkräfte und Jugendhilfefachkräfte müssen gemeinsame Partizipationsstrukturen entwickeln, die allen Kindern und Jugendlichen Entscheidungsbefugnisse an ihren Angelegenheiten einräumt (vgl. Knauer/Sturzenhecker 2005).

(4) Entscheidungs – und Verantwortungsstrukturen klären
In der Zusammenarbeit müssen traditionelle Entscheidungsstrukturen von Schule (eher hierarchisch) und Jugendhilfe (eher diskursiv) aufeinander abgestimmt werden. Mitarbeiterinnen der Jugendhilfe müssen Rechte in schulischen Entscheidungsgremien erhalten. Lehrkräfte wiederum müssen sich auf diskursive Entscheidungsverfahren, z.B. multiperspektivische Falldiskussionen, einlassen. Jeder muss wissen, für welche Aufgaben er verantwortlich ist.

(5) Unterstützungsstrukturen für die Kooperation aufbauen
Kooperationen sind komplex. Die Menschen, die sie verwirklichen, bedürfen der Unterstützung, z.B. durch externe Moderation oder Fachberatung. Das ist umso wichtiger, da die Unkenntnis über das jeweils andere Arbeitsfeld nach wie vor groß ist und gerade die Ähnlichkeit der Professionen immer wieder zu Problemen in der Zusammenarbeit führt.

(6) Vernetzungsstrukturen in der Region entwickeln und pflegen
Vor allem schulische Ganztagsangebote sind auf die Zusammenarbeit mit möglichst vielen Akteuren im Stadtteil oder der Region angewiesen. Das erfordert den Aufbau und die Pflege von Vernetzungsstrukturen, die auch unabhängig von einzelnen Personen funktionieren.

(7) Ressourcen klären
Kooperation kann nicht nebenbei geleistet werden. Sie braucht finanzielle, räumliche, fachliche etc. Ressourcen.

(8) Dokumentation, Evaluation und Reflexionsmethoden entwickeln
Dokumentation ist die Grundlage für Evaluation und Reflexion. In Kooperationsangeboten von Jugendhilfe und Schule gilt es, die unterschiedlichen Dokumentations- und Evaluationsverfahren beider Berufsgruppen zu nutzen und gemeinsam weiter auszubauen. Hier bietet sich die Möglichkeit, die Bildungs- und Erziehungsprozesse jedes Kindes differenziert und multiperspektivisch wahrzunehmen und zu dokumentieren.

Prozessqualität

Prozessqualität in Kooperationsangeboten von Jugendhilfe und Schule lässt sich nur erfassen, indem unterschiedliche Wahrnehmungen miteinander in Verbindung gebracht werden: Wie erleben die Betroffenen (Kinder, Jugendliche, Eltern) die Prozesse? Wie erleben die Beteiligten (Lehrkräfte, sozialpädagogische Fachkräfte, aber auch Politik und Verwaltung bzw. die Öffentlichkeit vor Ort) die Prozesse? Es geht um die Frage, wie die Beteiligten ihr Handeln verbessern können, um die gemeinsam formulierten Ziele zu erreichen. Das heißt insbesondere:

(1) Gemeinsame Ziele formulieren
Wenn Jugendhilfe und Schule zusammen arbeiten, gilt es zunächst zu klären, welche Ziele man gemeinsam erreichen will. Erst dann können die Beiträge der unterschiedlichen Kooperationspartner entwickelt werden.

(2) Fachliche Perspektiven klären
Bildung und Erziehung werden in Schule und Jugendhilfe traditionellerweise unterschiedlich diskutiert. In Kooperationsangeboten von Jugendhilfe und Schule müssen diese Perspektiven transparent gemacht und für das gemeinsame Ziel nutzbar gemacht werden. Darüber hinaus ist die Frage zu klären, wie die Partner ihre Fachkompetenzen im Bereich Unterricht und Unterstützung aufeinander beziehen können.

(3) Absprachen treffen
Die Zusammenarbeit erfolgt immer konkret. Sie kann nur gelingen, wenn das Handeln der beiden Partner konkret abgesprochen wurde. Wer macht was, wie bis wann, um das gemeinsame Ziel zu erreichen? Dabei ist insbesondere zu klären, wo die Zuständigkeit der Partner beginnt bzw. endet.

(4) Prozesse transparent gestalten
Vor allem in der Anfangszeit sind Kooperationen zwischen verschiedenen Institutionen immer auch mit Ängsten und Unsicherheiten verbunden. Ko

operation braucht Transparenz. Die Kooperationspartner müssen wissen, wo man sich befindet und wie man Einfluss nehmen kann.

(4) Sich auf Fremdes einlassen
Wenn Personen unterschiedlicher Berufsgruppen zusammenarbeiten, begegnen sie immer auch dem „Fremden" – in Form „fremder" Berufsgruppen und in Form „fremder" Wahrnehmungen (Lehrkräfte und sozialpädagogische Fachkräfte „verstehen" die Verhaltensweisen eines Kindes häufig unterschiedlich). Zusammenarbeit kann nur gelingen, wenn die Bereitschaft, sich auf Fremdes einzulassen, vorhanden ist.

(5) Differenz wahrnehmen
Wird Bildungsassistenz zum Handlungsprinzip, muss die Biographie und müssen die Lebensbedingungen der Kinder thematisiert werden – Bildungsassistenz basiert auf einer „Pädagogik der Vielfalt (Prengel 1995), die den Umgang mit Differenz in den Mittelpunkt stellt. Aus der Wahrnehmung der Differenz ergeben sich auch die Anforderungen an Unterstützungsleistungen.

(6) Über Erziehung nachdenken
Erziehung braucht den Diskurs über Erziehungsziele und -methoden. Es geht dabei nicht um eine „Vereinheitlichung" von Erziehungsvorstellungen (die aufgrund unterschiedlicher biographischer, kultureller und milieuspezifischer Erfahrungen sowieso nicht gelingen wird) sondern um die Reflexion von Erziehung – sowohl bei den Lehrkräften als bei den Jugendhilfefachkräften.

(7) Bildungsassistenz qualifizieren
Jugendhilfe und Schule beschäftigen sich nach wie vor mehr mit Erziehung und Unterricht als mit Bildungsassistenz. Dabei ist es gerade die Unterstützung von (Selbst)Bildungsprozessen, die die Qualität beider Einrichtungen ausmacht. Jugendhilfe und Schule müssen daher die Frage in den Mittelpunkt stellen: Wie können wir die Bildungsprozesse des Kindes initiieren, begleiten und unterstützen?

(8) Den Sozialraum einbeziehen
Kooperationsangebote von Jugendhilfe und Schule brauchen immer eine sozialräumliche Orientierung (vgl. Deinet in diesem Buch). Nur so können die Lebenswelten der Kinder und Jugendlichen Ausgangspunkt der pädagogischen Arbeit werden.

(9) Zum Experiment bereit sein
Wenn Kooperationsangebote von Jugendhilfe und Schule sich an den konkreten Kindern und Jugendlichen orientieren, erfordert dies von den Beteiligten immer die Bereitschaft, die Zusammenarbeit vor Ort immer wieder neu zu erfinden. Dazu müssen die Beteiligten bereit sein zu experimentieren und eingeschlagene Wege auch zu ändern und ggf. aufzugeben.

5. Orientierung am Kind

Ob Kooperationsangebote von Jugendhilfe und Schule die Chance nutzen, im Sinne der Gemeinsamkeit von Bildung und Erziehung, Unterricht und Unterstützung zu einer qualitativ neuen Bildungseinrichtung zusammenzuwachsen, wird davon abhängen, wie gut es den Beteiligten gelingt, sich von der jeweiligen Institutionslogik zu lösen und sich am Kind zu orientieren.

- Gute Kooperationsangebote verstehen sich als Bildungsorte und können mehr sein als Unterricht plus Freizeit-Angebote: Leben und Lernen in der Schule und in der Jugendhilfe wird in Kooperationsprojekten nicht mehr trennscharf zu unterscheiden sein. Die Kinder und Jugendlichen machen Bildungserfahrungen, die sie sowohl im Bereich formeller Bildung als auch in der informellen Bildung „verwerten".
- In guten Kooperationsangeboten versuchen Lehrkräfte und sozialpädagogische Fachkräfte Kinder und Jugendliche vor dem Hintergrund individueller Lebensbiographien und Lebenslagen zu verstehen und die Angebote so zu gestalten, dass sie möglichst individuelle Zugänge und Bildungswege ermöglichen. Dies gilt für den Unterricht ebenso wie für außerunterrichtliche Bildungsangebote.
- In guten Kooperationsangeboten stellen sich die Erwachsenen den Anforderungen von Erziehung. Sie reflektieren ihre eigenen Erziehungsvorstellungen und verhandeln diese miteinander. Sie bieten sich Kindern und Jugendlichen als Personen an, die sie ernst nehmen – auch in der Konfrontation.
- In guten Kooperationsangeboten werden schwierige Lebenssituationen von Kindern und ihren Familien wahrgenommen und Unterstützungsangebote entwickelt. Da der Wunsch vorherrschend ist, alle Kinder und Jugendlichen mitzunehmen, kooperiert Schule mit der Jugendhilfe in der Unterstützung benachteiligter Kinder und ihrer Familien.
- Gute Kooperationsangebote sind immer in Bewegung, weil die Kinder, die hier leben und lernen sich weiterentwickeln und neue Kinder mit anderen Bedarfen hinzukommen. Kooperationsangebote, die sich am Kind orientiert, braucht daher flexible Strukturen und Menschen, die bereit sind, immer wieder neue Wege zu suchen und zu beschreiten.

An dieser Stelle ist (selbst)kritisch festzustellen, dass dieser Text einen optimistischen Entwurf der Kooperation von Jugendhilfe und Schule beschreibt. Die Kooperation von Jugendhilfe und Schule kann vor allem für die Kinder und Jugendlichen durchaus auch Risiken beinhalten. In der Kooperation werden Schule und Jugendhilfe gegenüber dem Kind mächtiger. Das Kind hat weniger Zeiten und Räume, in denen es sich dem pädagogischen Zugriff der dann vereinten Macht von Schule und Jugendhilfe entziehen kann. Wie der Igel im Märchen „Der Hase und der Igel“ kann die Pädagogik (ob als Schulpädagogik oder Jugendhilfepädagogik) immer ausrufen: „Ick bün all hier“, ich weiß, welche Probleme du hast und habe das entsprechende Programm.

Dies erfordert von den kooperierenden Institutionen sich immer wieder selbstkritisch zu fragen, wo die Grenzen der pädagogischen Gestaltung von Jugendräumen liegen. Die Kooperation von Jugendhilfe und Schule darf nicht zu einer pädagogischen Verfolgung junger Menschen führen! Die selbst bestimmte Gestaltung durch Kinder und Jugendliche ist ein zentrales Moment offener Jugendarbeit (vgl. Deinet u. a. 2002: 696) und darf in Kooperationsverfahren nicht aufgegeben werden. Je enger die Kooperation zwischen den pädagogischen Partnern, desto sorgfältiger muss darauf geachtet werden, dass Kinder und Jugendliche eigene Wege (auch abweichende Wege) gehen können. Kinder und Jugendliche brauchen Räume jenseits pädagogischer Einflussnahme.

Wenn Schule und Jugendhilfe das Ziel „Bildungs- und Lebensorte“ für alle Kinder und Jugendlichen gemeinsam zu gestalten ernst meinen, ist ein radikaler Perspektivenwechsel zwingend: In den Mittelpunkt muss dann das Kind mit seiner Biographie und seiner Lebenslage gestellt werden. Dies fordern auch die Autorinnen und Autoren des Zwölften Kinder- und Jugendhilfeberichts (vgl. Bundesministerium für Familie Senioren Frauen und Jugend 2005: 541): „Nicht die einzelnen Systeme, etwa der Kindergarten, die Schule oder die Jugendarbeit, stehen somit im Mittelpunkt der Betrachtung; nicht deren innere Konsistenz und deren öffentliche Anerkennung können mithin der Maßstab sein, sondern die an der kognitiven, sozialen und emotionalen Entwicklung der Kinder und Jugendlichen festzumachenden Wirkungen. Die Fähigkeit der Systeme, einen effektiven Beitrag zu Bildung, Betreuung und Erziehung von Kindern und Jugendlichen zu leisten, wird demnach zum Maßstab ihrer Relevanz.“ (Bundesministerium für Familie Senioren Frauen und Jugend 2005: 541).

6. Literatur

Bundesjugendkuratorium (2001): Zukunftsfähigkeit sichern! Für ein neues Verhältnis von Bildung und Jugendhilfe. Berlin.

Bundesministerium für Familie Senioren Frauen und Jugend (2005): Zwölfter Kinder- und Jugendbericht. Bericht über die Lebenssituation junger Menschen und die Leistungen der Kinder- und Jugendhilfe in Deutschland, Bildung, Betreuung und Erziehung vor und neben der Schule. Berlin.

Deinet, Ulrich/Nörber, Martin/Sturzenhecker, Benedikt (2002): 'Kinder- und Jugendarbeit', in: Schroer, Wolfgang/Struck, Norbert/Wolff, Mechthild (Hrsg.): Handbuch Kinder- und Jugendhilfe Weinheim. München.

Gieseke, Hermann (1996) Das Ende der Erziehung. Neue Chancen für Familie und Schule, Stuttgart.

Hansen, Rüdiger/Knauer, Raingard/Friedrich, Bianca (2004): Die Kinderstube der Demokratie. Partizipation in Kindertageseinrichtungen. Kiel.

Hentig, Hartmut von (1999): Bildung, Weinheim. Basel.

Jakobs, Hajo (1997): 'Information oder Manipulation. ein (un)vermeidbares 'Dilemma' der Erwachsenenbildung bei geistiger Behinderung?' Erwachsenenbildung und Behinderung 8/2, S. 6 - 12.

Knauer, Raingard/Sturzenhecker, Benedikt (2005): 'Partizipation im Jugendalter', in: Hafeneger, Benno/Jansen, Mechtild/Niebling, Torsten (Hrsg.): Kinder- und Jugendpartizipation im Spannungsfeld von Akteuren und Interessen. Opladen, S. 63 - 93

Knopff, Hans-Joachim/Lenzen, Klaus-Dieter (1997): 'Mehr Erfahrung, weniger Belehrung', in: Thurn, Susanne; Tillmann, Klaus-Jürgen (Hrsg.) (Hrsg.): Unsere Schule ist ein Haus des Lernens. Das Beispiel Laborschule Bielefeld Reinbek bei Hamburg, S. 23-42.

Kupffer, Heinrich (1980): Erziehung - Angriff auf die Freiheit. Essays gegen Pädagogik, die den Lebensweg des Menschen mit Hinweisschildern umstellt. Weinheim, Basel.

Laewen, Hans-Joachim (Hrsg.) (2002): Bildung und Erziehung in der frühen Kindheit, Weinheim, Berlin. Basel.

MBWFK, Ministerium für Bildung, Wissenschaft, Forschung und Kultur des Landes Schleswig-Holstein (2004): Erfolgreich starten. Leitlinien zum Bildungsauftrag von Kindertageseinrichtungen. Kiel.

Meyers Großes Taschenlexikon (1992).

Oelkers, Jürgen (2002): 'Wie erziehe ich Jugendliche? Vortrag anlässlich der Fortbildung an der HKV Basel am 16. Oktober 2002', in (Place S).

Prengel, Annedore (1995): Pädagogik der Vielfalt. Verschiedenheiten und Gleichberechtigung in interkultureller, feministischer und integrativer Pädagogik. Opladen.

Sachverständigenrat Bildung bei der Hans-Böckler-Stiftung (2002): Reformempfehlungen für das Bildungswesen. Weinheim, München.

Schäfer, Gerd (Hrsg.) (2003) Bildung beginnt mit der Geburt. Förderung von Bildungsprozessen in den ersten sechs Lebensjahren., Weinheim, Berlin, Basel.

Sting, Stephan/Sturzenhecker, Benedikt (2005): 'Bildung und Offene Kinder- und Jugendarbeit', in: Deinet, Ulrich; Sturzenhecker, Benedikt (Hrsg.) (Hrsg.) Handbuch Offene Kinder und Jugendarbeit. Wiesbaden.

Thimm, Karlheinz (2002): 'Schulverweigerung: Zur Begründung eines neuen Verhältnisses von Sozialpädagogik und Schule', in: Struck, Norbert/Wolff, Mechthild (Hrsg.): Handbuch der Kinder- und Jugendhilfe. Weinheim München.

Thole, Werner/Pfaffenberger, Hans (2002): 'Erziehung', in: Fürsorge, Deutscher Verein für öffentliche und private (Hrsg.) Fachlexikon der Sozialen Arbeit.

Vygotskij, Lev S. (2002): Denken und Sprechen : psychologische Untersuchungen. Weinheim [u.a.].

Winkler, Michael (2004): 'PISA und die Sozialpädagogik. Anmerkungen zu einer verkürzt geführten Debatte.' in: Otto, Hans-Uwe; Rauschenbach, Thomas (Hrsg.) Die andere Seite der Bildung. Zum Verhältnis von formellen und informellen Bildungsprozessen. Wiesbaden.

Kooperation von Kinder- und Jugendarbeit und Schule im Rahmen von Betreuungs- und Ganztagsangeboten

Ulrich Deinet

Die Kooperation zwischen Offener Kinder- und Jugendarbeit und Schule wird sowohl in der Praxis als auch in der Theorie kontrovers diskutiert. Es gibt in diesem Feld Bewertungen, zum Teil basierend auf negative Erfahrungen in der Zusammenarbeit mit der Institution Schule, wo diese als übermächtig erscheint und mit ihrem gesellschaftlichen Bildungsauftrag die Kinder- und Jugendarbeit vereinnahmt. Andererseits erscheint die Kooperation auf der Grundlage eines breiten Bildungsbegriffes vielen in der Praxis als zukunftsweisend oder sogar als Überlebensstrategie insbesondere für die Offene Kinder- und Jugendarbeit. Immer wieder geht es um die Frage der gleichen Augenhöhe bzw. der Ausgewogenheit einer Kooperation zwischen sehr ungleichen Partnern.

Die zukünftige Zusammenarbeit zwischen Einrichtungen der Offenen Kinder- und Jugendarbeit und Schulen werden im Wesentlichen durch zwei Rahmenbedingungen geprägt. Der gesellschaftlich geforderte Ausbau von Ganztags- und Betreuungsangeboten fordert auch die Kinder- und Jugendarbeit, nicht nur eigene Angebote zu schaffen, sondern Kooperationspartner einer „Offenen Ganztagsgrundsschule" (so wie in NRW) zu werden. Nach PISA und einer breiteren Bildungsdiskussion ist die Kinder- und Jugendarbeit zudem gefordert, ihren Bildungsbegriff zu klären und daraus Bildungsansätze und entsprechende Inhalte auch für die Kooperation mit Schulen zu entwickeln.

1. Von Ganztagsangeboten zur „Ganztagsbildung"?

Mit den Prinzipien Offenheit und Freiwilligkeit sowie einem hohen Maß an Selbstorganisation und Beteiligung von Kindern und Jugendlichen baut die Kinder- und Jugendarbeit im Unterschied zur Schule auf eigene Paradigmen auf. Unter der gesellschaftlichen Notwendigkeit der Schaffung von Betreuungs- und Ganztagsangeboten besteht die Chance der Kooperation unterschiedlicher Partner, die aus ihren jeweiligen Profilen interessante Konzepte von Ganztagsangeboten realisieren können, die sich sowohl auf die schulische Entwicklung wie auch auf die Praxis der Jugendarbeit positiv auswirken können. Thomas Coelen schlägt vor, die Chancen der Zusammenarbeit von Jugendarbeit und Schule unter dem Begriff der „Ganztagsbildung" zu fassen

„...in doppelter Abgrenzung zur formell dominierenden Ganztagsschule als auch zu einer durch familiäre Betreuungsmängel induzierten Ganztagsbetreuung...“(Coelen u.a. 2004: 84). Da sich sein Konzept einer Kooperation auf eine sozialräumliche Grundlage und in Ausschnitten auf die lokale Öffentlichkeit bezieht spricht Coelen deshalb auch von „kommunaler Jugendbildung“ (Coelen 2002)

In der Praxis haben sich schon seit Jahren zahlreiche Modelle der Zusammenarbeit von Schule und Offener Kinder- und Jugendarbeit entwickelt. Diese werden im ersten Teil des Beitrags kritisch diskutiert. Die Chance besteht darin, dass Ganztags- und Betreuungsangebote, die Elemente der Offenen Kinder- und Jugendarbeit sehr deutlich betonen und im schulischen Kontext alternative Lern- und Bildungssituationen für Kinder und Jugendliche schaffen können. Dies gibt besonders für den Bereich der jüngeren Jugendlichen in der Sekundarstufe I, auf die sich der zweite Teil bezieht.

2. Erfahrungen aus bestehenden Ganztags- und Betreuungsangeboten

Der viel benutzte Begriff der Ganztagsangebote hat sich zwar eingebürgert, ist aber im Grund genommen falsch, weil es in der Regel nicht um ein Angebot für den ganzen Tag, sondern um die Zeit nach dem Ende der Schule, d. h. über Mittag bis in den Nachmittag hinein geht (vgl. Coelen 2002). Ganztägige Betreuungsangebote existieren in Deutschland nur in Form der wenigen Ganztagsschulen und im System der Jugendhilfe als Betreuungseinrichtung „Hort“ mit einem Frühdienst ab 7.00 Uhr und ganztägigen Öffnungszeiten bis 17.00 oder 18.00 Uhr. Im Rahmen der Offenen Kinder- und Jugendarbeit haben sich in den letzten Jahren zahlreiche Betreuungsangebote entwickelt, die konzeptionell aber weniger dem Hortbereich, sondern eher einer offenen Freizeitarbeit mit Betreuungselementen zuzurechnen sind.

Zu der mangelnden Klarheit des Begriffs kommt eine differenzierte und schwer einzuschätzende Bedarfslage, die im gesellschaftlichen Diskurs insbesondere durch die Bedürfnisse von Eltern, die Gleichstellung von Frauen im Arbeitsleben und durch schulische Ansprüche geprägt wird.

Hinsichtlich der Interessen und Bedürfe der Kinder und Jugendlichen ist es von Bedeutung, zwischen der Altersstufe der Kinder im Grundschulalter (6 bis 11Jahre) und älteren Kindern bzw. jüngeren Jugendlichen zwischen 12 und 15 Jahren, die weiterführende Schulen besuchen, zu differenzieren

In der Praxis können im Wesentlichen zwei Grundkonzepte von Ganztagsangeboten in der Kooperation von Offenen Kinder- und Jugendarbeit und Schulen unterschieden werden: Eine an Kinder im Grundschulalter orientierte

Betreuung, die in der Zeit nach Ende der Schule bis zum Nachmittag ein für Kinder und Eltern verlässliches Angebot bereitstellt, meist mit fester Anmeldung. Es besteht der sichere Rahmen einer überschaubaren Kleingruppe (wenn die Standards stimmen!) mit verlässlichen Bezugspersonen (Fach- und Honorarkräfte). Elemente der Hortarbeit (Mittagessen, Schulaufgabenbetreuung) werden mit Ansätzen der Jugendarbeit (Bewegung, Erlebnis, Aktionen, Projekte auch in den Schulferien) verbunden. Des weiteren ein an jüngere Jugendliche (schulisch: Sekundarstufe I) gerichtetes offenes Angebot, das mit den Prinzipien Freiwilligkeit und Offenheit und pädagogischen Ansätzen der Jugendarbeit ein Angebot an Schulen schafft, das einen nicht-formellen Bildungsraum zur Verfügung stellt, der insbesondere durch die Selbstorganisation und Partizipation der Jugendlichen gekennzeichnet ist. Diese oft in Form von Schülercafes durchgeführten „Stationen" von Jugendarbeit an Schule bilden auch eine Brücke zu weiteren Angeboten der Jugendarbeit, die auf die Aneignung der Lebenswelten von Kindern und Jugendlichen orientiert sind.

2.1 Der Ort von Ganztagsangeboten: Schule oder Jugendhaus

Ganztagsangebote müssen nicht nur am Ort der Schule stattfinden, sondern können auch durch die in der Nähe von Schulen gelegenen Jugendfreizeitstätten u. ä. angeboten werden. Die Frage des Ortes ist aber eine grundlegend konzeptionelle und hat mit der Öffnung von Schule zu tun. Man kann grob zwei Konzepte unterscheiden: Alle Unterstützungsleistungen der Jugendhilfe, besonders aber die Angebote der Offenen Kinder- und Jugendarbeit sollen am Ort Schule stattfinden, mit der Gefahr, das diese sich kaum verändert (additives Modell) oder Schule öffnet sich in den Stadtteil bzw. Sozialraum und kooperiert mit diversen „außerschulischen" Institutionen wie der Jugendarbeit, sodass Angebote auch dort stattfinden.

Angebote in Einrichtungen der Offenen Kinder- und Jugendarbeit zeichnen sich aus durch:

- oftmals gut ausgestatteten Räumlichkeiten,
- gute konzeptionelle Verbindung von offenen und geschlossenen Angeboten,
- oft langjährige Erfahrung in der Freizeit- und Erlebnispädagogik,
- Möglichkeiten, Kindern und Jugendlichen Raum zum Ansprechen sensibler Themen außerhalb der Schule zu bieten,
- Erreichbarkeit einer oft größeren und heterogenen Zielgruppe.

Innerschulischen Angebote bieten den Vorteil, dass:

- das Bild der Schule nach innen und außen an Qualität gewinnt,
- sie von der Schule wahrgenommen und eher aktiv unterstützt werden,
- es eine direkte örtliche und zeitliche Anbindung an die Schulen gibt,

- die Kinder und Jugendliche den Raum Schule in ihrer Freizeit erleben und kennen lernen können,
- die Hausaufgabenhilfen qualitativ besser sind.

Die genannten Aspekte müssen hinsichtlich der beiden unterschiedlichen Altersstufen der „Grundschulkinder" und der jüngeren Jugendlichen im Bereich der Sekundarstufe I differenziert werden: So ist die Schulnähe bzw. die Gestaltung von Ganztagsangeboten am Ort der Schule im Primarbereich von besonderer Bedeutung. Schon eine stark befahrene Straße zwischen einer Kinder- und Jugendeinrichtung und einer Grundschule kann die Zusammenarbeit erschweren. Fußläufige Erreichbarkeit ohne große Gefahren, Einbezug in den ökologischen Nahraum sind unbedingte Voraussetzungen für die Kooperation in diesem Bereich. Für jüngere Jugendliche in der Sekundarstufe I, für die Schule oft zu den Orten ihrer ökologischen Ausschnitte gehören, stellt sich die Situation grundsätzlich anders dar.

Bezogen auf das gesamte Feld der Kooperation von Schule mit außerschulischen Partnern kann man in einer Studie des Deutschen Jugendinstituts in Bezug auf die Ortsfrage erste Daten finden:„53% der Angebote finden sowohl in der Schule wie auch außerhalb statt. 25% ausschließlich in Räumen der Schule und 20% ausschließlich außerhalb der Schule" (Deutsches Jugendinstitut 2003: 10).

2.2 Probleme und Chancen bei der Gestaltung von Ganztagsangeboten in Kooperation zwischen Jugendarbeit und Schule

Seit einigen Jahren fördert das Land NRW Projekte zu Ganztagsangeboten. Aus der fachlichen Begleitung dieser Projekte ergab sich folgende zusammenfassende Einschätzung der Probleme bei der Konzipierung von Ganztagsangeboten in Kooperation von Schule und Jugendarbeit:

- Die Standards werden nicht klar formuliert bzw. sind hinsichtlich Räume, Personal und pädagogischem Programm oft unzureichend.
- Die verbreitete Erfahrung mit oft wechselnden Honorarkräften wirkt sich negativ auf die Qualität des Angebotes aus - Jugendarbeit erscheint Schule in dieser Form als unprofessioneller und unzuverlässiger Partner.
- Schule überlässt die Durchführung gerne der Jugendarbeit und stellt für die Schulaufgabenbetreuung noch hohe Anforderungen.
- Nur Ganztagsangebote, die am Ort Schule stattfinden, werden von dieser auch wirklich wahrgenommen.
- Nur wenn Schule sich mit Ressourcen einbringt, kommt eine wirkliche Zusammenarbeit zustande und das Angebot verändert sich qualitativ.

- Isolierte Angebote machen wenig Sinn - Qualität erreicht man nur durch die Anbindung an vorhandene ausbaufähige Einrichtungen und Projekte (z. B. Jugendeinrichtungen, aber auch Tageseinrichtungen).
- Nur durch Synergieeffekte sind keine qualitativen Ganztagsangebote machbar.

Neben diesen eher kritischen Eindrücken werden auch folgende Chancen gesehen:

- Ganztagsangebote in der Kooperation von Schule und Jugendarbeit haben eine Katalysatorfunktion für die Öffnung von Schule zum Umfeld und für die Kooperation zwischen Schule und Jugendhilfe, z.B. die Hilfen zur Erziehung.
- Sie transportieren die Kooperation zwischen Schule Jugendarbeit und anderen Partnern über die „engen" Themen der Ganztagsangebote hinaus. Oft stehen sie am Beginn von wirklichen Kooperationen, wenn nach einer Zeit aus einer additiven eine integrative Zusammenarbeit wird.
- Ganztagsangebote machen Schule attraktiver, sie sind gut für das Schulprofil, erhöhen den „Wert" der Schule aus Sicht von Eltern und Jugendlichen und helfen auch manchmal, den gefährdeten Schulstandort zu sichern.
- Sie machen den Ort Schule dann interessanter, wenn nicht nur die Versorgung und die Schulaufgabenbetreuung organisiert wird, sondern wenn mit den Elementen der Jugendarbeit, durch die Beteiligung von Kindern und Jugendlichen, durch attraktive Freizeitangebote und die Gestaltung des Ortes „Aneignungsräume" entstehen.
- Ganztagsangebote haben auch deswegen eine soziale Bedeutung, weil sie die für die Schüler bedeutsame Funktion der Schule als Gesellungsraum sichtbar machen. Sie erfüllen Erwartungen der Schüler nach Freizeitangeboten und Peergroup-Aktivitäten an der Schule.
- Anregende Ganztagsangebote ermöglichen auch solchen Kindern Anerkennung, die in der schulischen Leistungskonkurrenz über weniger Chancen verfügen. Ganztagsangebote im Sinne von „Aneignungsräumen" können Brücken bilden zwischen den formellen Bildungsprozessen der Schule und den nicht-formellen Bildungsmöglichkeiten der Jugendarbeit. Hier können Kompetenzen insbesondere im personalen und im sozialen Bereich erworben werden, die als Schlüsselkompetenzen auch für das schulische Lernen von Bedeutung sind.

Auch diese Aspekte sind im Hinblick auf die unterschiedlichen Altersstufen im Primar- und Sekundar-Bereich besonders unter dem Aspekt der pädagogischen Betreuung durch kontinuierliche Bezugspersonen, die im Primarbereich von größerer Bedeutung sind, zu differenzieren. Der Personalstandard muss möglicherweise nicht so hoch wie im Tagesstättenbereich sein, wechselnde Honorarkräfte schaffen aber keine Qualität. Aus pädagogischen Gründen benötigen auch die 10- bis 14-Jährige kontinuierliche Bezugspersonen, zumindest eine, die dann durch wechselnde Honorarkräfte ergänzt werden kann.

3. Ganztagsangebote für jüngere Jugendliche im Bereich der Sekundarstufe I

Besondere Bedingungen für die Konzipierung von Ganztagsangeboten zwischen Jugendarbeit und Schule in diesem Bereich ergeben sich aus der Entwicklungsdynamik bei jüngeren Jugendlichen, die auch als Zwischenaltersstufe bezeichnet wird. In der Kindheits- und Jugendforschung spricht man im Zusammenhang mit „Teenies“ und „Kids“ vom Phänomen der Akzeleration, d. h. der Verfrühung der Jugendphase. “Jugendliche sind es noch keine, weil sie nicht wie diese, Ablösung von den Erwachsenen öffentlich demonstrieren, Kinder sind sie aber längst nicht mehr, da ihre Spiele und Aktivitäten nicht mehr an die familiale Kontrolle gebunden, an diese rückverwiesen sind” (Böhnisch 1993: 135).

Neben der vorzeitigen körperlichen Reifung, insbesondere der Vorverlagerung der sexuellen Entwicklung, werden verschiedene Faktoren als Hintergrund für die soziale Akzeleration, die immer stärkere Vorverlagerung der Jugendphase genannt. Die beschleunigte Entwicklung im psychischen und sozialen Bereich, also die Übernahme jugendlicher oder erwachsener Verhaltensweisen in vielen Lebensbereichen, hat sicher auch mit dem Einfluss der Medien zu tun. Ältere Kinder wurden in den letzten Jahren immer stärker von der Werbung entdeckt und als eigene Konsumentengruppe aufgebaut. Neil Postman formulierte schon im Jahr 1983 in diesem Zusammenhang die These vom “Verschwinden der Kindheit“, das auf den Einfluss der Medien und die frühzeitige Entschlüsselung der Geheimnisse der Erwachsenenwelt zurückzuführen sei. Die Bedeutung der Gleichaltrigengruppe, der Clique und Szene, denen sich jüngere Jugendliche anschließen bzw. die sie auch häufig wechseln, ist ein weiterer Faktor.

Das Schulsystem stellt eine weitere Rahmenbedingung für die Ausdifferenzierung dieser eigenen Zwischenaltersgruppe dar, weil es Kinder stärker als früher von der Familie separiert und den besonderen Lebenszuschnitt des Schülerseins früh freisetzt: “Institutionell gesehen erweitert sich das sozialräumliche Feld der Kinder vor allem im Übergang von der Grundschule zu den weiterführenden Schulen erheblich. Damit beginnt - zumindest in Segmenten - auch der Prozess der Ablösung vom Elternhaus als zentraler Aspekt des Aufwachsens sowie der Selbstwert- und Identitätsfindung im Jugendalter schon bei den Kids. Insgesamt verändert sich dadurch die Konstellation Elternhaus-Schule-Kinder, indem aus dem Erziehungsdreieck durch die nun einsetzende sozialräumliche Orientierung der Kids an außerschulischen und außerfamilialen Öffentlichkeiten ein Erziehungsviereck mit einer unkalkulierbaren vierten Größe (Kinderöffentlichkeit/Konsum/Medien) wird" (Böhnisch 1993: 136).

Die Bedeutung der Schule als Lebensort für diese Altersstufe wird auch von Ingrid Kromer (Österreichisches Institut für Jugendforschung 1995) herausgearbeitet: "Der überwiegende Teil der Kids geht gerne in die Schule, aber nicht in erster Linie aus Interesse am Unterricht, sondern weil Schule für die Kids ein sozialer Treffpunkt mit Gleichaltrigen ist. Die unterrichtsfreie Zeit (Pausen) und das, was neben und trotz des Unterrichts passiert, macht für die Kids die wesentliche positive Qualität von Schule aus" (Österreichisches Institut für Jugendforschung, 1995: 26). Die Schule ist auch der Ort für die Kontaktaufnahme und die Bildung von Freundschaften: "Betrachtet man die Orte genauer, wo Freundschaften geknüpft werden, wird deutlich, dass die Schule mit 90 % eindeutig der vorrangigste Raum für das Kennenlernen von Freunden und Freundinnen ist. Ein weiterer wichtiger Ort ist die Nachbarschaft (55 %)" (ebd.: 45).

Ein weiterer wesentlicher Faktor der Entwicklung in dieser Altersstufe ist die Geschlechtsorientierung und -entwicklung. Typisch ist auch die wachsende Bedeutung der Musik: "Kids hören rund um die Uhr und in fast allen Situationen des täglichen Lebens Musik. Die Rezeption von Musik ist keineswegs an den Aufenthalt im sozialökologischen Intimbereich (Zuhause) gebunden. Musik gehört wird bei Freundinnen, in Jugendclubs und -treffs, in Cafés oder auf der Straße, am Spielplatz (Walkman) und häufig auch in den Schulpausen" (ebd: 86).

Charakteristisch für die Frühadoleszenten ist die große Bedeutung von Freundschaft und Freundesgruppen bei gleichzeitiger Bindung an die Familie. Die Eltern bleiben nach wie vor die primären Bezugspersonen und werden erst schrittweise durch Beziehungen zu Gleichaltrigen abgelöst.

Die Suche nach eigenen Orten, die Auseinandersetzung mit Erwachsenen, die wechselnde Orientierung zu jüngeren Kindern und älteren Jugendlichen lassen Jugendeinrichtungen für die 9- bis 14jährigen als besonders interessante Orte erscheinen, weshalb sie heute dort zu den zahlenmäßig stärksten Zielgruppen gehören (Ministerium für Schule, Jugend und Kinder, 2003, S. 67). Der offene Bereich, in dem sie relativ frei agieren und sich der auch der pädagogischen Angebotsplanung entziehen können, ist von besonderer Bedeutung für diese Altersstufe: "Die Kids brauchen auf einer sozial nun wesentlich erweiterten Entwicklungsstufe entsprechende sozialräumliche Kompetenzen. Sie müssen lernen, nicht nur ihre Orte zu finden, sie zu vernetzen, sondern vor allem die sich ihnen bietenden öffentlichen medialen und konsumtiven Aufforderungen zu verarbeiten" (Böhnisch 1983: 137).

Diese Bedingungen müssen auch in die Konzipierung von Ganztagsangeboten für diese Altersstufe eingehen und verlangen eigenständige Konzepte.

Bisher kommen in der Praxis die skizzierten Interessen und Bedürfnisse dieser Kinder und Jugendlichen noch zu kurz. Dieser Zwischenaltersstufe werden viele Betreuungsangebote deshalb nicht gerecht, weil sie wie in den Horten stark auf eine Vorschulpädagogik bezogen sind. So findet man in Deutschland kaum 14-jährige, die noch in einen Hort gehen (und das nicht nur wegen der mangelnden Plätze!).

Dagegen hat sich die (außerschulische)Kinder- und Jugendarbeit schon lange auf diese Altersstufe eingestellt. Spezifische Konzepte der Jugendarbeit für jüngere Jugendliche sind in den letzten Jahren entwickelt worden und viele Einrichtungen haben in diesem Bereich ihren programmatischen Schwerpunkt. Für die Konzipierung von Ganztagsangeboten speziell für diese Alterstufe ist die Offene Kinder- und Jugendarbeit deshalb ein interessanter Kooperationspartner von Schule

3.1 Spezifische Aspekte der Gestaltung von Ganztagsangeboten für jüngere Jugendliche in der Kooperation von Jugendarbeit und Schule

Auf Grund des Ausbaus der Offenen Ganztagsgrundschule ist zu erwarten, dass sich auch ein erhöhter Bedarf nach Betreuungs- und Ganztagsangeboten im Bereich der Sekundarstufe I, insbesondere der Klassen 5 bis 7, ergeben wird. Für diese Altersstufe der jüngeren Jugendlichen zwischen 11 und 14 Jahren sind nicht zuletzt wegen zum Teil unterschiedlicher Interessen von Eltern, Jugendlichen, Schule und Jugendarbeit komplexe Anforderungen bei der Gestaltung zu berücksichtigen.

Bedarfe, Angebotszeiten und Ortsfrage: Realistischerweise ist davon auszugehen, dass auch in Zukunft eher ein additives Modell die Kooperation zwischen Schule und Jugendarbeit und anderen Partnern bestimmt. Konkret bedeutet dies, dass die Unterrichtszeit primär am Vormittag stattfindet und gegen Mittag zu Ende ist, während Angebote der Kinder- und Jugendarbeit sowie anderer Bildungspartner dann am Nachmittag stattfinden werden. Es geht im Kern also um die Zeit zwischen 13.00 und 17.00 Uhr. Dass die Rhythmisierung von Schule, d.h. die Integration von Förder- und nicht schulischen Bildungsangeboten in den Vormittag nur schwer umgesetzt werden kann, kann aber auch Vorteile haben. In der Trennung zwischen den schulischen Angebotsformen am Vormittag und den außerschulischen am Nachmittag besteht die Chance der bewussten Profilierung und Trennung unterschiedlicher Bildungsinhalte, die gerade für die Jugendlichen dieser Altersstufe entscheidend sind: Sie lehnen eine reine Verlängerung der Schule ab und präferieren Freizeit- und Bildungsangebote, die andere Rahmenbedingungen und Inhalte bieten. Dies kommt auch ihren Bedürfnissen entgegen, sich z. B. in der gleichaltrigen Gruppe zu plazieren, neue Beziehungen aufzunehmen, sich auszuprobieren und Cliquen- und Szeneorientierungen in ihr Handlungsrepertoire mit einzubeziehen. Sie sind dabei ambivalent, indem sie einerseits kontinuierliche Bezugspersonen bevorzugen, zu denen sie intensiv Kontakt aufnehmen und sozusagen einen Rückhalt aufbauen können, gleichzeitig interessieren sie sich für neue Bezugspersonen, Kontakte etc. die über nichtschulische Bildungsangebote eingebracht werden können. Für ihre Entwicklung ist es besonders wichtig, ein breites Spektrum unterschiedlicher Angebote vorzufinden, die unterschiedliche Interessen ansprechen bzw. entwickeln lassen. Insofern ist das Konzept der Offenen Ganztagsgrundschule mit den verschiedenen Kooperationspartnern für den Nachmittag auch im Hinblick auf die Bedürfnislage dieser Altersstufe für die Sekundarstufe I durchaus interessant: Keine feste Betreuung bis in den späten Nachmittag, sondern wechselnde Angebote mit unterschiedlichen Schwerpunkten.

Schulnähe/Erreichbarkeit: Die Frage von Schulortnähe bzw. Erreichbarkeit wird von der Altersstufe der jüngeren Jugendlichen ambivalent beurteilt. Auf der einen Seite erwarten sie am Ort der Schule auch Freizeitangebote und nehmen diese gerne wahr, andererseits entziehen sie sich auch gerne dem Ort der Schule und versuchen, sich neue Räume anzueignen. Im Gegensatz zur Primarstufe muss man also bei dieser Altersstufe nicht davon ausgehen, dass alle Angebote am Ort der Schule stattfinden müssen. Ihrem sozialräumlichen Aneignungsverhalten entspricht es vielmehr, ihren Handlungsraum zu erweitern und sich auch neue Räume zu erschließen. Diese müssen natürlich erreichbar sein, fußläufig, mit öffentlichen Verkehrsmitteln oder mit dem Fahrrad.

Verbindlichkeit/Freiwilligkeit: Hier spielen heterogene Interessenlagen eine Rolle: Die Eltern auch von 11- bis 14-jährigen, insbesondere dann wenn sie berufstätig sind, wünschen sich eine kontinuierliche Betreuung ihrer Kinder und möchten das Gefühl haben zu wissen, wo diese sich aufhalten usw. Die Jugendlichen dieser Altersstufe streben hingegen vermehrt nach neuen Erfahrungen, wollen sich nicht mehr so einbinden lassen wie im Grundschulalter und möchten viel stärker selbst entscheiden. Ein Kompromiss stellt das in dem Modellprojekt „Kooperationsmodell zwischen Jugendhilfe und Schule" (Ministerium für Arbeit, Gesundheit und Soziales 1997) erprobte Konzept einer Angebotsverlässlichkeit dar, die für ein Schulhalbjahr gegeben sein muss und ein verlässliches Gerüst unterschiedlicher Angebote am Nachmittag vorsieht. Demgegenüber besteht in den einzelnen Angeboten keine Teilnahmeverpflichtung, sondern hier gelten die Strukturprinzipien der Jugendarbeit, also Freiwilligkeit der Teilnahme und Offenheit. Eltern und Kinder finden die Verlässlichkeit vor, dass ein Angebot im Nachmittagsbereich, etwa eine Mädchengruppe, tatsächlich für ein Schulhalbjahr kontinuierlich angeboten wird. Sie müssen aber selbst entscheiden bzw. im pädagogischen Bezug zu den Betreuerinnen und Betreuern herausfinden, welchem dieser Angebote sie sich anschließen wollen. Die Jugendarbeit kann ihr Bildungsprofil nur entfalten, wenn ihre Arbeitsprinzipien Offenheit und Freiwilligkeit der Teilnahme im Nachmittagsbereich erhalten bleiben.

3.2 Partizipation und Beteiligung als Chance der Kooperation zwischen Schule und einer eigenständigen Jugendarbeit

Die Offene Kinder- und Jugendarbeit bietet auf Grund ihrer institutionellen Rahmenbedingungen und Charakteristika ideale Rahmenbedingungen für eine partizipative Ausrichtung. Insbesondere die Strukturmerkmale der freiwilligen und wechselnden Teilnahme, der offene Ziele, Inhalte, Arbeitsweisen, der Diskursivität sowie der geringe institutionellen Macht und Beziehungsabhängigkeit (Sturzenhecker 2004) bilden z.B. im Hinblick auf Bildungsprozesse den Hintergrund für die besonderen Chancen der Offenen Kinder- und Jugendarbeit, informelle und nicht formale Bildungsinhalte anzuregen und zu gestalten.

Gerade in der Kooperation mit Schule bestehen Chancen der Gestaltung alternativer Bildungsorte an Schule oder in Verbindung mit Schule. Allerdings besteht auch die Gefahr, dass die Chancen sich nicht realisieren lassen, wenn die Kinder- und Jugendarbeit zu sehr in schulische Bedingungen gezwungen wird und ihre Charakteristika aufgeben muss. Aus Sicht der Jugendlichen wird sie so zur Schule und verliert an Attraktivität.

3.3 Die Kooperation mit Schule als „Schicksalsfrage" der Offenen Kinder- und Jugendarbeit

Die Schule ist der wichtigste Lebensort nach der Familie. Kinder und Jugendliche verbringen dort nicht nur viele Stunden ihres Tages, sondern die Schule ist auch der Ort ihrer Peergroups und vieler sozialer Beziehungen. Der Ort der Schule wird von Kindern und Jugendlichen deshalb zum Teil sehr positiv beurteilt, weil er eben außerhalb des Unterrichtes eine große Bedeutung für die Lebensgestaltung hat, etwa in der Verabredung mit Freundinnen und Freunden. Diese soziale Funktion von Schule muss in den Konzepten der offenen Ganztagsschule integriert werden und dort eine wichtige Rolle spielen, in dem die entsprechenden Freiräume gewährt und Förderangebote gemacht werden. Dies bedeutet eine Rhythmisierung, die auch Freiräume einräumt und nicht den gesamten Tag von Kindern unter einen überzogenen kognitiven Bildungsaspekt stellt. Solche Freiräume schaffen Möglichkeiten zur informellen sozialen Bildung der Kinder untereinander.

Aufgrund der sozialen Funktion von Schule für Kinder und Jugendliche muss die Kooperation mit Schule auch in den Konzepten der Offenen Kinder- und Jugendarbeit eine stärkere Rolle spielen. Ob dies zu einer wirklichen Kooperation oder einer noch stärkeren Indiepflichtnahme führt hängt wesentlich vom Bildungsverständnis ab. Wenn ein erweiterter Bildungsbegriff die Grundlage einer Zusammenarbeit ist, der „die Anregung aller Kräfte des Individuums, also nicht nur der kognitiven, sondern auch der sozialen, emotionalen und ästhetischen, die Aneignung der Welt, d. h. als eigenaktive Erschließung von Wirklichkeit sowie als Entfaltung der Persönlichkeit und Entfaltungsprozess des Subjekts“ meint (BKJ 2001: 22 ff.), so gibt es gute Chancen dafür, dass die Offene Kinder- und Jugendarbeit mit ihrem Angeboten ein geachteter Partner von Schule ist. Dieser Bildungsbegriff bezieht sich eben nicht nur auf schulische Inhalte wie in der „Nach-PISA-Diskussion“, sondern auf die Entfaltung der Persönlichkeit in einem breiten Verständnis. So spielen Anerkennung, Selbstwirksamkeit und Selbstwertgefühl eine besondere Rolle in der Entwicklung von Kindern und Jugendlichen und haben auch Einfluss auf das schulische Lernen. Diese Elemente werden gerade im Rahmen der offenen Kinder- und Jugendarbeit angesprochen. Hier gibt es Möglichkeiten zur Aneignung und Gestaltung ihres Lebensraums, motorische, bewegungsorientierte und auf die Gruppe hin orientierten Bildungsangebote und insofern ist der Bildungsbegriff der Jugendarbeit sehr geeignet, eine Ergänzung und Erweiterung zu schulischen Inhalten zu liefern. Aufgrund ihrer sozialräumlichen Ausrichtung im öffentlichen Raum der Kommune kann gerade die offene Kinder- und Jugendarbeit die “Bildungslücke” zwischen einer zu stark im Schulsystem verhafteten Ganztagsschule und einer “kustodilalen” Ganztagsbetreuung schließen. (vgl. Coelen 2002)

Die Öffnung von Schule in den Sozialraum und hin zu Kooperationspartnern ist vielleicht die entscheidende Zukunftsfrage der Offenen Kinder- und Jugendarbeit. Wenn die beschriebene Öffnung von Schule nicht geschieht, der Bildungsbegriff zu eng auf schulisches Lernen bezogen bleibt und sich die Offene Kinder- und Jugendarbeit nicht als eigenständiger Partner von Schule positionieren kann, wird es vorrangig um den Ausbau des Schulsystems gehen und um Ressourcen, die dafür zur Verfügung gestellt oder in Anspruch genommen werden können. Dazu würde dann insbesondere die Offene Kinder- und Jugendarbeit als kommunalpolitische Manövriermasse gehören.

4. Literatur

Böhnisch, Lothar (1993): Sozialpädagogik des Kindes- und Jugendalters. Eine Einführung. Weinheim

Braun, Karl-Heinz/Wetzel, Konstanze (2000): Sozialpädagogisches Handeln in der Schule. Neuwied

Bundesjugendkuratorium (2002): Zukunftsfähigkeit sichern! Für ein neues Verhältnis von Bildung und Jugendhilfe. In: Neue Praxis 32. Jahrg. S. 3-9

Coelen, Thomas (2000): Kommunale Jugendbildung. Raumbezogene Identitätsbildung zwischen Schule und Jugendarbeit. Frankfurt. a.M.

Coelen, Thomas/Hetz, Heidi/Wolf, Stefan (2004): Wer bildet die „Offene Ganztagsschule"? Bildungsanspruch und Bildungspraxis in der Kooperation von Grundschule und Jugendhilfeträger. In: Sturzenhecker, Benedikt/Lindner, Werner (Hrsg.) Bildung in der Kinder- und Jugendarbeit. Vom Bildungsanspruch zur Bildungspraxis, Weinheim und München, S. 77- 93

Deinet, Ulrich (1997) (Hg.): "Schule aus – Jugendhaus"? Praxishandbuch Ganztagskonzepte und Kooperationsmodelle in Jugendhilfe und Schule. Münster

Deinet, Ulrich (2001): Kooperation von Jugendhilfe und Schule. Ein Handbuch für die Praxis. Opladen

Deutsches Jugendinstitut (2002): Schule und soziale Netzwerke, erste Ergebnisse der Befragung von Schulleitern zur Zusammenarbeit allgemeinbildender Schulen mit anderen Einrichtungen und Personen, Zwischenbericht. München

Deutsches Jugendinstitut (2003): Schule und soziale Netzwerke, erste Ergebnisse der Befragung von Kooperationspartnern allgemeinbildender Schulen, Zwischenbericht. München

Mack, Wolfgang/Raab, Erich/Rademacker, Hermann (2003): Schule, Stadtteil, Lebenswelt. Eine empirische Untersuchung. Opladen

Ministerium für Arbeit, Gesundheit und Soziales (MAGS) NRW (1997): Kooperationsmodell zwischen Jugendhilfe und Schule zur ganztägigen Betreuung von Schülerinnen und Schülern der Sekundarstufe I einschließlich der Sonderschulen. Abschlussbericht. Düsseldorf

Olk, Thomas/Bathke, Gustav-Wilhelm/Hartnuss, Birger (2000): Jugendhilfe und Schule - Empirische Befunde und theoretische Reflexion zur Schulsozialarbeit. Weinheim und München

Österreichisches Institut für Jugendforschung (1995) (Hg.): Abschied von der Kindheit – Die Lebenswelten der 11- bis 14 - jährigen Kids. Wien

Österreichisches Institut für Schul- und Sportstättenbau (ÖISS) (2004): Prinzipien der Schulfreiraumgestaltung", Prinz-Eugen-Str. 12, A-1040 Wien

Sturzenhecker, Benedikt/Lindner, Werner (2004) (Hrsg.) Bildung in der Kinder- und Jugendarbeit. Vom Bildungsanspruch zur Bildungspraxis. Weinheim und München

Jugendarbeit und Ganztagsschule – Ein Kooperationsplädoyer für ein Risiko mit ungewissem Ausgang

Karlheinz Thimm

1. Einleitung

Der Trend erscheint zurzeit eindeutig: Ein großer Teil der Jugendlichen wird mehr Zeit in der Schule verbringen. (Ganztags)Schulen werden daher zunehmend Aufgaben übernehmen, die über reine Wissensvermittlung weit hinausgehen. Zentrale Kompetenzfelder der Jugendarbeit stehen für einen denkbaren Mehrwert gegenüber schulischen Beschränkungen. Die Jugendarbeit (professionell oder im Rahmen qualifizierter Ehrenamtlichkeit der Jugendverbände) unterbreitet außerschulisch etwa Angebote in den Bereichen Ästhetik, Bewegung, Umwelt, Musik, Politik, Medien, Selbstfindung, Beteiligung, Selbstorganisation. Jugendarbeit versteht Jugend als Experimentierraum. Unter anderem unterstützt sie Kinder und Jugendliche dabei herauszufinden, wer sie sind und wie sie leben möchten. Jugendverbände arrangieren eher thematische Bildungsgelegenheiten, die offene Jugendarbeit bietet u. a. Jugendräume zur Aneignung, Geselligkeit, Erholung, Beratung, Freizeitgestaltung ... Auch dort bilden sich junge Menschen in offenen Situationen und entlang herausfordernder Aufgaben. Kurz, die Jugendarbeit hat etwas zu bieten: Begleitung von Lebensgestaltung und ethische Orientierung, Selbstwerterleben und Teilhabequalifizierung, Körpererfahrung und Verantwortungsübernahme, Bedürfnis- und Interessenberücksichtigung.

Schule und außerschulische Jugendarbeit sind gekennzeichnet durch Unterschiede, aber auch Gemeinsamkeiten. Daraus ergibt sich das Gebot, zusammenzuarbeiten und sich zu ergänzen. Dafür sind allerdings Klärungen nötig, zum Beispiel entlang folgender Fragen: Was will Jugendarbeit mit Schüler/innen tun und warum will man sich womöglich am Ort (und im Kontext!) Schule engagieren? Welche Ziele und Themen eignen sich für Anreicherungen im Ganztag? Welche Wege und Formen der Zusammenarbeit sind eher günstig? Wer spielt welche Rolle und welche und wessen Regeln gelten?

2. Der Partner Schule

2.1 Aktuelle Probleme von Schule

Schulen haben, vereinfacht gesprochen, eine Qualifikationsfunktion (auch mit Blick auf erfolglosere Lerner/innen), eine familienergänzende und -unterstützende Erziehungsfunktion, Kulturüberlieferungs- und soziokulturelle Aufgaben (Werteerziehung; praktische Orientierungshilfen; Bearbeitung sozialer Probleme) sowie eine sozial-kommunikative Lebenswelt- und Begegnungsfunktion. Jede einzelne Schule muss ihr pädagogisches Selbstverständnis definieren: Welche Schule wollen wir sein? Was bieten wir jungen Menschen, damit sie gerne kommen und gut für die Zukunft gerüstet sind. Vier nachgewiesene *Problemkomplexe verunsichern Schule als System*:

- unzureichende Leistungseffekte im Bereich des stofflichen Lernens (Wissens- und Fähigkeitsmängel der Schüler/innen),
- ein Modernitätsdefizit der Institution (der Verfasstheit, der Kultur, der vorherrschenden Lern- und Beurteilungsformen, der Inhalte, der Methoden ...) mit Blick auf die Kompetenzausstattung für die Welt von morgen,
- das Gerechtigkeitsproblem (Herkunft entscheidet zentral über Zukunft),
- Sinn- und Akzeptanzprobleme bei jungen Menschen insbesondere in der Sek I-Stufe.

Bisher finden nur (aber auch: immerhin) Spitzenschulen darauf konsequente Antworten. Ursachenzuschreibungen für die Leistungs-, Gerechtigkeits-, Akzeptanz- und Modernitätsprobleme der Schule können in unterschiedliche Richtungen gehen: Eltern, Lehrerausbildung, Ressourcenausstattung im Bildungssystem, gesellschaftliche und kulturelle Mentalitäten, äußere Gliederung in Schulformen, unzureichende Kooperation der Berufsgruppen, nicht mehr anstrengungsbereite junge Menschen, usw. Einigkeit dürfte in der Beschreibung bestehen, dass heutzutage Überlastungs-, Benachteiligungs-, Lebensprobleme junger Menschen in hohem Maß in den Schulen spürbar werden. Für mindestens ein Fünftel der jungen Menschen türmen sich im familialen, im schulischen und im Freizeitbereich erhebliche Probleme auf. Schulen müssen die Voraussetzungen für gelingendes Lernen junger Menschen zunehmend selbst- und mitproduzieren. Ein großer Teil der jungen Leute benötigt eine Schule, die sie zuverlässig vom Morgen bis zum Nachmittag begleitet. Als große Herausforderung für Schule gilt die Unterschiedlichkeit der emotionalen, motivationalen, sozialen, kognitiven Voraussetzungen der Kinder.

2.2 Quo vadis Schule – welche Schule brauchen wir?

Nun werden Ganztagsangebote als ein Weg identifiziert, zu einer zeitgemäßen Bildung und zu besseren Lernergebnissen zu gelangen. In einer groß angelegten Kampagne wird Ganztag als Antwort auf allerlei Probleme postuliert. Dabei ist Ganztag nichts Neues. Wer hat ausgewertet, wie die gebundenen Ganztagsschulen arbeiten, was sie leisten, welche Bedingungen für angezielte Effekte notwendig sind, wie sich die Schülerzufriedenheit darstellt und wie diesbezügliche Unterschiede zu erklären sind? Wer empirisch nicht aufgeklärt ist, kann in den neuen Hoffnungsraum allerlei projizieren. In den Elitezirkeln in Wissenschaft, Politik, Praxismanagement wird das Projekt Ganztag mit reformerisch wünschenswerten, gleichwohl an der Basis nicht eingeholten programmatischen Leuchtraketen der deutschen Bildungsdebatte bestrahlt. Mir sind die mit dem Ganztag verknüpften Innovationsfelder sympathisch. Ich bin der Überzeugung, dass hier *Antworten auf einen unproduktiven Innovationsstau* liegen können:

- Respekt und Ermutigung als Bestimmungsmerkmale der Schulkultur,
- ganzheitlicheres Bildungsverständnis mit „Entstofflichung"; Orientierung an Kompetenzprofilen (Gestaltungskompetenz, Methodenkompetenz, Sozialkompetenz, Alltagskompetenz, Lernkompetenz ...),
- Unterschiedlichkeit von Schüler/innen mit einer Pädagogik der Vielfalt beantworten,
- Fördern und Fordern zur Ausschöpfung von Leistungspotentialen, zur Entwicklung von besonderen Talenten und zur Senkung der Drop-out-Raten (Chancengerechtigkeit und Stützung von sozial- und bildungsbenachteiligten Kindern verbessern; soziale Ausgrenzungen verhindern),
- sinnhafte, Bildungsideen und lernpsychologischer Rhythmisierung folgende Verknüpfung von Unterricht und außerunterrichtlichen Aktivitäten, Unterrichts- und Freizeit, Vor- und Nachmittag,
- variantenreiche schulische und außerschulische Lernorte und Lerngelegenheiten,
- Eigentätigkeit stimulierende Lernformen und Lernsituationen,
- pädagogisch inspirierte Raumkonzepte und Lernumwelten,
- Aktivierung und Stärkung der Schüler/innen,
- Kulturwechsel für den Umgang mit Eltern,
- gemeinsame Schulprogramm-Entwicklung in Kollegien und mit außerschulischen Partnern,
- Schule als Teil eines regionalen Bildungsnetzes.

Hier scheint eine Anlage von Schule durch, die integrativ angelegt ist, die neue Zeit- und Raumkonzepte denkt, die ergänzende Inhalte, Lernorte und Erfahrungsfelder, Methoden und Professionen geradezu benötigt. Von den jungen Menschen her gedacht: Sie könnten so im guten Fall Kernkompetenzen wie Kooperieren, Verantwortungsübernahme, Selbstorganisation, sozialer Interessenausgleich, zivilgesellschaftliches Engagement entwickeln; Chancen entstehen, zwischen vielfältigen lebensbedeutsamen Erfahrungsmöglichkeiten und Entfaltungsangeboten zu wählen; junge Menschen könnten Schule eher als bekömmlichen und als *ihren* Ort erleben. Verkrustete Strukturen und pädagogische Resignationsmilieus stehen neben aufregenden Aufbruchsszenarien. Manche Schule bewegt sich. Nur ein Beispiel unter vielen, was Haupt- und Realschule schon heute ist: „Der Morgen beginnt mit Deutsch, Mathematik und Englisch; anschließend stehen Kurse wie „Organisation eines Kinderfestes“, „Rund ums Auto“ oder „Vorlesen in Kita und Seniorenheim“ auf dem interdisziplinären und praxisnahen Programm. Die Fragen von Eltern und Lehrer/innen, wann denn der versäumte Stoff nachgeholt wird, werden leiser. Drei Schülerfirmen gibt es inzwischen: Reparaturen, Pausenkiosk / Catering-Service und Multimedia-Produktion“ (aus: Der Tagesspiegel vom 9.4.2005).

Kurz – als Verbindungsplattform für die pädagogische Erneuerungsspitze in beiden „Lagern“: Schule organisiert Aufgaben, Lern- und Sozialformen, Zeitstrukturen, Räume bzw. Lernumwelten, Beziehungen. Dies geschieht nicht nur, um „Wissenspakete“ abzuspeichern, sondern steht im Dienst der Herausforderung und Unterstützung der Kreativität, der kognitiven Kompetenzen, der sozialen und moralischen Entwicklung, der Selbstregulation und Selbstmotivation. Eine Schule, die weitere Lebenszeit okkupiert, übernimmt allerdings besondere Verantwortung. Sie besetzt Verfügungszeiten junger Menschen. Sie zwingt perspektivisch ihr schulpädagogisches Personal zu verlängertem Aufenthalt an der Schule. Und sie belegt und signiert Räume, die bisher den Horten und der Jugendarbeit vorbehalten waren. So überrascht es nicht, wenn Skeptiker gegenüber der Ganztagsentwicklung genug empirische Stimmen einfangen, die in der Pointe münden: Alle wollen Ganztag – außer Lehrer/innen, Schüler/innen und die Jugendhilfe. Dahinter stehen, wie bei jeder Veränderung, akute Abwehrmechanismen. Aber der rationale Kern ist: Wenn die Unterrichtsschule so bleibt, wie sie ist, drängt es alle so früh wie möglich „vom Hof“. Von heißer Luft in den Backen und programmatischen Wortgeklingel hier und der Selbstausbeutung der Pädagog/en/innen dort wird der Ganztag kein verantwortbares Unternehmen. Die Neugründungen in der Republik sind (fast) alle Billigvarianten.

3. Zum Beispiel: Schule und Jugendarbeit im Ganztag

In der Fachdiskussion werden, hier sehr vereinfacht formuliert, zwei Konstruktionen von Ganztagskooperation unterschieden: additive (eher aneinander anschließende) und integrierte (eher verzahnte) Ganztagskonzeptionen.

3.1 *Additive offene Konzepte*

Ich beginne mit einem Beispiel für den so genannten *additiven offenen Ganztag.*

Montag
Markus geht nach dem Mittagessen von der Schule ins benachbarte Jugendzentrum. Dort wird er zusammen mit anderen Schüler/innen der Jahrgangsstufen 7 und 8 von einer Lehrerin bei den Hausaufgaben betreut. Um 15.00 Uhr startet der offene Betrieb im Jugendhaus. Markus bleibt, weil er an der AG „Rund um den PC" teilnehmen will. Frank geht an diesem Tag in die Sporthalle. Dort trainiert die Schulmannschaft Volleyball, betreut durch einen Übungsleiter des örtlichen Sportvereins. Im Textilraum der Schule nähen sich Mädchen und Jungen „verrückte" Sachen. Später gibt es u. a. ein Aerobic-Angebot.

Dienstag
Im gemütlich eingerichteten Eingangsbereich der Schule warten Yvonne und Kevin auf den Beginn der Arbeitsgemeinschaften. Yvonne geht zum Trampolinspringen, ihre Freundin zum Gitarrenkurs im Jugendclub. Kevin sitzt mit älteren Schüler/innen im Computerraum der Schule und probiert einige neue Sachen aus. Im offenen Bereich des Jugendclubs spielt er danach Billard und Tischfußball. Von nebenan hört man immer wieder gedämpfte Laute – dort wird das soziale Training „Faustlos stark" angeboten. Jungen und Mädchen arbeiten und lernen hier getrennt und verbringen erst die letzten Stunden im Halbjahr in einer gemeinsamen Gruppe, die den Austausch zwischen den Geschlechtern fördern will.

Mittwoch
Nach der 6. Stunde geht Maria zur Sozialarbeiterin des Jugendclubs „Notausgang", die einmal wöchentlich für zwei Stunden in der Schule eine „offene Sprechstunde" anbietet. Maria überlegt seit einigen Tagen, ob sie mit der Jugendberaterin über ihre Essprobleme sprechen soll. Nach der Hausaufgabenbetreuung beginnt im Jugendclub der Mädchentag. Es wird gequatscht, Musik gehört, Aktivitäten werden geplant. Parallel dazu findet die Jungengruppe statt: mit Kochen und kooperativen Problemlösungsspielen im Gelände, Gesprächen über Sexualität und Körperlichkeit, Klettern mit Abseilen. Die geschlechterdifferenzierten Angebote werden von der Jugendarbeit unterbreitet.

Donnerstag
Nach der Hausaufgabenhilfe läuft ein Sportangebot (Handball, Basketball, Fußball), das auch von ehemaligen Schüler/innen besucht wird. Ein Ehemaliger (nun Sportstudent) hat dafür den Hut auf. In einem Raum grübeln (meistens) Jungen über Fragen zur Vorbereitung auf den Mofa-Führerschein. Nachher können sie auf der Übungsstrecke probieren und in der Werkstatt die Bremstrommeln eines Mofas auseinander nehmen. Eine Gruppe von Schüler/innen hat sich in der AG „Fairness und Verantwortung in der Schule" zusammengefunden. Hier wird beraten: über Helferdienste (wie Schulbus-Lotsen, Nachhilfe von Schüler/innen für Schüler/innen), neue Ideen für das Service Learning für die Gemeinde (bisher ist das Altenheim Partner im Programm „So happy together ..."), die Schülerfirma und den Schülerclub. Die „Fair-geht-vor"-Kommission ist zu besetzen und das Schulfest ist zu planen.

Freitag
An diesem Nachmittag gibt es kein von der Schule und ihren Partnern abgestimmtes Ganztagsangebot. Allerdings ist Kinderdisco im Jugendclub, für einige ältere Schüler/innen also eine Gelegenheit, Verantwortung zu übernehmen: als Diskjockey, bei der Bedienung der Lichtanlage, beim Eintritt kassieren und Getränke verkaufen.

In den nahenden Ferien ist das Angebot auch nicht zu verachten: Inlineskaten, See-Party, Flohmarkt von Kindern / Jugendlichen, Besuche bei polnischen Jugendlichen auf der anderen Seite der Oder, Mountainbike-Touren, Hip-Hop-Wettbewerb – das sind nur einige Angebote, die die Jugendarbeit vorhält. Natürlich können die Räume der Schule, auch das Computerkabinett und die Sporthalle für den Klettergarten, in der Ferienzeit genutzt werden.

So genannte additive Strukturen - vormittags Schule und nachmittags Freizeit, Betreuung, selbst regulierte Kommunikation - stellen nur einen schwachen Bruch mit der deutschen Tradition der Zwei-Zonen-Kultur dar. Die Professionen Schul- und Sozialpädagogik können ihre Profile friedenserhaltend wahren. Entwicklungsförderung, Benachteiligungsbearbeitung und Bildungskonzepte werden gemäß dem Staffelprinzip koordiniert nacheinander erbracht. Ich kenne viele Kolleg/en/innen aus der Jugendhilfe, die dieses Strukturmodell favorisieren (und die trotzdem einen veränderten Schulvormittag wollen). Allerdings benötigen auch additive Konzepte kooperative Absprachen. Auch in diesem Zusammenhang kann die Jugendarbeit am Vormittag tätig werden. Und die Lehrer/innen *könnten* am Nachmittag Aufgaben, vielleicht sogar gemäß dem Tandemprinzip in gemeinsamer Arbeit, wahrnehmen.

Offene Modelle müssen den Schritt der Öffnung von Unterricht noch gehen. Standorte dieses Strukturtypus erfahren durchaus starken Handlungsdruck durch die Forderung nach Kooperation. Wichtige praktische Umsetzungsprobleme liegen in der oft beengten Raumsituation, beim Transport, bei dem Thema der Zeitrhythmisierung und bei dem Verhältnis von obligatorischer Teilnahme und Freiwilligkeit. Kooperation wird vielfach als Nachmittagszuschlag interpretiert. Der Übergang zu einer Schule, an der Angebote konzeptionell abgestimmt auch durch Umfeldpartner offeriert werden, bedarf mehrerer Zwischenschritte und kommt nicht ohne eine Veränderung des Verständnisses von Bildung und Lernen sowie einer Verschiebung der gesellschaftlichen Funktionen und pädagogischen Aufgaben von Schule aus. In diesem Selbstverständigungs- und Selbstfindungsprozess befinden sich zurzeit viele Schulen in der Republik – oft aus einer Überlastungssituation heraus.

3.2 Integrierte gebundene Konzepte

Neue Programme von Bildung, Sozialisation und Lebensbewältigung gehen einen Schritt weiter. Ein *integriertes gebundenes Ganztagskonzept* wirkt dann eher „wie aus einer Hand". Unterricht, Arbeitsgemeinschaften und Freizeit, Selbsttätigkeit und systematisches Gruppenlernen usw. wechseln einander ab. Einige Bilder zu einem solchen innovativen Programm:

Die reguläre Schulwoche der 9a wird von bekannten Gesichtern verantwortet: den Fachlehrer/n/innen. Aber seit einigen Jahren sind sie für den Vormittag nicht die alleinigen Lernarrangeure und Expert/en/innen.

Im Sozialkundeunterricht beschäftigt sich die Lerngruppe seit vier Wochen mit der Erkundung der Lebenssituation der Jugendlichen in der Stadt. Ganz klar, dass Kommunalpolitik, Polizei, Verwaltungen, freie Jugendhilfeträger, die örtliche Fachhochschule, Kinderärzte u.v.m. als außerschulische Expertise vielfältig eingebunden sind.

Im Fach Wirtschaft – Arbeit – Technik sind Mitarbeiter/innen der Jugendberufshilfeträger Christliches Jugenddorfwerk (CJD) und Internationaler Bund (IB) im Tandem mit der Arbeitslehre-Lehrkraft tätig. Man kooperiert in mehreren Feldern: Berufsorientierung in den Werkstätten der Träger, Assessment-Center, Potenzialanalysen, Stärken-Schwächen-Profile, Gespräche über Anforderungen an Auszubildende, Förderung von Benachteiligten u.a. durch Zielvereinbarungen und ressourcenorientierte Stützungen.

Die dritte Maiwoche verbringen alle neunten Klassen traditionell in einer Jugendbildungsstätte. Während die achten Klassen das Thema „Mädchen und Jungen" in ihrer Projektwoche am außerschulischen Ort bearbeiten, steht im Rahmen der Jahrespartitur der Neuner das Thema „Fit for life – Wie will ich leben?" auf dem Programm. Die Moderator/innen des Jugendbildungsanbieters saßen manchen Nachmittag mit den begleitenden Lehrkräften zusammen – und man fand eine sinnvolle Aufgabenteilung, die sichert, dass die Arbeit dieser Woche in den Unterricht einfließen wird.

Die Schule übernimmt Verantwortung im Gemeinwesen und will erweiterte Bildungspotentiale nutzbar machen. So engagiert sich die ganze Schule - im Schulprogramm verankert - immer parallel in zwei Projekten des Service Lernens. Diese Arbeit findet weitgehend am Nachmittag stand. Aber die Patenschaft mit der Behinderteneinrichtung reicht auch in die Fächer Deutsch, Kunst und Ethik / Religion hinein. Die Ausstellungen, die Theateraufführung, die Bearbeitung von Behinderung als Thema in der Literatur, ethische Fragen nach einem lebenswerten Leben – all das sind Schnittstellen, die eine Trennung in Rahmenlehrplanstoff hier und soziales Engagement von ein paar freiwilligen Jugendlichen in der Freizeit hinfällig machen.

Das Musikprojekt „Hip hop" wird jahrgangsübergreifend angeboten – und neuerdings geschlechtergetrennt. Gut, dass im benachbarten Jugendzentrum ein begabter Ex-Schüler als Honorarkraft zur Verfügung steht und eine Kooperationsvereinbarung zwischen dem Club und der Schule abgeschlossen wurde. Das Projekt ist übrigens Teil des Musikunterrichtes.

Der Jugendclub hat eine Kletterwand mit Schüler/innen im Rahmen eines Schulhofgestaltungsprojektes gebaut. Drei Mal in der Woche gibt es nun Kletterworkshops. Eine Sportlehrerin bietet im berufsgruppengemischten Pärchen mit dem Erlebnispädagogen des Clubs sowohl in Pausen als auch in der nachmittäglichen Arbeitsgemeinschaft Übungsmöglichkeiten für Anfänger und Fortgeschrittene. Das ermöglicht (Selbst)Erfahrungen aus erster Hand.

Schließlich spielt der Schülerclub eine wichtige Rolle im Schulalltag. Manche Unterrichtsstunde wird hier in Kleingruppenarbeit in „etwas anderer Atmosphäre" verbracht.

Die gebundenen Modelle sind aufgrund der ganztägigen Verzahnung von Unterricht, Begegnung, Erholung und sonstiger Betätigung dem Thema der Öffnung von Unterricht und der Weitung ihres Sozialisations- und Bildungsverständnisses näher. Aber auch und gerade hier ist Kooperation wahrlich kein von selbst laufender Prozess.

3.3 Kooperationseignung von Schulen

Welche Profession was zu tun hat, ist nicht auf Ewigkeit festgeschrieben. Braucht Schule neue Partner? Von der Anforderungslage her ist das zweifellos zu bejahen – und zwar dann, wenn Schule Kinder in ihrer individuellen Entwicklung unterstützen will und nicht nur das Lernen in Fächern betreibt. Dann lauten die Parameter: Begleitung der Persönlichkeitsentwicklung; Lebenstüchtigkeit befördern; Ausbildungs- und Berufsfähigkeit sichern; Teilhabefähigkeit qualifizieren; Chancen Benachteiligter verbessern. Das Geflecht widerstreitender Erwartungen, denen Schulen sich ausgesetzt sehen, ist bekannt. So kann Schule aus sich heraus nicht alles zugleich gleich gut tun. Deshalb machen Schulen, dieser Trend ist definitiv unumkehrbar, zunehmend die Türen auf und schauen sich draußen um. Unsere Erfahrungen in Brandenburg mit offenen Ganztagsstandorten als Kooperationsprojekte von Schule und Jugendhilfe zeigen, dass Schule Zusammenarbeit, Ergänzung, Anreicherung eher mit solchen Akteuren eingeht, die

- substantielle Leistungen erbringen, für die Schule sich nicht kompetent (fähig und zuständig) definiert,
- unkompliziert verfügbar sind (die nichts Entscheidendes durcheinander bringen; nicht empfindlich sind; keine großen zeitlichen Reserven für Aushandlung usw. beanspruchen),
- nichts kosten (die Ressource wird mitgebracht),
- flexibel einsetzbar sind,
- verlässlich (berechenbar) sind, die gar Nachhaltigkeit versprechen, weil sie auch „übermorgen" noch kommen (nur dann lohnen aufwändige Aushandlung, Strukturveränderungen, Kontraktierung …).

Entscheiden Sie selbst, ob Sie solche Anforderungskriterien teilen, wo Konflikte unausweichlich sind, ob die Jugendhilfe unter solchen Voraussetzungen „gute Karten“ hat.

Manche Schulen eignen sich mehr als andere für Kooperationen. Diese Schulen fragen zuerst: Was brauchen Kinder und Jugendliche, um erfolgreich zu sein? Sie nehmen Experimentier-, Geselligkeits- und Kommunikationsbedürfnisse von Schüler/n/innen wahr. Diese Schulen erkennen, dass sie Hilfen zur Lebensbewältigung organisieren müssen. Sie registrieren, welche Lerngelegenheiten es in den Umfeldern, außerhalb des Ortes Schule für die Selbst- und Welterfahrung junger Menschen gibt. Sie bieten im Stundenplan abgesicherte Zeiten für Persönlichkeitsentwicklung und soziales Lernen. Und sie sehen sich als Teil des Gemeinwesens.

4. Wozu Jugendarbeit an der Schule?

Vielleicht ist die, von beiden Seiten (Schule, Jugendhilfe) bisher eher vorsichtig betriebene Annäherung *auch* ein Reflex darauf, dass Kooperation im Ganztag eher ein „Befehl der Politik“ ist. Gefragt wird: Was will die Jugendarbeit an der Schule? Ja, ist sie überhaupt eingeladen worden? Ist nicht eher im Kontext von offenem Ganztag eine Zwangsehe von oben arrangiert worden, die bisher weder bei der Jugendhilfe noch bei Schule auf ausgeprägte Liebes- oder mindestens Sympathiemotive oder auch nur nachhaltige Vernunftmotive (mit der Folge einer Kameradschaftsehe) trifft? Kooperieren heißt ja immer, Autonomie einzubüßen, Kompromisse zu suchen, sich mit offenem Ende mit allerlei Kraft- und Zeitaufwand auseinanderzusetzen und dann zusammenzuraufen … Wer tut das freiwillig oder zumindest ohne Not? Ich will damit ganz pragmatisch andeuten: Hier wohnt im Anfang nicht der Zauber des hoffnungsgezeichneten Aufbruchs, sondern die harte Einsichts- und Überwindungsarbeit: Ja, dann müssen wir aus Ressourcen- und Demografiegründen wohl.

4.1 Erweiterungen durch das Bildungsverständnis in der Jugendhilfe

Ein Zukunftsblick ist deshalb aktuell weniger empirisch gehärtet als eher programmatisch angelegt. Ein anderes Bildungsverständnis könnte Schule und Jugendarbeit zueinander führen: Bildung bedeutet mehr, als möglichst viel Wichtiges auswendig zu lernen. Lernen im Unterricht ist eine bedeutsame Teilmenge und notwendige Bedingung von Bildung. Aber ein gebildeter Mensch weiß nicht nur Bescheid, sondern handelt selbstständig, entscheidet vernünftig, übernimmt Verantwortung für sich und andere, verfügt über Gemeinsinn. Bildung beinhaltet, über die Welt zu wissen, sich in der Welt verhalten zu können und eine mündige Person zu sein. Wissensstoffe können nicht länger alleiniger, geradezu „heiliger" Zweck des Lehrens und Lernens sein. Die Schule der Zukunft wird jedenfalls methodischen und sozialen Basiskompetenzen, dem Selbstmanagement, Haltungen und Einstellungen wie Verantwortungsübernahme, Toleranz, Eigeninitiative eine höhere Bedeutung zuerkennen. Mit sich und mit dem Leben zu Rande kommen – auch das könnte ein ganz anderer Lern- und Erfahrungsstoff werden. Dann müsste Schule auch ein Ort werden, an dem junge Menschen lebensbedeutsame Erfahrungen machen können: Verlässlichkeit und Werterleben, Vertrauen und Anerkennung, Ermutigung und Herausforderungen, Freundlichkeit und Solidarität.

Bildung als Querschnittsaufgabe ist nicht von einem gesellschaftlichen Teilsystem alleine besetzbar. Auch die Jugendhilfe leistet einen Beitrag zum produktiven Austausch von Kind und Welt. Jugendarbeit arrangiert dabei kein vorbereitendes Lernen für zukünftige Aufgaben, die den Lernenden in der Situation des Lernens noch nicht gegenwärtig sind. Aber können Jugendarbeiter/innen, positiv bestimmt und sich nicht nur verneinend abgrenzend, hinreichend angeben, wie sie Bildungsprozesse anregen und mit welchem Ziel? Gibt es dafür gar ein Konzept oder, wichtiger, ein Bewusstsein? Sicherlich ist nicht jedes Billardspiel zwischen Mark und Mehmet eine Bildungsleistung oder auch „nur" ein Beitrag zum interkulturellen Lernen. Für die Jugendarbeit sollte orientierend wirken: Bildung aus Sicht der Jugendarbeit ist zum Beispiel ästhetischer Ausdruck, Suche nach eigenen gültigen Werten, umfasst auch Selbstexperimente: Wer bin ich? Was kann ich? Wie will ich mich entwerfen? Was passt zu mir – als Lebensstil, Outfit, Körperausdruck? Bildungsprozesse als Auseinandersetzung mit der eigenen Lebensgeschichte und Lebenssituation können nicht erzwungen werden, aber man kann sie bewusst ermöglichen, man kann Gelegenheiten schaffen. Das geschieht nicht im Nebenbei des pädagogischen Alltags, sondern bedarf der zielgerichteten Überlegung. Verantwortungsübernahme oder Toleranz lassen sich schlecht allein und erfahrungsentleert über Büchern erproben. Wenn Jugendarbeit über ein eigenes Bildungsverständnis verfügt, kann zweifellos von festerem Boden aus mit Schulen kooperiert werden.

4.2 Gründe für ein Engagement der Jugendarbeit am Ort Schule- Notwendigkeit der Selbstbefragung

Eine lebensweltorientierte Jugendarbeit sollte ihre Angebote dort unterbreiten, wo Jugendliche sich sowieso aufhalten: in der Schule. Salopp formuliert hat die Jugendarbeit an der Schule einen Job zu machen, weil dort Kinder sind. Aber schulbezogene Nachmittagsangebote und Ergänzungsleistungen am Vormittag sind „nur" ein Angebot der Jugendhilfe unter anderen. Es geht nicht um ein „Alles oder Nichts!“, wenn ein Engagement am Ganztag in Erwägung gezogen wird. Eigene, schulunabhängige Angebote behalten ihren Stellenwert. Der demografische Wandel (vor allem, aber nicht nur in den neuen Ländern) erzeugt allerdings Umbauherausforderungen auch in der Jugendarbeit. Ganztagsangebote könnten dabei sogar ein Standbein zur Existenzsicherung werden. Eine am Ort Schule nützliche und dort geachtete sowie von Jugendlichen angenommene Jugendarbeit stellt Flexibilität und Verantwortungsbewusstsein unter Beweis und kann so auch kommunalpolitisch punkten.

Die Jugendhilfe müsste in Kooperationen durch Konzeptveränderungen und Ortsverlagerung Ressourcen umsteuern, das sicherlich komfortablere Für-sich-Bleiben aufgeben sowie Abstriche von eigenen Maximalerwartungen vornehmen. Auch Jugendhilfe muss ihre *Schultauglichkeit noch unter Beweis stellen.* Klischees über den Partner, Selbststilisierung, unkritische Rezeption eigener Leistungen und Ergebnisse sowie Missionierungselan und Abwertung des Gegenübers sind keine geeigneten Wege, sich in neue Bündnisse zu begeben. Es wird nichts werden mit der neuen Kultur der Begleitung des Aufwachsens, wenn Veränderungsforderungen einseitig an Schule adressiert werden.

Was steht womöglich auf der anderen Seite der Kosten-Nutzen-Bilanz? Anders: Welche möglichen *Beweggründe*, im Rahmen von Ganztagskooperation tätig zu werden, sind womöglich a la longue unabweisbar:

1. Benachteiligungssituationen führen oft zu wirtschaftlicher, sozialer und kultureller Verarmung von Familien. Arbeitslosigkeit von Eltern wird hier und dort sogar zum Gruppenschicksal in Klassen. Das hat für die Lernkultur und Lernmotivation an Schule negative Konsequenzen; darunter leiden Kontaktqualitäten zwischen Eltern und Kinder; Erziehungskompetenzen sind eingeschränkt. Schulische Erfolge für alle Kinder und Jugendliche müssen der gesamten sozial- und gesellschaftspolitisch engagierten Jugendhilfe ein Anliegen sein. Das bedeutet nicht zwangsläufig, die Jugendarbeit für das Risikoviertel zu funktionalisieren und sich in freiwilliger Engführung und im vorauseilenden Gehorsam unterkomplexen, kurzatmigen Präventions- und Interventionslogiken zu unterwerfen.

2. Eine Jugendarbeit mit Ansprüchen wie Integration, Sozialraum- und Lebensweltbezug *spricht in Schule eine größere Zahl junger Menschen an*, als wenn sie in Separees wie Verband, Club, Freizeiteinrichtung verbleibt.

3. Die Jugendarbeit kann ihren *gesellschaftlichen Stellenwert wahrnehmbarer* machen. Die Jugendarbeit besetzt heterogene Aufgabenfelder, die für Außenstehende unüberschaubar sind. Am Ort Schule stehen Jugendarbeitsangebote und -ansätze deutlich stärker im öffentlichen Rampenlicht. Auch ihre bisher häufig unter Wert, eingeschränkt wahrgenommenen Bildungsleistungen im sozialen, politischen, moralischen, ästhetischen Lernen werden sichtbar.

4. Jugend wird ein „knappes Gut". Ein *Umbau kommt dem Abbau* (durch politisch bestimmten Ressourcenentzug auf Grund des demografischen Wandels) *zuvor*. Will Jugendarbeit erreichbar sein, muss sie junge Menschen aufsuchen – nicht nur mit mobilen Angeboten aus dem Bus heraus.

5. Hier und dort könnte Jugendarbeit *Schule zu Innovationen in Bereichen wie Ressourcenorientierung, Lernmethoden, pädagogische Beziehung oder ganzheitliche Berücksichtigung von „Geist, Körper und Seele" animieren* – durch das sichtbare Beispiel. Mittelfristige Folge wäre vielleicht ein integriertes Leitbild einer lebensweltorientierten Schule.

6. Ein ganzer Tag mit einseitig verschulten Strukturen verfehlt die Kinder und Jugendlichen, die *Schule als Lebensort und Erfahrungsraum* wahrnehmen. Die Lehrerschaft wird zum Beispiel die jugendkulturelle Seite im sozialen Raum Schule nicht kompetent bedienen. Deshalb sind Ergänzungen im Interesse der Jungen und Mädchen unverzichtbar – um das Lernen anzureichern und den kompletten Menschen mit sozialen, kommunikativen, emotionalen Bedürfnissen nicht „auf den kognitiven Hungerast" zu setzen.

Allen jungen Leuten ist die Doppelaufgabe von Identitätsformung und sozialer Integration aufgegeben. Bei „Strafe des persönlichen Scheiterns" (B. Müller) müssen Jungen und Mädchen klären, was sie selber wollen, was sie können, für welchen Sinn und welches Ziel sie sich entwerfen (vgl. Müller u.a. 2005: 12). Gleichrangig gilt es, damit einen möglichst anerkannten Platz in der Gesellschaft zu erklimmen. Ansprüche, Herausforderungen und Gefährdungen lassen sich so abbilden:

INDIVIDUATION UND SOZIALISATION JUNGER MENSCHEN

BEDÜRFNISSE	Beziehungen zu „anderen Erwachsenen"; Spontaneität, Unmittelbarkeit; Peer-Geselligkeit, offene Gruppenerlebnisse; Experimente; Körper, Bewegung, Sinnlichkeit; Liebe; Sex; jugendkulturelle Darstellung;. Halt; Orientierung; Räume...
ENTWICKLUNGS-AUFGABEN	- Identität (wer, was, wie, wozu) - Geschlechtsrollenentwurf - Partnerschaft - Einmündung Beruf

BILDUNGS-ANSPRÜCHE	- Personale Kompetenz (Ich-Stärke Selbstbewusstsein, Wertbewusstsein...) - Sozialkompetenz (Kooperation, Konfliktfähigkeit ...) - Wissen, Qualifikation - Welterfahrung - Alltagskompetenz (Wohnen, Recht, Technik)

KRITISCHE LEBENS-EREIGNISSE – BEWÄLTIGUNGS-PROBLEME	- Familie: Zerfall, Hass, Ausstoßung, Missbrauch (- Liebe ...) - Schule: Isolation, Versagen, Unbeliebtheit, Herunterstufung (- Erfolge ...) - Peers: Einsamkeit, Verlieren, Blamagen (- Anerkennung, Ersatzfamilie ...) - Normen: Delinquenz, Strafe (- positive Konformität)

Einige von der Jugendarbeit besonders zu beachtende Bedürfnisse junger Menschen am Ort Schule könnten sein:

- Anerkennung
- „echte" Herausforderungen zur Erreichung neuer Kompetenz- und Entwicklungsniveaus; Bewährungsfelder mit Erfahrung von eigener Wirksamkeit und zur Entwicklung von Talenten
- Reiz- und Identifikationsfiguren aus der Welt der Älteren und Erwachsenen
- Vertrauensvolle Bezüge
- Offene Gruppenstrukturen
- Ventile, Foren, Räume für kinder- / jugendkulturelle Selbstdarstellung und Stilexperimente
- Bewegung

4.3 Formen und Funktionen von Jugendarbeitsangeboten

In welchen Formen können Anreicherungsangebote offeriert werden? Die erste Form von Ergänzungsangeboten betrifft die Gestaltung von Freizeit (offene Angebote) an der Schule. Eine zentrale Möglichkeit liegt in der Bereitstellung von Aneignungs- und Entfaltungsräumen. Dabei tritt die Jugendarbeit nicht nur in den Funktionen von Raumbeschaffer und „Raumwärter" auf den Plan. Handlungsansätze wie informelle Gespräche, entwicklungsunterstützende Jugendberatung, Gewaltprävention sind im Milieu des Jugendraums (an der Schule) günstig umzusetzen. Ebenso sinnvoll kann es sein, die benachbarten Räume des Jugendclubs aktiv in die Konzeption von Ganztagsangeboten einzudenken. Zweitens können neigungs- und interessenorientierte Arbeitsgemeinschaften durch Träger der Jugendarbeit am Nachmittag angeboten werden, zu Themen wie Medien, Kunst, Umwelt, Bewegung, Abenteuer ... Eine Verbindung von internationaler Jugendarbeit mit Schulpartnerschaften ist ebenfalls denkbar. Drittens können im Rahmen von Projektwochen Unterricht und außerschulische Angebote verzahnt werden. Dabei kommen auch Angebote der Jugendbildungsstätten und der Jugendverbände ins Gespräch. Viertens ist eine punktuelle Mitarbeit als außerschulische/r Experte/-in im Unterricht denkbar.

Wenn Jugendarbeit an Schulen Angebote unterbreitet, geht es i.d.R. nicht darum, an fünf Tagen drei Stunden abzudecken. Die meisten Angebote werden einen Umfang von zwei bis acht Stunden pro Woche haben. Derzeit sollten mutige und auch riskante Bewegungen ins Offene gefördert werden. Ich schlage vor. Jugendhilfe-Ergänzungsangebote sind strukturell nicht festgelegt: Sie können ausschließlich von sozialpädagogischen Kräften oder in Tandemarbeit mit Lehrer/innen entwickelt und durchgeführt werden. Sie können am Ort Schule stattfinden oder in Räumen der Jugendarbeit. Sie können am Vormittag, über Mittag oder am Nachmittag platziert sein. Sie können mit Klassen, mit kleinen oder größeren Gruppen durchgeführt werden. Jugendarbeit wird dafür eintreten, Kontexte zu schaffen, die Jugendlichen Raum für die Lösung von Problemen, die Gestaltung ihrer jugendkulturellen Vorlieben und die Verwirklichung ihrer Interessen bieten. Dabei bleiben Kernzuständigkeiten erhalten: Schule verantwortet den Unterricht und die Auflage, Lernerfolge und Abschlüsse für möglichst viele Schüler/innen zu erreichen. Jugendarbeit sieht die Schule auch als Gegenwartsqualität, nimmt die Einflüsse außerschulischer Lebenswelten wahr und unterbreitet Angebote für die „ganze Person" – und zwar ohne Formatierungsanspruch und Beurteilungszwang.

5. Voraussetzungen und Ermöglichungsfaktoren gelingender Kooperation

Mit einer Kooperation von Schule und Jugendarbeit soll auf die Herausforderungen in der Gegenwart und in der Zukunft im Interesse von Kindern und Jugendlichen angemessener reagiert werden. Eine wichtige Rolle spielt dabei die Entwicklung einer neuen professionellen Kommunikations- und Anreicherungskultur. Diese stellt Kinder und Jugendliche in den Mittelpunkt. Kooperationen sollten aber auch die Profis anregen, ermutigen, entlasten. Das setzt allerdings voraus, dass sich beide Institutionen von ihrem ausschließlich auf das eigene Terrain, auf die eigene Sparte bezogenen Denken lösen. Jeder Bereich sieht Ausschnitte der Kinder und entwickelt aus dieser eigenen (verengten) Perspektive pädagogische Konzepte. Nur wenn beide Partner begreifen, dass sie trotz unterschiedlicher Voraussetzungen und Aufträge vergleichbare Anliegen haben, kann Verbindendes über Trennlinien entstehen.

5.1 Positive Erfahrungen der beteiligten Professionellen

Wie gelingt Kooperation? Folgende Stimmen wurden in Begegnungswerkstätten zwischen Schule und Jugendarbeit im Land Brandenburg im Jahr 2004 eingesammelt:

Lehrer/innen: „Ich habe mir aktiv Verbündete bei der Jugendarbeit gesucht. Ich wusste, was ich wollte und ich wusste, was meine Schüler/innen brauchen. Und ich sah, dass ich ihnen zu wenig bieten konnte." Eine andere Lehrkraft äußert: „Unser heutiger Stand ist das Ergebnis von Schritt für Schritt. Wir haben ganz klein, mit Schnuppern angefangen. Und dann kamen Ergebnisse, etwas Handfestes zum Sehen. Wir hatten schon Abstimmungen vorher, ein grobes Gerüst. Aber dann haben wir angefangen, ohne alles vorher genau zu wissen. Und dann gab es den Schnellballeffekt. Vieles ergibt sich und man lernt und wird besser miteinander. Und dann wuchs die echte Neugier. Es war oft richtig spannend. Da haben wir als Lehrer auch für uns profitiert. All das war nur möglich, weil ein Vertrauensverhältnis zu den Leuten aus der Jugendhilfe entstand." Eine dritte Stimme: „Ich habe meine Schüler/innen kaum wieder erkannt – mit welcher Hingabe die im Hip hop-Kurs gearbeitet haben, bis in den Abend hinein und am Wochenende." Schließlich: „Eine Trennung in die Jugendhilfe als Spaßagentur an der Schule und wir für den Ernst – das kann nicht gut gehen." Und: „Wir fühlten uns als Schule verstanden. Und dann fiel es uns leichter zuzugeben, welche Probleme wir hatten. Und dann hörten wir nicht zuerst von der Jugendhilfe, was alles nicht geht, sondern der Träger sagte gleich, was er bieten könnte. Und dann fing die Arbeit an. Schön war, dass wir auch zusammen lachen konnten. Manchmal wurde es richtig herzlich."

Sozialpädagog/en/innen: „Das war der Durchbruch: Schule wollte was von uns und ist von sich aus gekommen. Und Schule war bereit, einen Planungsvorlauf von mehreren Monaten mit zu tragen. Unser Entgegenkommen war, dass die Sitzungen höchstens anderthalb Stunden dauerten. Aber die Lehrer/in hat dafür sogar Freistellung erhalten und die Kolleg/innen haben sie im Unterricht vertreten." Eine andere Mitarbeiterin stellt fest: „Schule muss sich bewusst sein, dass Jugendarbeit eben einen anderen, aber nicht weniger fachlichen Arbeitsstil hat."

Einige Abschlussstatements im Rahmen der Werkstätten lauten so: „Beide Seiten müssen etwas einbringen. Und beide Seiten müssen etwas gewinnen." „Es muss von vorneherein eine gewisses gemeinsames Grundverständnis über Pädagogik da sein." „Klare Absprachen sind das A und O. Und wir brauchen feste Ansprechpartner in der Lehrerschaft.“ „Man muss ggf. auch fehlende Voraussetzungen klar benennen und bei einer Nichtmachbarkeit des Vorhabens auch den Mut zum Nein haben.“ „Jugendarbeit muss gewisse strukturelle Zwänge von Schule wie etwa Anwesenheitskontrolle akzeptieren.“ „Kooperieren kann man nur mit weitem Blick, nicht aus der Kleingärtnerperspektive.“ „Ohne Schulleitung läuft mit Kooperation gar nichts.“

5.2 Bedingungen gelingender Kommunikation

Bevor es auf „Los“ geht, sind *drei Bedingungen* zu beachten (vgl. auch Dithmar u.a. 2000):

Kooperation braucht gemeinsame Erfahrungsräume: Angesichts dessen, dass sich Schule und Jugendarbeit als Systeme auf Grund ihrer unterschiedlichen gesetzlichen Aufträge, Kulturen und pädagogischen Grundhaltungen eher abstoßen, ist der konkrete Kontakt gefragt. Je dürftiger das Erleben, je mehr blühen Vorurteile. Deshalb ist die Herstellung von Begegnungsmöglichkeiten eine erste notwendige Bedingung dafür, dass Interesse an den Leistungen des anderen entstehen kann.

Kooperation beginnt nur dann, wenn Gewinne (Nutzen) phantasiert wird und dann real Mehrwert entsteht: Erst die Probe aufs Exempel ermöglicht zu überprüfen, ob Zeitverschwendung und vermehrte Belastungen mit Kooperation einher gehen, oder gute Erfahrungen gemacht werden und Ergebnisse entstehen, die alleine nicht möglich gewesen wären.

Kooperation ist ein Lernprozess mit Höhen, Tiefen und offenem Ausgang: Guter Wille ist eine notwendige, aber keine hinreichende Bedingung. Kooperationen fußen auf Einsichten, z.B.: Anliegen können mit den eigenen Mitteln nicht befriedigend bearbeitet werden. Die Kooperationspartner müssen also die Grenzen der eigenen Kompetenzen wahrnehmen und sich Beschränktheiten eingestehen. Räume sind zu schaffen: für Begegnungen, um Vorbehalte offen zu legen, um aus Differenzen dennoch gemeinsame Interessen herauszufiltern, um dann miteinander Erfahrungen zu machen.

Ein Modell soll verdeutlichen, dass Kooperationen von drei Seiten Stützung brauchen;

Gemeint ist: Nur in einer Kultur der Anerkennung und der respektvollen Beziehungen werden Professionelle als Person „ihr Bestes geben“. Nur wenn Kooperation auf der Seite berechenbarer Voraussetzungen grundsätzlich und günstig geregelt ist, wird der Prozess selbst (das Projekt z.B.) ins Laufen kommen. Verfahrensstützung heißt: Ressourcen; Erlaubnisse; Stellenbeschreibung; Leitbild; Konzept; definierte Rechte und Pflichten; Planungs- und Auswertungsgremien; Dokumentation, Evaluation, Berichterstattung ... Die konkrete Aushandlung zwischen Jugendarbeit und Schule, wer mit wem was wie mit welchen Zielen plant und durchführt, ist die dritte unerlässliche Bedingung wirksamer Kooperation. Kurz: Kooperation wird nur gelingen, wenn sowohl ichbezogene Ziele als auch aufgabenbezogene Ziele gleichwertig verfolgt werden dürfen. Nutzen muss sich nicht nur für Kinder und Jugendliche, sondern darüber hinaus sowohl für die entsendenden Organisationen, als auch für die kooperierenden Personen einstellen. Personbezogene Ziele mögen sein: Spaß miteinander; Gewinn durch neue Beziehungen; Sinnerleben; Anerkennung; Entlastung; Reputationssteigerung.

6. Qualitative Kooperationsstandards am Ganztag aus Sicht der Jugendarbeit

Jugendarbeit sollte fachliche und strukturelle Standards einbringen, die mit dem Schulbereich zu diskutieren sind. Diese sollten nicht als Maximalforderungen gesetzt, sondern in Aushandlungen als Positionen der Jugendhilfe formuliert werden. Kooperationen werden in der Praxis letztlich nicht ohne Kompromisse gehen.

6.1 Abgestimmte Konzepte und Kooperationszeit

Im Mittelpunkt ganztägiger Angebote müssen die Interessen und Bedürfnisse von Jugendlichen nach Bildung, Förderung, Integration, Begegnung und Erholung stehen. Die Lebenswelten der Jungen und Mädchen (Geschlechtssensibilität ist unverzichtbar), ein erweitertes Bildungsverständnis (kognitiv, sozial, emotional, moralisch) sowie aktivierende Lernformen und -methoden sollten für die Entwicklung der pädagogischen Profile und Konzepte maßgeblich sein. Schule und Jugendhilfe verständigen sich über getrennt und gemeinsam zu bearbeitende Aufgaben, Zuständigkeiten, je eigene und gemeinsame Ziele. Notwendig sind eine In-Kenntnis-Setzung über die jeweiligen fachlichen Perspektiven auf junge Menschen und eine wechselseitige Anerkennung der bereichsspezifischen Selbstverständnisse und Arbeitsweisen. Wenn beide Seiten personelle bzw. sächliche Ressourcen in Kooperationsvorhaben einbringen, sollen Bedarfsüberlegungen und Aufgabenplanungen gemeinsam durchgeführt werden. Ein gemeinsames pädagogisches Leitbild erleichtert Kooperation. Diese braucht Zeit für Konzeptentwicklung, Absprachen, Teamarbeit.

6.2 Berufliche Selbstverständnisse in Kontakt bringen

Die Qualität von Kooperation im Ganztag hängt nicht zuletzt davon ab, ob die Lehrer/innen auch an den nicht-unterrichtlichen Angeboten beteiligt und auch am Nachmittag anwesend sind. Für Lehrer/innen beinhalten Ganztagsangebote also erweiterte Anwesenheitszeiten an der Schule, ferner Beratungs-, Abstimmungsaufwand sowie erhöhte Anforderungen im erzieherischen und sozialkommunikativen Bereich. Die Jugendhilfe erhält einen Gaststatus am Ort Schule und muss sich von hier offensiv, aber gleichwohl sensibel bewegen. Die Jugendarbeit müsste auch die formalen Bildungsprozesse schätzen und Schnittstellen zum Unterricht aktiv suchen, ohne sich in den Status einfacher Hilfe zur Erfüllung schulischer Kernaufgaben hinein manövrieren zu lassen. Beide Professionen haben ggf. wiederholt gemeinsame, eigene und fremde Aufgabenanteile zu bestimmen. Neu und durchaus riskant ist: Die Arbeit aller wird sichtbar und damit auch kritisierbar und kontrollierbar.

6.3 Schüler- und Elternbeteiligung

Kinder, Jugendliche und Eltern sind in die Planung, Entwicklung und Abstimmung der Ganztagsangebote in geeigneter Weise einzubinden. Mitbestimmung bei der Angebotsentwicklung und -gestaltung erhöht Identifikation; Wahlmöglichkeiten sind abzusichern. Mehr Partizipation der Schüler/innen wäre möglich – hinsichtlich:

- der (Selbst)Entwicklung und Gestaltung von Bildungsgelegenheiten,
- der Reihenfolge der Lerninhalte (z.B. im Rahmen von Frei- und Wochenplanarbeit),
- der Lernwege (etwa bei Projekten),
- der Mittelverwendung an Schule (so eine Selbstbewirtschaftung schon etabliert ist),
- Feed back zum Unterricht, zum Nachmittagsangebot, zur Beziehung Klasse - Lehrkraft,
- der Erkundung von Akzeptanz und Zufriedenheit mit außercurricularen Angeboten.

Auch elterliche Zufriedenheit und Bedarfsveränderungen sind turnusmäßig zu erheben. Aber Beteiligung jenseits formaler Mitwirkung bzw. einem Repräsentantenprinzip ist aufwändig. Für die Zuständigkeit muss es feste Adressen geben, sonst fällt Beteiligung im Druck der Dringlichkeiten eher weg. Sicher werden widersprüchliche Interessen sichtbar. Ein Dissenspotential kann sich z.B. daraus ergeben, dass Kinder und Jugendliche gemäß Bedürfnissen und Entwicklungsstand ein- und ausgehen möchten – also zwischen festeren und offeneren Strukturen pendeln wollen, Eltern ihre Kinder aber sicher beaufsichtigt wissen und durch fixe Programme gefördert sehen möchten. Schließlich ist die Flexibilität der Anbieterseite besonders gefordert, wenn auf Unzufriedenheit schnell reagiert werden soll.

6.4 Geeignete räumliche Bedingungen und Nutzungsselbstverständlichkeiten für Partner (eigene Räume innerhalb von Schule)

Architektur ist gebaute Pädagogik. Eine gute, ganztägig arbeitende, offene Schule braucht viel Platz und geeignete Außen- und Innenräume – für kleine und große Gruppen, für Freizeit und Arbeitsgemeinschaften, zum sich Wohlfühlen und zum Lernen, für Rückzug und Bewegung. Die Kinder benötigen schmackhaftes und gesundes Essen, auch zwischendurch, in ansprechenden Essensräumen. Es muss Platz geben für eine informelle, selbst gestaltete Kinder- und Jugendkultur. Für Lehrer/innen und Fachkräfte der Jugendhilfe sind der Arbeitsqualität förderliche räumliche Rahmenbedingungen vorzuhalten. Angebote der Jugendhilfe in schulischen Räumen werden von der Jugendhilfe verantwortet. Außerschulische Partner brauchen Schlüsselgewalt.

6.5 Ergänzende Lerngelegenheiten in Räumen außerhalb des schulischen Milieus

Ganztagsangebote dürfen nicht ausschließlich am Ort Schule angesiedelt sein, sondern sollen auch Erfahrungsfelder und Anregungsmilieus in Stadtteil, Natur, Sozialeinrichtung, Betrieben, an Jugendhilfe-Orten (schulnahes Jugendzentrum usw.) eröffnen.

6.6 Strukturelle Absicherungen

Prozesssteuerung und strukturelle Absicherungen sind auf mehreren Ebenen zu gewährleisten. Klare Federführung und Definition der Steuerungsaufgaben auf der politischen und administrativen Ebene sind ebenso wichtig wie kooperative Planung, Koordination, Lenkung an der Schule. Es wird stark von lokalen Bedingungen abhängig sein, welche Formen der Verfahrensstützung sich bewähren. Tatsache bleibt, dass Aushandlung und Abstimmungen viel Zeit von Prozessbeteiligten schlucken – vor allem in der Startphase und in Konfliktsituationen. Denkbare strukturelle Foren sind:

- Planungsprozesse von Schule und Jugendhilfe sind kommunal zusammenzuführen. Eine kommunale Steuergruppe mit Schulverwaltungsamt und Jugendamt als Federführung sowie mit Schulleitung, Schulaufsicht, Schulträger, Jugendhilfe-Trägern, Eltern, Vertreter/innen von Sport, Kultur, Kirche ... müsste als Regiestelle Planungs-, Steuerungs- und Auswertungsaufgaben erhalten.
- Schulen, freie Jugendhilfe-Träger und Jugendämter benötigen beauftragte Ansprechpartner, damit Koordination und Kommunikation an fachlichen Schnittstellen geregelt sind.
- Gerade wenn schulische Mitwirkungsgremien das letzte Wort über das Ganztagskonzept behalten, ist zentralen externen Partnern Sitz und Beratungsfunktion in den schulischen Entscheidungsstrukturen einzuräumen.
- Eine Projektgruppe an der Schule sollte mit Vertreter/innen der Elternschaft, der Schülerschaft, mit Lehrer/innen und Jugendhilfemitarbeiter/innen sowie weiteren relevanten Kooperationspartner/innen besetzt sein. Aufgaben sind Planung, Begleitung und Auswertung der Arbeit am konkreten Standort.
- Gemeinsame Planung und Reflexion sind Voraussetzung der Projektqualität im Alltag. Lehrer/innen, Schulleitungen, Jugendhilfe-Träger, Honorarkräfte benötigen Zeit und Bereitschaft für Abstimmungen in den je einzelnen Vorhaben.
- Eine Verankerung von Kooperation in Leitbildern, Stellenbeschreibungen, Geschäftsverteilung, Schulprogramm und Trägerkonzepten dürfte sinnvoll sein, ist allerdings ein Mehrjahres-Prozess.

6.7 Qualitätsentwicklung der Vorhaben am Standort

Qualitätsentwicklung vollzieht sich u.a. durch Dokumentation, Evaluation, gemeinsame Fortbildung. In regelmäßigen Abständen sind der Verlauf der Aktivitäten, Zufriedenheiten bei den Professionellen und jungen Menschen sowie Zielerreichung und sonstige beabsichtigte (und unbeabsichtigte Neben-)Wirkungen zu erheben und reflektieren.

Berufsgruppengemischte Fortbildungen und Fachforen sind nachgewiesen eine effiziente Form der Verbesserung der Kooperationsvoraussetzungen und -ergebnisse.

6.8 Vertragliche Gestaltung und Festlegung fachlicher Standards

Kooperationsvereinbarungen sind schriftlich zu fassen. Sie enthalten mindestens Aussagen zu: Inhalt und Zielen des Vorhabens, zeitlichen und räumlichen Rahmenbedingungen, Ressourcen, Zuständigkeiten, Rechten und Pflichten der Beteiligten. Nicht nur die Schüler/innen, die Eltern, die Schule, sondern auch die Jugendhilfe muss vor mangelnder Verlässlichkeit und fehlender Kontinuität durch Zufälligkeiten und Unverbindlichkeit geschützt werden. Nicht alle Jugendhilfe-Partner werden sich in mittelfristige, für Schulen aber unerlässliche Angebotsgarantien begeben können. Mit dem Abschluss von schriftlichen Vereinbarungen zwischen Schulen und Kooperationspartnern sind fachliche Standards festzulegen.

6.9 Von Gleichwertigkeit geprägte Arbeitsbeziehung

Das Verhältnis zwischen Akteur/innen aus Jugendhilfe und Schule sollte durch Respekt vor den Leistungen der anderen Profession gekennzeichnet sein. Für das Gelingen von Kooperation ist eine auf Aushandlung und Verständigung setzende Arbeitsbeziehung unter Gleichwertigen erforderlich und förderlich. Eingeschliffene organisatorische Abläufe müssen unter Kooperationsbedingungen veränderbar sein, damit einseitige Anpassung vermieden wird.

7. Literatur

Dithmar, Ute u.a. (2000): Auswertungsbericht zum Modellprojekt des bsj e.V. (Verein zur Förderung bewegungs- und sportorientierter Jugendsozialarbeit. Marburg). Ms. (unveröff.)

Dithmar, Ute u.a. (2003): Projekt „Lebensweltbezogene Schulsozialarbeit". Ms (unveröff.)

Müller, Burkhard/Schmidt, Susann/Schulz, Marc (2005): Wahrnehmen können. Jugendarbeit und informelle Bildung. Freiburg

Olk, Thomas (2004): Jugendhilfe und Ganztagsbildung. Alte Rollenzuweisungen und neue Perspektiven? In: Neue Praxis 6/2004, S. 532-542

Vortmann, Hermann (Hrsg.) (2003): Praxis der Ganztagsbetreuung an Schulen. Mering

Für Bildung und Visionen: Politische Bildung im Ganztag

Helle Becker

Fachorganisationen und Einrichtungen außerschulischer politischer Jugendbildung arbeiten seit vielen Jahren mit Schulen zusammen. Für 25% dieser Träger sind Schulen die wichtigsten Kooperationspartner (vgl. Schröder u.a. 2004b). Die bestehenden langjährigen und engen Beziehungen mit Schulen beruhen auf den besonderen Konzepten und Bedingungen, auch dem großen Spektrum an immer wieder neuen Möglichkeiten außerschulischer Bildung. Sie werden von Schulen und außerschulischen Trägern als Kontrast und Ergänzung zum schulischen Lernen eingesetzt.

Die Kooperationen basieren auf der Reflexion und Anerkennung unterschiedlicher Bildungskonzepte, der Bedeutung außerschulischer Lernorte und einer deutlichen Rollenaufteilung: hier der Regelbetrieb der Schule, dort eine alternative Lernsituation, hier der Ort der Schule mit ihren besonderen Bedingungen, dort der außerschulische Lernort mit seinen. In der Regel sind auch die Rollen als Gast oder Gastgeber eindeutig verteilt. Außerschulische politische Bildung ist für Schulen bisher gerade deshalb attraktiv, weil sie anders und eben nicht in den Schulbetrieb integriert ist.

Was aber, wenn genau dies passiert und sich politische Jugendbildung in einem Ganztagsbetrieb von Schule engagiert? Die Träger der politischen Jugendbildung in Deutschland, die sich zur Gemeinschaftsinitiative GEMINI zusammengetan haben, haben zur Beantwortung dieser Frage das zweijährige Projekt „P&P" - „Politik & Partizipation in der Ganztagschule"[1] gestartet. Das Projekt ist ein Feldversuch, der erproben will, wie die besonderen Qualitäten außerschulischer politischer Bildung in den Ganztag eingebracht werden können. In 11 Kooperationsprojekten in sieben Bundesländern werden derzeit existierende Bedingungen für Ganztagsschulkooperationen erprobt. Die Projekte bilden eine große Bandbreite der verschiedenen Ansätze, Themen und Formate politischer Bildung ab und beziehen alle Schul- und Ganztagsformen außer der Grundschule ein. Es handelt sich nicht um Vorzeigeprojekte oder Vorzeigeschulen, sondern um alltägliche Angebote politischer Bildung an alltäglichen Schulen – mit dem Unterschied, das diese beiden Alltage bisher unter ganz anderen Vorzeichen aufeinander trafen. Verbindend sind jeweils einer von drei Themenbereichen politischer Bildung: Demokratiebefähigung, Förderung von Partizipationsfähigkeit und Konfliktlösungsmodelle.

---

1 Siehe www.politikundpartizipation.de. Das Projekt wird gefördert von der Stiftung Deutsche Jugendmarke.

1. Qualitäten politischer Bildung

Ausgangsposition des Projektes ist die Überzeugung, dass außerschulische politische Jugendbildung einen besonderen und unverzichtbaren Beitrag für die Bildung von Kindern und Jugendlichen und für den Bestand und die Entwicklung einer demokratischen Bürgergesellschaft leistet. Nur wenn dieser Beitrag und seine Bedingungen deutlich wahrgenommen werden, kann er auch für den Ganztag genutzt werden. Er soll daher kurz skizziert werden.

Aufgabe der politischen Bildung ist die Förderung gesellschaftlicher Mitverantwortung und sozialen Engagements nach § 11,1 KJHG sowie die Förderung politischer Teilhabe- und Handlungsfähigkeit. Sie repräsentiert damit als einen Schwerpunktbereich der Jugendarbeit einen wichtigen Teil des allgemeinbildenden Auftrags der Jugendarbeit: „Selbstbestimmung, gesellschaftliche Mitverantwortung und soziales Engagement betonen als rechtlich verankerte Ziele von Jugendarbeit (...) den Bildungsauftrag von Jugendarbeit. Diese Ziele stellen zentrale Aspekte von Bildung dar und betonen die subjektorientierte Perspektive wie die gesellschaftliche Dimension von individueller Bildung gleichermaßen“ (Bundesministerium für Bildung und Forschung 2004: 210).

1.1. Freiwilligkeit

Einige Parameter der Jugendarbeit sind für die politische Kinder- und Jugendbildung in besonderer Weise zentral. So geht sie von dem Prinzip der Freiwilligkeit zunächst als Zugangsprinzip aus, aber auch als Maßgabe für die Freiheit und Offenheit der Teilnehmenden, Anliegen und Engagement selbst zu wählen. Freiwillig ist auch der Bildungsprozess im Sinne von Selbstbildung, der zwar von intentional gestalteten Möglichkeiten – pädagogisch absichtsvollen Settings – angestoßen werden soll, dessen „Output“ jedoch weder vorgegeben noch gemessen wird. In einem weiteren Sinne ist „Freiwilligkeit“ im Sinne von „Freiheit“ auch das Credo, wenn es um den Einsatz politischer Bildung für demokratische Werte und den Erhalt bzw. die Öffnung politischer Beteiligung geht.

1.2. Partizipation

Deshalb ist der zweite, ergänzende Parameter die politische Partizipation als methodischer und thematischer Kern wie auch als Ziel politischer Bildung. Angelehnt an John Deweys Vorstellung einer Civic Education, einer Erziehung zum Bürger und zur Bürgerin, zu Gesellschaftlichkeit und gleichzeitig zur Selbstbestimmung und zur Emanzipation, gehört dazu das Kennenlernen von formalen und strukturellen Bedingungen eines demokratischen Zusammenlebens ebenso wie das Einüben in friedliche Formen der Auseinandersetzung sowie die Umsetzung von Gestaltungswünschen in reale Beteiligungsaktivitäten. Ziel ist es, eine eigene Meinungsbildung zu unterstützen, zu begründeten Werturteilen zu kommen und diese in politisches Handeln übersetzen zu können. Konstitutiv für die außerschulische politische Bildung ist also auch die Vermittlung und Diskussion von Werturteilen, ohne die handlungsbezogenes politisches Engagement nicht denkbar ist.

1.3. Teilnehmerorientierung

Als drittes, übergreifendes Prinzip gilt die Nähe zu den Zielgruppen – die Teilnehmerorientierung - mit der Perspektive, individuelle und gesellschaftliche Interessenslagen miteinander zu vermitteln. Immer geht es darum, die Lebens- und Sozialräume von Kindern und Jugendlichen, ihre Interessen, Probleme und Wünsche zum Ausgangs- und Mittelpunkt zu nehmen, deren politische und gesellschaftliche Dimension zu verdeutlichen und möglichst gemeinschaftliche und gemeinschaftsorientierte Handlungsoptionen freizulegen und zu bestärken. Ansetzend an den jeweiligen Bedürfnissen der Zielgruppen hat sich innerhalb der außerschulischen politischen Bildung ein Spektrum an Themen, Methoden und Formaten ausgebildet, das so breit und bunt ist wie die jugendlichen Lebensbezüge: vom Fußball zur Globalisierung, vom Spielplatz zur Kommunalpolitik, von der ersten Liebe zu gesellschaftlichen Lebensperspektiven und -alternativen der Geschlechter, vom Zoff in der Gruppe zu Migrationsfragen, vom Gewaltvideo zur selbst produzierten Öffentlichkeit, vom Piercing zu gesellschaftlichen „Körperbildern“, von Oma und Opa zur Stadtgeschichte. Methoden und Formate richten sich – ganz nach dem Motto „Du bist das Seminar“ – nach Thema, Teilnehmenden und Temperamenten. Dafür wurde der politischen Jugendbildung von einer unlängst im Auftrag des Bundesjugendministeriums erarbeiteten Studie der FH Darmstadt sogar eine „Vorreiterrolle in der Entwicklung neuer Lernformen und Methoden“ bescheinigt: „(Sie) ist laufend von dem Bemühen getragen, die Teilnehmenden zu einem eigenaktiven Lernen anzuregen, sie muss Methoden einsetzen, die Neugier erzeugen und Motivation entfachen“ (Schröder u.a. 2004a:14).

1.4. Außerschulische Lernorte

Ihren konzeptionellen wie topographischen Ort definiert die „außerschulische“ politische Bildung daher nicht vorrangig außerhalb von Schule, sondern vor allem mitten im Leben: in allen Bereichen, die Kinder und Jugendliche betreffen, in der Familie, Schule, Ausbildung, Freizeit und allen gesellschaftlichen Bereichen sozialen oder politischen Engagements. Typisch für die politische Bildung ist der außerschulische Lernort und hier vor allem die Bildungsstätte, die verschiedene Vorteile und direkte methodische Implikationen birgt. Sie bietet die Möglichkeit, durch ein Zusammenleben auf Zeit einen eigenen, vorübergehend geschützten Sozialraum zu schaffen. Dieser schafft ein hohes Maß an Gestaltungsfreiheiten und informellen Lerngelegenheiten. Es ist ein Raum für Aktivitäten, die ansonsten häufig beengt, gemaßregelt und schnell möglicher Perspektiven beraubt werden und so im lebensweltlichen Alltag schwerer zu organisieren sind. Bildungsstätten verstehen sich daher als Orte des Experimentierens und der Innovation. Folgerichtig nutzt politische Bildung auch ein typisches Projektformat, nämlich die mehrtägige Veranstaltung oder das Projekt, auch dann, wenn sie nicht in einer Bildungsstätte stattfindet. In der Verknüpfung von Bildungsarbeit, Spiel und Alltagsleben ist es möglich, Reflexion, Erfahrung und Handeln optimal zu verbinden: „Politische Jugendbildung hat in Deutschland im Verlauf ihrer Entwicklung wesentlich zur Herausbildung einer partizipativen, demokratischen Lernkultur beigetragen, weil sie sich dauerhaft mit der Frage beschäftigt, wie man bei jungen Menschen unter Bedingungen von Freiwilligkeit die drei wesentlichen Teilziele erreicht: Wissen vermitteln, Urteilsbildung ermöglichen, zur Mitwirkung anregen“ (Schröder u.a. 2004a: 9).

2. Politische Bildung in der Ganztagsschule

Dieses bedingungsvolle Zusammenspiel im Wortsinn *in* die Schule zu übertragen, erscheint zumindest schwierig. Dabei spielt die Tatsache, dass politische Bildung ein eindeutiges Bildungsangebot macht, eine zentrale Rolle. Wie andere Bereiche der außerschulischen Jugendbildung ist sie selbst leicht hin- und hergerissen zwischen ihrer Nähe zur Aufgabenbeschreibung von Schule und einer teilweise vehementen Abgrenzung gegen deren Leistungs- und Selektionsorientierung sowie ihre undemokratische Struktur. Aus der Sicht der Schule sind die besonderen Qualitäten politischer Jugendbildung in Abgrenzung zum vorhandenen schulischen Angebot – anders als zum Beispiel bei Betreuungsleistungen oder erzieherischer Unterstützung – nicht unmittelbar augenfällig. Die Frage, die auch das Projekt „P&P“ zu beantworten versucht, ist daher, ob und wie die neu zu gestaltende Ganztagsschule Möglichkeiten bieten kann, die Qualitäten außerschulischer politischer Bildung für eine Bildungsreform zu nutzen. Nach einem Jahr Projektlaufzeit gibt es darauf bereits vorläufige Antworten.

2.1. Ausgangspunkte

Die Frage, ob die Schule für die außerschulische Jugendbildung ein Thema sein sollte, stellt sich erst gar nicht. 59% der Teilnehmenden an Maßnahmen politischer Jugendbildung sind Schülerinnen und Schüler (Schröder u.a. 2004b). Schule prägt deren Lebenswirklichkeit, ihr Selbstbild, ihr Bild von Gemeinschaft und ihre Lebensperspektiven. Schule prägt – neben der Familie – das Bild und das Verhalten gegenüber Anderen und in der Gemeinschaft. Die Schule ist daher immer, wenn nicht explizites Thema, dann zumindest eine Folie für die politische Bildung, vor der die Erfahrungen und Deutungen von Kindern und Jugendlichen freigelegt, reflektiert und bewertet werden. Politische Bildung kann und will an Schule nicht vorbei.

Die Ganztagsschule bietet der politischen Jugendbildung eine Perspektive, gegenüber der Schule nicht länger eine Rolle als Enklave oder Korrektiv, als zeitlich begrenzter Ausflug ins „Andere", zu spielen, sondern mit politischer Bildung, verstanden als Befähigung zur politischen Partizipation, das Schullernen und das Schulleben dauerhaft mitzugestalten und so perspektivisch eine „neue Schule" deren Öffnung und deren Rolle als Akteur im Gemeinwesen zu schaffen. Zudem birgt das Zusammenleben im Ganztag, das über den Schulunterricht hinausgeht, neue Herausforderungen für eine demokratische und friedliche Schul-Gemeinschaft.

Die Ganztagsschule kann darüber hinaus neue Zielgruppen öffnen, indem sie denjenigen, die entweder außerhalb von Schule keine Gelegenheiten, aber auch keine Vorstellung von den Möglichkeiten eigener Beteiligung haben, den Zugang durch eigene Anschauung erleichtert. Und drittens kann man mit Blick auf neuere Schulentwicklungstheorien und -modelle die optimistische Hoffnung haben, dass das Bild vom Lernen, von den Lernprozessen, ihrer Steuerung und ihrer Ergebnisse, im Wandel begriffen und mit den Überzeugungen außerschulischer Jugendbildung vereinbar ist.

So einig man sich zu Beginn des P&P-Projektes über diese Punkte war, so uneins war man sich in der Einschätzung, ob die aktuellen Konzepte für die Ganztagsschule diese Hoffnungen einlösen können. Klar war allen Beteiligten, dass dabei Kompromisse zu schließen und Konflikte auszuhalten sein würden. Auch organisatorische Fragen – welche Rolle spielen im schulischen Angebot die außerschulischen Lernorte? – mussten zunächst offen bleiben. Die Bedingung, sich an der Ausgestaltung neuer Ganztagsschulen zu beteiligen, war aber, dass der „Mehrwert" politischer Jugendbildung erhalten bleibe. Experimentell war dieser Gedanke in sofern, als – anders als bei den bisherigen Kooperationen mit definierter Rollenverteilung – einerseits für die Träger nicht klar war, wo die Grenzen der Anpassungsfähigkeit liegen und anderseits für die Schulen nicht, ob dieser Mehrwert integriert und dauerhaft gewollt ist und getragen werden kann.

Nicht klar war auch, welche Rolle der Politikunterricht für die Kooperation zwischen außerschulischer politischer Bildung und Ganztagsschulen spielen würde. Politische Jugendbildung ist einer der Bereiche der Jugendarbeit, der - zumindest dem Namen nach - ein direktes Pendant als Schulfach hat. Beide haben auch eine gemeinsame pädagogische Basis, da sie sich für die sensible Aufgabe, die politische Meinungsbildung von Kindern und Jugendlichen zu unterstützen, ohne diese zu bevormunden oder zu „indoktrinieren", auf ein gemeinsames Credo und Qualitätsmerkmal geeinigt haben, den so genannten „Beutelsbacher Konsens". Er wird auch häufig als „Überwältigungsverbot" zitiert.[2]

Dennoch gibt es in den pädagogischen Konzepten außerschulischer und schulischer politischer Bildung - analog zu den unterschiedlichen Ansätzen von Jugendarbeit und Schule - tiefgreifende Unterschiede. So erfüllt der Politikunterricht in der Schule das Postulat des „Beutelsbacher Konsenses" immer noch vor allem durch die Konzentration auf Stoffpläne und kognitive Wissensvermittlung, die politische Verfahren, Strukturen und Inhalte zwar aufzeigt, den Begriff des "Politischen" aber ebenso eng fasst wie sie Möglichkeiten der Beteiligung und Gestaltung selten selbst in Anwendungs- und Handlungssituationen erproben lässt. Handlungsorientiertes, emanzipatives und auf Selbstorganisation der Lernprozesse zielendes Arbeiten ist eher suspekt, schon weil es rein formal die Überprüfbarkeit und Vergleichbarkeit von Leistungen erschwert, vor allem aber auch in Wertekonflikte führen kann, die der Schulunterricht tunlichst vermeiden will. Erst in der neueren Schulentwicklungstheorie und -forschung, die sich mit der Demokratisierung von Schule befasst, wird dies offensiv thematisiert.

Für die außerschulische Bildung geht der Begriff des Politischen weit über die Parteipolitik hinaus, ja, begründet sich eigentlich in Lebenswelt und Sozialraum. Die Politikrelevanz individueller Lebensführung, jugendkultureller Vorlieben oder Themen sowie Intentionen politischer und sozialer Bewegungen sind schon lange ihr Thema. Sie erfüllt das „Überwältigungsverbot" durch die Vielfalt und Pluralität der pädagogischen Ansätze, der Themen, Methoden und der Zielgruppen. Nicht Neutralität – im Sinne einer Informationsdienstleistung oder Wissensvermittlung – ist die Basis dieses Bildungsbegriffs, sondern die Anbindung des eigenen Urteils an unterschiedliche Werthaltungen, soziale, religiöse oder politische Überzeugungen. Insofern ist

---

2 Der Beutelsbacher Konsens besagt, dass es erstens nicht erlaubt ist, die Schülerinnen und Schüler - mit welchen Mitteln auch immer - im Sinne erwünschter Meinungen zu überrumpeln und damit an der "Gewinnung eines selbständigen Urteils" zu hindern, dass zweitens, was in Wissenschaft und Politik kontrovers ist, auch im Unterricht kontrovers erscheinen muss und dass drittens die Schülerinnen und Schüler in die Lage versetzt werden müssen, eine politische Situation und ihre eigene Interessenlage zu analysieren (vgl. www.lpb.bwue.de/beutels.htm).

außerschulische politische Bildung immer wertegebunden, solidarisch und oft auch parteilich.

Die Vielfalt außerschulischer politischer Bildungsangebote, ihre genuinen Qualitätsmerkmale in ein gemeinsames Konzept in der Ganztagsschule zusammenzuführen, barg also schon in der Ausgangslage erhebliche Friktionspotentiale.

2.2. Die Suche nach Schulen

Dass die anfänglichen Bedenken nicht unberechtigt waren, zeigte sich bereits bei der Suche nach Kooperationspartnern. Hier ergab sich für die Träger der außerschulischen Jugendbildung eine neue Situation, als sie sich nunmehr als Teil eines neuen „Marktes" im Ganztag wiederfanden. Beruhten die Kooperationen bisher auf der gegenseitigen Kenntnis der spezifischen Qualitäten außerschulischer politischer Bildung, so mussten die Träger nun erkennen, dass ihre bislang erfolgreich kommunizierten Qualitäten oft dort nicht wahrgenommen werden, wo die Entscheidungen über ihren praktischen Einsatz in der Ganztagsschule fallen: bei Schulleitungen, Lehrkräften und Eltern, in der Kommune, bei der Schulverwaltung. Vielmehr konkurriert die politische Bildung hier mit Betreuungsangeboten, Hausaufgabenhilfen, Förderkursen oder sozialpädagogischen Unterstützungsmaßnahmen. Und während sich Schulleitungen, Schulträger und Eltern meist vorstellen können, welchen Beitrag die Jugendhilfe und Jugendarbeit für die Unterstützung der *Erziehungsaufgabe* von Schule leisten kann, ist sie – so die erste Erfahrung - vielfach weiter davon entfernt, sich zusätzliche, explizit andere Bildungsangebote zu wünschen. Dies ist im Fall der politischen Bildung besonders virulent, weil hier – anders als bei der kulturellen Bildung – vielfach die Anschauung fehlt, was „die denn so machen". Im schlechten Fall kommt das Vorurteil hinzu, dass „die Politik" die Schülerinnen und Schüler wenig interessiert oder politische Bildung „den Betrieb stört". Und in der Tat stellt sich für die Schulseite die Frage, welche Träger in eine Zusammenarbeit eingebunden werden, wozu denn Schülerinnen und Schüler befähigt, ermuntert und ermutigt werden sollen bzw. dürfen und ob man sich hier nicht eine subversive Kraft ins Haus holt, die nicht nur Konkurrenz zum eigenen Fachunterricht darstellt, sondern auch zu dem, was bisher Schulbetrieb und Schulkultur hieß.

2.3. Kooperationsmotive

Dieser Einschätzung entspricht die Erfahrung, dass letztlich von elf Kooperationen im P&P-Projekt der GEMINI zehn deshalb zustande kamen, weil sich

Schulen und Träger bereits kannten. Dabei zeichnen sich zwei Motivlagen aus Sicht der Schulen ab, diese Kooperationen einzugehen.

Aus Sicht der außerschulischen politischen Bildung positiv zu bewerten ist die Beobachtung, dass Kooperationen dort besonders fruchtbar sind, wo die betreffende Schule sich auf einen Schulentwicklungsweg gemacht hat, sich verändern will und Unterstützung von außen dafür nutzen möchte. Schulen, die ihre Demokratisierung voran bringen möchten, eine partizipative Schulkultur befördern, die Öffnung von Schule betreiben und die Schule als gesellschaftlichem Akteur begreifen, finden in Trägern und Angeboten außerschulischer politischer Bildung genau die Partner, die diese Entwicklungen mit Know-how und Erfahrungen stützen und entsprechende Bildungsprozesse bei den Schülerinnen und Schülern – aber auch bei Lehrkräften und der ganzen Schulgemeinde – anleiten können. Auf dieser Grundlage ist es möglich, eine gemeinsame Vision von Bildung zu entwickeln, bei der jeder seinen professionellen Part einbringen kann. Die entsprechenden aktuellen P&P-Projekte bringen nicht nur neue Konzepte, Methoden und Themen in die Schule. Sie bringen Schülerinnen und Schüler als heranwachsende Bürgerinnen und Bürger und selbstverantwortliche Lernende ins Spiel und helfen, die politische Dimension des Alltags und die Rolle der Schule als kleines Gemeinwesen und als Akteur im „großen“ Gemeinwesen zu stärken. Dabei zeigen sie Räume auf, die in und außerhalb der Schule zu erobern sind. Überraschend, aber auch schlüssig, werden in diesen Projekten Bildungsstätten, Volkshochschulen, Museen oder die Stadt als außerschulischer Lernort sehr weitgehend genutzt. Offene Lernformen, ein hohes Maß an Selbstorganisation von Arbeitsgruppen und eine selbstverständliche Handlungsorientierung kennzeichnen die Angebote, die oftmals – abhängig vom Alter der Beteiligten – vor allem das Setting bieten, Grundmaterialien und Koordinierungsarbeit, während die Schülerinnen und Schüler selbstständig, produkt- und zugleich prozessorientiert eine Veranstaltung, Dokumentation oder Ausstellung vorbereiten, sich dafür medienkundig machen, recherchieren, Gespräche führen, malen oder fotografieren.

2.4. Schwierigkeiten

Die positiven Erfahrungen, dass und wie Qualitäten außerschulischer politischer Bildung in die Ganztagsschule eingebracht werden kann, werden allerdings gebrochen durch andere, die bemerkenswerter Weise auch parallel zu den oben beschriebenen Bedingungen in ein und derselben Kooperation auftauchen können. Dreh- und Angelpunkt ist dabei immer wieder das Verständnis der Rolle politischer Bildung als Bildungsangebot. Politische Bildung befindet sich dabei offensichtlich in einem Differenzierungsspagat, wenn Schulen deren Angebote zwischen „unterrichtskompatiblen“ Formen und

Themen einerseits und sozialpädagogischer Interventionsarbeit andererseits einordnen.

2.4.1. Politische Bildung ist kein Unterrichtsersatz

Ein Handicap in der Annäherung und Verständigung zwischen Schule und außerschulischer Bildung ist sicherlich die landläufige Identifikation von „Bildung" mit Schule, Unterricht, Lehrerinnen und Lehrern. So liegt es vielfach nahe, dass außerschulische politische Bildung eher als Ergänzung, als bunte Anreicherung oder innovative Alternative zum Unterricht verstanden wird. Der viel zitierte Bildungsanspruch der Jugendarbeit ist bisher zu undifferenziert, als dass er hier hilfreich wäre. Im Gegenteil: „Den Worten nach" ist plötzlich Vieles, wenn nicht alles bildend. Bildung wird „gegenwärtig als eine Art auratische Rettungsformel verwendet und als Feuerwehr bzw. „Joker" für alles und jedes herangezogen" (Lindner 2002: 319). Wenig hilfreich ist diese Rede vor allem auch deshalb, weil dieser Anspruch bisher wenig die Palette der Arbeitsbereiche innerhalb der Jugendarbeit, der Qualitätskriterien, der pädagogischen Leitbilder, der Zielgruppen und der daraus folgenden inhaltlichen und methodischen Zugänge vom klassischen Hilfebegriff bis zur Bildungstheorie, von der Spielpädagogik bis zum außerschulischen „Unterricht"[3] unterscheidet. Und das vor dem Hintergrund, dass es bei den mit Schule befassten Partnern ohnehin erhebliche Wissensdefizite, Vorurteile und Vorbehalte bezüglich der jeweiligen Praxis der Jugendhilfe gibt.

Deutlich wird das an Kooperationsprojekten, die als prekär anzusehen sind, wenn die schulische Vorstellung besteht, dass sich politische Bildung durch die Affinität zum Politikunterricht auch entsprechend in die Stundentafel oder in die curriculare Aufgabenpalette (z.B. als Ersatz für einen mangelnden Politik- oder Geschichtsunterrichts) fügen ließe. Unbestritten kann es eine Nähe von Formaten und Methoden der außerschulischen Bildung und innovativen Unterrichtsformen geben. Sehr schnell aber stellt sich für die außerschulische Bildung die Frage nach der eigenen fachlichen Identität und Grenzen der Kooperation, nämlich wenn die Beteiligung von Lehrkräften am Angebot oder eine von der Schule gesetzte „Zeugnisrelevanz" der Teilnahme und außerunterrichtlichen Lernleistungen die Intention der Angebote konterkariert. Die große Herausforderung liegt daher für das GEMINI-Projekt darin zu bestimmen, wo die außerschulische – oder hier besser extracurriculare - Bildung in der Schule ihre Grenzen sieht und wie ihre Rolle in der Zusammenarbeit von Jugendarbeit und Schule perspektivisch zu werten ist. Und nicht zuletzt tun sich hier – ähnlich wie zur kulturellen Bildung – nicht nur für die Lehrkräfte Konkurrenzfragen auf. Für die außerschulischen Einrichtungen

3 Eine gängige, inzwischen problematische Begriffswahl in der Praxis zum Beispiel von Volkshochschulen oder Jugendkunstschulen.

in öffentlicher Trägerschaft beispielsweise stellt sich häufig schon jetzt die Frage, ob und wann ihr Personal als Ersatz für mangelnden Fachunterricht fungieren muss.

2.4.2. Politische Bildung ist keine sozialpädagogische Einzelfallhilfe

Eine weitere Seite dieser mangelnden Differenzierung bildet sich in dem Missverständnis ab, politische Bildung nicht als eigenen Bereich der Jugendarbeit zu verstehen, sondern mit einem pauschalen Bild von Jugendhilfe als einer weiteren Art von „Feuerwehr", nämlich als Erziehungshelferin für schwierige Fälle, gleichzusetzen. Setzt die Schule die Hoffnung auf den außerschulischen Träger, kompensatorisch bei Disziplinschwierigkeiten oder sozialen Problemen zu fungieren, treffen oftmals Vorstellungen aufeinander, die sich nur durch mühsame Differenzierungsarbeit korrigieren lassen. Der für die Jugendarbeit mittlerweile durchgängige Gebrauch des Begriffs „sozialpädagogisch" und die Rede von „sozialpädagogischen Fachkräften" weckt bezüglich der außerschulischen Jugendbildung – immerhin ein genuiner Bereich der Jugendarbeit und definiert in §11,3 KJHG – in der Schule oftmals unangemessene Anforderungen und Erwartungen. So werden einerseits die spezifischen Qualitäten dieser Bildungsarbeit nicht deutlich und werden andererseits politische BildnerInnen in der Ganztagsschule mit typischen Anforderungen an sozialpädagogisches Handeln konfrontiert, die sie nicht einlösen können. Im Konfliktfall kann das beispielsweise heißen, dass Schulleitungen die außerschulischen Träger und Fachkräfte anhalten, Fallarbeit oder Erziehungsberatung zu leisten.

Aber auch wenn das nicht erfolgt, werden die Fachkräfte häufig vor für sie ungewohnte Anforderungen gestellt, die vor aller Bildungsarbeit liegen. Diese hängen in der Regel mit den nur scheinbar äußeren Bedingungen der Schule zusammen wie Räumlichkeiten, Zeiteinteilung, aber auch den Rollenzuweisungen, die die Schule mit ihrem heimlichen Lehrplan vergibt. So berichten die Fachkräfte davon, dass der Schulraum, die zeitliche Taktung und eine unmittelbare zeitliche Nähe zum Unterricht mit seinen restriktiven Bedingungen dazu führen, dass Schülerinnen und Schüler zuvorderst das Interesse haben, „Dampf abzulassen", ihrem Bewegungsdrang nachzukommen, angestauten Ärger, Enttäuschungen und Konflikte auszutragen oder sich zurückzuziehen. Persönliche Probleme, Rollenkonflikte, Versagensgefühle oder auch Widerstand gegen die Schule rücken insofern näher an die extracurriculare Bildungsarbeit heran, als sie nicht wie sonst mit Abstand reflektiert oder durch alternative Erfahrungen kontrastiert werden können, sondern oftmals vorab, direkt und individuell thematisiert werden müssen, damit überhaupt ein gruppenförmig organisierter Bildungsprozess in Gang gesetzt werden kann. Der Grad der damit zusammenhängenden Schwierigkeiten ist deutlich abhängig von der Schulform und vom Schulklima. Ihre Bewältigung wiederum ist deutlich abhängig von der Intensität des Austauschs zwischen Schule und außerschulischem Träger. Je mehr letzterer als Dienstleister gesehen wird, der nicht in die schulischen Konzepte, auch Probleme, miteinbezogen werden muss, sondern von dem erwartet wird, dass er die Probleme bearbeitet, die die Schule nicht bewältigen kann, um so schwieriger wird diese Aufgabe und um so mehr entfernen sich die Angebote politischer Bildung von ihrem eigentlichem Anliegen.

Es ist daher nicht verwunderlich, dass sich für viele der Beteiligten in den P&P-Projekten die Frage stellt, wie weit hier eine unnötige „Sozialpädagogisierung" ihrer Profession erfolgt - unnötig deshalb, weil sie das Gefühl haben, auch viele solcher Probleme bearbeiten zu müssen, die durch die Schule erst geschaffen werden. Umgekehrt wird es Aufgabe des GEMINI-Projektes sein auszuloten, wie die schulischen Bedingungen verändert werden müssten, um alternative Bildungserfahrungen für alle Schulformen und Altersklassen möglich zu machen. Diese zu verdeutlichen, sind Träger und Projekt angetreten. Denn trotz einer „eindeutigen Auftragslage" (BMFSFJ 2005: 365), nämlich Bildung zu vermitteln, prägten „in den zurückliegenden Jahrzehnten häufig auch andere konzeptionelle Diskurse und Selbstthematisierungen die Jugendarbeit (...), die, allgemein gesprochen, den Dienstleistungscharakter im Kontext sozialer Infrastrukturen und Bedarfslagen hervorgehoben haben. Dabei entwickelte sich eine Jugend(förder)politik und in der Folge eine Jugendarbeitspraxis, die häufig sozialpädagogische Hilfen für Benachteiligte und spezifische Präventionsleistungen gegenüber der allgemeinen Förderung der Persönlichkeitsentwicklung stärker in den Vordergrund rückte" (ebd). Die Intention politischer Jugendbildung aber war und ist die allgemeine Persönlichkeitsentwicklung. Dafür arbeitet sie teilnehmerorientiert und berücksichtigt individuelle und soziale Erfahrungen, Problemstellungen, Bedürfnisse, Interessen und Wertorientierungen. Sie tut dies jedoch nicht primär defizit-, sondern ressourcenorientiert, auch nicht einzelfallorientiert, sondern richtet sich an *alle* Kinder und Jugendliche, deren prinzipiell vorausgesetzten Stärken und Möglichkeiten. Zudem bleibt sie auf ein Drittes bezogen (Politik, Gesellschaft), das als Bildungsgegenstand zum Subjekt in Beziehung gesetzt wird. Ihr Hauptgeschäft ist die Vermittlung von Kenntnissen über Gesellschaft, Staat und Politik und die Befähigung zum politischen Handeln durch die Schaffung angemessener Lernarrangements, die zugleich die Anwendung dieses Wissens erlauben.

3. Perspektiven

Die bisherigen Erfahrungen im GEMINI-Projekt „Politik & Partizipation in der Ganztagsschule" fächern ein ganzes Feld von Problemen auf, das sich rund um eine fehlende Konzeptionierung der Ganztagsschule und um einen Mangel an differenzierter Wahrnehmung der Leistungen von Jugendhilfe ergibt. Diese grundlegenden konzeptionellen Fragen müssen kurz- und langfristig bearbeitet werden, soll das Modell einer Ganztagsschule, die Kindern und Jugendlichen mehr Möglichkeiten, mehr Gelegenheiten, mehr Entwicklungsperspektiven bietet als bisher, umgesetzt werden.

Dazu bedarf es nicht nur eines ständigen Austauschs von Erfahrungen, nicht nur eine bessere Honorierung für Fachpersonal, nicht nur besserer und mehr Qualifizierungs- und Kommunikationsinstrumente. Es bedarf vor allem einer Vergewisserung der Professionen, schulischer wie außerschulischer, welche Idee von einer „neuen" Schule hinter den zahlreichen Bemühungen stehen soll. Bisher werden, ausgehend von einem Konglomerat von politischen Motiven – beschäftigungs-, frauen-, familien- und sozial- und bildungspolitischen – Begriffe wie Betreuung, Bildung, Erziehung, Prävention oder Intervention mitsamt den dazu gehörigen Konzepten und Professionen zu oft in einen Topf geworfen, bleiben Intentionen und Fachlichkeiten zu häufig ungeklärt. Als Folge beruht die Auswahl von Kooperationspartnern und Angeboten vielfach nicht auf der Grundlage einer pädagogischen Planung und dem Bedarf und Interessen der Zielgruppen, sondern bleibt häufig zufällig, wird ohne wirkliche Sachkenntnisse getroffen und immer unter der Maßgabe unzureichender finanzieller Mittel. Dieses Defizit spiegelt sich sowohl in mangelnder Qualität der Zusammenarbeit auf der Ebene der Einzelschule und des einzelnen Trägers der Jugendarbeit, als auch in dem meist unterversorgtem Zusammenspiel zwischen den Akteuren auf der kommunalen Ebene, z.B. Schulverwaltungsamt, Jugendamt sowie Jugendhilfeausschuss und Schulausschuss. Anstatt die Entwicklung der Ganztagsschule den individuellen Überanstrengungen einzelner Akteure zu übertragen, muss auf fachlicher und politischer Ebene deutlicher an einer Vision von Schule gearbeitet werden, an der Frage, welche „Qualitäten" was leisten können, *welche* Professionen also *was* einbringen sollen. In der Theorie als kompetente Vielfalt gelobt, ist das praktische Nebeneinander von Müttern, Opas, Studierenden, SozialpädagogInnen, ErzieherInnen, Lehrkräften, JugendbildnerInnen oder KulturpädagogInnen in der Praxis oft willkürlich und nicht bedarfsgerecht gewählt.

Nicht die Abschaffung der Versäulung, sondern die begründete Unterscheidung der Bereiche im Hinblick auf Professionsverständnis, Fachlichkeit, Zielgruppen, Angebote und Methoden und eine Profilierung von Angeboten ist notwendig. Erst sie bietet die Voraussetzung für eine wirksame Jugendhilfe- wie Bildungsplanung und eine begründete Wahl der Partner und Angebote, die nach der realen Bedarfslage ausgerichtet sind und nach der Entscheidung, ob mehr Betreuung, Erziehung oder eben Bildung benötigt wird.[4] Auch aus Ermangelung eines alternativen Schulkonzepts steht bisher die Zusammenarbeit im Ganztag in der Regel unter dem Primat der „alten" Schule. Wirklich brechen könnte das Primat nur eine Vision und ein politischer Wille.

An der Ausbildung der bildungspolitischen Vision wollen sich die Träger politischer Jugendbildung mit dem Projekt „P&P" beteiligen. Es will dazu beitragen, einen Konsens über einen eigenen Bildungsbegriff der Jugendarbeit zu generieren, ihn seiner „Korruptionsgeschichte" (Bilstein 2001), also seiner, zurzeit überdeutlichen, gesellschaftlichen Funktionalisierung, zu entreißen und zu differenzieren, wie es der 12. Kinder- und Jugendbericht des Bundes formuliert: „In der aktuellen Situation, in der öffentliche Aufgabenzuschreibung und Leistungserwartung zumindest den Worten nach mit dem traditionellen Selbstverständnis der Jugendarbeit und ihrer eigentlichen Aufgabenstellung zusammenfallen, stellt sich für sie deshalb die Aufgabe, sich ihrer eigenen Bildungsaufgaben zu vergewissern, sich neu zu positionieren und ihr konzeptionelles Profil zu entwickeln, das den aktuellen Anforderungen gerecht wird" (BMFSFJ 2005: 365).

Die Politik ist aufgerufen, durch eine gezielte Veränderung von Strukturen und durch eine breite Unterstützung in Form von öffentlicher Kommunikation, Beteiligung, Qualifizierung und ausreichender Finanzierung Möglichkeiten, Raum und Zeit für Entwicklung und Erneuerung zu schaffen.

4. Literatur

Bilstein, Johannes (2001): Erziehung, Bildung, Spiel. In: Liebau, Eckart (Hrsg): Die Bildung des Subjekts. Beiträge zur Pädagogik der Teilhabe. Weinheim: Juventa Verlag, S. 15-71.

Bundesausschuss politische Bildung (bap) (2002): Bildung und Zukunftsfähigkeit. Stellungnahme. In: Praxis Politische Bildung, 6. Jahrgang, Heft 3, S.228-232

Bundesjugendkuratorium / BJK (2002): Streitschrift Zukunftsfähigkeit sichern! - Für ein neues Verhältnis von Jugendhilfe und Bildung. Bonn

Bundesministerium für Bildung und Forschung (BMBF) (Hrsg) (2004): Non-formale und informelle Bildung im Kindes- und Jugendalter. Konzeptionelle Grundlagen für einen Nationalen Bildungsbericht. Berlin.

Bundesministerium für Familie, Senioren, Frauen und Jugend (BMFSFJ) (Hrsg) (2005): 12. Kinder- und Jugendbericht des Bundes. Bericht über die Lebenssituation junger Menschen und die Leistungen der Kinder und Jugendhilfe in

4 Diese Forderung brachten die Träger der politischen Jugendbildung auch in das so genannte "Eckpunktepapier" des BMFSFJ als Stellungnahme zur Streitschrift "Zukunftsfähigkeit sichern" des Bundesjugendkuratoriums ein, vgl. dazu bap 2002 und Schillo 2003

Deutschland. Bildung, Betreuung und Erziehung vor und neben der Schule. Berlin.

Bundesministerium für Familie, Senioren, Frauen und Jugend (BMFSFJ) (Hrsg) (2002): Elfter Kinder- und Jugendbericht. Bericht über die Lebenssituation junger Menschen und die Leistungen der Kinder und Jugendhilfe in Deutschland. Berlin.

Lindner, Werner (2002): Kinder- und Jugendarbeit in der „Wissensgesellschaft". Zum Spannungsverhältnis von aktueller Bildungskonjunktur und (notwendiger) Bildungsreflexion. In: deutsche jugend, Jg. 50, H.7/8, S.319-326.

Schillo, Johannes (2003): Die Bildungsaufgabe wird übergreifend gestellt. Anmerkungen zur (außer)schulischen Debatte. In: Praxis Poltische Bildung, 7. Jahrgang, Heft 2, S.88-91

Schröder, Achim/Balzter, Nadine/Schroedter, Thomas (2004a): Evaluation der politischen Jugendbildung. In: Praxis Poltische Bildung, 8. Jahrgang, Heft 1, S.8-23

Schröder, Achim/Balzter, Nadine/Schroedter, Thomas (2004b): Politische Jugendbildung auf dem Prüfstand: Ergebnisse einer bundesweiten Evaluation. Weinheim: Juventa-Verlag

Schulsozialarbeit in der Kooperation von Jugendhilfe und Schule

Ulrich Deinet

Schulsozialarbeit hat sich als Kooperationsfeld zwischen Jugendhilfe und Schule in den letzten Jahren in sehr unterschiedlichen Konzepten entwickelt. Das Spektrum reicht von einer schulspezifischen Schulsozialarbeit wie sie etwa in Gesamtschulen in NRW etabliert ist, bis zu unterschiedlichen Konzepten, die im Jugendhilfesystem angesiedelt sind. Viele Kommunen haben als Schulträger die insbesondere im Hauptschulbereich immer stärker auftretenden Probleme erkannt und reagieren mit Schulsozialarbeit.

In zahlreichen Bundesländern existieren Modellprojekte und Förderinstrumente zum Ausbau unterschiedlicher Konzepte von Schulsozialarbeit, sodass „das Arbeitsfeld Schulsozialarbeit, wenn auch noch lange nicht flächendeckend eingeführt, aber pädagogisch abgesichert, in der Jugendhilfe anerkannt und bildungspolitisch akzeptiert ist." (GEW 2004: 3.)

In der Schulsozialarbeit findet man Konzepte, bei denen Förderung und Beratung einzelner Kinder und Jugendlicher im Vordergrund stehen, andere Konzepte favorisieren als zentrales Thema den Übergang zwischen Schule und Beruf, wieder andere verbinden Elemente der Jugendarbeit mit dem jeweiligen Schulstandort. Ansiedlung und Struktur der jeweiligen Konzepte sind ebenfalls sehr unterschiedlich. Oft erfolgt die Anstellung im Schulbereich, d.h. auf Landesebene oder kommunal, wobei der Schulträger der Anstellungsträger ist und die Dienst- und Fachaufsicht im Schulbereich liegt. In den letzten Jahren werden aber auch verstärkt Stellen für Schulsozialarbeit im Bereich der Jugendhilfe angesiedelt, die oft in einer nicht unkomplizierten Kooperation mit dem Schulsystem strukturiert sind.

Das Feld der Schulsozialarbeit wird weiter expandieren, so wie dies bereits in NRW durch die Einrichtung von 250 Stellen auf Landesebene geschehen ist: „Für die Zukunft kann man damit rechnen, dass es im Zuge des Ausbaus von Ganztagsschulen verstärkt zu einem Ausbau der Schulsozialarbeit kommen wird" (GEW 2004: 3). Allerdings beschränkt sich die Schulsozialarbeit zurzeit im Wesentlichen auf Haupt-, Sonder- und Gesamtschulen. Im Grundschulbereich gibt es nur wenige Beispiele und Überlegungen für die Einrichtung und im Bereich der Realschulen stehen zurzeit nur vereinzelt Stellen zur Verfügung.

Wenn im Folgenden das Feld der Schulsozialarbeit genauer beleuchtet wird, dann stehen solche Konzepte im Mittelpunkt, die in der Kooperation zwischen Jugendhilfe und Schule auf kommunaler Ebene umgesetzt werden.

1. Konzeptionelle Grundbausteine und Rahmenbedingungen

1.1 Grundbausteine

Unabhängig von der spezifisch konzeptionellen Ausrichtung lassen sich einige Grundbausteine von Sozialarbeit beschreiben, die auch unabhängig von ihrer Verankerung in den beiden Systemen Schule und Jugendhilfe vorzufinden sind.

Beratung: Ein prioritärer Arbeitsbereich der Schulsozialarbeit ist die Beratung von Schülern, Lehrern und Eltern. Die Settings dafür sind sehr unterschiedlich. Sie reichen von der informellen Beratung der Schulsozialarbeiter/in für Lehrer/innen im Lehrerzimmer bzw. für Schüler/innen in der Pause bis zu formellen Beratungsangeboten z. B. in Form von Sprechstunden für Schüler/innen, Lehrer/innen und Eltern. Die aus der Jugendhilfe/sozialen Arbeit bekannte Form der kollegialen Fallbearbeitung wird von Schulsozialarbeiterinnen und Schulsozialarbeitern im schulischen Bereich eingeführt und für die Bearbeitung schulischer Problemfälle genutzt. Hier zeigt sich der Vorteil der Schulsozialarbeit, die aus der Jugendhilfe kommt, weil die kollegiale Beratung hier eine erprobte Arbeitsform ist, die auf der Grundlage dieser Erfahrung in den Schulbereich übertragen werden kann. Schulsozialarbeiter/innen, die solche Formen aus dem Bereich der Jugendhilfe kennen, haben die Chance, die Akzeptanz dieser hocheffizienten Fallbearbeitung bei Lehrerinnen und Lehrern, für die das Setting im Team noch relativ ungewohnt, zu gewinnen.

Unterrichtsbezogene Einzelfallhilfen: Individuelle Einzelförderungen z.B. auf der Grundlage von Hospitationen im Unterricht sind wichtige Bestandteile schulischer Sozialarbeit. Im Unterschied zum Beratungsangebot reagiert die Schulsozialarbeit hier auf Problemlagen, die über Lehrerinnen und Lehrer an sie herangetragen werden. Zum Teil gibt es auch Konzepte von Schulsozialarbeit, wo „schwierige" Schüler/innen in die entsprechenden Angebote „geschickt" werden, meist auch innerhalb des Unterrichtes, um diesen entsprechend zu entlasten. Da sich die Problemlagen der Schüler/innen oft als komplexe Mischung von Unterrichts-/Verhaltens- und sozialen Problemen erweisen, ergeben sich für die Schulsozialarbeiter/innen meist weitere Schritte wie Elterngespräche, Hausbesuche etc.

Angebote zum sozialen Lernen: Angebote zum sozialen Lernen gehen oft von den Problemlagen individueller Schülerinnen und Schüler aus und werden in unterschiedlichen Arbeitsformen umgesetzt. Es gibt Unterrichtseinheiten für einzelne Klassen oder kleine, überschaubare Gruppen von Schülerinnen und Schülern. Mediation und Streitschlichtung sind hier ein wichtiges Thema.

Freizeit- und Betreuungsangebote: Auch hier erstrecken sich die konzeptionellen Muster zwischen einem schulischen Bezug, z.B. bei der Gestaltung einer „aktiven Pause" bis hin zu Angeboten, die weniger mit der schulischen Situation zu tun haben, z.B. bei Mädchengruppen oder Ferienangeboten in Form von Ausflügen und Unternehmungen.

Berufsorientierung und Übergang Schule/Beruf: Die besonders Hauptschulbereich intensiv betriebene Berufsorientierung und Berufswahlvorbereitung z.B. durch die gemeinsame Suche nach Praktikumstellen, Angebote zur Berufsfindung und Bewerbungstrainings sind wichtige Bestandteile von Schulsozialarbeit. Beim Übergang von Schule in Ausbildung und Beschäftigung arbeitet die Schulsozialarbeit in der Regel mit den Institutionen in diesem Bereich zusammen (Arbeitsämter, Projekte der Jugendberufshilfe und Jugendsozialarbeit).

Vernetzungsfunktionen: Schulsozialarbeit ist oft für die jeweilige Schule so etwas wie ein Scharnier zu den Institutionen im Stadtteil und denen der sozialen Arbeit. Die Schulsozialarbeiter/innen sind die Fachleute für diese Kontakte, insbesondere dann, wenn sie Berufserfahrung in solchen Bereichen haben und wenn ihre Stellen hier angesiedelt sind, z. B. bei einem Träger der Jugendhilfe oder einem Jugendamt.

1.2 Schulische Rahmenbedingungen

Unabhängig von diesen konzeptionellen Elementen werden die Konzepte von Schulsozialarbeit durch den Schulalltag und den Rhythmus des Schullebens wesentlich beeinflusst. So haben Schuljahresbeginn und Schuljahresende, die Zeiten vor und nach den Ferien, Zeugniskonferenzen und andere wichtige Schultermine wesentlichen Einfluss auch auf die jeweiligen Arbeitsabläufe der Schulsozialarbeit.

Ein weiterer Faktor für die jeweilige Konzeptionierung von Schulsozialarbeit ist die Ausstattung und Ausgestaltung der einzelnen Schule. In Schulen, wo es bereits Betreuungsangebote und Angebote im Freizeitbereich (z. B. in Kooperation mit der Jugendarbeit) gibt, wird sich die Schulsozialarbeit entsprechend auf andere Themenfelder konzentrieren wie z. B. den Übergang Schule und Beruf oder die Arbeit mit so genannten schulmüden Jugendlichen. Gibt es dagegen in diesem Bereich Angebote, muss die Schulsozialarbeit sich wiederum anders positionieren.

Auch die Unterrichtsgestaltung an der jeweiligen Schule hat wesentlichen Einfluss auf die Konzipierung von Schulsozialarbeit: Auch hier gibt es starke

Unterschiede zwischen Schulen, die bereits Systeme entwickelt haben zur Unterrichtsergänzung bzw. Förderung einzelner Schülerinnen und Schüler und die deshalb die Schulsozialarbeit für diesen Bereich nur teilweise in Anspruch nehmen und Schulen, für die die Schulsozialarbeit vor allem in diesem Bereich der förder- und Unterricht ergänzenden Angebote tätig sein soll.

2. Das Feld der Schulsozialarbeit - zwei Beispiele

Im Folgenden werden zwei Beispiele beschrieben, die das breite konzeptionelle Spektrum von Schulsozialarbeit zeigen sollen.

2.1 Schulsozialarbeit an einer Hauptschule in einem Landkreis in enger Kooperation mit dem Kreisjugendamt

Der Kreis Borken hat in einem Modellprojekt eine Stelle für Schulsozialarbeit an einer Hauptschule in einer kreisangehörigen Gemeinde geschaffen, die je zur Hälfte durch den Schulträger (Stadt Isselburg) und den Kreis (aus dem Bereich der Hilfen zur Erziehung) finanziert wird.

Die Kooperation zwischen Jugendhilfe und Schule in einem Landkreis ist deshalb meist noch schwieriger als in Kommunen, weil noch eine weitere strukturelle Ebene in das Kooperationsgeflecht eingebaut werden muss: Die kreisangehörigen Gemeinden ohne Jugendamt, die Schulträger sind. Das Beispiel zeigt deshalb die Zusammenarbeit zwischen einer Kommune als Schulträger, dem Kreis als Jugendhilfeträger und der schulischen Seite, vertreten durch das Schulverwaltungsamt der Kommune sowie der Schulaufsicht. Bemerkenswert ist in Borken die Einrichtung einer so genannten Begleitgruppe aus Vertretern sehr unterschiedlicher Institutionen, mit dem Ziel, die Startphase zu begleiten und die Kooperation der beteiligten Partner sicherzustellen.

1998 wurde dem Kreisjugendhilfeausschuss ein durch den Fachbereich Jugend und Familie erarbeitetes Handlungskonzept zur Schulsozialarbeit vorgestellt. Ende1999 stimmte der Jugendhilfeausschuss der Durchführung eines auf drei Jahre befristeten Projekts zur Schulsozialarbeit an der Hauptschule in Isselburg zu. Isselburg hat 11.000 Einwohner. Die für das Modell ausgewählte Schule ist die einzige Hauptschule vor Ort. Dort werden 402 Schüler/innen von 21 Lehrer/innen unterrichtet. Bis zu diesem Zeitpunkt gab es im Zuständigkeitsbereich des Kreisjugendamtes Borken keine institutionalisierte Form von Schulsozialarbeit. Die vorhandene Kooperation zwischen Jugendhilfe und Schule bezog sich zum einen auf einzelfallbezogene Hilfen und zum anderen auf präventive Angebote für ganze Schulklassen.

Als zentrales Anliegen wird in dem Modellprojekt Schulsozialarbeit die frühzeitige Einbeziehung des Jugendamtes in Konfliktsituationen genannt. In der Regel wird die Hilfe des Jugendamtes von der Schule dann angefragt, wenn sich die Problemsituationen der Schüler zugespitzt haben und die Interventionsmöglichkeiten von Schule nicht mehr ausreichend sind. Auffälligkeiten im Sozialverhalten und Schulverweigerung sind dabei hervorragende Themen. Das Jugendamt sucht Kontakt zu Schulen, um ergänzende Informationen über die Kinder zu bekommen und mit dem Anliegen, die Problematik gemeinsam anzugehen.

Organisatorische Rahmenbedingungen

Die Trägerschaft des Projektes wurde der öffentlichen Jugendhilfe übertragen. Die sozialräumliche und lebensweltorientierte Ausrichtung des Konzeptes und die damit verbundene Aufgabenstellung der Kooperation aller im Sozialraum tätigen sozialen Dienste und Jugendhilfeeinrichtungen führte zur Anbindung der Schulsozialarbeit an den Fachbereich Jugend und Familie. Eine Trägerschaft durch die Jugendhilfe wurde auch befürwortet, um zu gewährleisten, dass sich die sozialpädagogischen Ansätze von Schulsozialarbeit nicht ausschließlich auf schulische Anliegen beziehen, sondern auch den Jugendhilfeaspekt berücksichtigen. Weisungsbefugt ist mithin nicht der nicht der Schulleiter, sondern der Träger der Schulsozialarbeit.

Schulsozialarbeit wird an der Schule verortet. Die Kooperationsbereitschaft und Akzeptanz der Schule gegenüber dem/der Schulsozialarbeiter/in wurde als Grundvoraussetzung einer gelingenden Schulsozialarbeit festgehalten.

Zielsetzung der Schulsozialarbeit in Kooperation Jugendhilfe-Schule

Schulsozialarbeit ist an der Schnittstelle zwischen Jugendhilfe und Schule angesiedelt und hat somit die Möglichkeit, die schulische und außerschulische Lebenswelt der Jugendlichen ganzheitlich zu betrachten und ihrer Segmentierung entgegenzuwirken. Priorität haben präventive Angebote zur frühzeitigen Unterstützung gefährdeter Jugendlicher. Für den Wirkungskreis Schule - Familie -Freizeit sollen Handlungsstrategien entwickelt werden, die Konflikten entgegenwirken und ein aktives Zusammenleben fördern. Ein weiteres Ziel ist die Verbesserung der Kooperation zwischen Jugendhilfe und Schule. Dies beinhaltet eine frühzeitige Inanspruchnahme von Hilfsangeboten der Jugendhilfe durch Schüler und Eltern und eine bessere soziale Integration durch die Nutzung der örtlichen Angebote der Jugendverbände. Die Schulsozialarbeiterin hat dabei folgende Aufgaben:

- Vernetzung von Schule, soziale Dienste des Jugendamtes und Angeboten der freien Träger der Jugendarbeit,
- Information des Kollegiums über sozialpädagogische Ansätze,
- Projekte zum sozialen Lernen für bestimmte Zielgruppen,
- Einzelfallhilfe für Schüler und Eltern,
- offene sozialpädagogische Angebote,
- freizeitpädagogische Projekte unter Inanspruchnahme der bestehenden Jugendarbeit vor Ort (keinen Aufbau von konkurrierenden Angeboten!),
- Unterstützung im Bereich der beruflichen Orientierung.

Da Schulsozialarbeit in Isselburg sozialraumbezogen verstanden wird, schreibt das Konzept für die Kooperation von Schule und Jugendhilfe vor, dass:

- Ziele jeweils standortbezogen definiert werden müssen,
- Zielvereinbarungen die Adressatengruppe und ihr familiäres Umfeld berücksichtigen und sowohl die Angebote der Jugendhilfe vor Ort als auch die Handlungsansätze der Schule miteinbeziehen müssen,
- die Anforderungen an den/die Sozialarbeiter/in und die zu bearbeitenden Schwerpunkte jeweils zwischen dem Träger der Jugendhilfe und somit Anbieter der Schulsozialarbeit und der Schule ausgehandelt werden müssen.

Fachliche Begleitung

Eine Besonderheit in dem Projektmodell Schulsozialarbeit Borken ist die Einrichtung einer Begleitgruppe durch das Jugendamt. Sie setzt sich zusammen aus Vertretern der Schule (Schulleiter und Vertrauenslehrer) sowie der relevanten Bereiche des öffentlichen und der freien Trägern, d.h. Tageseinrichtungen, Jugendarbeit und Erziehungshilfen stellen je ein Mitglied der Begleitgruppe und koppelt die Erfahrung wieder zurück in die Arbeitsgemeinschaft zur Jugendhilfeplanung. Als Voraussetzung für die Vertreter des jeweiligen Segmentes wurde festgelegt, dass sie über Kenntnisse des Sozialraumes verfügen und vor Ort Angebote vorhalten. Des Weiteren gehören ein Vertreter des Schulträgers und des Sozialamtes der Begleitgruppe an.

Aus dieser Begleitgruppe haben sich viele Anregungen ergeben. Die Begleitgruppe trifft sich 2-3mal jährlich, um sich über den aktuellen Stand der Schulsozialarbeit zu informieren, Anfragen zu klären und aktuelle Themen zu bearbeiten. Das Jugendamt sieht in der Begleitgruppe eine fachliche, konzeptionelle und reflektierende Unterstützung der Schulsozialpädagogin, die allen Beteiligten Kooperationsmöglichkeiten bietet und die Partizipation der Träger berücksichtigt. Ziel dieser gemeinsamen Begleitung ist es, nach Ablauf des Projektes eine umfassende Aussage über die Wirksamkeit dieser Form der Schulsozialarbeit treffen zu können.

Während der Projektphase bearbeitet die Begleitgruppe gemeinsam mit der Schulsozialarbeiterin folgende Aufgabenstellungen:

- Ermittlung sozialraumbezogener Ziele aufgrund der jeweiligen fachlichen Einschätzung und Erfahrung (z.B. Benennung primärer Zielgruppen),
- Festlegung und von Prioritäten,
- Sicherstellung einer frühzeitigen Vernetzung der Leistungen der verschiedenen Beteiligten mit dem Angebot der Schulsozialarbeit (z. B. Anbindung der Sozialpädagogin an das Team des ASD und Aushandlung der notwendigen Anwesenheit dort), Auslotung und Anregung von Kooperationsmöglichkeiten,
- Kontinuierliche Begleitung des Modellprojektes: Überprüfung der im Konzept formulierten Ziele im Hinblick auf die Inanspruchnahme durch die Kinder, Jugendlichen und Eltern,
- Überprüfung der Prioritäten,
- Anpassung von Konzept und Angebot an die gewonnenen Erkenntnisse von Schule und Jugendarbeit.

Bilanz

Inzwischen hat sich die Schulsozialarbeit zu einem festen Bestandteil von Schule entwickelt. Sie wird von Schülern, Eltern und Lehrern akzeptiert und in Anspruch genommen. Die Kooperationserfahrungen mit der Schulsozialarbeiterin werden übereinstimmend als positiv bewertet.

Die Erwartung der Schule, die sich auf die Förderung präventiver Handlungsansätze und besseren Zugang zu Eltern und Schülern richtete, konnte bisher erfüllt werden. Vertreter der Schule erklärten, dass die Zusammenarbeit mit der Sozialpädagogin dem Kollegium neue Perspektiven im Umgang mit problematischem Schülerverhalten aufgezeigt habe.

Der allgemeine soziale Dienst sieht seine Annahme bestätigt, dass Kontakte zu hilfebedürftigen Familien früher hergestellt können und eine effektivere Intervention möglich ist. Die Vermittlung der Schulsozialarbeiterin sei eine neue Möglichkeit, die Angebote der Jugendhilfe bekannt zu machen. Eltern und Schüler sind motivierter, sich an das Jugendamt zu wenden.

Die ortsansässige Jugendarbeit kann einen verstärkten Besuch ihrer Einrichtungen verzeichnen, die Befürchtung eines konkurrierenden Angebots hat sich nicht bestätigt.

Die Erwartung der Politik, dass die Fallzahlen in der Einzelfallhilfe zurückgehen, hat sich nicht bestätigt. Es wurde deutlich, dass durch die kontinuierliche Tätigkeit der Schulsozialarbeiterin im Sozialraum eher mehr Probleme ersichtlich werden. Durch die gute Vernetzung, die in den vergangenen

Jahren entstanden ist, kann die Krisenintervention jedoch früher und effektiver ansetzen. Andererseits wurde von Seiten der Schule berichtet, dass die Anzahl der Sonderschulaufnahmeverfahren drastisch zurückgegangen ist.

Die Projektphase ist im Sommer 2004 beendet worden, der Abschlußbericht liegt vor. Das Kreisjugendamt hat geprüft, in wieweit das als erfolgreich gewertete Modell ausgeweitet werden kann auf andere Kommunen; der Jugendhilfeausschuss hat inzwischen die Ausweitung auf alle Kommunen im Kreisgebiet beschlossen, die sich beteiligen wollen.

2.2 Schulsozialarbeit in Trägerschaft eines Wohlfahrtsverbandes in einer Großstadt

Seit mehr als 5 Jahren hat die Stadt Düsseldorf über einen Kooperationsvertrag mit vier Wohlfahrtsverbänden (Caritas, Diakonie, AWO, InVia) an allen Haupt- und Sonderschulen (für Erziehungshilfe und Lernbehinderungen) in Düsseldorf Stellen für Schulsozialarbeit eingerichtet. Interessant an diesem Beispiel ist die Entwicklung eines Konzeptes von Schulsozialarbeit zwischen dem Jugendamt und drei großen Wohlfahrtsverbänden mit hohen Qualitätsstandards und einer Konzeptionierung auf die jeweilige Schulsituation hin. Die Fachkräfte der Schulsozialarbeit sind im Unterschied zur Einzelkämpfersituation an vielen anderen Orten. einem Team angegliedert.

Basierend auf den Kooperationsvereinbarungen der Stadt Düsseldorf wurde 2001 unter der Federführung der Abteilung Soziale Dienste im Jugendamt Düsseldorf die „Konzeption Schulsozialarbeit für Düsseldorf“ erarbeitet. Beteiligt waren die drei oben genannten Wohlfahrtsverbände, das Schulverwaltungsamt der Stadt und Sprechern der Haupt- und Sonderschulen. Diese Konzeption dient als Grundlage für Schulsozialarbeit an Haupt- und Sonderschulen der Landeshauptstadt. Sie legt insbesondere die Zielsetzung von Schulsozialarbeit fest und definiert die Rahmenbedingungen der Kooperation von Jugendhilfe und Schule bei der Umsetzung dieser Ziele.

Organisatorische Rahmenbedingungen

Auf der Grundlage des KJHG sehen die Autoren des Konzeptes die Schulsozialarbeit als eigenständige und vorwiegend präventive Regelaufgabe der Jugendhilfe. Gleichzeitig wird sie als die intensivste Form von Kooperation zwischen Jugendhilfe und Schule dargestellt. Beide Seiten erkennen sich als eigenständig an und stimmen darin überein, dass sie einander nicht ersetzen, jedoch ergänzen können. Eine wechselseitige Kenntnis über Trägerstrukturen, Aufgaben und Arbeitsweisen, sowie Möglichkeiten und Grenzen der Kooperation werden vorausgesetzt.

Zielvereinbarungen für die Schulsozialarbeit

Schulsozialarbeit meint in der hier vorgestellten Konzeption methodische Sozialarbeit in der Schule zur Prävention und Behebung sozialer „Störungen". Gemeinsam mit Eltern, Lehrern, Kindern und Institutionen vor Ort werden Lösungen von Schulproblemen auf der Grundlage von Ressourcen gesucht. Ziel ist es, frühzeitig bedarfsgerechte Hilfeformen und Angebote zu entwickeln, die der gesellschaftlichen Desintegration der Schüler entgegenwirken. Die Lebenswelten der Kinder und Jugendlichen sollen dabei ganzheitlich als Bedingungsgefüge in die pädagogischen Aktivitäten einbezogen werden.

Rahmenbedingungen der Kooperation Jugendhilfe-Schule

Im Vorfeld der Zusammenarbeit werden für einen neuen Standort Kooperationsvereinbarungen getroffen, die die örtlichen Bedingungen berücksichtigen und eine dauerhafte Kooperation zum Ziel haben. Leistungen, Ziele, Orientierungen und Regeln werden für diese Vereinbarung gemeinsam erarbeitet und für die Dauer von möglichst zwei Jahren verbindlich festgelegt. In gegenseitiger Abstimmung sollte diese Vereinbarung jährlich überarbeitet werden.

Als Orientierung für eine gelingende institutionelle Kooperation werden in dem Düsseldorfer Konzept u.a. folgende Punkte genannt: Zielvereinbarungen, denen a) alle Beteiligten beider Seiten zustimmen, die b) für beide Seiten überprüfbar sind und zu deren Zwecke c) jeder die ihm zur Verfügung stehenden Ressourcen ausschöpft, Informations- und Erfahrungsaustausch, Konferenzen und Fortbildungen auch über den innerschulischen Rahmen hinaus, Angebotsbezogene Zusammenarbeit bei der Planung und Durchführung konkreter Projektangebote.

Rahmenbedingungen für das Personal

Die Wohlfahrtsverbände stellen je Schule Mitarbeiter/innen im Umfang einer sozialpädagogischen Vollzeitkraft zur Verfügung, die durch das Jugendamt voll refinanziert wird. Zu den Aufgaben des/der Schulsozialarbeiters/in gehören nach der Düsseldorfer Vereinbarung:

- Koordination der Anfrage der sozialen Dienste der Stadt, der freien Wohlfahrtspflege oder anderer Dienste und Einrichtungen,
- Planung und Durchführung spezifischer Angebote für einzelne Schülergruppen bzw. einzelne Schüler, Eltern und Lehrer.

Die Kooperation mit dem/der Schulsozialarbeiter/in muss von der Schule und dem Kollegium gewollt sein. Seitens der Schule werden ihm/ihr geeignete

Räumlichkeiten zur Verfügung gestellt über die er/sie ggf. auch in den Ferienzeiten verfügen kann.

Darüber hinaus muss die Schule eine Lehrkraft als Ansprechpartner für den/die Schulsozialarbeiter/in benennen, dem ein Zeitbudget für die Schulsozialarbeit bereitzustellen ist. Sozialpädagoge und Schulpädagoge arbeiten in einem Team zusammen. In regelmäßigen Abständen bearbeiten sie in Theorie und Praxis Fragestellungen der aktuellen Arbeit und planen deren weitere Entwicklung.

Für jedes Projekt der Schulsozialarbeit werden Instrumente entwickelt, die eine Ziel- und Erfolgskontrolle ermöglichen. Eine inzwischen modifizierte Form von Jahresbericht verlangt, dass Trägervertreter, Schulleitung, Schulsozialarbeiter/in und Kooperationslehrer einmal jährlich die gemeinsam festgelegten Ziele auswerten, überprüfen und neu formulieren.

Fachliche Begleitung

Die Erfahrungen und Vorstellungen aller in der Schulsozialarbeit Tätigen werden regelmäßig in einer Arbeitsgruppe unter der Moderation des Jugendamtes ausgetauscht. Die fachliche und konzeptionelle Weiterentwicklung der Schulsozialarbeit in Düsseldorf soll hierdurch forciert und sichergestellt werden.

Zwischenbilanz

Die „Konzeption Schulsozialarbeit in Düsseldorf" ist seit nunmehr drei Jahren Grundlage für die Kooperation Jugendhilfe-Schule. Am Beispiel eines freien Trägers, der Diakonie in Düsseldorf, kann die Erfahrung mit dieser Kooperation verdeutlicht werden. 2003 waren sieben Standorte (drei Sonderschulen und vier Hauptschulen) mit je einer weiblichen Vollzeitkraft besetzt.

Die Erfahrung zeigt, dass die kontinuierliche Präsenz einer Schulsozialarbeiterin und die Zusammenarbeit beider Instanzen mit den Schülern große Erfolge im Sinne der Konzeption ermöglichen. Die Schüler realisieren und wertschätzen, dass die Sozialpädagogin außerhalb des Systems Schule steht, mit dem System Schule zusammenarbeitet, aber auch über dessen Grenzen hinaussieht.

Um eine vertrauensvolle Zusammenarbeit zu ermöglichen, muss sichergestellt sein, dass die Schulleitung und das Kollegium von dem Konzept der Schulsozialarbeit überzeugt sind. Die Praxis hat dazu bislang folgende Punkte aufgezeigt: Die Schule muss in der Lage sein, Schulsozialarbeit zu thematisieren, die Rollen der einzelnen Lehrer zu klären und geeignete Verbindungslehrer zu gewinnen. Das Schulsozialarbeitsteam, bestehend aus Schulsozialarbeiterin und dem Verbindungslehrer, muss gut zusammenarbeiten; dafür muss ein Lehrer freigestellt werden. Über eine Rotation dieser Aufgabe muss nachgedacht werden, da der Austausch zur Routine wird und neue Impulse benötigt.

Von Seiten des Trägers ist es wichtig, die Schule an der Auswahl des Personals zu beteiligen; so trifft die Diakonie gemeinsam mit der jeweiligen Schule die Personaltentscheidung, um diese auch gemeinsam zu tragen. Die Schulsozialarbeiterin muss die Möglichkeit haben, vor dem Kollegium über ihre Arbeit zu berichten, um so ihre Tätigkeit und ihren sozialpädagogischen Ansatz für die Lehrer transparent zu machen. So kann sie der Skepsis gegenüber der besonderen Position, die sie in der Schule innehat, entgegenwirken, eine eigene Stimme in der Schulkonferenz wäre zu begrüßen.

Die Mitwirkung in einem Fachteam des Trägers wirkt der Situation des Einzelkämpfers an der Schule entgegen. Die alle zwei Wochen stattfindenden Teamsitzungen ermöglichen der Schulsozialarbeiterin:

- fachlichen Austausch mit Kollegen und die Möglichkeit zur situativen Zusammenarbeit,
- Rückhalt durch kollegiale Beratung,
- Unterstützung und Hospitation durch Kollegen,
- Impulse und Weiterentwicklung durch die Vernetzung mit anderen Fachteams und Gremien,
- fachliche Qualifikation durch Fort- und Zusatzausbildung.

Der Anbindung an den Träger kommt in diesem Zusammenhang eine besondere Bedeutung zu. Sie gewährleistet Unabhängigkeit von der Schule und damit die Möglichkeit, die sozialpädagogische Aufgabe im Fokus zu halten.

3. Das Spannungsfeld der Schulsozialarbeit

Schulsozialarbeit findet an der Schnittstelle zweier unterschiedlicher Systeme statt. Diese Brückenfunktion führt zu zahlreichen Probleme, die in der Praxis nicht nur im Bereich der Schulsozialarbeit, sondern in den zahlreichen Feldern der Kooperation von Jugendhilfe und Schule auftreten.

Betrachtet man Schule und Jugendhilfe als unterschiedliche Systeme, lassen sich viele Probleme in Kooperationsprojekten leichter erklären. Institutionen suchen oft keine wirklichen Partner, sondern Hilfen, um das eigene System zu stabilisieren. Diese typischen Reaktionsweisen werden im Verhältnis von Schule und Jugendhilfe durch eine historisch völlig unterschiedliche Entwicklung und ein stark differierendes Selbstverständnis verstärkt: „Aus der je unterschiedlichen Gewichtung und Ausbalancierung des grundlegenden Widerspruchs zwischen Differenzierungs- und Integrationsfunktion ergeben sich also die strukturellen Spannungsmomente zwischen den Systemen Schule und Jugendhilfe“ (Olk/Bathke/Hartnuss 2000: 17). Aus den unterschiedlichen

Differenzierungs- und Integrationsleistungen von Jugendhilfe und Schule resultieren auch „Wahrnehmungsstörungen“ in Bezug auf die außerhalb des eigenen Systems liegenden Lebenswelt: „Die Wechselwirkungen zwischen schulischen und außerschulischen Lebensbezügen und Rollen von Kindern und Jugendlichen werden dagegen von beiden Systemen üblicherweise ausgeblendet. Diese systemspezifischen Differenzen in der Funktionsweise beider Systeme prägen auch alle Bemühungen um eine Kooperation zwischen Jugendhilfe und Schule“ (Olk/Bathke/ Hartnuss 2000: 17).

Diese systemisch grundlegenden Widersprüche, die hier nicht weiter diskutiert werden können, bilden den Hintergrund, um im Folgenden bezogen auf das Feld der Schulsozialarbeit dort auftretende Widersprüche und Probleme zu beschreiben (in Anlehnung an Karl-Heinz Braun). Die Einschätzungen beruhen weniger auf empirischen Erhebungen, sondern sind Ergebnisse zahlreicher Gespräche mit den Protagonisten im Feld und der langjährigen, intensiven Kenntnis des Feldes über Fachberatungen, Seminaren, und Tagungen.

3.1 Zwischen Beratungsanspruch und Delegationszwang

In der Praxis hat sich ein Muster von Schulsozialarbeit herausgebildet, die sehr stark über Beratungsleistungen fungiert. In diesem Muster definieren sich Schulsozialarbeiter/innen vor allem als Berater mit manchmal fast therapeutischem Anspruch. Beratungsgespräche mit Kindern, Jugendlichen, Eltern und Lehrern stehen im Mittelpunkt ihrer Konzeption und Tätigkeit. Eine solche Definition von Schulsozialarbeit schenkt anderen Bereichen, etwa Freizeit- und Betreuungsangeboten wenig Beachtung. Verbunden ist dieser Ansatz in der Regel mit einer hohen Akzeptanz seitens des Lehrerkollegiums, weil beraterisch/therapeutische Kompetenzen von diesem meist hoch geschätzt werden. Schulsozialarbeit mit diesem Schwerpunkt ist damit aber auch schnell überfordert. Weil sie gut beraten, werden ihre Fälle immer zahlreicher, zumal die Lehrkräfte dazu neigen, mehr und mehr die eigene Auseinandersetzung mit den Schülern und Schülerinnen an die Schulsozialarbeit zu übertragen.

Mit der dann oft eintretenden Überforderung (besonders an großen Schulen) geht die Gefahr einher, dass sich viele Schulsozialarbeiter/innen darauf begrenzen, Problemlagen von Kindern und Jugendlichen nicht mehr selbst zu bearbeiten, sondern an andere Institutionen weiter zu vermitteln. Damit gelingt auch nur begrenzt der Aufbau eines Vertrauensverhältnisses, wenn Kinder und Jugendliche merken, dass ihre Vertrauenspersonen keine wirklichen Hilfsangebote machen. Hier werden die Grenzen einer nur problem- und einzelfallbezogenen Schulsozialarbeit deutlich, wo bei hohen Fallzahlen fast nur noch delegiert werden kann. In der Interaktion mit den Kindern und Jugendlichen schwindet damit aber auch die für die Schulsozialarbeit eminent wichtige Ressource Vertrauen.

3.2 Zwischen unterrichtsbezogener Inpflichtnahme und der Gestaltung des Lebensortes Schule

Neben den sicher sinnvollen Hospitationen im Unterricht arbeiten viele Schulsozialarbeiter/innen sehr stark unterrichtsbezogen bis hin zur Gestaltung von Förderangeboten während der Unterrichtszeit. Problemfälle aus einzelnen Klassen, störende, schwierige Kinder und Jugendliche werden umgehend zur Schulsozialarbeit geschickt, die durch gezielte Förder- und Gesprächsangebote in der Lage ist, auf einzelne Kinder und Jugendliche und deren Problemlagen einzugehen. Solche Konzepte von „Stationen von Schulsozialarbeit" während der Unterrichtszeit sind aus schulischer Sicht mit vielen Vorteilen verbunden. Das Problem besteht aber darin, dass Schulsozialarbeit von den Kindern und Jugendlichen als Teil des Unterrichts im Zusammenhang mit auftretenden Problemen und Konflikten verstanden (und durchaus geschätzt) wird. Auch die starke Fixierung vieler Konzepte auf Streitschlichtung, Mediation und andere Programme bis hin zur gemeinsamen Pausenaufsicht von Schulsozialarbeitern ist durchaus zwiespältig zu sehen.

Die konfliktpädagogischen Angebote haben hier gegenüber den freizeitpädagogischen einen viel größeren Stellenwert. Dies ist für die Schulsozialarbeit insofern problematisch, weil Freizeitangebote aus Sicht der Kinder und Jugendlichen am Ort der Schule eine große Bedeutung haben und diesen damit auch verändern. Andererseits scheint es vielen Fachkräften leichter zu sein, wenn sie sich in der Rolle von Freizeitpädagogen bewegen und somit für viele Schülerinnen und Schüler einen positiven Aspekt von Schule hervorheben. Gerade die Schulsozialarbeiter/innen, die aus der Jugendarbeit und Freizeitpädagogik kommen, neigen dazu, eine starke Freizeitorientierung in die Schulsozialarbeit zu tragen.

Damit entsteht auch ein weiteres Problem. Es stellt sich nämlich die Frage, ob ein solches Angebot durch die Schulsozialarbeit an einer Schule notwendig ist, die z. B. in der Nachbarschaft eines Kinder- und Jugendhauses liegt. Hier wäre es wichtiger die Selbstbestimmungsfähigkeiten und Selbstorganisationsmöglichkeiten der Kinder und Jugendlichen in Bezug auf Freizeitangebote zu entwickeln. Anstatt selbst aufwendige Programme durchzuführen versuchen deshalb viele Schulsozialarbeiter/innen Kinder und Jugendliche zu aktivieren, besuchen mit ihnen gemeinsam Vereine, Jugendeinrichtungen und andere Möglichkeiten des Freizeitbereichs, um sie selbst zu aktivieren. Der Widerspruch von Freizeitpädagogik und Konfliktpädagogik ist auch der Widerspruch zwischen unterschiedlichen Rollen, in denen Schulsozialarbeit agieren muss. Auch hier ist die Aufgabenvielfalt ein weiteres Moment der „konzeptionellen Verunsicherung" von Schulsozialarbeit.

3.3 Zwischen individueller Hilfe und den Problemen der Schule

Viele Schulsozialarbeiter/innen „verschleißen" sich in Einzelfallhilfe (s. o.). Vielfach werden die Einzelfälle aber unabhängig von den strukturellen Entstehungsursachen betrachtet. Schulsozialarbeit, die als reine „Klimaanlage" von Schule verstanden wird, wird schnell überfordert, auch dadurch, dass die eigentlichen Ursachen der Entstehung der vielen Einzelfälle im schulischen Bereich nicht angegangen werden. Demgegenüber stehen positive Erfahrungen vieler Schulen mit unabhängig von der Schulsozialarbeit entwickelten Systemen der Integration bzw. Förderung von einzelnen Schülerinnen und Schülern in- und außerhalb des Unterrichtes. Solche Entwicklungen können aber nur dann eingeleitet werden, wenn an der jeweiligen Schule ein im Kollegium verbreitetes und insbesondere auch von der Schulleitung vertretenes Bewusstsein für die Entstehung der Einzelprobleme an der Schule vorhanden ist. Wenn eine Schule sich sozusagen selbst auf den Weg gemacht hat, die Probleme in den Griff zu bekommen und die Unterstützung durch Schulsozialarbeit als eine Möglichkeit dazu sieht, können die angesprochenen Probleme weitgehend vermieden werden.

Ein weiteres bisher kaum geklärtes Problem und Phänomen von Schulsozialarbeit besteht darin, dass sie sich vor allem auf Probleme von Schülerinnen und Schülern untereinander konzentriert. Die häufig vorhandenen Probleme zwischen Schülerinnen und Schülern und Lehrern werden nur ansatzweise thematisiert. Die im Schulbereich nach wie vor weit verbreitete Einzelkämpfermentalität und Situation der meisten Lehrerinnen und Lehrer ist keine gute Grundlage für die Bearbeitung von Konflikten zwischen Schüler/innen und Lehrern über die Schulsozialarbeit. Obwohl Hospitationen von Sozialarbeiter/innen im Unterricht heute kein Tabu mehr sind herrscht im Schulbereich nach wie vor eine große Sensibilität und Verunsicherung gegenüber der Thematisierung von Problemen zwischen Schülern und Lehrern über die Schulstunde hinaus. Die Einbeziehung und Zuhilfenahme Dritter - wie der Schulsozialarbeit - ist nach wie vor ungewohnt, auch auf Grund einer verbreiteten Tabuisierung solcher Probleme im Schulbereich.

4. Schulstandort- oder sozialraumorientierte Konzepte

Die unterschiedlichen Konzepte von Schulsozialarbeit lassen sich auch unter dem Aspekt diskutieren, inwieweit sie rein schulstandortspezifisch oder Sozialraum-/lebensweltbezogen agieren (s. Übersicht). Diese Unterscheidung ist nicht nur für das Selbstverständnis und die Aufgabendefinition, sondern auch für die Kooperation der jeweiligen Schulsozialarbeit mit anderen Institutionen im Sozialraum von entscheidender Bedeutung. Für die im kommunalen Bereich sich weiter entwickelnden Konzepte sozialraumbezogener sozialer Arbeit und der Kooperation mit weiteren Institutionen wie Schulen ist dieser Aspekt sehr bedeutend: Agiert die jeweilige Schulsozialarbeit relativ isoliert, einzig und allein bezogen auf den jeweiligen Schulstandort oder sieht sie sich als Teil des Sozialraums, in dem die Kooperation zwischen unterschiedlichen Institutionen, aber auch die über die institutionelle Sicht hinausgehenden Sichtweisen auf Ressourcen, Potenziale und Probleme der Lebenswelten von Bedeutung sind.

.Schulstandortbezogene Schulsozialarbeit	Sozialraumbezogene Schulsozialarbeit
• Orientierung an Schülerinnen und Schülern (der Schule) Problem- und Einzelfallbezug • Schule als die Institution, „um die sich alles dreht!“ • Ganztagsangebot als schulinterne Betreuungselement • Einzelförderung • Unterrichtsergänzung • Erzieherische Hilfen • Problembezug: Gewalt, Drogen • Vorteile: hoher Problem- und Unterrichtsbezug, Präventionswirkung	• Orientierung an Kindern und Jugendliche, Themen und Problemen ihrer Lebenswelten • Schule als wichtiger Lebensort von Kindern und Jugendlichen • Ganztagsangebot als Brücke zu Lebenswelten und Sozialraum • Einzelfallmoderation • Freizeitangebote in und außerhalb der Schule (Schülercafe) • Themenbezug: z.B. Mädchenförderung, Freizeit • Vorteil: Öffnung von Schule, Kooperation mit Institutionen, Vernetzung im Sozialraum.

Wesentliche Merkmale einer schulstandortbezogenen Schulsozialarbeit sind die Orientierung an Schülerinnen und Schülern der Schule sowie ein deutlicher Problem- und Einzelfallbezug. Deshalb stehen Einzelförderung, Unterrichtsergänzung sowie Erzieherische Hilfen im Vordergrund der Bemühungen, die meist eine klare Problemorientierung besitzen, etwa die Zielsetzung, Gewaltanwendung oder Drogenkonsum zu bekämpfen. Die Vorteile einer solchen schulstandortbezogenen Schulsozialarbeit sind hoher Problem- und Unterrichtsbezug sowie eine mögliche Präventionswirkung für die Einzelschule. Kooperation mit anderen Institutionen findet dabei eher als „Nebenprodukt“ statt, wenn sie den oben genannten Zielen dient. Die Strukturen einer solchen Schulsozialarbeit sind im Schulsystem angelegt, d.h. Dienst- und Fachaufsicht sind im schulischen System angesiedelt, z.B. beim Schulverwaltungsamt.

Dem Vorteil der schnellen Hilfe und eines deutlichen Problembezuges stehen die Nachteile gegenüber, dass sich Schulsozialarbeiter/innen in dieser Struktur oft als Einzelkämpfer fühlen und auf Grund der Konzeption der Schulsozialarbeit den angemeldeten Bedarf nie decken können.

Demgegenüber steht das Konzept einer lebensweltbezogenen Schulsozialarbeit, die sich an den Kindern und Jugendlichen eines Stadtteil/ Sozialraums orientiert sowie den in der Lebenswelt auftretenden Themen und Problemen richtet und nicht nur die Einzelschule im Blick hat. In Bezug auf die Probleme von und mit einzelnen Schülerinnen und Schülern und deren Familien geht es bei diesem Ansatz um eine Einzelfallmoderation, d. h. um die sinnvolle Vernetzung mit anderen Institutionen, insbesondere den Hilfen zur Erziehung und den damit verbundenen Anspruch, die Einzelfälle nicht selbst bearbeiten zu müssen.

Elemente einer solchen Arbeit sind Freizeitangebote in und außerhalb der Schule (etwa ein Schülercafé) und ein thematischer Bezug, der ein breites Spektrum unterschiedlicher Themen zulässt, z. B. Mädchenförderung, gemeinsame Fortbildungen usw. Der Vorteil dieses Ansatzes besteht darin, dass er die Öffnung von Schule nachhaltig unterstützt, vor allem durch die Kooperation mit außerschulischen Institutionen und eine Vernetzung im Sozialraum. Dadurch können „Sekundärgewinne" erzielt werden, z. B. aus der Kooperation mit Vereinen und Initiativen.

Die Strukturen einer solchen Schulsozialarbeit sind zwischen Jugendhilfe und Schule angelegt, z.B. durch die Verankerung der Stellen im Bereich der Jugendhilfe. Ein Problem dieses Ansatzes besteht sicher in der hohen Kompetenzanforderung an Mitarbeiterinnen und Mitarbeiter sowie die damit verbundene Gefahr der Verzettelung in vielen möglichen Einsatzbereichen. Der Vorteil besteht darin, dass langfristig positive Effekte erzielt werden können. Im Vergleich erscheint eine schulstandortbezogene Schulsozialarbeit zwar effizient in Bezug auf Problemorientierung und schulinterne Bedarfe - sie bleibt aber letztlich im System Schule gebunden und führt nicht langfristig zu einer Kooperation zwischen Jugendhilfe und Schule.

Deutlich wird nicht nur, wie die Positionierung und Konzeptionierung der Schulsozialarbeit von den jeweiligen unterschiedlichen Bedingungen abhängig ist, sondern auch, welche professionellen Ansprüche und Erwartungen an die jeweiligen Stelleninhaber zu richten sind. So wird deutlich, dass Schulsozialarbeit kein Feld für Berufseinsteiger ist, sondern eher für erfahrene Menschen, die schon Berufserfahrung in einem Feld der Jugendhilfe (z. B. in der Jugendarbeit oder den Hilfen zur Erziehung) haben sollten. Ihr „Standing" muss entwickelt sein, auch deshalb, weil sie ja in zwei unterschiedlichen Systemen agieren müssen und sehr unterschiedliche Erwartungen in Einklang bringen müssen. Ausdruck dieser schwierigen Situation ist das weit verbreitete Einzelkämpfersyndrom der Schulsozialarbeit/innen, die sich vielfach überfordert sehen zwischen den unterschiedlichen Ansprüchen, denen sie nie gerecht werden können. Hinzu kommt eine Überforderung von Schulsozialarbeit aus schulischer Sicht, die sozusagen all ihre Problemlagen nun in die neu geschaffene Stelle projiziert, ohne sich selbst weiter zu bewegen.

Die Erfahrungen aus Nordrhein-Westfalen zeigen, dass die Anbindung von Schulsozialarbeit auf kommunaler Ebene bei öffentlichen oder freien Träger der Jugendhilfe eine wichtige strukturelle Brücke darstellt, um die entsprechenden Probleme zu verhindern oder diese adäquat bearbeiten zu können. So ist die Einbeziehung von Schulsozialarbeiter/innen in die jeweiligen Teams im Jugendamt oder bei einem freien Träger eine notwendige Ergänzung zu ihrer eher isolierten Situation an der jeweiligen Schule an der sie tätig sind. Kollegiale Fallberatungen im Team des Jugendamtes oder des freien Trägers können die Situation der Schulsozialarbeiter/innen stabilisieren, ihnen notwendige Stützangebot machen und damit zu einer professionellen Gestaltung des Arbeitsfeldes führen.

5. Literatur

Braun, Karl-Heinz/Wetzel, Konstanze (2000): Sozialpädagogisches Handeln in der Schule. Neuwied.

(GEW) Gewerkschaft für Erziehung und Wissenschaft (2004): Sozialpädagogische Professionalität für die Schule. Ergebnisse einer Umfrage der GEW im Auftrag des Kooperationsverbundes Schulsozialarbeit. o.O.

Olk, Thomas/Bathke, Gustav-Wilhelm/Hartnuss, Birger (2000): Jugendhilfe und Schule - Empirische Befunde und theoretische Reflexion zur Schulsozialarbeit. Weinheim und München.

Ministerium für Schule und Weiterbildung NRW (1997): Runderlass vom 25.6.1997 zur Entwicklung von Schulprogrammen.

Elternarbeit im schulischen Kontext – Ergebnisse aus der Praxisforschung

Ulrike Leonhardt und Beate Schnabel

Im Hessischen Schulgesetz[1] wie auch im Kinder- und Jugendhilfegesetz[2] ist die Zusammenarbeit von Eltern, Schule und Jugendhilfe gesetzlich verankert. Auch die Richtlinien für einen „besonderen Förderunterricht"[3] weisen ausdrücklich auf das notwendige Zusammenwirken zwischen den Erziehungsberechtigten und den beteiligten Institutionen hin. Dennoch ist eine Elternarbeit am Lernort Schule im Rahmen einer Kooperation von Schule und Jugendhilfe bislang kaum institutionalisiert.

Schule, Schulpsychologischer Dienst, Jugendamt, Hort, Beratungsstellen, Jugendarbeit und Heimerziehung sind Arbeitsfelder, in denen die Zusammenarbeit mit Eltern erwünscht und teilweise konzeptionell verankert ist. Dennoch stoßen Fachkräfte häufig an Grenzen von Veränderungsmöglichkeiten, die wahrgenommen, jedoch Institutionen übergreifend nur selten reflektiert und aufgegriffen werden. Das Fehlen von Ressourcen, von zugewiesenen Zuständigkeiten und eindeutigen Arbeitsaufträgen kann eine Erklärung hierfür sein. Häufig sind aber auch die Zugangswege zu den Eltern durch negative Vorerfahrungen mit öffentlichen Institutionen belastet, so dass ein besonders sensibles Aufeinanderzugehen gefordert ist.

Die im Rahmen des Bundesmodellprojektes „Die Kinder des Tantalus?"[4] gewonnenen Erfahrungen in der Konzipierung und Durchführung von Elternarbeit am Lernort Schule sollen hier näher beleuchtet werden. Das Projekt wurde von Fachkräften aus der Jugendhilfe durchgeführt, die im Folgenden als „Projektteam" bezeichnet werden. Projektträger war die Bildungsstätte Alte Schule Anspach (basa e.V.).

Ziel des Projektes war die Entwicklung eines präventiven Handlungskonzeptes für die pädagogische Arbeit mit schulmüden Jugendlichen. Während der Projektdurchführung wurde ein gesamter Klassenverband von der 5. Klasse (Förderstufe) bis einschließlich der 7. Klasse (Hauptschulzweig) über

---

1 Hessisches Schulgesetz (HSchG) 2005, §§ 15 und 16

2 KJHG §§ 14 und 16 sowie die §§ 27 bis 35: Hilfen zur Erziehung

3 Richtlinien zur Förderung von Schülerinnen und Schülern mit besonderen Schwierigkeiten beim Lesen, Schreiben und Rechtschreiben. vom 15. Dezember 1995

4 Erstmals veröffentlicht im Abschlussbericht „Die Kinder des Tantalus? Ein präventives Handlungskonzept für die pädagogische Arbeit mit schulmüden Jugendlichen. Herausgeber: Bildungsstätte Alte Schule Anspach (basa e.V.), Neu Anspach 2001". Das Projekt wurde durch das Bundesministerium für Familien, Senioren, Frauen und Jugend im Rahmen des Programms „Arbeitsweltbezogene Jugendsozialarbeit" im Modellschwerpunkt „Integration in Schule und Berufsschule" von 1998-2001 gefördert. Die wissenschaftliche Begleitung erfolgte durch das Deutsche Jugendinstitut (DJI).

einen Zeitraum von drei Schuljahren kontinuierlich durch pädagogische Fachkräfte aus der Jugendhilfe, mit unterschiedlichen Bildungs- und Beratungsangeboten am Lernort Schule begleitet. Neben gruppenpädagogischen Angeboten und Einzelgesprächen für die Schülerinnen und Schüler, suchten wir die enge Zusammenarbeit mit allen diese Klasse unterrichtenden Lehrkräften. Hierzu wurde eigens eine Arbeitsgruppe mit den Lehrkräften und Vertretern aus der Schulleitung eingerichtet, die sich mit der Entwicklung eines pädagogischen Handlungskonzeptes beschäftigte und sich intensiven Fallbesprechungen widmete. Bausteine für die Zusammenarbeit mit den Eltern wurden im Projektverlauf ebenso erarbeitet und erprobt, wie Kooperationsvereinbarungen zwischen der Schule, dem Jugendamt, freien Trägern der Jugendhilfe sowie dem schulpsychologischen Dienst im Staatlichen Schulamt.

Konzipierung und Projektangebot

In unserer Arbeit haben wir vor allem mit jenen Eltern zusammengearbeitet, deren Kinder die Schulklasse besuchten, die für das Projekt vorgesehen war. Die Konzeptentwicklung orientierte sich an den bis dahin an der Schule gesammelten Erfahrungen in der Kooperation von Eltern, Schule und Jugendhilfe. Bisher aufgetretene Hindernisse sollten reflektiert und an konstruktiven Wegen der Zusammenarbeit gearbeitet werden. Ziel war es, gemeinsam Handlungsperspektiven zu entwerfen, die die schulische Entwicklung der Kinder bzw. Jugendlichen adäquat fördern. Hierzu war es notwendig nicht nur jene Eltern für das Projekt zu gewinnen, deren Kinder aufgrund von Auffälligkeiten zu einer Zusammenarbeit mit der Schule und der Jugendhilfe aufgefordert sind, sondern auch solche Eltern einzubeziehen, die bislang nur wenig Anbindung an die Schule hatten. Zwei Thesen bildeten die Grundlage für die Konzeptentwicklung:

1. Das Verhältnis der Eltern zur Schule nimmt Einfluss auf das Schulverhalten der Kinder und spiegelt sich in der Gruppendynamik der Klasse wider.
2. Eltern von „schulmüden Kindern“ zeigen ebenfalls Anzeichen von „Schulmüdigkeit“, die auf ihrer eigenen schulischen Erfahrung wie der bisherigen Auseinandersetzung mit den Schulerfahrungen ihrer Kinder beruht.

Dementsprechend galt es altersspezifische Themen der Kinder und Jugendlichen in Beziehung zu ihren Eltern und ihren Lehrerinnen und Lehrern besonders zu berücksichtigen, wie z.B. Loyalitätskonflikte und Schuldgefühle gegenüber den Eltern, der Wunsch nach Anerkennung durch die Eltern und der Lehrkräfte, sowie der Wunsch nach selbst gewählten und elternunabhängigen

Freundschaften. Diese und andere familien- und Peergruppen bezogene Themen sind auch im schulischen Kontext virulent.

Als wesentliche Grundlagen für die Konzeptentwicklung hatten wir definiert, dass sich die Elternarbeit hauptsächlich daran orientiert, wie die Eltern für das Projekt und somit für das übergreifende Thema „Schulmüdigkeit" und „Schulverweigerung" gewonnen werden können. Die Vorgehensweise ist prozessorientiert und fallbezogen. Angeboten wird eine beratende Unterstützung. Dabei wird zu differenzieren versucht zwischen dem, was sich in der Schule zeigt und dem häuslichen Hintergrund, um einer wechselseitigen Schuldzuschreibung und der Verschiebung von Problemlagen entgegenzuwirken. Das Konzept berücksichtigt kultur-, geschlechts- und altersbezogene Aspekte und die Projektmitarbeiterinnen vertreten in der Elternarbeit eine Schnittstellenfunktion zwischen den Eltern, ihrem Kind, der Schule und der Jugendhilfe. Die definierten Zuständigkeiten der Schule und der Jugendhilfe sollen bestehen bleiben. Das Projektangebot an die Eltern beinhaltete fünf Bausteine:

- Aufsuchende Einzelgespräche mit ausgewählten Eltern. Kriterien: eine geringe bis keine Anbindung an die Schule; schwierige soziale Einbindung der Kinder in die Klasse
- Einzelgespräche wie Bildungshilfekonferenzen mit Eltern bei von Versetzung gefährdeten Schülerinnen oder Schülern. Ort: entweder in der Schule, in Einrichtungen der Jugendhilfe oder über Hausbesuche
- Elterngespräche bei psychosozialen Auffälligkeiten der Schülerin oder des Schülers in der Schule (z.B. bei Konflikten zwischen Lehrkraft und Schüler, auffälligem Verhalten in dem gruppenpädagogischen Angebot des Projektes oder im Unterricht)
- die inhaltliche Ausgestaltung der Elternabende
- Kleingruppengespräche mit interessierten Eltern in der Schule.

Die Erstkontaktaufnahme mit den Eltern erfolgte schriftlich oder telefonisch durch die Klassenlehrerin oder das Projektteam.

Auf dem ersten gut besuchten Elternabend der 5. Klasse wurde das Konzept des Projektes vorgestellt und von den Eltern wohlwollend angenommen. Mehr noch, die Eltern zeigten großes Interesse an einer Zusammenarbeit und äußerten den Wunsch an einer kontinuierlichen Rückmeldung über den Projektverlauf.

In der für das Projekt eingerichteten Arbeitsgruppe, an der alle die Klasse unterrichtenden Lehrkräfte sowie die Pädagogische Leiterin teilnahmen, wurden bisherige Angebote und Erfahrungen mit den Eltern zusammengetragen. Wichtig für uns war, welche Wege und Vorstellungen verfolgt, welche verworfen und welche Ideen noch unberücksichtigt geblieben waren.

Bisherige Angebote der Schule:

- an den beiden Elternabenden pro Schuljahr können zudem kurze Einzelgespräche mit der Klassenlehrerin bzw. dem Klassenlehrer geführt werden,
- Telefonkontakt bei Bedarf mit den Lehrkräften,
- Elternsprechtage und Elterngespräche auf eigenen Wunsch der Eltern,
- Einzelberatungsgespräche mit der Pädagogischen Leitung oder den Vertrauenslehrern. Eltern greifen darauf zurück, wenn es zu Konflikten mit der Klassenlehrerin oder dem Klassenlehrer kommt,
- schulische Aktivitäten wie Wandertage, Schulfeste, Basare angeboten, an denen sich die Eltern beteiligen.

Die Skala der Elternbeteiligung bewegt sich zwischen regelmäßigem Kontakt, sporadischem Kontakt bis hin zur Nichtkontaktaufnahme oder kurzfristigen Absagen vereinbarter Termine, auf die auch nicht mehr zurückgekommen wird.

Im weiteren Projektverlauf wurde anhand von Fallbesprechungen mit der Klassenlehrerin festgelegt, zu welchen Eltern und in welcher Form Kontakt aufgenommen wird. Bei Bedarf wurden „Bildungshilfekonferenzen“ unter Beteiligung der Eltern, der Lehrkräfte, von Fachkräften aus der Jugendhilfe und dem schulpsychologischen Dienst, initiiert. Auf Wunsch der Eltern begleiteten wir diese zum Jugendamt, um Maßnahmen der Jugendhilfe in Anspruch zu nehmen. Im zweiten Projektjahr wurden gemeinsam mit der Klassenlehrerin thematisch ausgerichtete Elternabende angeboten.

Es werden nun gewonnene Erkenntnisse aus den einzelnen Projektfeldern dargestellt, aus denen sich Handlungsmöglichkeiten für eine Kooperation zwischen Eltern, Schule und Jugendhilfe erschließen.

Projektverlauf

Elterngespräche aufgrund der geringen Anbindung der Eltern an die Schule

Aus der Einzelarbeit mit den Eltern, die nur eine geringe Anbindung an die Schule haben, lassen sich unterschiedliche Fragestellungen und Anforderungen an Schule ableiten. Aufgrund der geringen Teilnahme dieser Eltern sind unsere Ergebnisse nicht repräsentativ. Wir wagen es jedoch, erste Anregungen zu formulieren, die für eine weitere Konzeptentwicklung von Elternarbeit an Schulen berücksichtigt werden könnten. Eine Grobkategorisierung ergibt drei zu unterscheidende Gruppen: Migrantenfamilien, Einelternfamilien und Familien aus Stadtteilen mit besonderem Entwicklungsbedarf.

Im Gegensatz zum hohen Bildungsinteresse vieler Migrantenfamilien ist eine auffallende Zurückhaltung gegenüber dem unvertrauten bundesdeutschen Schulsystem zu beobachten. Die Gespräche bieten folgende Erklärungsansätze:

- Der Kontakt der Eltern mit der Schule ergab sich in der Erinnerung an die eigene Schulerfahrung nur dann, wenn auffallende Lern- und/oder Verhaltensschwierigkeiten vorlagen. Gab es keine nennenswerten Besonderheiten, wurde eine strikte Trennung zwischen Schule und Familie eingehalten
- Die schulischen Leistungs- und Lernanforderungen an die Kinder können durch eigene Kenntnisse nicht gefördert werden, so dass der immer wiederkehrende Wunsch der Lehrkräfte an die Eltern nach Förderung nur enttäuscht werden kann
- Unzureichende Deutschkenntnisse erlauben Elterngespräche oftmals nur in Begleitung der Kinder, die als Dolmetscher fungieren. Gespräche werden vermieden, um Konflikten zwischen den Generationen und dem Erleben von Demütigung vor den Augen der Kinder aus dem Weg zu gehen.

Das Kooperationsangebot an Eltern aus Migrantenfamilien bleibt häufig unverstanden, wie auch die Schule die Bildungserwartungen der Eltern an ihre Kinder durch schulische ‚Beurteilungen' enttäuschen. Die von der Schule geforderte Unterstützung der Kinder durch die Eltern kann häufig nicht, aufgrund mangelnder Deutschkenntnisse und nicht identischer Lernschritte, erfüllt werden. Weiterhin wird von den Kindern wie den Eltern ein selbständiges erarbeiten wie aneignen von Bildung erwartet, womit Eltern und infolge die Kinder überfordert sind.

Die ausweichende Haltung gegenüber den Kooperationsangeboten der Schule ist nach unseren Erkenntnissen in den anderen zu untersuchenden Gruppen – der Einelternfamilie und Familien aus Stadtteilen mit besonderem Entwicklungsbedarf – ebenfalls auf unterschiedliche Beweggründe zurückzuführen:

- Eltern vermeiden aufgrund ökonomisch schwieriger Lebensverhältnisse soziale Kontakte
- Eltern hatten Ängste vor weiteren enttäuschenden Erfahrungen mit der Schule, die sich auf fehlende Förderung und leistungsbezogene Unterstützung durch Lehrkräfte bezog
- Auffälligkeiten der Kinder in der Schule wiesen auf unbewältigbare innerfamiliäre Konflikte hin, die es zu verbergen galt und die teilweise mit innerschulischen Konflikten kollidierten
- darüber hinaus trafen wir auch auf Konflikte, die der soziokulturellen Situation bestimmter Regionen anhafteten.

Weitere Themen die sich in Gesprächen mit Eltern, die keinen regelmäßigen Kontakt zur Schule suchen, herauskristallisierten, waren unverarbeitete negative eigene Schulerfahrung, die zu einem Vermeidungsverhalten führen und die Sorge der Eltern nähren, dass sich ihre schulischen Erfahrungen bei den Kindern wiederholen könnten. Auch negative Erfahrungen der Kinder in der Grundschule wirken in der weiterführenden Schule fort, so dass die Eltern das schulische Scheitern ihrer Kinder befürchteten. Die von den Eltern erfahrenen Enttäuschungen in der bisherigen Kommunikation zwischen ihnen und den Lehrkräften führen zu einem Rückzug aus der Eltern-Lehrer-Beziehung. Nicht zuletzt konnten schulische Angebote von den Eltern aufgrund ihrer beruflichen Einbindung nicht wahrgenommen werden.

Elterngespräche aufgrund der schulischen Leistungen

Zwei ausgewählte Beispiele können hier benannt werden: Bei der Notenbilanzierung im 2. Schulhalbjahr der Jahrgangsstufe 5 waren drei der Schüler versetzungsgefährdet. Hier wurde die Kooperation mit den Eltern und der Jugendhilfe gesucht, um gezielte Formen der Unterstützung zu erarbeiten, die den Schüler adäquat in seiner schulischen Entwicklung fördern konnte. Die Schüler waren über die Hintergründe des angestrebten Gesprächs informiert. Die Klassenlehrerin hatte bereits vor Initiierung der Unterstützungsmaßnahmen in allen Fällen kontinuierlichen Austausch mit den Eltern.

In den Schuljahren 6 und 7 erhöhte sich die Anzahl der Schülerinnen und Schüler sprunghaft, die aufgrund ihrer Notenbilanz versetzungsgefährdet waren. Hier wurden Bildungshilfekonferenzen initiiert mit dem Ziel, eine adäquate schulische Förderung für die Schülerin oder den Schüler einzuleiten, bei denen die krisenhafte Phase der Adoleszenz Berücksichtigung finden.

Elterngespräche aufgrund psychosozialer Auffälligkeiten der Schülerin/des Schülers

Die Auffälligkeiten bei den Schülerinnen und Schülern waren auch in dieser Zielgruppe so unterschiedlich, dass ein individuelles Vorgehen unumgänglich war. Hierzu zwei Beispiele:

Einer der Schüler fiel anfangs durch häufiges Fehlen im Unterricht auf. In der Beobachtung und durch Gespräche stellte sich heraus, dass befreundete Klassenkameraden sich mehr an neuen Freunden in der Schule orientierten und sich zeitgleich von ihm zurückzogen. Die Enttäuschung über diese Veränderung konnte der Schüler zu diesem Zeitpunkt nicht mit seinem häufigen Fehlen in Verbindung bringen. Er fühlte sich verlassen und beantwortete dieses Gefühl, in dem er immer seltener in der Schule auftauchte. Im Gespräch mit den Eltern wurde deutlich, dass die vorübergehende Trennung der Eltern mit dem Verlust der Freunde einherging. Über das Fehlen in der Klasse konnte dieser Schüler, die für ihn noch nicht verstehbare unbewältigte Verlusterfahrung in Szene setzen, die allen erst über die Gespräche verständlich wurden. Der Schüler kann daraufhin wieder regelmäßig zum Unterricht kommen und ist in der Lage wieder soziale Kontakte zu knüpfen.

Zwei Schülerinnen gelang es nur mühsam, dem Unterrichtsstoff durchgängig und konzentriert zu folgen. Persönliche Probleme, die bei der Gruppenarbeit offensichtlich wurden, beeinträchtigten beide derart, dass eine der Schülerinnen sogar während des Unterrichts immer wieder in ihr Tagebuch schreiben musste. Beide Schülerinnen zeigten eine auffallend verlangsamte Arbeitsweise, so dass sie dem häufigen Themenwechsel weder folgen noch die mit dem Unterrichtsmaterial einhergehenden Anforderungen bewältigen konnten. Gespräche mit den Eltern und dem Jugendamt wurden eingeleitet.

Elterngespräche in außerschulischen Institutionen

Durch Unterrichtsbeobachtungen, Einzelgespräche und Rücksprachen mit dem Klassenlehrer war auch in der 7. Klasse früh zu erkennen, bei welchen Schülerinnen und Schülern Elterngespräche bzw. Bildungshilfekonferenzen initiiert werden mussten.

In dieser Projektphase traten zum ersten Mal Situationen auf, in denen Eltern mehrfach die Terminvereinbarungen mit dem Klassenlehrer kurzfristig absagten und sich lediglich am Telefon gesprächsbereit zeigten. Da diese Elternpaare dem Projektteam noch nicht bekannt waren, wurde versucht die Hintergründe für das Nichteinhalten von Terminabsprachen in Erfahrung zu bringen. Vorwiegend wurden die „Berufstätigkeit“ oder „familiäre Belange“, wie z.B. die fehlende Betreuung für kleinere Geschwister, als Begründung angegeben. Institutionelle Barrieren konnten nur verdeckt angesprochen werden. In diesen Fällen wurden Alternativen zu einem Gespräch in der Schule gesucht. Gespräche am Nachmittag und außerhalb der Schule boten sich an, die bevorzugt in Einrichtungen der Jugendhilfe geführt wurden. Eine enge Zusammenarbeit zwischen Betreuern und dem Projektteam war notwendig, um relativ kurzfristig und unkompliziert Elterngespräche durchzuführen. Folgendes Vorgehen wurde gewählt: Die Elterngespräche werden mit der Betreuerin oder Betreuer und der Projektmitarbeiterin gemeinsam geführt. Aus der jeweiligen Perspektive werden die Erfahrungen mit der Schülerin oder dem Schüler zusammengetragen, wobei die Projektmitarbeiterin zusätzlich die schulische Perspektive übernimmt, die zuvor mit der Klassenlehrerin oder dem Klassenlehrer besprochen worden war. Alle weiteren Elterngespräche finden in der Schule statt, bei der auch weiterhin die betreuende Person der Jugendhilfeeinrichtung oder auch andere Fachlehrkräfte teilnehmen.

Beispielhaft sollen nun zwei spezifische „Problemfelder“, die in den Einzelgesprächen mit den Eltern angesprochen wurden, einer genaueren Betrachtung unterzogen werden.

Schulisches Lernen in Form von Hausaufgaben

Bislang wurde über den gesamten Projektverlauf in allen Elterngesprächen die Bewältigung von Hausaufgaben als das größte Konfliktfeld beschrieben. Eine Schwierigkeit, die auch von den Lehrkräften, den Schülerinnen und Schülern selbst, dem Schulsozialarbeiter, den kooperierenden Fachkräften aus Hort und Kinderschutzbund sowie von den Nachhilfelehrerinnen bestätigt wird.

Hausaufgaben werden als große Belastung der familiären Situation erlebt, weil das Notieren der Hausaufgaben und deren Unüberprüfbarkeit durch die Eltern immer wieder zu Streits und Auseinandersetzungen führen. Die Kinder beteuern ihre Vollständigkeit und von den Lehrerinnen und Lehrern wird immer wiederkehrend auf die Unvollständigkeit hingewiesen. Spannungen entstehen, die sich in der Eltern-Kind-Beziehung in Misstrauensbekundungen und Enttäuschungen gegenüber den Kindern entladen, von denen eine gelungene Schulbildung erhofft und erwartet wird. Zugleich wächst der Ärger der Eltern über diese unerfüllbare Anforderung der Schule. Eltern wie Schüler sind also häufig damit beschäftigt, entweder über telefonische Kontakte mit den Mitschülern oder auch mitunter mit den Lehrkräften nachträglich in Erfahrung zu bringen, was die Schule an Hausaufgabenbewältigung verlangt. Nicht selten entlädt sich der Ärger der Eltern in Form von Repressalien gegenüber den Kindern. Der enorme Druck und die teilweise unerträgliche Spannung haben damit zu tun, dass fehlende Hausaufgaben zur Verschlechterung der Noten beitragen. Den schulischen Strafmaßnahmen und sozialen Handlungen in Form der Ableistung von Hofdiensten, stehen die Schülerinnen und Schüler skeptisch gegenüber. Sie plädieren für *Nachsitzen, um in dieser Zeit Hausaufgaben nachträglich erledigen zu können.*[5]

Während eines Elternabends der 7. Klasse wird darüber nachgedacht, ob in der Zeit der Pubertät nicht auf Hausaufgaben verzichtet werden kann. In dieser spannungsreichen Phase, so ein Teil der Eltern, in der die Phantasien und Strebungen der Kinder in ganz andere Richtungen gelenkt werden, wird durch den ständigen Konflikt, dem Vernachlässigen oder nicht Erledigen von Hausaufgaben, das Vertrauen zwischen Eltern und Kindern, zwischen Schüler und Lehrkraft auf eine harte Probe gestellt. Den Überlegungen auf Hausaufgaben phasenweise zu verzichten, stehen jedoch die Leistungsansprüche eines anderen Teils der Eltern an ihre Kinder gegenüber.

---

5 Kursive Hervorhebungen zitieren Aussagen der an den Gruppengesprächen beteiligten Personen.

Erst mit der Annäherung an den mit den Hausaufgaben verbundenen Druck, ist ein Nachdenken der Eltern über ganz konkrete Schritte in diesem Konfliktbereich möglich. Die Eltern stellen fest, dass gerade in der 7. Klasse durch Nachmittagsverpflichtungen, wie z.B. Konfirmationsunterricht, die Zeit ein knappes Gut wird, so dass vorgeschlagen wird, an diesen Tagen von den Hausaufgaben abzusehen. Als weitere Möglichkeit wird in Betracht gezogen, an Feiertagen wie Freitagen auf Hausaufgaben zu verzichten, um den Kindern Freiräume für Freizeitbetätigungen zu geben, die letztlich auch zur Entlastung in den Familien beitragen. Diese Überlegungen werden mit der Schule diskutiert.

Form und Inhalt von Elternabenden

Die Elternabende bilden eine der institutionalisierten Formen, in der Schule und Eltern zusammenarbeiten. Üblicherweise werden an Elternabenden wichtige Entwicklungsverläufe der Klasse sowie andere die Klasse und die Schule betreffende Themen besprochen. Die Reflexion mit der Klassenlehrerin über die Dynamik in der Klasse sowie die Rückmeldungen der Eltern und einzelner Schülerinnen und Schüler führten zu einer inhaltlichen Umgestaltung der Elternabende.

Im Rahmen dieser Neuorientierung wurde vom Projekt in Zusammenarbeit mit der Klassenlehrerin der 6. Klasse ein Elternabend zum Thema „Pubertäre Entwicklungsphase der Kinder und deren Bedeutung für den schulischen wie familiären Alltag" angeboten. An diesem Elternabend nahmen 2/3 der Eltern sowie die am Projekt beteiligten Fachlehrerinnen teil.

Dieses Angebot wurde im 7. Schuljahr fortgesetzt und verknüpft mit der aktuellen Klassensituation, nachdem „Hilferufe" des Klassenlehrers und der Fachlehrkräfte laut wurden: explizit sollte es um die „Hausaufgabenbewältigung" in dieser Phase gehen und in Folge um die Perspektive der Eltern auf den schulischen Alltag.

Themenspezifische Angebote können dazu beitragen, die Eltern miteinander ins Gespräch zu bringen und zugleich einen Dialog zwischen den Lehrkräften und den Eltern eröffnen. Ein positiver Effekt des ersten thematischen Elternabends war eine in der Diskussion entstehende Neugierde für die unterschiedlichen Verhaltensweisen der Kinder. Verhaltensweisen, die in der Schule und im Klassenverband gelebt werden und Eltern üblicherweise verborgen bleiben. Umgekehrt können diese Gespräche den Lehrerinnen und Lehrern einen Zugang zu Verhaltensweisen der Kinder in den Familien geben.

Die Gespräche erlaubten über eigene Schulerfahrungen, den damit einhergegangenen Ängsten nachzudenken. So stellen die Eltern fest, dass sie zwischen der Identifikation mit gesellschaftlichen und institutionellen Anforderungen an eine gelingende schulische Entwicklung und der Identifikation mit den Bedürfnissen und Nöten ihrer Kinder hin und herpendeln, die sich wiederum an eigene schulische Erfahrungen und Vorstellungen heften. Die Neugierde ist geweckt, kleine, realistische Schritte mit praktischen Veränderungsvorschlägen für die Schule zu erarbeiten, die die Zusammenarbeit zwischen Lehrkräften, Schülern und Eltern in Zukunft erleichtern können.

Ein Ergebnis dieser Gruppengespräche ist die Initiierung eines Elternabends in der 7. Klasse, unter der Beteiligung der Schüler, der Eltern, des Projektteams und des Klassenlehrers. Das Projektteam bereitete mit den Schülerinnen und Schülern die Veranstaltung vor. Bis auf 2 Elternpaare haben alle Eltern mit ihren Kindern teilgenommen.

Der erste gemeinsame Elternabend mit Schülern erlaubte Wünsche und Bedürfnisse für alle hörbar - Klassenlehrer wie Eltern - zu äußern. Eltern unterstützen dabei aktiv ihre Kinder und brachten zugleich eigene Interessen vor. Das Engagement der Eltern wie der Schüler an diesem Abend war bemerkenswert und es machte allen ganz offensichtlich Freude zu verhandeln und gemeinsame Lösungswege zu erschließen.

Der Bedarf der Eltern an einer Zusammenarbeit mit der Schule

Nach den Elternabenden in der 7. Klasse schlug das Projektteam den Eltern eine Zusammenarbeit außerhalb des schulischen Angebotes vor. Interessierte Eltern wurden eingeladen sich in einer kleineren Gruppe zusammenfinden.

Ziel der Gruppengespräche ist es, mit den Eltern und den Schülerinnen und Schülern einen handhabbaren Handlungsentwurf zur Verbesserung der Zusammenarbeit mit Schule zu entwickeln und zu formulieren. Hintergrund unserer Ausgangsüberlegung bildete die Fragestellung:

- Wodurch wird die Schulverweigerung von Schülerinnen und Schülern am Leben erhalten?
- Könnte es möglich sein, dass der Rückzug aus der Schule als Widerstand und Konfliktvermeidungsverhalten aller Beteiligten zu interpretieren ist?

Drei Gesprächssequenzen von je 1,5 Stunden sind geplant. Die Eltern stimmen einer Tonbandaufzeichnung und der anschließenden Transkribierung dieser Gespräche zu. Ihre Positionen sollen im Abschlussbericht im Rahmen von Elternüberlegungen ihre Stimme finden.

Anfangs wird den Eltern, dann den Eltern und ihren Kindern Gruppengespräche angeboten. An einer Sitzung nimmt auch der Klassenlehrer teil. Mit dem Thema Hausaufgaben werden die Gesprächsrunden eröffnet und durch aktuelle Fragen, Überlegungen und Wünsche im Hinblick auf Schule in den folgenden Sitzungen ergänzt.

In der ersten wie den weiteren Gesprächsrunden steht die Identifizierung der Eltern mit den Anforderungen der Schule im Vordergrund. Eltern haben ähnlich ihrer Kinder oft das Gefühl nicht gut genug zu sein. In Beantwortung dieses Gefühls versuchen sie noch mehr zu tun, noch strenger zu werden oder sie geben auf, ihrem Kind die erwarteten schulischen Anforderungen abzuringen. Schuldgefühle und das Gefühl zu versagen begleiten viele der Eltern bei den Schulschwierigkeiten ihrer Kinder. Nach wie vor sind und fühlen sich die Eltern für den Schulverlauf ihrer Kinder (mit)verantwortlich, zumal sie oftmals selbst hohe Erwartungen an gute Schulabschlüsse ihrer Kinder haben. Die Identifizierung mit dem schulischen Auftrag, die eine Annäherung an das Thema einleitet, lassen zugleich die Spannungen zwischen Eltern und Kindern aufscheinen, die mit der Frage *sind die Schülerinnen und Schüler wirklich so schlimm wie die Lehrerinnen und Lehrer meinen?* verknüpft sind.

Gerade in den 7. und 8. Klassen, in der die Heranwachsenden darauf pochen mehr alleine und weniger unter der Kontrolle ihrer Eltern zu machen, geraten sie durch die schulischen Anforderungen und der damit einhergehenden verstärkten Kontrolle der Eltern in noch größere Abhängigkeit von ihnen. Um dem scheinbar unauflöslichen Konflikt zwischen Schülern und Eltern auszuweichen, fühlen sich manche der Schülerinnen und Schüler gezwungen Informationen zurückzuhalten, oder sie verweigern sich und sind in der Folge für Eltern wie für Lehrkräfte nicht mehr erreichbar.

Die Eltern beschreiben als immer wiederkehrende Erfahrung mit den Lehrerinnen und Lehrern,

- dass die Einschätzung und Bewertung der Kinder von Lehrkräften oftmals nicht mit den eigenen Erfahrungen der Kinder in der Familie übereinstimmen. Die Differenzen verunsichern Eltern in der eigenen Einschätzung ihrer Kinder und lässt sie befürchten, über das schulische Verhalten der Kinder entblößt und an den Pranger gestellt zu werden,
- dass Defizite offen benannt werden aber Hilfsangebote fehlen, z.B. bei notwendigen diagnostischen Untersuchungen oder in Angriff zu nehmenden Fördermaßnahmen. Lernziele der Schule, die zugleich ein hohes Maß an Eigeninitiative und Wissen erfordern, grenzt all jene aus, die dazu nicht in der Lage sind,
- dass fehlende Absprachen zu folgenschweren Missverständnissen führen und aufgrund dessen wenig Raum bleibt, konstruktive Lernschritte in Zusammenarbeit mit den Lehrkräften zu entwickeln,
- dass ständige schulische Konflikte das Vertrauen zwischen Eltern und Kindern, aber auch zwischen Schüler und Lehrkraft erschüttern und zu Entfremdung und enormem Widerstand beitragen,
- dass Vorschläge oder gar unterstützende Angebote engagierter Eltern oftmals unbeantwortet bleiben,
- dass die eigenen Wünsche der Eltern an einen guten, wenn möglich, gymnasialen Abschluss der Kinder zur Desillusionierung und Anforderungs-

verweigerung der Kinder führen und verhindert, dass Kinder lernen, ihre realen Fähigkeiten und Möglichkeiten einzuschätzen und anzuerkennen.

Das Spannungsverhältnis zwischen Schule und Eltern wird durch die unausgesprochene Annahme genährt bei Elterngesprächen kritisiert und mit Hinweisen auf Mängel und Defizite gekränkt und verletzt zu werden. Eltern erleben oftmals den Druck, den das schulische Anforderungsprofil auf das Lehrpersonal ausübt: Lehrerinnen und Lehrer haben es alltäglich mit Großgruppendynamiken in den Klassen zu tun, ohne darauf vorbereitet zu sein. Für sie ist es unmöglich den einzelnen Schüler im Klassenverband wahrzunehmen. Einige Schüler und Schülerinnen stehen im Vordergrund, andere verlieren sich im Klassenverband und bleiben „unsichtbar“. Grüppchen bilden sich, sie sollen vor der unüberschaubar großen Gruppe schützen. Einer Gruppengröße, die in den Phantasien oder ganz real bedrohlich erlebt werden kann. Gefühle von Konkurrenz, Neid und Eifersucht erschweren zudem den Versuch der Klasse zusammenzufinden.

Die Gruppenspannung kann im alltäglichen Schulablauf nur wenig Berücksichtigung finden. Sie nagt an den Schülern wie den Lehrern. Um als Lehrkraft der Leistungsbewertung jedes einzelnen zu genügen, wird auf häufigere Überprüfungen vor allem der Hausaufgaben zurückgegriffen. Die Verweigerung oder auch teilweise schwierige Bewältigung oder gar Überforderung zeigt sich ebenfalls in der Gruppendynamik. Beobachtungen eines Klassenlehrers: Manchmal gehen sie *in die Pausen und sind aufgeregt und kommen aus den Pausen und sind aufgeregt ..., die sind oft so überfüllt mit allen möglichen Eindrücken, dass es schwierig ist, sich alle fünfundvierzig Minuten wieder auf ein anderes Fach einzustellen, weil die Aufregung in der Klasse noch nicht beruhigt ist.*

Eine Spirale von Anstrengung, Enttäuschung, Kränkung beginnt, die manchmal erkannt und aufgefangen aber oftmals in sich etablierenden Stigmatisierungen endet, die sich von Lehrkraft zu Lehrkraft wiederholen und bestätigen: *Der ist halt so, der kann halt nicht anders.* Eltern, als Anwälte ihrer Kinder, sind in diese Spirale mit einbezogen, sie sollen einen Teil der Leistungskontrolle übernehmen, wollen das teilweise auch, doch oftmals sind Eltern aus unterschiedlichen Gründen den Kontrollanforderungen nicht gewachsen oder weigern sich, diese anzunehmen. Eine Mutter meint, *es entsteht ein gesellschaftlicher Druck auf die Eltern und die geben den an die Schüler weiter und die Lehrer haben den auch ... in der siebten Klasse dürfte man nicht so leistungsorientiert arbeiten ...*

Die Befürchtung der Eltern, die Zukunft ihrer Kinder könnte ähnlich dem von den Kindern gezeigten Desinteresse an Leistung und Schule - abgesehen von den Schülern, die in der pubertären Phase recht unproblematisch und stabil erscheinen – misslingen, fördert die Identifizierung der Eltern mit dem Leistungsdruck der Schule (*wenn beide Seiten darauf achten und ihren Daumen draufhalten, dann muss es doch gut gehen*). Auch führt ihre Sorge zu

Wut und Ärger, der sich gegen *desinteressierte* Lehrkräfte richtet, weil sie durch ihre Haltung das ambivalente Interesse der Kinder an Schule noch zusätzlich *vermiesen.*

Bewusste wie unbewusste Schuldzuweisungen von Seiten der Lehrkräfte wie der Eltern, erschweren also einen konstruktiven Dialog, in deren Mitte die Heranwachsenden mit ihren Interessen jonglieren. Die während des pubertären Reifungsprozesses wachsende Befürchtung, all die Mühe der vielen Jahre könnte keine Früchte tragen, verstärkt die Angst ohnmächtig dem schmerzhaften Scheitern ihres/-r Heranwachsenden zuschauen zu müssen. Das Schwinden ihres Einflusses, lässt Eltern gleichfalls ambivalent sein. Einerseits wollen sie die Heranwachsenden an die Realität heranführen und bedürfen dafür der Unterstützung der Schule, andererseits möchten sie sich gerne hinter ihre Kinder stellen und sie verteidigen, wenn diese über empfundene Ungerechtigkeiten in der Schule klagen. *Wir haben unsere Wünsche und wir haben unsere Hoffnungen und haben Befürchtungen ... und eigentlich sind im Moment doch viele andere Themen, die einen da beschäftigen, aus deren Sicht.*

Die schwierige Aufgabe der Erwachsenen - Lehrern wie Eltern - besteht darin, mit den Heranwachsenden die Konfrontation mit der auch kränkenden schulischen Realität auszuhalten und sie mit ihnen bewältigend zu verstehen und zu verarbeiten. Befürchtungen der Schülerinnen und Schüler sind hierbei u.a. *doch eine nicht so gute Schülerin zu sein wie ich es mir wünsche oder andere von mir erwarten,* oder *den neuen Anforderungen nicht mehr so ohne weiteres gewachsen zu sein und mehr noch als in der alten Klasse lernen zu müssen, um genauso gut oder gar besser zu sein.*

Die Annäherung an den erlebten und ausgeübten Druck der Eltern wie der Kinder erlaubt, Bewältigungsstrategien für schulische Anforderungen zu entwickeln, die alle Beteiligten berücksichtigt. Der entstehende Eindruck, immer und immer wieder aneinander vorbeizureden, weil die Perspektiven (das Hier und Jetzt der Jugendlichen und das Dort und Damals der Erwachsenen – hier vor allem der Väter) so unterschiedliche sind, bedarf der ungehörten Stimmen der Schülerinnen und Schüler sowie der – wie sich herausstellte - emotionalen Stimmen der Mütter. Mit letzteren durften die konkreten Erlebnisse der Schüler/innen lebendig werden. Sie eröffnen die Chance, dass die unterschiedlichen Perspektiven unwiderruflich zusammengehören. Erst auf dieser Basis entsteht der gemeinsame kreative Prozess einer möglichen zukünftigen Zusammenarbeit.

Die an den Gruppengesprächen beteiligten Schülerinnen und Schüler mussten - ähnlich aller Beteiligten - anfänglich Klagen, bevor sie sich in Abgrenzung zu den Erwachsenen ihren Interessen annähern können. Doch eine für sie unauflösliche Differenz bleibt. Sie erleben die Erwachsenen (die Lehrkräfte durch die Vergabe von Noten, von deren Anerkennung sie ebenso abhängig sind wie sie sich von ihren Eltern emotional wie materiell abhängig fühlen) immer in der mächtigeren Position, deren Schutz sie einerseits brauchen, gegen die sie jedoch zu rebellieren beginnen. Versuchen die Väter einerseits das aufbrechende und zugleich faszinierende Wilde ihrer Söhne zu bändigen, glauben sie andererseits, dass die Mädchen sich mehr mit dem Stoff beschäftigen sollen, damit sie *innerlich nicht so aufgeregt und unruhig sind.* Es sind die Mütter, die die Mädchen, wenn überhaupt, unterstützen *sich zu wehren und sich nichts gefallen zu lassen.* Diese propagierte Forderung ging mit Schamgefühlen beim Öffentlichwerden einher.

Ausgehend von der Überlegung, dass Kinder und Jugendliche wissbegierige junge Menschen sind, die sich für all jenes interessieren, was sie unmittelbar betrifft und darüber für neue Wissensbereiche zu motivieren sind, wird der Wunsch formuliert zu *Lernen am Praktischen:* leben und lernen als Verbundmodell. Das Lernen am konkreten sozialen Umfeld unterstützt das Verstehen der Kinder der für sie immer größer werdenden Welt und liefert darüber hinaus einen konstruktiven Beitrag für deren Zukunftsbewältigung. Bei Überlegungen, wie diese Übersetzung durch die Schule bewerkstelligt werden kann, sprudeln bei den Eltern Ideen, die relativ leicht umzusetzen sind.
Wünsche und Veränderungsvorstellungen der Eltern:

- Dialogbereitschaft stärken,
- Lernen lernen am praktischen Leben,
- kind- und jugendgerechte Arbeitstechniken erarbeiten und erproben,
- Teamarbeit mit dem Schwerpunkt „Lernen von sozialer Kompetenz“,
- Unterrichtseinheit mit Eltern,
- Aufhören in der Phase der Adoleszenz *über* die Schüler und Schülerinnen zu reden, sondern *mit* ihnen,
- Geschlechtsgetrennte Gruppenarbeit mit Arbeitsauftrag in Begleitung und Unterstützung durch die Lehrerinnen und Lehrer,
- Moderation bei schulischen Übergängen (z.B. von der 4. zur 5. Klasse, bei der Rückstufung vom gymnasialen- in den Realschulzweig, vom Realschul- in de Hauptschulzweig).

Schwerer sind Themen aufzugreifen, die von der Schule selbst nicht gerne wahrgenommen werden, wie zu fragen nach der

- Bedeutung der Gruppe, nach den Ereignissen in der Schule, die für die Unruhe und Spannung der Schülerinnen und Schüler mit verantwortlich sind,
- Bedeutung von Migration für die Familien und deren Akzeptanz im Aufnahmeland und im konkreten schulischen Alltag der Schülerin und des Schülers,
- Bedeutung von geschlechtsspezifischen Erwartungen, Haltungen und Beurteilungen,
- Bedeutung der eigenen Urteile oder auch Vorurteile gegenüber den Schülerinnen und Schülern.

Die Auseinandersetzung mit dem Ablösungsprozess in der Adoleszenz geschieht direkt wie indirekt, ständig und permanent. Tabu bleiben dabei oftmals die damit verbundenen Verlustängste, Zerstörungsimpulse und Verhinderungsbemühungen auch der Erwachsenen. Der begonnene Dialog mit allen an diesem Prozess Beteiligten hilft verstehend die Übertragungsbeziehungen *im Zaum zu halten*, so dass durch die kontrollierende Instanz der Gespräche weitere Schritte überlegt werden können. So werden den aufwühlenden Phantasien im Klassenverband zur Regulierung geschlechtshomogene Arbeitsgruppen entgegengehalten, die in einer Unterrichtseinheit für intensiveres Arbeiten und darüber auch für etwas Ruhe sorgen.

Über die Gruppengespräche, die Verschwiegenes hörbar machten, wurde auch deutlich, wie leidenschaftlich die anwesenden Eltern an einer ernstzunehmenden Zusammenarbeit mit der Schule interessiert sind. Ihr Engagement gilt der Entwicklung ihrer Kinder und dafür sind sie bereit eigene Anregungen nicht nur appellierend vorzutragen. Sie möchten *mit dafür Sorge tragen*, dass Veränderungen in der Schule möglich sind, doch ohne die Schule selbst *mehr in die Pflicht* zu nehmen, wird das nicht gelingen.

Schussfolgerungen

Aus unserer Sicht lassen sich aus den Elterngesprächen abschließend folgende Schlussfolgerungen und Perspektiven beschreiben, die wir wiederum in die einzelnen Handlungsfelder gliedern:

Schulisches Lernen in Form von Hausaufgaben

Hier bedarf es einer Revision der bisherigen Praktiken. Für die untersuchte Zielgruppe zeigt sich, dass in den 5., 6. und 7. Klassen durch die Schule eine kontinuierliche Hilfestellung, in der verlässlichen Hausaufgabenheftführung der Schülerinnen und Schüler noch notwendig ist. Maßstab hierfür sind jene Kinder, denen die selbständige Übernahme dieser Aufgaben noch nicht gelingt. Die Überprüfung dieser zu lernenden Fähigkeit obliegt der Schule und nicht den Eltern. Dieses enorme Spannungsfeld sollte vor allem die Jahrgangsstufen 5 bis 7 zugunsten der Schülerinnen und Schüler innerhalb der Schule aufgegriffen und durch neue Konzepte ergänzt werden. Zusätzlich bedarf es einer einheitlichen Handhabung bei unerledigten Hausaufgaben. Hier reichen die bisherigen Maßnahmen der Schule von dem Führen einer Strichliste durch die Lehrkräfte, dem Eintrag der Note 6 bis hin zu Elternbriefen und Elterngesprächen. Die Erfahrungen während des Projektverlaufs zeigten, dass die Möglichkeit der Wiedergutmachung eine positive Wirkung zeigte: die Bereitschaft einer Identifizierung mit der Schule nahm zu.

Es bestätigte sich, dass die Zusammenarbeit mit außerschulischen Institutionen sinnvoll und notwendig ist. Ein Beitrag hierzu hat das Projekt im Rahmen der Kooperationsvereinbarungen zwischen Schule und Jugendhilfe geleistet. Diese Vereinbarungen beruhen auf einer gemeinsamen Zielfindung und -setzung und der Festlegung von konkreten Wegen der Zusammenarbeit. Auch wäre an ein Modell von Partnerschaften zwischen den Schülerinnen und Schülern oder der Einbindung der Eltern zu denken.

Form und Inhalt von Elternabenden – Schule als Begegnungsstätte und ehrenamtliches Engagement

Das Freizeitangebot innerhalb der Schule durch Eltern für Eltern und ihre Kinder, stößt bei den befragten Eltern mit einer geringen Anbindung an die Schule auf allerlei Verwirrung. Zum einen soll Schule der Ort der Kinder sein, an dem sie lernen, sich schulisch weiter- und fortzubilden (Interesse der Eltern), zum anderen will die Schule mehr als nur Lernstätte sein. Sie ist ein Ort, an dem die Kinder wichtige soziale Lebenswelterfahrungen sammeln, an deren Aus- und Mitgestaltung auch die Eltern beteiligt sind, bzw. werden sollen.

Die Verknüpfung von Lern- und Lebenswelterfahrung scheint mit der schulischen Ordnung zu kollidieren, die einen reibungslosen Ablauf fordert. Freizeitgestaltung kann nicht nach einem ähnlichen Prinzip wie schulischer Unterricht organisiert sein und scheint sich doch zugleich innerhalb schulischer Räume nur in diesem Ordnungs- und Vorstellungsprinzip zu realisieren.

Die Einbindung der Eltern in die Schule erfordert eine Kooperationsform, die Eltern nicht nur zu Ausführenden ehrenamtlicher Aufgaben macht und sie ansonsten vom schulischen Alltag isoliert, in den sie durch ihre Kinder involviert sind.

Durch die Gruppengespräche mit den Eltern kann unmissverständlich aufgezeigt werden, dass Eltern die Bildungslaufbahn ihrer Kinder Sorgen macht und sie sich für die schulische Entwicklung und die beruflichen Perspektiven ihrer Kinder (mit)verantwortlich fühlen. Dieses Ergebnis unserer Arbeit steht im Gegensatz zu der in Fachdiskussionen aufgestellten Behauptung, dass viele Eltern keinerlei oder nur wenig Interesse an der Entwicklung ihrer Kinder in Schule und Beruf zeigen. Der Unterschied zwischen jenen Behauptungen und unseren aus der Praxis gewonnenen Erkenntnissen liegt u.E. darin, dass das Projektteam einen unmittelbaren Zugang zu den Eltern gewählt hat, der den Eltern erlaubt im schulischen Kontext Positionen zu formulieren mit dem Ziel, ihren Interessen zugleich eine weitere Handlungsperspektive folgen zu lassen, die Zusammenarbeit mit der Schule.

Eine wesentliche Anregung für eine konstruktivere Zusammenarbeit mit Eltern besteht in der

- Förderung von dialogischen Kommunikationsstrukturen und der inhaltlichen Umgestaltung von Elternabenden und
- der Schaffung von Übergangsräumen an denen Eltern, Schüler und Lehrkräfte beteiligt sind.

Übergangsräume sind Gestaltungsräume oder auch „potentielle Räume" (WINNICOTT), in denen zwischen subjektiven und objektiven Realitäten verhandelt werden kann. Übergangsräume sind gerade in der Lebensphase der frühen Adoleszenz so bedeutsam. In ihnen können die noch vorherrschenden Interessen der Schülerinnen und Schüler an der Klassengemeinschaft und den gemeinsamen Aktivitäten und der entstehenden Neugier an Entscheidungsprozessen beteiligt zu sein, aufgegriffen werden. In einer veränderten Kooperationsform, in Eltern-Schüler-Lehrer-Gesprächsrunden, kann an diesen Interessen angeknüpft und verteilte Verantwortlichkeiten erarbeitet und eingeübt werden. Wünschenswert und notwendig für einen solchen Prozess, der über ein Schuljahr hinweg erfolgen sollte, wäre eine externe Moderation, eine außenstehende fachliche Begleitung, die die Kooperation aller Beteiligten koordiniert, strukturiert, fördert und vor allem die Verhandlungen und Auseinandersetzungen zwischen subjektiven und objektiven Realitäten in konstruktiver Weise lebendig hält.

Die Kooperation mit dem Jugendamt

Die in manchen Fällen sich abzeichnende notwendige Kooperation mit dem Jugendamt basiert auf den durchgeführten Bildungshilfekonferenzen in der Schule, die eine weiterführende Maßnahme als Hilfeleistung notwendig erscheinen ließ. Hierbei ging es einerseits um die Heranführung der Eltern an die Schule, als eine Form der Unterstützung der Kinder bei schulischen Konfliktsituationen, andererseits um weiterführende Maßnahmen, wie sie das Kinder- und Jugendhilfegesetz (KJHG) vorsieht. Ziel ist es, einen sich abzeichnenden negativen schulischen Verlauf mit seinen Folgen für die weitere Persönlichkeitsentwicklung frühzeitig aufzugreifen und bewältigbare Perspektiven zu entwickeln.

Aus den hier skizzierten Ausführungen lassen sich zusammenfassend folgende notwendige Arbeitsschritte ableiten:

- Gemeinsam mit Migrantenfamilien gilt es Handlungswege zu erarbeiten, die dieser Elterngruppe eine Kooperation mit und eine Integration in die Schule erlauben. Die inhaltliche Ausgestaltung bedarf zu Beginn der Verdeutlichung der Wünsche und Erwartungen der Schule wie der Eltern, um eine realistische Basis für eine Zusammenarbeit zu schaffen.

- Zu empfehlen wäre eine empirische Erhebung, in die alle Eltern einbezogen werden, die das Spektrum an Problemfeldern aufnimmt und auswertet, die in der Zusammenarbeit mit Schule entstehen. Die Auswertung kann auf einem themenbezogenen Elternabend vorgestellt und besprochen werden mit dem Ziel, gemeinsam Arbeitsschritte zu entwickeln.
- Themenbezogene Elternabende als fester Bestandteil schulischer Planungen, die die entwicklungsbezogenen, die schulischen und die beruflichen Perspektiven der Kinder zum Inhalt haben.

Die Differenzen zwischen Lern- und Lebenswelterfahrung können durch kontinuierlich stattfindende Gesprächskreise mit Eltern und Lehrkräften problematisiert und einem Verstehen zugänglich gemacht werden. Sie können zugleich einen Beitrag dazu leisten, institutionelle Barrieren der Eltern abzubauen.

Bei der Erarbeitung von Kooperationsverträgen zwischen Schule und Jugendhilfe empfehlen wir, die Eltern als Kooperationspartner mit aufzunehmen, um ihre Perspektive einzubeziehen.

Schulstationsarbeit zwischen schulischer Vorder- und Hinterbühne

Claudia Streblow

> Also was ich gut an der Schule finde is hier zum Beispiel die Schulstation. Zum Beispiel der Heiko oder die Inge (die Schulsozialarbeiter/-innen), die sind wirklich, Heiko, der is richtig nett. Und dis find ich, also Schulstation find ich auf jeden Fall richtig gut so, dass die da sind, dass die da is. Sonst würden wir schwänzen, dann würden wir nich da sitzen, sonst würden wir raus gehen, würden wieder irgendwelche Scheiße bauen. Und da find ich's wirklich gut, is was Anderes. (Patrick, 14 Jahre)

Wie in dem Interviewausschnitt deutlich wird, berichtet Patrick von einem Raum, der ihm neue Möglichkeiten eröffnet. Er „baut keine Scheiße" mehr, sondern geht in eine Schulstation. Es geht ihm dabei nicht nur um einen Raum als solchen, sondern auch um Beziehungen zu Erwachsenen, die ganz anders charakterisiert werden als Lehrer/innen und die in vertrauter Weise beim Vornamen genannt werden. Um eine solche Schulstation, die als Sozial- und als Beziehungsraum ihre Wirkung entfaltet, geht es in diesem Beitrag. Denn veränderte schulische Ausgangsbedingungen wie eine zunehmende Armut, die Herausforderungen einer Einwanderungsgesellschaft und die Konzentration sozialer Probleme in bestimmten Regionen, erfordern einen besonderen pädagogischen Ideenreichtum. Zu einer eindrucksvollen Palette von Maßnahmen, die an Berliner Schulen in *sozialen Brennpunkten* entwickelt und erprobt wurden, gehören auch Schulstationen, die dem Schulleben vielerorts eine neue Prägung geben.

Da Schulstationen eine eigenständige Angebotsform von Schulsozialarbeit darstellen, gehe ich zunächst auf den Ansatz und die Idee ein. Anschließend stelle ich die im Rahmen einer Evaluationsstudie (Streblow 2005) untersuchte Schulstation an einer Berliner Hauptschule vor und gehe kurz auf die Besonderheiten einer lebensweltorientierten Evaluationsforschung ein. Die rekonstruierten Effekte von Schulstationsarbeit stelle ich anhand von zwei Themen, mit denen die Schulsozialarbeiter/innen konfrontiert werden vor: Provokationen und Peergroup-Aktivitäten. Zudem kontrastiere ich die Tätigkeitsberichte der Sozialarbeiter/innen mit der rekonstruierten Praxis. In einem Fazit fasse ich wesentliche Erkenntnisse und Konsequenzen für Schulsozialarbeit zusammen.

Schulstationen: Ansatz und Konzept

Die ersten Schulstationen wurden 1995 im Rahmen eines von der Bund-Länder-Kommission geförderten Modellprogramms eingerichtet (Hasemann /Meschenmoser 1996), und zwar zunächst nur an Grundschulen. Darauffolgend entstanden verstärkt Schulstationen an Berliner Grundschulen, die von Beschäftigungs- und Qualifikationsgesellschaften für Langzeitarbeitslose initiiert wurden. Die Mitarbeiter/-innen wurden zunächst über Arbeitsbeschaffungsmaßnahmen (ABM) oder Lohnkostenzuschüsse (LKZ) finanziert. Oft arbeiteten Laien ohne pädagogische Vorerfahrungen mit den Kindern und es kam zu „bösen Erfahrungen“ an den Schulen (vgl. Ramseger 2001: 31). Neben diesem eigentlichen Hauptproblem wurde in Gutachten auch darauf verwiesen, dass die Arbeit der ‚Schulstation’ immer die Bemühungen des Lehrers in der Klasse unterstütze, der den Schüler in die Schulstation weise und damit auf die Anpassung des Abweichlers an den Unterricht abziele (Hensel 1994: 34f.).

Aus diesen Erfahrungen lernend beschloss das Berliner Abgeordnetenhaus im Sommer 2001 30 Schulstationen in sozialen Brennpunkten verlässlich durch die Senatsverwaltung für Jugend, Schule und Sport zu betreiben. In der Beschlussvorlage heißt es:

> „Schulstationen sind ein integratives, sozialpädagogisches, lebensweltorientiertes Angebot von Schule und Jugendhilfe für alle Schülerinnen und Schüler. Sie eröffnen zunächst Kindern und Jugendlichen in akuten Stress- und Affektsituationen die Möglichkeit 'aus dem Felde zu gehen’ und bieten somit die Chance, eine akzeptierte Form der Konfliktminderung zu erproben und Wege der Selbstregulierung zu finden. (...) Die Schulstation kann im Sinne von schulbezogener Sozialarbeit als spezifisches niederschwelliges Präventionsangebot klassifiziert werden“ (aus der Vorlage für das Abgeordnetenhaus vom Februar 2001).

Ein besonderes Kennzeichen von Schulstationsarbeit ist es also, dass sie während des Unterrichtsvormittages stattfindet und Erziehungskräfte (Erzieher/innen, Sozialpädagog/en/innen oder Lehrer/innen) anwesend und tätig sind. Inhaltlich werden oftmals Einzel- und Gruppenarbeit für die Schüler/innen angeboten, Konfliktlösungsstrategien entwickelt (z. B. auch Konfliktlotsentraining für Schüler/innen), Klassenfahrten sowie weitere schulische Aktivitäten begleitet und Eltern einbezogen (aufsuchende Elternarbeit, Elterncafé etc.). Auch wird mit sozialen Diensten wie dem ASD im Jugendamt und weiteren außerschulischen Partnern wie Vereinen und Verbänden oder auch Lesepaten etc. zusammen gearbeitet (vgl. Balluseck von 2003). Nicht zuletzt sind Schulstationen häufig bereits vor und nach dem Unterricht geöffnet, so dass berufstätige Eltern ihre Kinder in ‚Brückenzeiten’ betreut wissen.

Alle dreißig Schulstationen existieren bis heute (vorhandene Schließungspläne konnten erfolgreich abgewandt werden) neben weiteren Schulstationen – mit anderem Finanzierungshintergrund – und Angeboten wie Schülerclubs beispielsweise. Die Schulstationen an den Grundschulen wurden überwiegend in einen ganztagsschulischen Betrieb integriert, denn im Rahmen des „Investitionsprogramms Zukunft, Bildung und Betreuung" (IZBB) der Bundesregierung zur Förderung von Ganztagsschulen werden in Berlin nur Grundschulen zu Ganztagsschulen ausgebaut. An Oberschulen bleiben Kooperationen mit der Jugendhilfe weiterhin auf die halbtägliche Unterrichtszeit beschränkt. Auch gab es bisher für Berliner Oberschulen kein eigenes Förderprogramm, sondern Einzelschulen bzw. einzelne Berliner Bezirke wurden aktiv. Diese Situation ändert sich aktuell mit der Auflage des Programms „Jugendsozialarbeit an Hauptschulen", mit der der Vielzahl von Problemen an Berliner Hauptschulen begegnet werden soll. Zielgruppe sind potentiell alle 58 Berliner Hauptschulen, wenn sie einen Kooperationsvertrag mit einem freien Träger der Kinder- und Jugendhilfe abgeschlossen haben. Finanziert wird dieses Programm mit einer Laufzeit von 2006 bis 2010 aus Mitteln des Europäischen Sozialfonds (ESF). Kooperationspartner sind die Berliner Senatsverwaltung für Bildung, Jugend und Sport und die Stiftung Sozialpädagogisches Institut Berlin (SPI), die eine Programmagentur eingerichtet hat. Zunächst soll an ca. 15 Schulen je ein Sozialpädagoge/eine Sozialpädagogin finanziert werden (siehe hierzu http://www.stiftung-spi.de/ hauptschulen/; letzter Zugriff 18.04.2006).

Die nachstehend vorgestellten Ergebnisse entstammen zwar einer Fallstudie an einer Berliner Hauptschule. Die Milieuproblematik der Schüler/innen und ihre Erfahrungen der Herunterstufung von anderen Schulen beschränken sich jedoch nicht auf den Einzelfall. Die Einbindung eines freien Trägers der Jugendhilfe in eine Hauptschule zeugt insofern von Aktualität, zumindest in der Berliner Bildungslandschaft.

Vorstellung der Schulstation

Rahmenbedingungen

Der in diesem Beitrag beispielhaft vorgestellten Schulstation an einer Berliner Hauptschule mit ca. 200 Schüler/innen (Klasse 7-10) liegt eine Kooperationsvereinbarung zwischen dem Schulamt, dem örtlich zuständigen Jugendamt sowie einem freien Träger der Jugendhilfe, der das Angebot durchführt, zugrunde. Die Schulstation wird ausschließlich aus Mitteln der Jugendhilfe finanziert. Rechtlich ist das Angebot als eine Form von Jugendsozialarbeit dem § 13 Abs. 1 SGB VIII[1] i. V. m. § 14 AGKJHG[2] zugeordnet. Dem Schulsozialarbeitsprojekt stehen drei nebeneinanderliegende ehemalige Klassenräume zur Verfügung. Zwei Sozialarbeiterinnen und ein Sozialarbeiter sind dort beschäftigt und in der Zeit von 7.30-14.00 Uhr, bei Bedarf bis 16.00 Uhr anwesend. Für Kooperationen mit Eltern, Lehrkräften, Mitarbeiter/innen bezirklicher Fachdienste etc. werden auch Termine außerhalb der Öffnungszeiten vereinbart. Der freie Träger, der auch die Dienst- und Fachaufsicht über das Schulstationspersonal ausübt, hat sich verpflichtet, die Schulstation mit ausgebildeten Sozialpädagog/en/innen zu besetzen, und zwar in einem gemischtgeschlechtlichen Team mit zwei Planstellen. Die zwei Stellen waren in den ersten drei Jahren auf drei Personen aufgeteilt, später auf zwei Sozialpädagog/en/innen. Das Personal wurde und wird regelmäßig um ABM-Kräfte, Praktikant/innen und Honorarkräfte erweitert.

Die Rahmenbedingungen, unter denen die Schulstationsarbeit stattfindet, entsprechen den für Schulsozialarbeit entwickelten und geforderten Qualitätskriterien (vgl. Hentze u.a. 1998; Olk u.a. 2000; Prüß/Maykus 2000) und sind längst kein selbstverständlicher Standard von Schulsozialarbeit. Sowohl die Anzahl und die Größe der zur Verfügung stehenden Räume als auch die Anstellung von Schulsozialarbeiter/innen in einem gemischtgeschlechtlichen Team sind eher die Ausnahme als die Regel, wie aus der Vorstellung der Situation von Schulstationen zu Beginn dieses Beitrags deutlich wurde.

Personenkreis, Problemlagen und sozialpädagogische Ziele

Die Kooperationspartner beziehen sich in ihrer Kooperationsvereinbarung auf das „Prinzip der Lebensweltorientierung, was bedeutet, dass die gesamten Bedingungen, unter denen Kindheit und Jugend gelebt wird, Berücksichtigung finden müssen“ (Kooperationsvereinbarung 1999: 2). Die Schulsozialarbeiter/innen wenden sich mit ihren Angeboten an alle an der Schule angemeldeten Schüler/innen. Aufgrund von Problemlagen identifizieren sie Zielgruppen, auf die sie ihre Arbeit „ursächlich“ beziehen:

> „Der Personenkreis, für den die Schulstation ursächlich angelegt ist, umfasst Schüler und Schülerinnen mit Problemen im schulischen, sozialen und/oder emotionalen Bereich. Entweder werden sie als aggressiv und gewalttätig oder als ängstlich, hilflos und zurückgezogen erlebt. Gemeinsam ist beiden Gruppen eine mehr oder weniger stark ausgeprägte Selbstwertkrise, in der Interaktions-, Beziehungs- und Aufmerksamkeitsstörungen zu Tage treten“ (Kooperationsvereinbarung: 3).

---

1 Das SGB VIII ist das Kinder- und Jugendhilfegesetz (KJHG)

2 Gesetz zur Ausführung des Achten Buches des Sozialgesetzbuches – Kinder- und Jugendhilfe

Zu den Problemlagen werden Gefühl von Minderheit und Benachteiligung, Konflikte in der Familie, Konflikte in der Schule etc. aufgeführt (ebd.).Die Hilfestellungen im Rahmen von Schulsozialarbeit

> „sollen dazu beitragen, sowohl schulische als auch familiäre Defizite abzubauen. Die Maßnahmen haben dabei auch in der Altersstufe der Oberschüler durchaus präventiven und integrativen Charakter, gerade im Hinblick auf das Erreichen eines Schulabschlusses und auf die Eingliederung ins Ausbildungs- und Berufsleben. Methodisch gilt es, die Defizite des Einzelnen nicht in den Mittelpunkt zu stellen, sondern sie durch Erschließung und Förderung von individuellen Ressourcen und Kompetenzen abzubauen. (...) Insofern muss dazu beigetragen werden, Verhaltensänderungsprozesse (...) des Schülers/der Schülerin in Gang zu setzen“ (Kooperationsvereinbarung: 4).

In der Weise, wie die Probleme der Jugendlichen und die Zielsetzung der Schulstationsarbeit benannt werden, ist ein Dilemma sozialarbeiterischer Praxis erkennbar: Auf der einen Seite verfolgen Sozialarbeiter/innen den Anspruch, sich an der Lebenswelt der Adressat/innen zu orientieren und nach ganzheitlichen Lösungsansätzen zu suchen. Das niedrigschwellige Angebot der Schulstationsarbeit impliziert bereits das Anliegen, jenseits von Defizitzuschreibungen handeln zu wollen, indem Soziale Arbeit in die Lebenswelt der Jugendlichen integriert wird. In Kooperationsvereinbarungen, Konzeptionen und Stellungsnahmen im behördlichen Kontext hat sich ein lebensweltorientierter Sprachgebrauch jedoch noch nicht durchgängig durchgesetzt. Insbesondere wenn es darum geht, dass freie Träger ihre Arbeit gegenüber öffentlichen Geldgebern darstellen und legitimieren, beschreiben sie Defizite der Zielgruppe. Sie unterwerfen sich vermeintlichen Annahmen und Routinen von Auftraggeber/innen, um Hilfsangebote und Projekte durchsetzen und etablieren zu können. So steht beispielsweise in obigem Zitat die Veränderung auf Seiten der Schüler/innen im Vordergrund und nicht das Verstehen der Lehrer/innen, wie es beispielsweise Homfeldt/Schulze-Krüdener als eine Aufgabe von Schulsozialarbeit hervorheben. Sie favorisieren eine biografisch-diagnostische Vorgehensweise, wodurch „bei Lehrkräften Verstehen und Verständnis für unpassende Normalitätszumutungen in Bezug auf diese Gruppe (Jugendlicher bzw. Schüler/innen, C.S.) wachsen“ kann (Homfeldt/Schulze-Krüdener 2001: 18).

Dieser festgestellte Widerspruch in Bezug auf den Ansatz der Lebensweltorientierung bezieht sich auf die Kooperationsvereinbarung, ein schriftlich dargelegte Konzeption von Schulsozialarbeit. Damit ist noch keine Aussage über die Praxis von Schulstationsarbeit getroffen. Sehen sich die Schüler/innen mit ihren Defiziten konfrontiert? Wie eignen sich die Schüler/innen ein solches Angebot – jenseits der konzeptionellen Absichtserklärungen der Sozialpädagog/en/innen – an?

Bevor ich diesen Fragen anhand von Beispielen und Auszügen aus Gruppendiskussionen mit den Schüler/innen nachgehe, möchte ich kurz darauf eingehen, was zu beachten ist, wenn ein derartiges Projekt evaluiert werden soll, welche Methoden sich eignen.

Evaluation der Schulstation: Vorgehen und Methode

Der explizite Bezug auf das Konzept der Lebensweltorientierung, wie es von Hans Thiersch (2002) in den sozialpädagogischen Diskurs eingebracht wurde, weist auf eine Besonderheit hin, die mit meinem Erkenntnisinteresse in Zusammenhang steht: Schulstationen befinden sich genau an der Schnittstelle zwischen Institution und Lebenswelt, zwischen formeller Bildung in der Schule und informeller Bildung in der Peergroup. Mit anderen Worten könnte man auch sagen, dass Schulsozialarbeit zwischen der schulisch offiziellen Vorderbühne (die sich durch Regeln und Rollen auszeichnet) und der inoffiziellen Hinterbühne (Zinnecker 1978), auf der sich vorrangig das ‚Unterleben' (Goffman 1973) der Institution abspielt, agiert. Um also etwas über die Wirkungsweise der Schulsozialarbeit erfahren zu können, über den Stellenwert, den dieses Angebot in der Handlungspraxis der Jugendlichen erhält, ist ein empirischer Zugang notwendig, der sowohl das institutionalisierte, rollenförmige Wissen der Jugendlichen in den Blick nimmt als auch – und dies ist die entscheidende Ebene – zu ihrer schulischen Alltagspraxis jenseits der schulisch-rollenförmigen Beziehungen vordringt. Denn die schulische Alltagspraxis und die damit einhergehenden Beziehungen zwischen den Schüler/innen in Gestalt der schulischen Peergroups sind „keineswegs ein ‚mitlaufender Effekt' innerhalb der Schullaufbahn von Schülerinnen und Schülern, sondern ein Faktor, der sowohl das Gelingen bzw. Mißlingen von Schullaufbahnen mitbestimmt als auch Einfluss nimmt (...) auf (...) Identitätsentwicklungen" (Hollenstein 1999: 104).

Das Gruppendiskussionsverfahren, wie es von Ralf Bohnsack (z.B. Bohnsack 20013) im Rahmen der dokumentarischen Methode der Interpretation entwickelt wurde, nutzt die kollektiven Erfahrungen als Zugang aus. Mit dem Einsatz dieser Methode wird es möglich, der kollektiven Sozialität von Individuen (Familie, Freundeskreis etc.) Rechnung zu tragen. Auch ist die Methode im Rahmen von Evaluationen gut geeignet, da es nicht um einen „Input-Outputvergleich" geht, sondern um die Rekonstruktion von Prozessverläufen und die Herstellung sozialer Wirklichkeit (vgl. Bohnsack/Nentwig-Gesemann 2006).

Ich entschied mich, die Gruppendiskussionen mit der Methode der Teilnehmenden Beobachtung zu kombinieren, um die Erzählungen der Jugendlichen mit Situationen in der Schulstation und im Unterricht vergleichen zu können. Insgesamt führte ich zwölf Gruppendiskussionen mit ‚Realgruppen' (die Jugendlichen bezeichneten sich selbst als befreundet) durch und fertigte 30 Beobachtungsprotokolle an. Bei der Auswahl der Gruppen achtete ich darauf, Jugendliche aus allen Klassenstufen, mit und ohne Migrationshintergrund, Mädchen und Jungen mit häufigem und mit seltenem Kontakt zur Schulstation zu interviewen.

Meine Leitfragen lauteten entsprechend: „Wie erleben die Jugendlichen den schulischen Alltag“ und „Wie erfahren sie die Umsetzung des Schulsozialarbeitsangebots?“ Durch die vergleichende Auswertung der Gruppendiskussionen konnte ich zentrale Muster bzw. Typen des Umgangs der Jugendlichen mit der Schule und – darin integriert – der Schulsozialarbeit rekonstruieren. Anhand von zwei Themenbereichen – Provokationen und Peergroup-Aktivitäten – möchte ich Wirkungsweisen bzw. Effekte von Schulstationsarbeit aufzeigen.

Provokationen und Schulsozialarbeit

An der untersuchten Schule sind zwei Typen von Schüler/innen innerhalb eines Bildungsmilieus vorfindbar. Es konnten zwei idealtypische Wege differenziert werden, wie Jugendliche - ausgehend vom eigenen Herkunftsmilieu - eine Haltung gegenüber den formalen Regeln der Institution entwickeln. Gemeint ist die Unterscheidung zwischen der Anpassung an die Regeln und Erwartungen der Institution Schule (Orientierung an der ‚Vorderbühne’) und das Unterlaufen der schulischen Regeln, die Distanznahme gegenüber der institutionellen Ordnung, die Existenz im schulischen ‚Unterleben’(Goffman 1973). Da die Träger der schulischen Gegenkultur die Schule und mithin die Schulsozialarbeit in besonderer Weise herausfordern und die Peergroup von Bedeutung ist, entstammen die Beispiele alle diesem Typus.

Jugendliche können zwar sehr wohl Schüler/innen sein, ihre Schulzeit aber vornehmlich jenseits der schulischen Regeln gestalten. Der erste Ausschnitt hierzu entstammt einer Diskussion mit drei Mädchen und einem Jungen der Klassen 7 und 8:

Interv.:	Was macht denn noch zur Zeit alles Spaß in euerm Leben? (2 Sek. Pause)
Mehrere:	((Gelächter))
Tanja:	Ja (4 Sek. Pause), was macht dir so Spaß in letzter Zeit, mhm?
Lilo:	Hoho.
Tanja:	Und dir?
Corinna:	Lehrer zu ärgern. ((leise gesprochen))
Tanja:	O.k. Lehrer ärgern is cool, Frau N rausekeln aus der Klasse is lustig. (2 Sek. Pause) Äh am besten mal Walkman hören, laut reden
Lilo:	((Lachen))
Tanja:	Ähm
Andi:	ne Zigarette anmachen

Tanja: paar Stühle durch die Gegend schmeißen, denn fliegt man schon raus.
Corinna: oder pampige Antworten geben
Tanja: oder wenn, wenn Frau N uns mal anguckt, dann sagen Jeanette und ich immer, ähm, ob fragen wir sie immer, ob sie lesbisch is und denn schmeißt sie uns auch immer raus.(zit. nach Streblow 2005, S. 109 f.)

Die Jugendlichen unterlaufen in den Handlungspraktiken, über die sie hier berichten, nicht nur die Erwartungen der Organisation Schule, sie provozieren überdies diejenigen, die zu ihrer Kontrolle verpflichtet sind, die Lehrer/innen. Sie suchen die *Gegen*reaktionen (z. B. Tadel), benötigen ein *Gegen*über, um überhaupt zu einer Orientierung zu finden. Eine extreme Orientierungsunsicherheit der Jugendlichen, die Suche nach Macht aus Ohnmacht. Die Aktionen im *„Kampf um Anerkennung"* (Honneth 1994) entspringen oftmals nicht einer zweckrationalen Entscheidung, sondern einer spontanen Handlungspraxis.

Mit den verschiedensten Formen von Provokation klopfen die Schüler/innen die institutionellen Regeln auf Konsistenz und Authentizität hin ab. Die Provokationen der Jugendlichen während des Unterrichts zeugen dabei sowohl von Aktionismus als auch von einer gewissen Dramaturgie.

Dieser Szenerie von Aktionismus und Anspannung steht die Situation in der Schulstation gegenüber, die sich durch Entspannung auszeichnet:

Interv.: Und die Schulstation, wann nutzt ihr die so?
Corinna: ((prustet))
Tanja: Jedesmal, wenn ich rausfliege(1), also fast jeden zweiten Tag.(2) Ich flieg einfach so raus, weil ich die Lehrerin nich mag. (...)
Lilo: Ich war fast mein ganzes anderes Schuljahr in der Schulstation, hätt ich eigentlich übernachten können, ich war den ganzen Tag in der Schulstation.
Corinna: Mmhh
Andi: Ja.
Corinna: ((Rascheln)) Wir machen hier unsere Hausschlüssel. ((allgemeines Lachen))
(zit. nach Streblow 2005: 112f.)

Wenn die Jugendlichen negative Reaktionen, Stigmatisierungen und Ausgrenzungen provozieren, erfahren sie sich, auch unter den Bedingungen der Ausgrenzung, als die Aktiven. So ist es auch zu erklären, dass die Jugendlichen Ausgrenzungsprozesse selber in Gang bringen, wie es sich in Tanjas Äußerung, dass sie die Lehrerin nicht mag, dokumentiert. Die SchülerInnen definieren die Situation, auf die von den Lehrer/innen nur noch reagiert werden kann. Und zwar in einer Art und Weise, die durch die SchülerInnen bestimmt wird, in eine durch ihre Provokation gelenkte Richtung.

Lilo war während eines Schuljahres nicht nur täglich, sondern auch den *„ganzen Tag"* in der Schulstation. Die Schulstation bietet eine Entlastungsfunktion und eine Ausweichmöglichkeit. Die Entlastung ergibt sich dabei sowohl für die Lehrer/innen (keine Auseinandersetzung mit schulisch nicht konformen Schüler/innen) als auch für die Schüler/innen der Gruppe (die bessere Alternative zum Unterricht und keine Verstrickung außerhalb der Schule, z. B. auf der Straße).

Auf der anderen Seite wird die Schulstation zu einem okkupierten Raum, in dem eine große Vertrautheit entsteht und die Gruppe sich wohl fühlt: „*hätt ich eigentlich übernachten können*“, wie die allgemeine Validierung dieser Aussage von Lilo belegt. In diesem Sinne kann die sich anschließende Äußerung von Corinna als metaphorischer Höhepunkt der Passage gelesen werden: Die Schulstation erhält im kollektiven Wunsch der Gruppe einen höheren Stellenwert als das eigene Zuhause, sie wird zum selbstgewählten imaginativen Zuhause, für das sich die Gruppe nun einen Hausschlüssel anfertigen möchte. Gleichzeitig gewährleistet ein Hausschlüssel auch Unabhängigkeit von den Lehrer/innen, die ansonsten den Zugang zur Schulstation reglementieren. Über die Metapher des Hausschlüssels gelingt es ihnen, die Degradierungserfahrungen seitens der Lehrkräfte auszuklammern und eine selbsterzeugte Erwünschtheit herzustellen. Denn wer einen Schlüssel besitzt, genießt damit auch Befugnisse. Wenn die Schulstation also einen höheren Wert als das Zuhause der Jugendlichen erhält und auch die Unabhängigkeit von der Institution Schule angestrebt wird, kann die Schulstation nicht mit dem Schüler/innenmilieu gleichgesetzt werden. Stattdessen bietet die Schulstation eine dritte Möglichkeit: Sie erhält eine neutrale Funktion, und zwar sowohl in Bezug auf das Herkunftsmilieu als auch gegenüber der Institution Schule, wie es bereits als notwendiges Element einer lebensweltorientierten Pädagogik bezeichnet wurde, wenn es darum geht, bildungsferne Jugendliche zu erreichen.

Während die schulische Zeit anhand eines Rahmenlehrplans durchstrukturiert ist und nicht *vertrödelt* werden darf, pflegen die Jugendlichen in der Schulstation häufig das Nichtstun. In der Schule geht es primär um das Erreichen eines Ziels im Sinne einer Qualifikation, demgegenüber steht in der Schulstation die Identitätsbewältigung im Vordergrund. Indem die Jugendlichen in der Schulstation sitzen und Musik hören, geht es nicht um ein Ziel, sondern um den augenblicklichen Zustand des gemeinsamen Zusammenseins und das Freisein von vorgegebener institutioneller Zeit.

Die Schulstation fungiert als neutraler exterritorialer Raum, in dem die Jugendlichen nicht länger auf Provokationen angewiesen sind.

Peergroup-Aktivitäten und Schulsozialarbeit

Wie es bereits im Eingangszitat des 14-jährigen Patrick anklingt, pendelt ein Teil der Jugendlichen zwischen der Schule und der Straße, dem außerschulischen Bereich. Insbesondere Gruppen männlicher Jugendlicher berichten von Unternehmungen, die sie tätigen, wenn sie die Schule schwänzen. So erzählen auch drei männliche Jugendliche einer 10. Klasse von ,Verführungen' außerhalb der Schule, die durch die Schulsozialarbeit gemindert werden:

MC Casto: (...) is ganz cool mit den Räumen, dass wir so was hier bekommen
Lette: ja so Schulstation und Cafeteria is ganz cool
Sir Sobieski: Cafeteria und so
Lette: schon nich schlecht.
MC Casto: weiß ich nich, wenn man so Freistunde hat, dann geht man nich zu [Name einer Einkaufskette] und baut Scheiße oder so was.
Sir Sobieski: Geht man nich klauen oder so, sondern spielt Kicker, Dart oder
MC Casto: oder wenn man Stress mit den Lehrern hat, kann man auch runter gehen und mit denen reden oder so
(zit. nach Streblow, S. 159f.)

Die Schulstation greift die lebensweltlichen Erfahrungen der Jungen auf und bietet ihnen ein neues Handlungspotential, sie spielen Kicker oder Dart statt ,zu klauen'. Schulsozialarbeit eröffnet somit neue Perspektiven, den Teufelskreis von Kriminalisierungsprozessen zu durchbrechen. Die Bereitstellung niedrigschwelliger kultureller Angebot enthält neben einem Betreuungsaspekt auch einen Kompensationsaspekt, denn die Jugendlichen nehmen das Angebot an und nehmen über den neuen Ort eine neue Perspektive ein. Die Schulstation schafft einen Freiraum, der die Schüler von moralischer Degradierung entlastet und die Möglichkeit für (neue) Handlungsspielräume schafft. Im Vergleich mit den Protokollen Teilnehmender Beobachtung wird deutlich, weshalb die Schulstation in der sozialräumlichen Dimension so positiv angenommen wird.

Die Jugendlichen nehmen die Schulstation nicht als Ort der Schule war, obwohl er in der Schule ist. Diese Gelegenheit von schulischer Integration oder Annäherung ohne in der Schule zu sein, macht für die Jugendlichen einen besonderen Reiz aus. In aufgezeichneten Beobachtungen geht es daher auch immer wieder um Grenzen und das Verwischen zwischen ihnen. Und zwar sowohl um räumliche Grenzen als auch um Grenzen zwischen Regelkonformität und Regelabweichung, zwischen Jungen und Mädchen etc. Hierzu ein Beobachtungsbeispiel:

Beobachtungsbeispiel vom Donnerstag, 17.02.2000, 10.10 Uhr:
Zum Beobachtungszeitpunkt halten sich gerade Schüler/innen der 7. Klasse in der Schulstation auf, da der Klassenlehrer vergessen hatte, die Klasse während eines Stundenausfalls aufzuteilen:

Einer der Jugendlichen, A (männlich), der beim Jakkolo-Spiel [Es handelt sich um ein tischgroßes Spiel aus Holz, bei dem es darum geht, runde Holplättchen mit Schwung in Tore zu platzieren.] gerade nicht an der Reihe ist, öffnet das mittlere der drei Fenster, bleibt am geöffneten Fenster stehen und fächelt sich Luft mit der Hand zu (sein Gesicht ist gerötet, er war zuvor gerade beim Kicker-Spiel im Nachbarraum). Kurz darauf tauchen vor dem Fenster augenscheinlich Personen auf, denn es sind schnalzende Geräusche und Stimmen zu hören. Zwar befindet sich die Schulstation im Erdgeschoss, das Fenstersims ist allerdings so hoch, dass unmittelbar vor dem Fenster stehende Personen nicht in die Schulstation blicken können (und von meiner sitzenden Position aus nicht erkennbar sind). Das draußen Gesagte ist für mich nicht zu verstehen, denn neben der Musik aus der Stereoanlage bildet das ‚Klacken' der runden Holzplättchen, das entsteht, sobald diese an die Bande des Spieltisches oder sich gegenseitig anschlagen, eine zusätzliche Geräuschkulisse. Außer A tritt nun auch B (männlich) von drinnen an das Fenster und beugt sich hinaus: In diesem Augenblick wird eine Hand im geöffneten Fenster sichtbar. In der – über den Kopf einer der draußen stehenden Personen – geführten Hand befindet sich eine brennende Zigarette, deren Mundstück in Richtung der Jugendlichen, die drinnen am Fenster stehen, gelenkt wird. Als B (männlich) sich derart in Richtung der Zigarette beugt, dass er von drinnen an der Zigarette ‚ziehen' könnte, sie also mit dem Mund für ihn erreichbar wird, zieht die Person die Zigarette zentimeterweise / ein wenig weg, sodass B die Zigarette nicht erreichen kann. Aufgrund der niedrigen Außentemperaturen wird gleichzeitig sein Atem sichtbar, der die Illusion von ‚Rauch' entstehen lässt. Sein Mitschüler A beginnt zu lachen und sagt: ‚Und schön (betont) inhalieren!'

Während die Schüler/innen der 7. Klasse sich auf Geheiß des Lehrers in der Schulstation aufhalten, sie sich also an eine institutionelle Absprache halten, nähern sich die vor dem Eingang stehenden Jugendlichen dem Ort der Schulsozialarbeit indirekt an. Das heißt, es bleibt zunächst unklar, ob sie gerade Unterricht schwänzen, ob sie von einer Lehrkraft aus dem Unterricht gewiesen wurden oder ob sie später mit dem Unterricht beginnen. Sofern die Jugendlichen vor der Schule - aber noch auf dem Schulgelände - rauchen, widersetzen sie sich den Regeln der Institution Schule, nicht den Regeln der Schulsozialarbeit. Die Aktivität des Rauchens könnte als Kennzeichen des sich in der Schule konstituierenden Peer-Milieus interpretiert werden. Als Am versucht, aus dem Fenster heraus die Zigarette eines Mitschülers oder einer Mitschülerin zu erreichen, riskiert er, die auch in der Schulstation geltende Regel[3] des Rauchverbots zu überschreiten. Da er die Zigarette jedoch nicht erreicht, bleibt die in der Schulsozialarbeit institutionalisierte Norm gewahrt. Gleichzeitig gelingt die grenzüberschreitende Kommunikation in der Peergroup. Im Rahmen des Spiels mit der Grenze kommt es in der Interaktion zwischen A und B zu einer Potenzierung von Grenzüberschreitungen, bzw. zu einer Potenzierung von Aktivitäten auf der Grenze in dreifacher Hinsicht. Zum einen verwischen sie die Grenzen zwischen ihrer Anwesenheit und ihrer Abwesenheit in der Schulstation. Während sie sich körperlich in der Schulstation befinden, orientieren sie sich kommunikativ nach draußen, indem sie Kontakt zu den vor der Schule stehenden Mitschüler/innen aufnehmen. Zum

---

3 In der Schulstation existieren zwei Regeln, an die sich die Schüler/innen zu halten haben: 1. Rauchverbot; 2. Die Lautstärke der Stereoanlage darf nur in Absprache mit den Schulsozialarbeiter/innen verändert werden (Kontextwissen aus Gesprächen mit den Schulsozialarbeiter/innen).

anderen bewegt sich B auf der Grenze zur Überschreitung des Rauchverbots, ohne es wirklich zu übertreten. Durch die Verwischung der Grenze zwischen Atem und Rauch kommt es zu einem ‚als-ob-Rauchen', dass durch den Ausspruch von Am ‚schön inhalieren' noch verstärkt wird. Schließlich bearbeiten A und B gleichzeitig das Spannungsverhältnis zum anderen Geschlecht, denn vor dem Fenster befinden sich Mädchen. Es handelt sich um ein Spiel mit Grenzen, das keinen zweckgerichteten Charakter aufweist. Das Angebot der Schulsozialarbeit ist derartig niedrigschwellig, dass dieselben Akteure gleichzeitig sowohl zur Schule gehören als auch nicht.

Die Schüler/innen können selbst entscheiden, ob sie die Schulstation dem Innen- oder Außenbereich zuordnen. Die Schulsozialarbeiter/innen stoßen allerdings auf eine Schwierigkeit bzw. Handlungsparadoxie: Die Grenzen fließend zu gestalten widerspricht ihrem pädagogischen Anspruch nach Kontinuität. Das andauernde Kommen und Gehen der Schüler/innen gefährdet in der Wahrnehmung der Schulsozialarbeiter/innen die ‚Ordnung' (vgl. Streblow 2005: 277). Die Sozialarbeiter/innen wünschen grundlegende Klarheit darüber, ob die Schüler/innen anwesend sind oder nicht. Dies widerspricht jedoch dem konstitutiven Element des Oszillierens, eine niedrigschwellige Möglichkeit der Integration. Michael Winkler (1988, S. 318) beschreibt den Vorgang des Oszillierens als maßgeblich für sozialpädagogisches Ortshandeln generell und nicht nur in Bezug auf Schulsozialarbeit.

Die sozialräumliche Dimension der Schulsozialarbeit ermöglicht den Jugendlichen zwischen innen und außen – auch im Sinne von Vorder- und Hinterbühne - zu oszillieren.

Bisher ging es insbesondere um die Wahrnehmung der Schulstation als Sozialraum. Die Jugendlichen nehmen die Schulstation bzw. die Sozialpädagogen jedoch auch in ihrer Beziehungsdimension wahr, wobei die Jungen zumeist erst den Raum erwähnen und dann die Personen und die Mädchen die (gute) Beziehung zu den Sozialpädagogen, insbesondere zum männlichen Sozialarbeiter, hervorheben.

Während die Jugendlichen im Unterricht kaum Wahlmöglichkeiten sehen, erleben sie sich in der Schulstation selbst bestimmt. So heißt es in der Fortsetzung der Gruppendiskussion mit Patrick und seinem 15-jährigen Freund Daniel, die beide erst die 7. Klasse (aufgrund von Wiederholung) besuchen:

Patrick:	Also, die sind einfach nett hier,
Daniel:	die nerven nich, die sehn einfach, die wissen besser mit uns umzugehen
Patrick:	die geben uns Ratschläge, aber wir müssen die Ratschläge nich befolgen. Wir müssen nich, wir können. Und die Ratschläge sind gut.
Daniel:	Und nich so wie die von den Lehrern
Patrick:	na ja die überlegen, die überlegen mehr, aber ich mein, is natürlich schon n

	bisschen was anderes, die sind noch mehr halt ausgebildet, um mit uns klarzukommen als Lehrer, glaub ich zumindest, ich weiß nich genau, also glaub ich ja. Außerdem sind die Lehrer, ich mein, da sitzen dann dreißig Kinder vor denen //Daniel lacht// oder halt na o. k. bei uns in der Klasse sind glaub ich ölf oder so, wa?
Daniel:	keine Ahnung
Patrick:	die da sind und da is schon n bisschen schwieriger mit elf Kindern klarzukommen, wenn alle stressen als wen man mit einem alleine redet, is schon n Unterschied. Klar aber trotzdem
Daniel:	Lehrer sind trotzdem scheiße.

Der Aufbau einer persönlichen Beziehung zu den Sozialpädagog/en/innen erweist sich als wesentlich. Bemerkenswert und auffallend ist es, dass die Überlegungen in Bezug auf die Schulstation von theoretischer Reflexivität zeugen. Im Gegensatz zu den Berichten über den Unterricht, die dem obigen Beispiel unter der Überschrift „Provokationen" ähneln.

Die Schulsozialarbeiter/innen werden mit den Eigenschaften nett; nicht nervend; höherem Wissen im Umgang mit Jugendlichen und einer besseren Ausbildung für diesen Umgang; mehr Überlegungen in Bezug auf Handlungsalternativen und guten Ratschlägen in Verbindung gebracht. Mädchen heben darüber hinaus in Gruppendiskussionen die Verschwiegenheit der Sozialarbeiter/innen hervor.

Als Grund für diese andere Qualität der Beziehung zu den Sozialarbeiter/innen in Vergleich zu den Lehrer/innen, vermutet Patrick neben der Ausbildung die individuelle Beratungssituation. Während die Jugendlichen dem Lehrer als ganze Klasse gegenübersitzen, handelt es sich in der Schulstation um Einzelfallberatung. Die kleinen Klassen an der Schule werden nicht als besondere Qualität empfunden, in der bereits ein einzelfallorientierter Unterricht stattfinden könnte. Im Gegenteil dokumentiert sich in der Beschreibung von Patrick, dass eine Klasse mit elf Kindern an der Schule keinen Unterschied bildet zu Klassen mit dreißig Kindern, sofern „*alle stressen*". Patrick hat in der Schulstation bereits individuell Gehör gefunden. Er und sein Freund Daniel werden ein Projekt für schulverweigernde Jugendliche besichtigen und antizipieren – erstmals in ihrer schulischen Biografie – ihre weitere schulische Laufbahn. In mehreren Gruppen wird als besondere Qualität der Gespräche in der Schulstation hervorgehoben, dass es sich um eine ‚lehrerfreie Zone' handelt.

Die Schulsozialarbeiter/innen stärken die individuelle Identitätsfindung der Jugendlichen. Die Jugendlichen sehen sich als Gesprächspartner ernst genommen (‚auf Augenhöhe') und finden individuell Gehör. Zugleich wird die Reflexivität der Jugendlichen gestärkt.

Vergleich der sozialpädagogischen Handlungspraxis und Selbstdarstellung

In der Handlungspraxis konnte rekonstruiert werden, dass die Schulsozialarbeiter/innen die lebensweltlichen Erfahrungen der Jugendlichen aufgreifen. Die Gespräche, von denen die Jugendlichen berichten, und auch die beobachteten Interaktionen sind frei von kausalen Zuschreibungen; die Jugendlichen werden nicht auf ihr Herkunftsmilieu reduziert.

In Gesprächen mit den Lehrer/innen und in schriftlichen Tätigkeitsberichten sieht dies jedoch anders aus. Wie eingangs dargelegt, wurde das Konzept der Lebensweltorientierung in der Konzeptionsphase der Schulstation verkürzt bzw. auf die Lebenswelt des Herkunftsmilieus der Jugendlichen bezogen dargestellt. Zwei Jahre später steht in einem Tätigkeitsbericht der Schulsozialarbeiter/innen:

„Durch die nunmehr zweijährige intensive Zusammenarbeit mit einem Großteil der Schülerschaft sehen wir die Richtigkeit der ganzheitlichen Sicht des Schülers/der Schülerin und das Prinzip der Lebensweltorientierung bestätigt. In der Regel bestand die Ursache für ein auffälliges, norm- und grenzverletzendes Verhalten sowie Verweigerung in der schule in den negativen und entwicklungshemmenden Einflüssen und Störungen in den Familien und dem weiteren sozialen Umfeld“ (zit. nach Streblow 2005, S. 283).

Die Schulsozialarbeiter/innen stellen einen kausalen Zusammenhang zwischen individualbiografischer Entwicklung und schulischen Auffälligkeiten her. Demnach ginge es in ihrer Arbeit um die Identifizierung problematischen Verhaltens der Schüler/innen, das ursächlich familienbiografisch bedingt wäre. Der Einfluss der Schule auf dieses Problemverhalten bzw. die Relation zwischen Herkunftsmilieu und schulischem Milieu als ‚Ursachen' dieses Problemverhaltens werden vollkommen ausgeblendet.

Dies ist ein wesentlicher Hinweis darauf, dass die Schulstationsarbeit nicht in einen gemeinsamen Schulentwicklungsprozess, der von allen schulischen Akteuren getragen wird, integriert ist, sondern Lehrer/innen von der Reflexion auf ihre eigene pädagogische Praxis entlastet werden. Es handelt sich fast um eine Art ‚Entgegenkommen' den Lehrkräften gegenüber, die – nach anfänglichen Irritationen – die Arbeit der Schulstation würdigen und eine Besserung des Schulklimas – im Sinne reibungsfreieren Unterrichts - verzeichnen.

Konsequenzen für Schulsozialarbeit

Wenn im Mai dieses Jahres die oben erwähnte Umsetzung des Programms „Jugendsozialarbeit an Berliner Hauptschulen" beginnt und Kooperationen zwischen freien Trägern der Jugendhilfe, der Schule und örtlichen Jugendämtern geschlossen werden, ist dies ein wichtiger und richtiger Weg.

Die Angebote sozialer Arbeit in Gestalt von Schulstationen zu institutionalisieren, kann für Hauptschulen ein innovatives pädagogisches Element darstellen, denn

- die vorgestellte Schulstation wird von den Schüler/innen als Kommunikations-, Erfahrungs- und Experimentierraum mit alternativem Aufenthaltscharakter erlebt und angenommen,
- für schuldistanzierte /gegenkulturelle Jugendliche ist es eine wesentliche Erfahrung, dass es sich um einen ‚lehrerfreien Raum' handelt, in dem sie anderen Erwachsenen begegnen, und zwar jenseits der Ausübung der Schülerrolle. (Wenn Lehrer/innen ihren Schüler/innen in einer Schulstation jenseits der Rolle des Lehrers / der Lehrerin begegnen, ist durchaus eine Mitarbeit vorstellbar. Dies ist jedoch im Einzelfall gut abzuwägen.) Wichtig ist es, pädagogische, gemischtgeschlechtliche Teams zu bilden. Insbesondere der männliche Schulsozialarbeiter erhielt Vorbildfunktion für die Jungen und gegengeschlechtliche Orientierungsfunktion für die Mädchen,
- den Jugendlichen wird es möglich, zwischen der inneren Sphäre der Peergroup und der äußeren Sphäre der Schule zu pendeln bzw. zu oszillieren. Die Schüler/innen erleben die Schulstation nicht als Ort der Ausgrenzung, sondern als alternative Handlungsmöglichkeit,
- aufgrund der großen Differenzen zwischen dem Peermilieu und dem Milieu der Lehrer/innen erhält die der Schulsozialarbeit nachgesagte „Übersetzungsfunktion" (Homfeldt/Schulze-Krüdener 2001) einen hohen Stellenwert. Darüber hinaus kann die Kommunikation zwischen Sozialpädagog/innen und Schüler/innen als *reflexionseröffnende Verständigung* (Braun/Wetzel 2000: 25) charakterisiert werden.

Da die Einrichtung eines alternativen Ortes zwar Veränderungen mit sich bringt, jedoch noch kein pädagogisches Konzept darstellt, sollen abschließend einige wesentliche Aspekte und Erkenntnisse der Konzeptualisierung eines solchen Angebots aufgeführt werden:

- Bevor an einer Schule sozialpädagogische Angebote unterbreitet werden können, ist ein Zugang zu den Lebenswelten der Schüler/-innen und sich vollziehenden Prozessen der Milieubildung zu entwickeln.

- Schulsozialarbeit entfaltet größere Wirkung, wenn nicht nur individualspezifisch, sondern auch milieuspezifisch gearbeitet wird. Wichtig ist in diesem Zusammenhang, dass Sozialpädagog/innen diese professionelle Herangehensweise reflektieren und eine Sprache hierfür finden, die sich von der - ebenfalls notwendigen – Einzelfallorientierung abhebt.
- Um kollektive Prozesse zu verstehen und entsprechende Angebote zu unterbreiten, ist es wichtig und wesentlich, dass Angebote der Schulsozialarbeit – wie eine Schulstation – in einen gesamtschulischen Entwicklungsprozess integriert werden. Schulsozialarbeit ist im Schulprogramm zu verankern, das von allen schulischen Akteuren verabschiedet wird. Der Prozess sollte am besten gemeinsam mit einer Zukunftswerkstatt beginnen, anstelle eines einseitigen Angebotes der Jugendhilfe.
- Schulsozialarbeit sollte mit einer Öffnung von Schule einhergehen: Kooperationen im schulischen Gemeinwesen mit Wirtschaftsunternehmen, sozialen Diensten, Vereinen und Verbänden, Elternarbeit etc. können die einzelschulische Planung stärken.
- Schulsozialarbeit kann zu einem erweiterten Bildungsverständnis in der Schule beitragen. Die Bildungstrias von formeller (Schule), informeller (Soziale Arbeit) und nicht-formeller Bildung (Peergroup/ Familie) wird ganzheitlich zusammen geführt.
- Es sollten feste Teamzeiten und Gespräche zwischen Sozialpädagogen und Lehrkräften verabredet werden. Gemeinsame Fortbildungen für beide Professionen sind von Vorteil.
- In der Auseinandersetzung mit den auszugsweise vorgestellten Evaluationsergebnissen wurde zwischen Lehrkräften und Sozialpädagogen außerdem folgende Verabredung getroffen: Einzelne Schulstunden wurden von den Sozialpädagogen videografiert und anschließend von Lehrer/innen und Sozialpädagog/innen gemeinsam ausgewertet.
- In einer Schulzirkelveranstaltung wurde außerdem verabredet, dass Lehrkräfte keine Hausarbeiten aufgeben (die sowieso kaum angefertigt wurden). Die eingesparte Nachbereitungszeit wurde stattdessen für Unterricht im Tandem genutzt. Das heißt, Lehrkräfte standen nicht länger alleine vor der Klasse, sondern im kollegialen Zweier-Team.

Die gemeinsame Organisation des Lebens und Lernens im öffentlichen Raum – wie sie seit längerer Zeit gefordert wird (z. B. BMFSFJ 2002: 162) - wird immer wieder vor neue Herausforderungen und Bewährungsproben gestellt. Aber es gibt wertvolle gemeinsame Erfahrungen von Schule und Jugendhilfe, a die bekannt gemacht und multipliziert werden sollten. Am vorgestellten Beispiel wurde besonders deutlich, wie die Schulstation Angebote unterbreitet, die auf den Erfahrungen der Jugendlichen aufbauen.

Literatur

Balluseck, Hilde von (2003): Schulstationen in Berlin. In: Soziale Arbeit. H. 7 (52. Jg.), S. 256-263
BMFSFJ (Bundesministerium für Familie, Senioren, Frauen und Jugend (Hg.) (2002): Elfter Kinder- und Jugendbericht. Bericht über die Lebenssituation junger Menschen und die Leistungen der Kinder- und Jugendhilfe in Deutschland. Berlin
Bohnsack, Ralf (2003): Rekonstruktive Sozialforschung. Einführung in Methodologie und Praxis qualitativer Forschung. 5. Aufl., Opladen: Leske + Budrich
Bohnsack, Ralf ; Nentwig-Gesemann, Iris; (2006): Dokumentarische Evaluationsforschung und Gruppendiskussionsverfahren. Am Beispiel einer Evaluationsstudie zu Peer-Mediation an Schulen. In: Bohnsack, R / Przyborski, A. / Schäffer, B. (Hg.): Das Gruppendiskussionsverfahren in der sozialwissenschaftlichen Praxis. Opladen: Verlag Barbara Budrich. S. 267-283
Braun, Karl-Heinz / Wetzel, Konstanze (2000): Sozialpädagogisches Handeln in der Schule. Einführung in die Grundlagen und Konzepte der Schulsozialarbeit. Neuwied, Kriftel: Luchterhand
Goffman, Erving (1973): Interaktion: Spaß am Spiel, Rollendistanz (Original: Encounters). München: Piper
Hasemann, Klaus / Meschenmoser, Helmut (Hg.) (1996): Pädagogik in Kooperation. Zur Prävention und Reduktion von Verhaltensproblemen. Baltmannsweiler: Schneider-Verl. Hohengehren
Hensel, Rolf u.a. (1994): Schule und Gewalt. Gutachten der Arbeitsgruppe Schule. Berlin. S. 34f.
Hentze, Jürgen / Ludewig, Jürgen u.a. (Hg.) (1998): Schulsozialarbeit mit Gütesiegel!? Schulsozialarbeit braucht Qualitätsstandards und Qualitätssicherung. Hamburg: AOL
Hollenstein, Erich / Tillmann, Jan (Hg.) (1999): Schulsozialarbeit. Studium, Praxis und konzeptionelle Entwicklungen. Hannover: Blumhardt, (1. Auflage) sowie 2000 (2. Auflage)
Homfeldt, Hans Günther / Schulze-Krüdener, Jörgen (2001): Schulsozialarbeit: eine konstruktiv-kritische Bestandsaufnahme. In: Neue Praxis. H. 1 (31. Jg.), S. 9-28
Honneth, Axel (1994): Kampf um Anerkennung. Zur moralischen Grammatik sozialer Konflikte. Frankfurt am Main: Suhrkamp
Olk, Thomas / Bathke, Gustav-Wilhelm / Hartnuß, Birger (2000): Jugendhilfe und Schule. Empirische Befunde und theoretische Reflexionen zur Schulsozialarbeit. Weinheim, München: Juventa
Prüß, Franz / Maykus, Stephan (2000): Qualitätsentwicklung und Qualitätssicherung in der Schulentwicklung und in der Kooperation von Schule und Jugendhilfe. Institut für berufliche Bildung und Weiterbildung e.V. (Lehrbrief 8). Göttingen
Ramseger, Jörg u.a. (2001): Schulversuch "Verlässliche Halbtagsgrundschule" des Landes Berlin. Vierter Zwischenbericht der Wissenschaftlichen Begleitung „Schule im sozialen Brennpunkt". Freie Universität Berlin. Arbeitsstelle Bildungsforschung Primarstufe
Senat von Berlin (2001): Senatsvorlage über die „gesicherte Zukunft für Schulstationen in der „Grundschule 2000". Drucksache 14/1411

Streblow, Claudia (2005): Schulsozialarbeit und Lebenswelten Jugendlicher. Ein Beitrag zur dokumentarischen Evaluationsforschung. Opladen: Verlag Barbara Budrich

Thiersch, Hans (2002): Positionsbestimmungen der Sozialen Arbeit. Gesellschaftspolitik, Theorie und Ausbildung. Weinheim; München: Juventa

Winkler, Michael (1988): Eine Theorie der Sozialpädagogik. Über Erziehung als Rekonstruktion der Subjektivität. Stuttgart: Klett-Cotta

Zinnecker, Jürgen (1978): Die Schule als Hinterbühne oder Nachrichten aus dem Unterleben der Schüler. In: Reinert, G. B. / Zinnecker, J. (Hg.): Schüler im Schulbetrieb. Berichte und Bilder vom Lernalltag, von Lernpausen und vom Lernen in den Pausen. Reinbek bei Hamburg: Rowohlt, S. 29-121

Unternehmen als Kooperationspartner der Schule

Maria Icking

Mit dem Thema Kooperation Schule und Unternehmen/Wirtschaft wird das Kooperationsfeld Jugendhilfe und Schule im engeren Sinne erweitert. Die Gründe für eine verstärkte Kooperation mit Unternehmen sind bisher eher instrumentell gesehen worden. Auf Grund vielfältiger Faktoren (Rückgang der Ausbildungsbereitschaft der Betriebe, hohe Nachfrage nach betrieblicher Ausbildung bzw. Beschäftigung, wachsende Anforderungen der Betriebe an Jugendliche hinsichtlich der Ausbildungsfähigkeit, eine wachsende Zahl von Schulabgänger/innen, die den Anforderungen (noch) nicht gewachsen sind) ist der Übergang aus dem schulischen System in Berufsausbildung und Arbeit schwieriger geworden. Schule und Schulsozialarbeit suchen die Kooperation mit Unternehmen, um diesen Übergang zu erleichtern.

Hier sollen aber auch weitere Aspekte der Kooperation beleuchtet werden:

- Die örtlichen Unternehmen sind Teil des Sozialraums der Jugendlichen, sie sind Arbeitsplätze der Eltern und im Fall es Jobbens auch der Schüler und Schülerinnen. Schulen, die sich ihrem Sozialraum gegenüber öffnen, beziehen also auch die Unternehmen aus ihrem Umfeld in die Kooperation ein.
- Unter dem Aspekt eines erweiterten Bildungsverständnisses geraten die Bildungsmöglichkeiten in den Blick, die insbesondere unter dem Aspekt des informellen Lernens z. B. in Kooperationsprojekten mit Unternehmen, in Schülerfirmen, bei Schülerpraktika usw. möglich sind.

Im ersten Teil wird kurz auf den Umfang und die Zielsetzung von Kooperationen zwischen Schulen und Unternehmen eingegangen. Der zweite Teil beschreibt anhand der Bausteine Berufsorientierung/Übergang Schule/Beruf, Betriebspraktika und Schulprojekte die Bedeutung der Kooperation mit Unternehmen. Anschließend werden Angebote dargestellt, die diese Kooperation unterstützen und fördern.

1. Umfang und Zielsetzung der Kooperation

Ersten Ergebnissen einer Studie des Deutschen Jugendinstituts zufolge kooperieren 45% der allgemein bildenden Schulen mit Unternehmen vor Ort. Als Partner liegen sie damit nach Sportvereinen, Kirchen, kulturellen Einrichtungen, Gerichten/Justiz/ Polizei /Feuerwehr und Gemeindeverwaltung an sechster Stelle (Deutsches Jugendinstitut 2002).

Im Rahmen einer Befragung der Stiftung Partner für Schule in NRW[1] gaben knapp 35% der Schulen an, dass über Schülerpraktika hinaus mit mindestem einem Unternehmen eine Partnerschaft besteht. Über 83% der Schulen ohne Partnerschaft wünschen sich eine solche. Die Gesamtschulen liegen mit mehr als 53% an der Spitze; die Förderschulen haben nur in 17% der Fälle ein Unternehmen als Partner. Größere Schulen und Schulen im großstädtischen Umfeld pflegen eher Kooperationen als kleinere Schulen und solche mit einem ländlichen Umfeld.

In knapp der Hälfte der Fälle ist die Partnerschaft schriftlich fixiert und/oder im Schulprogramm verankert. Bezüglich der Inhalte, auf die sich die Partnerschaft bezieht, wird die hohe Priorität des Bereichs „Berufsinformation, Berufswahlorientierung, Berufseinstieg" deutlich (82,1% aller Schulen). Aber auch die Unterstützung außerunterrichtlicher Projekte und die Ausweitung des schulischen Angebots (58,1%), die Unterstützung des Unterrichts durch Bereitstellung von Infrastruktur und Materialien (46,6%), die ökonomische Bildung bzw. Arbeits- und Wirtschaftslehre (36%), die Öffnung von Schule und die nachbarschaftliche Zusammenarbeit (35,3%) und die personelle Unterstützung des Unterrichts (26,1%) sind mit unterschiedlicher Bedeutung Gegenstand der Kooperation.

Die Unternehmen sind zu fast 45% Industriebetriebe, Handwerks- und Dienstleistungsbetriebe spielen dagegen eine geringere Rolle. Dies korrespondiert mit der Größe; die Unternehmen haben überwiegend mehr als 250 Mitarbeiter/innen (44,3%).

Schulen haben vielfältige Interessen an Kooperationen und verbinden damit unterschiedliche Zielsetzungen. Kooperationen

- unterstützen die Berufswahlorientierung der Schüler/innen,
- ergänzen den Unterricht durch neue Lernorte in den Unternehmen und ermöglichen praktisches Lernen,
- beleben den Unterricht in den Schulen durch fachkompetente Mitarbeiter/innen der Unternehmen,
- unterstützen Schulen bei des Entwicklung des Schulprofils/des Schulprogramms und bei der Organisationsentwicklung,
- bieten ihnen Zugang zu Sponsoren.

Auch Unternehmen verbinden durchaus „handfeste" Erwartungen mit der Kooperation mit Schulen. Hinter der Kooperation können folgende Gründe und Motive stehen:

- frühzeitiger und nachhaltiger Kontakt zu geeigneten Bewerber/innen und potentiellen Mitarbeiter/innen,

---

1 www. partnerschaften.nrw.de/download/partnerbetriebe/Endauswertung_Charts.pdf)

- Verbesserung der Beziehungen zu ihrem regionalen Umfeld,
- positive Berichterstattung in der lokalen Presse,
- Stärkung der Motivation der eigenen Mitarbeiter/innen, wenn sie das Unternehmen in den Schulen vertreten.

2. Ansatzpunkte und Bausteine der Kooperation

Eine besondere Bedeutung hat die Kooperation zwischen Schule und Unternehmen bei den didaktischen Bausteinen:

- Berufswahlorientierung und Unterstützung beim Übergang in Ausbildung und Beschäftigung,
- Unternehmen als Lernorte – Betriebspraktika,
- Schulprojekte, insbesondere Schülerfirmen.

2.1 Berufsorientierung als Kooperationsfeld

Berufswahlorientierung ist Teil des Unterrichts in allen allgemein bildenden Schulen der Sekundarstufen. Angesichts vielfältiger Probleme insbesondere im Übergang von der Schule in den Beruf, die nicht nur geprägt sind von fehlenden Ausbildungsangeboten, sondern auch von Orientierungsproblemen der Jugendliche im Hinblick auf den eigenen Berufsweg, entsteht ein Handlungsdruck, der mehr erfordert als das „Pflichtprogramm" mit Berufswahlunterricht, Betriebspraktikum und dem Besuch im BIZ (Berufsinformationszentrum) der Agentur für Arbeit.

Der Landesausschuss für Berufsbildung des Landes NRW hat vor diesem Hintergrund „Empfehlungen zur Förderung junger Menschen für den Übergang von der Schule in den Beruf" beschlossen. „Der Ausschuss geht davon aus, dass das Ziel einer besseren Förderung junger Menschen im Übergang von der Schule zum Beruf durch eine Vielzahl von Elementen

- im Unterricht sowie in anderen schulischen Handlungsfeldern,
- mit außerschulischen Partnern und an außerschulischen Lernorten, insbesondere der Arbeitswelt,
- in allen Schulformen der Sekundarstufen I und II für alle Schülerinnen und Schüler

angestrebt und durch strukturelle Veränderungen auf schulischer und regionaler Ebene nachhaltig abgesichert und befördert werden muss" (Empfehlung vom 18.2.2004: 1). Der Landesausschuss empfiehlt u.a. flächendeckend den Ausbau der Berufs- und Arbeitswelterfahrung durch Langzeit- und Themenpraktika, Betriebserkundung, Berufserkundung, Schülerfirmen, Schulprojekte in Betrieben etc. Hier sei „die Bereitschaft zur Kooperation von außerschulischen Partnern, insbesondere von Unternehmen, sowie die Sicherstellung der Qualität dieser Maßnahmen in den Betrieben und ihrer Vor- und Nachbereitung in den Schulen für den Erfolg entscheidend" (ebd.: 2). Als strukturelle Veränderung auf schulischer und regionaler Ebene fordert der Ausschuss die Einrichtungen von verbindlich arbeitenden Beiräten Schule und Beruf und die Benennung von Berufswahlkoordinatoren. Eine zentrale Aufgabe ist die Unterstützung der Kooperation zwischen Schulen und Unternehmen.

Mit welcher thematischen Breite Berufswahlorientierung umgesetzt werden kann, wobei die Kooperation mit Unternehmen der Region eine herausragende Rolle spielt, zeigt das Netzwerkprojekt Berufwahl-SIEGEL (www.netzwerk-berufswahl-siegel.de), das von der Bertelsmann-Stiftung initiiert wurde und mittlerweile in 15 Regionen Deutschlands angeboten wird. Ziel ist die Qualität der Berufswahlorientierung an Schulen zu erhöhen und die die Zusammenarbeit von Schulen mit ihren externen Partnern auszubauen, um die berufliche Orientierung von Schülern zu verbessern.

In den Regionen mit Netzwerkpartnern werden alle Schulen aufgerufen, sich anhand eines Kriterienkataloges für die Verleihung des Berufswahl-SIEGELs schriftlich zu bewerben. Nach Vorauswahl durch eine ehrenamtliche Jury (Vertreter aus Unternehmen, Kammern, Schulverwaltung etc.) werden die in Frage kommenden Schulen vor Ort auditiert. Im Rahmen der Auditierung werden die Schulen besucht und Lehrer und Schüler befragt. Das Siegel wird mit einer Dauer von zwei bis drei Jahren befristet vergeben.

Ein besonderes Kennzeichen des Projektes ist die dezentrale Organisation, die den Regionen auf der Basis verbindlicher Teilnahmebedingungen eigene Gestaltungsspielräume ermöglicht Im Folgenden ist der Kriterienkatalog für Erstzertifizierung des regionalen Forums für Bildung in Ostwestfalen-Lippe wiedergegeben (www.bid-owl.de/projekte/SIEGEL).

Siegel – Kriterium 1
Themenbereich: Ökonomie in der Schule
Wie sind ökonomische Themen in das gesamte Unterrichtsangebot integriert (Besonderheiten über den Mindeststandard gem. Richtlinien hinaus)?

Siegel – Kriterium 2
Themenbereich: Ökonomie in der Schule
Welche Projektangebote macht die Schule im Kontext auf Wirtschaftsthemen?

Siegel – Kriterium 3
Themenbereich: Praktikum/Lernortwechsel
Wie werden die Schülerbetriebspraktika auf der Basis des Schulprogramms gestaltet?

Siegel – Kriterium 4
Themenbereich: Praktikum/Lernortwechsel
Welche Qualifikationen haben, benötigen, erwerben Lehrkräfte für die erfolgreiche Bearbeitung ökonomischer Themenbereiche und Projekte?

Siegel – Kriterium 5
Themenbereich: Praktikum/Lernortwechsel
Wie ist der Beteiligungsumfang von Internen und Externen im Kontext des Schülerbetriebspraktikums?

Siegel – Kriterium 6
Themenbereich: Praktikum/Lernortwechsel
Welche besonderen Angebote macht die Schule im Hinblick auf praktische Erfahrungen in der Arbeitswelt (Auslandspraktika, Langzeitpraktika, Probierwerkstatt, Schnupperpraktika, Work-Shadowing etc.)?

Siegel – Kriterium 7
Themenbereich: Information und Kommunikation
Welche Leistungen erbringt die Schule im Hinblick auf Dokumentation der Schülerbetriebspraktika?

Siegel – Kriterium 8
Themenbereich: Information und Kommunikation
Werden die Verpflichtungen des Gender Mainstreaming bei Berufswahlvorbereitung und Berufsorientierung beachtet?

Siegel – Kriterium 9
Themenbereich: Experten und Kooperation
Wie werden außerschulische Experten unterschiedlicher Bereiche in die Projekt- und Unterrichtsangebote eingebunden?

Siegel – Kriterium 10
Themenbereich: Experten und Kooperation
Wie werden Partnerschaften mit Unternehmen der Region seitens der Schule angestrebt und welche Ergebnisse liegen bereits vor?

Ein weiterer Ansatz zur Qualifizierung der Berufswahlorientierung ist der Berufswahlpass. Der Berufswahlpass wurde von den Ländern Berlin, Brandenburg, Bremen, Hamburg, Mecklenburg Vorpommern, Niedersachsen und Schleswigholstein unter Federführung Hamburgs im Programm Schule-Wirtschaft/Arbeitsleben des Bundesministeriums für Bildung und Forschung entwickelt (www.berufswahlpass.de). Der Berufswahlpass ist:

- ein Instrument zur Förderung der Selbstverantwortung der Schülerinnen und Schüler und zur individuellen Lernplanung,

- ein Mittel zur Dokumentation der Projekte und Maßnahmen im Rahmen der Berufsorientierung wie z. B. Praktika, Unterrichtsprojekte, schulische und außerschulische Veranstaltungen oder auch Angaben zu besonderen Lernleistungen,
- Unterlage zur Unterstützung des beruflichen Entscheidungsprozesses der Schülerinnen und Schüler,
- ein Mittel zur Initiierung von gemeinsamen Auseinandersetzungs- und Gesprächsanlässen über den Verlauf des Berufswahlprozesses der Schülerinnen und Schüler,
- Anlass für die Schule, ihr Berufsorientierungscurriculum zu formulieren und zu präzisieren.

Der Berufswahlpass ist auch deswegen von Bedeutung, weil es hier neben dem Zeugnis ein Instrument gibt, das auch Lernleistungen außerhalb der Schule und die Ergebnisse nichtformeller Bildungsprozesse dokumentieren kann.

Das nachfolgend beschriebene Projekt aus NRW ist ein Beispiel dafür, wie vorhandene Bausteine wie das Berufswahlsiegel und der Jobpass aufgegriffen werden, um weitergehende Ziele zu verfolgen. Die Förderung bezieht sich vor allem auf den Aufbau eines Netzwerks der Partner außerhalb der Schule einschließlich Unternehmen der Region.

ABBEO (Ausbildungsreife und Berufswahlorientierung) ist ein Pilotprojekt im Rahmen des Ausbildungskonsenses NRW. Ziel ist die systematische und frühzeitige Förderung der Ausbildungsreife und der Berufswahlorientierung von Schülerinnen und Schülern in der Pflichtschulzeit, damit sie möglichst nahtlos und ohne weitere Warteschleifen eine Ausbildung beginnen können.

Das Ziel soll durch eine Kombination von Information über das Arbeitsleben, stärker anwendungsbezogene Unterrichtsinhalte und -methoden, individuelle Beratung der Jugendlichen und ihres Umfeldes sowie praktische Erfahrungen in der Arbeitswelt erreicht werden. Die beteiligten Schulen haben zu Beginn des Projekts den Entwicklungsstand der Schule bezüglich der beiden Aspekte Berufswahlorientierung und Förderung der Ausbildungsreife anhand der Kriterien des Projekts „SIEGEL berufswahl- und ausbildungsfreundliche Schule“ überprüft. Praxisphasen in der Arbeitswelt werden in enger Kooperation mit der Wirtschaft durchgeführt. Jugendlichen, die die Ziele des Programms am Ende ihrer Pflichtschulzeit erreicht haben, wird dies im Berufswahlpass bescheinigt.

Das Programm richtet sich an Jugendliche der Klassen 8 bis 10 der Haupt-, Real- und Gesamtschulen. Als Pilotmaßnahme wird es zunächst in sechs IHK-Bezirken erprobt, je Region sind zwischen 18 und 21 Schulen der drei Schulformen beteiligt. Die Projektbeteiligten wollen sich intensiv dafür einsetzen, den Abgänger/innen der Schule bei der Suche nach einer Ausbildungsstelle im angebahnten Berufsfeld behilflich zu sein.

Jede beteiligte Schule entwickelt als verpflichtenden Bestandteil der Projektleistungen ihr Schulprogramm im Hinblick auf eine fundierte Berufswahlorientierung in der Weise fort, das zumindest folgende Elemente sichergestellt sind:

- Zuordnung der einzelnen Schritte der Berufswahlorientierung zu Jahrgängen und Fächern,
- Festlegung wesentlicher ausbildungsrelevanter Fachinhalte in den schuleigenen Curricula,
- Festlegung von Praxisphasen in den Klassen 8 bis 10 in Kooperation mit der Wirtschaft und deren Einbindung in den Unterricht,
- Festlegung der Verantwortlichkeiten in der Schule, Benennung von Ansprechpersonen für das Projekt,
- Absprachen mit den Kooperationspartnern.

Eine regionale Organisation wird mit der Koordination der Arbeit der beteiligten Schulen und der mit diesen kooperierenden Stellen in der Region beauftragt. Dabei werden bereits vorhandene regionale Kompetenzen in Schulen, bei Schulträgern und Jugendämtern, in Kammern, Verbänden, Beratungsstellen und in der Arbeitsagentur einbezogen. Die Projektkoordination regt den Veränderungsprozess in den Schulen an, begleitet ihn und organisiert die entsprechende Unterstützung. Sie hilft, die Partner vor Ort zusammenzuführen und zu einer dauerhaften, den Projektzielen entsprechenden Kooperation anzuregen. Sie erfasst die Veränderungsprozesse, tauscht die Erfahrungen der beteiligten Schulen untereinander aus und arbeitet mit den Projektkoordinationen in den anderen Regionen zusammen.

Das Projekt Girls'Day – Mädchen-Zukunftstag ist ein besonderes berufsorientierendes Angebot für Schülerinnen, um ihnen insbesondere Einblick zu bieten in Berufsfelder, die Mädchen im Prozess der Berufsorientierung nur selten in Betracht ziehen (vgl. dazu den Beitrag von Wenka Wentzel in diesem Band).

2.2 Lernort Betrieb

Der Lernort Betrieb hat im Zusammenhang mit der Kooperation von Schule und Wirtschaft mehrere Dimensionen. So werden im Rahmen von Partnerschaften, die einzelne Schulen mit ein oder zwei Unternehmen aus der Region eingegangen sind, Teile des Unterrichts im Unternehmen durchgeführt. Dadurch werden wirtschaftliche Zusammenhänge transparenter und die Lerninhalte bekommen einen stärkeren Praxisbezug. Beispiele sind:

- ein dreitägiges Ingenieurpraktikum des Leistungskurses Physik eines Gymnasiums in einem Maschinenbauunternehmen
- Bewerbungstrainings mit Mitarbeiter/innen der Personalabteilung

- chemische Experimente in Labors der Unternehmen, die in der Schule nicht möglich wären.
- Auswirkungen der Globalisierung am Beispiel des Partnerunternehmens.

Ein weiterer Baustein der Kooperation sind Langzeitpraktika bzw. Förderpraktika. Sie dienen nicht nur der Berufsorientierung, sondern sollen den Jugendlichen Lernmöglichkeiten und Kompetenzerwerb eröffnen, die sie in der Schule auch aufgrund von persönlichen Dispositionen („Schulmüdigkeit") nicht mehr erwarten. Nicht zuletzt soll das Langzeitpraktikum den Wechsel in eine anschließende Berufsausbildung oder Beschäftigung erleichtern.

Diese Art Praktika finden während des ganzen Schuljahrs an ein bis zwei Tagen pro Woche im Betrieb statt. Beispielsweise tritt in einer zehnten Hauptschulklasse das Jahrespraktikum mit einem Praktikumstag pro Woche an die Stelle des Wahlpflichtunterrichts. Das Praktikum wird ausführlich von Lehrern begleitet und die Schüler dokumentieren ihre Erfahrungen in Praktikumsmappen. „Es ist gerade der Ernstcharakter, der viele Schüler motiviert, sie ihre Defizite erkennen lässt und sie veranlasst, entsprechende Unterrichtsinhalte von sich aus einzufordern. Manche Unterrichtsinhalte (z.B. Berichte, Vorgangs- und Gegenstandsbeschreibungen, Arbeitschutz und Arbeitsrecht, mathematische, physikalische und technische Aufgabenstellungen) erhalten für die Schüler/innen durch das Praktikum eine völlig andere Bedeutung und veranlassen sie zur aktiven Mitarbeit. Durch den erhöhten Arbeitseinsatz verbessert sich auch ihre Zeugniszensuren und damit auch die Chancen auf eine Ausbildungsplatz" (Schmidt 2002: 21).

Durch das Programm Betrieb und Schule (BUS) des Landes NRW wird dieser Ansatz, den schulischen Unterricht durch ein gleichgewichtiges Lernfeld Betrieb zu ergänzen, auf eine breite Basis gestellt. Zwei Drittel der am Ende der Maßnahme befragten Schüler/innen aus BUS- Klassen finden das Praktikum interessant, haben Spaß daran und fühlen sich im Betrieb wohl. Selbständigkeit und Teamarbeit werden u.a. als erworbene Schlüsselqualifikationen herausgestellt (vgl. Institut für Schulentwicklungsforschung 2003).

Über das Programm werden in erster Linie benachteiligte und schulmüde Jugendliche erreicht, um insbesondere mit Hilfe der Förderpraktika den Übergang in Arbeit bzw. Berufsausbildung zu erleichtern. Zielgruppe sind Jugendliche, die voraussichtlich den Hauptschulabschluss nicht erreichen werden. Die Schüler und Schülerinnen besuchen innerhalb einer Schule gesonderte Klassen mit max. 15 Schüler/innen. Sie gehen zwei Tage pro Woche in einen Betrieb und drei Tage in der Woche findet Schulunterricht statt.

Das landesweite Programm hat im Schuljahr 2001/2002 zunächst an 132 Haupt- und Gesamtschulen mit über 1600 Schülern und Schülerinnen begonnen. Förderschulen wurden später einbezogen. Im Schuljahr 2004/2005 waren bereits 243 Schulen und 3.138 Schüler und Schülerinnen beteiligt. Das Programm wird gemeinsam von den zuständigen Fachministerien für Schule bzw. Arbeit in Kooperation mit dem Europäischen Sozialfonds umgesetzt und gefördert. Die Praktikumsbetriebe, die für die Praktikumbetreuung eine einmalige Pauschale pro Jahr in Höhe von 1000,- € erhalten, sind zu jeweils mehr als der Hälfte Handwerksbetriebe und Kleinbetriebe mit weniger als 50 Beschäftigten.

Von den ersten Jahren der Umsetzung liegen mittlerweile Ergebnisse vor. Etwa 2/3 der BUS-Schüler/innen sind Jungen und über 36% haben einen Migrationshintergrund. Jugendliche aus dem Schuljahr 2003/2004 konnten zu fast 43% anschließend in Arbeit bzw. überwiegend in Ausbildung wechseln, für 38 % ergab sich eine Perspektive durch einen weiteren Schulbesuch, ohne Perspektiven blieben 12% der Schüler/innen.

2.3 Schulprojekte: Schülerfirmen und Produktionsschulen

Schülerfirmen sind von Jugendlichen selbstständig betriebene ökonomische Projekte, in denen sie ein Produkt herstellen bzw. eine Dienstleistung erbringen, die sie entweder in der Schule oder außerhalb der Schule verkaufen; sie sind daher keine Planspiele oder simulierte „Scheinfirmen". Im Wesentlichen lassen sich zwei Grundmodelle unterscheiden. Erstens, die Firma hat nur eine begrenzte Dauer: sie wird gegründet, eine zeitlang betrieben und wieder aufgelöst. Ziel ist es, die mit einem solchen Prozess verbundenen Lernerfahrungen zu vermitteln. Dieses Modell ist typisch für Schülerfirmen im Rahmen des Förderprogramms JUNIOR (s.u.). Das zweite Modell ist auf Dauerhaftigkeit angelegt. Hier können Ausstattung und Qualität des Produktes oder der Dienstleistung und damit Realismus und Professionalität stärker entwickelt werden. Erfahrungen wie die Einarbeitung der „Neuen" durch die „Alten" werden ebenso ermöglicht wie die Veränderung von Schule, die mit einer dauerhaften Verankerung von Firmengründungen in Schulen verbunden ist.

Ziele von Schülerfirmen sind:

- eine bessere Vorbereitung der Berufswahl,
- Vermittlung von „Schlüsselqualifikationen", insbesondere methodische, soziale und persönlichkeitsbezogene Kompetenzen,
- Vermittlung von Grundkenntnissen und praktischen Erfahrungen der Abläufe in einem Wirtschaftsunternehmen,
- Anregung zu unternehmerischem Denken und Handeln.

Bei den Schülerfirmen steht Learning by doing im Mittelpunkt. Möglichst viele Inhalte des wirtschaftskundlichen Unterrichts sollten möglichst praxisorientiert am Beispiel des Geschehens in der Firma behandelt werden. Neben dem Erlernen von Inhalten dienen Schülerfirmen schwerpunktmäßig auch der Vermittlung von Methodenkompetenz und Schlüsselqualifikationen wie Dialogfähigkeit, Konfliktlösefähigkeit, Teamfähigkeit und Partizipationsfähigkeit. Sie sollen „Unternehmergeist“ wecken und Mut zur Selbständigkeit machen.

Warum Schülerfirmen ein erfolgreiches Lernmodell sind, ist u.a. damit erklärbar, dass hier im Ansatz die Grenzziehung zwischen der Peergroup mit der Bedeutung des „Spaßhabens„ und der Schule mit der Orientierung auf diszipliniertes Lernen überwunden werden kann. Die Interviews mit Jugendlichen aus zwei Schülerfirmen an Hauptschulen bestätigen zudem, dass Lernen unter Bedingungen der Ernsthaftigkeit zu mehr Selbstbewusstsein und Kompetenzüberzeugung führt und von den Jugendlichen auch als Schritt zur Erwachsenenexistenz verstanden wird (vgl. Nentwig-Gesemann u.a. 2005).

Die folgenden Beispiele zeigen, dass Schülerfirmen an allen Schulformen umgesetzt werden. Nach Möglichkeit arbeiten sie mit Unterstützung lokaler Partnerunternehmen:

Bistro im Bahnwaggon einer Hauptschule in Essen. *Zunächst beschäftigen sich die Schüler/-innen mit der Restauration der „Donnerbüchse“, einem alten Eisenbahnwaggon. Bei dieser Zeitaufwendigen und handwerklich anspruchsvollen Tätigkeit wurden die Schüler/innen von der Kreishandwerkerschaft unterstützt. Anschließend soll in der „Donnerbüchse“ ein Schülercafé eingerichtet werden, welches von einer Schülerfirma in Eigenregie geführt wird.*

Die Schülerfirma ***„Bikershop“*** *einer Haupt- und Realschule repariert Fahrräder. Sie baut aus alten (von der Polizei gefundenen und dann freigegebenen) Fahrrädern gebrauchsfertige Fahrräder zum Verkauf oder auch Verleih zusammen. Die Schülerfirma gliedert sich in zwei Bereiche: Büroabteilung (Chef, Stellvertreter, Buchhaltung, Marketing, Lager/Einkauf), Technikabteilung (Chef, Stellvertreter, 5-6 Techniker, Verleih). Mit einem örtlichen Fahrradhändler besteht eine Kooperation, d.h. die Ersatzteile können unter normalem Verkaufspreis dort bezogen werden. Der Auszubildende kommt bei Bedarf in die Schülerfirma und hilft bei schwierigen Reparaturaufträgen.*

C-mail – Computerservice für Senioren *heißt die Firma einer Realschule aus Thüringen; die Mitarbeiter/innen beraten Senioren beim Einkauf von Computern, bieten Service an und regelmäßige Computerkurse.*

Die Schülerfirma ***„pupils paradise“*** *an einer Gesamtschule wurde im Januar 2000 gegründet und wird zurzeit von 5 Schüler/innen der Jahrgänge 8 bis 12 geführt. Die Firma organisiert Klassenfahrten und Tagesausflüge für die Schule und andere Interessenten; sie arbeitet mit einem örtlichen Reisebüro zusammen.*

Colorata *heißt die Firma auf Zeit eines Gymnasiums aus Bayern, die ein Malbuch als Kinderreiseführer durch das Allgäu produziert und vertrieben hat. Die Firma wurde Bundessieger 2005 im Programm JUNIOR.*

Die Zahl der Schülerfirmen hat in den letzten Jahren stark zugenommen, was sicher nicht zuletzt der Arbeit von unterstützenden Organisationen und Programmen zu verdanken ist:

Die *Deutsche Kinder- und Jugendstiftung* unterstützt seit 1994 Schülerfirmen, seit 2002 heißt das Förderprogramm „SCHÜLER UNTERNEHMEN was!" (www.unternehmen-macht-schule.de). Im von der Heinz-Nixdorf-Stiftung geförderten Programm sind bisher mehr als 150 Schülerunternehmen an allgemein bildenden und berufsbildenden Schulen gegründet worden. Interessierte Projekte bekommen Information, Beratung und eine Anschubfinanzierung.

JUNIOR ist ein Programm des Instituts der Deutschen Wirtschaft zusammen mit weiteren Partnern aus der Wirtschaft. Das Angebot wendet sich an Schülerinnen und Schüler ab der 9. Klasse an allgemein- und berufsbildenden Schulen. Zehn bis 15 Schüler gründen dazu ein Unternehmen, bei dem sie alle Funktionen inkl. die des Vorstandsvorsitzenden selbst besetzen. Sie entwickeln und vermarkten ihre Geschäftsidee ein Schuljahr lang. Die Auswahl der Geschäftsideen reicht von einzelnen Produkten (z. B. Dinkelkissen, Bilderrahmen, Spiele, Duftöle) bis zu Dienstleistungen wie der Organisation von Veranstaltungen, Handykursen für Senioren, Computer- und Internetdienstleistungen. Die JUNIOR-Geschäftsstelle bietet den jungen Unternehmen und ihren Schulpaten vor allem Betreuung an. Dazu zählen u.a. laufende Beratung und Hilfestellung, Versicherungsschutz, monatliche Prüfung der Buchführung, regelmäßiger Info-Dienst, Präsenz im Internet (www.juniorprojekt.de). Zwischen 1996 und 2004 haben bundesweit rund. 20.000 Schüler/innen JUNIOR-Schülerfirmen gegründet.

NaSCH21 – Schülerfirmen im Kontext einer nachhaltigen Entwicklung hat das Ziel, Schülerfirmen aufzubauen, die ökologische und soziale Ziele verfolgen und die beteiligten Schüler mit dem Konzept der Nachhaltigkeit vertraut zu machen. Das Projekt wird von der Bundesstiftung Umwelt getragen und ist auf eine möglichst langfristige Fortführung der Schülerfirmen ausgerichtet (www.nasch21.de).

Ein Förderprogramm in NRW ist das *Programm Go to School* im Zusammenhang mit der Gründungsinitiative GO! Go to School wurde als Pilotprojekt 1998 gestartet. Das Projekt bietet:

- Fortbildung für Lehrer und Lehrerinnen zum Thema Berufswahlorientierung,
- Vermittlung von Experten bzw. Vertretern aus mittelständischen Unternehmen in die Schulen,
- Vermittlung von Existenzgründern in Schulen,
- Unterstützung einzelner Schulen beim Aufbau von Schülerfirmen und ähnlichen Projekten,
- Umsetzung von entsprechenden Planspielen in den Schulen.

Produktionsschulen sind Einrichtungen der arbeitsorientierten und beruflichen Bildung und Teil berufsvorbereitender Maßnahmen für Schüler/innen nach der allgemein bildenden Schule. Im Zentrum steht das individuelle und situative Lernen im Arbeitsprozess, wobei die Lern- und Arbeitsprozesse mit der Herstellung marktorientierter Produkte und Dienstleistungen verbunden sind. Die daraus erzielten Einnahmen dienen auch der anteiligen Refinanzierung dieser Bildungseinrichtungen.

Durch ihre Anbindung an die örtliche Wirtschaft können Produktionsschulen realistische und praxisnahe Beschäftigungsfelder anbieten und den Teilnehmern und Teilnehmerinnen eine beschäftigungsrelevante Qualifizierung vermitteln. Zielgruppe sind insbesondere benachteiligte Jugendliche; mit dem Produktionsschulkonzept wird daher auch das Ziel verfolgt, ihre Problemsituationen zu bearbeiten und die Persönlichkeit der Jugendlichen zu stärken.

Das Modell der Produktionsschulen hat sich vor allem in Dänemark mit ca. 100 Produktionsschulen flächendeckend erfolgreich etabliert und ist Bestandteil des Regelschulsystems für die Zielgruppen Schulabbrecher, Abbrecher der Berufsausbildung und arbeitslose Jugendliche (16 – 25 Jahre). In Deutschland ist dagegen der Ansatz mit ca. 25-30 Produktionsschulen weit weniger verbreitet.

Die Produktionsschule Altona (PSA) arbeitet seit mehr als fünf Jahren mit berufsschulpflichtigen Jugendlichen im Alter zwischen 15 und 18 Jahren. Sie kann 44 Schülerinnen und Schülern aufnehmen. Es handelt sich um Jugendliche, die ihre Vollzeitschulpflicht in der Regel ohne Schulabschluss beendet haben und bei denen zu erwarten ist, dass sie kein anderes schulisches Angebot annehmen werden. Diese Jugendlichen besuchen die Produktionsschule vor allem deshalb, weil sie im herkömmlichen Schulsystem gescheitert sind und über keinen Schulabschluss verfügen. Probleme sind mangelnde Kenntnisse in den Kulturtechniken, fehlende Motivation für eine Ausbildung und in Defizite im Sozialverhalten. Arbeiten und Lernen findet in vier Werkstätten statt: Tischlerei, Küche/Kantine, Medien- und Videowerkstatt. Bei der Herstellung von Produkten und beim Angebot von Dienstleistungen für private und öffentliche Auftraggeber steht die Arbeit an realen Kundenaufträgen im Vordergrund. In den Werkstätten arbeiten die Schüler fünf Stunden am Tag in Produktions- und Dienstleistungsprozessen. Darüber hinaus erhalten sie an vier Tagen in der Woche je zwei Stunden allgemein bildenden Unterricht in den Fächern Sprache und Kommunikation, Berechnungen und Englisch. An einem Tag in der Woche sind die Jugendlichen im betrieblichen Langzeitpraktikum. Die PSA unterhält intensive Kontakte zu Wirtschaftsbetrieben, sozialen Einrichtungen und Schulen der Region.

„In der Produktionsschule spielt die Anerkennung von Leistung eine große Rolle. Darauf achten nicht nur die Lehrer und Anleiter – in der PSA gibt es keine Noten – sondern es sind vor allem Kunden, die Anerkennung ausdrücken oder auch (selten) Missfallen. Private und öffentliche Auftraggeber schätzen unsere Arbeit, weil sie professionell – aber auch pädagogisch sinnvoll und gewinnorientiert ausgeführt und termingerecht abgeliefert wird. Das lässt sich nur mit einem Team besonders engagierter Kolleginnen und Kollegen erreichen, die sich mit der Idee einer Produktionsschule identifizieren und die die Forderungen des Marktes nicht mit pädagogisch begründeten Entschuldigungsformeln unterlaufen; nur wenige von ihnen sind Lehrer. Eine andere Form der Anerkennung wirkt sich materiell aus. Die Jugendlichen in der Produktionsschule erhalten ein Schülergeld von monatlich 150.- Euro. Unentschuldigtes Fehlen führt zu Geldabzug, regelmäßiges Kommen zu einer Extraprämie" (Johanssen/Stöck 2004:2).

Aus einer im Jahr 2003 durchgeführten Evaluierung geht hervor, dass 27% der Produktionsschulabsolventen einen Ausbildungsplatz und 19% einen Arbeitsplatz erhalten haben. Weitere 17% nehmen an Berufsbildungsmaßnahmen teil und 11% gingen an weiterführende Schulen. Ferner war ein Drittel zugelassen, einen qualifizierten Schulabschluss machen zu können. Von diesem Drittel haben 49% einen Hauptschulabschluss und 13% einen Realschulabschluss erreicht. Die durchschnittliche Abbrecherquote lag bei 8%. Die Erfahrung der Produktionsschule Altona zeigt, dass die Größe der Gruppe von entscheidender Bedeutung ist. Die Überschaubarkeit ermöglicht vielen Jugendlichen verloren gegangenes Selbstvertrauen neu zu entwickeln und ein positives Schulklima zu bilden.[2]

3. Unterstützende Angebote

Auf einzelne Angebote zur Unterstützung von Berufsorientierung und Schulprojekten wurde bereits eingegangen. Im Folgenden geht es um zentrale Förderprogramme, Informationssysteme und Unterstützungsstrukturen, die sich auf das gesamte Feld beziehen.

Das *Programm Schule - Wirtschaft/Arbeitsleben* wird vom BMBF unter Beteiligung des ESF gefördert und läuft seit 1999. Finanziert werden innovative Projekte, die auf unterschiedliche Weise die Probleme am Übergang zwischen Schule und Beruf bearbeiten. Im Mittelpunkt steht die partnerschaftliche Zusammenarbeit von Schulen, Unternehmen, Wirtschaftsverbänden und weiteren Partner. Themen konkreter Maßnahmen können sein:[3]

- Beteiligung von betrieblichen Experten am Unterricht bzw. an anderen Formen schulischen Lernens (z.B. Projekte),

---

2 Die Evaluationsergebnisse sind veröffentlicht unter www.ramboll-management.dk/plsresources/asprteilivproduktions-schulen05.pdf

3 vgl. www.swa-programm.de/swa_programm/rahmenkonzept

- Entwicklung und Erprobung von Materialien für den Unterricht und für Projekte, einschließlich ihrer multimedialen Nutzung per Internet,
- Projekte zur eigenständigen Erkundung des Wirtschafts- und Arbeitslebens,
- Entwicklung und Erprobung neuer Ansätze, um die Vermittlungschancen benachteiligter Schülergruppen zu verbessern,
- Kooperationen von Schulen, Betrieben und betrieblichen Ausbildern sowie Betriebspraktika in unterrichtsfreien Zeiten, die zur Lehrerfortbildung beitragen,
- Ausfüllung der Rahmenvorgaben für Inhalte zu Wirtschaft und Arbeitsleben in den Lehrplänen der Länder bis zu schulbezogener Curricula und exemplarische Realisierung interdisziplinären bzw. fächerübergreifenden Lernens,
- Förderung eines kontinuierlichen Zusammenwirkens von Schule, regionaler Wirtschaft und Hochschule bei der Gestaltung der Übergänge in Berufsausbildung bzw. Studium,
- Entwicklung von betreuten Schülerpraktika die die Kenntnisse der Schüler über die Arbeitswelt zielgerichtet verbessern und deren systematische Integration in den inhaltlichen und organisatorischen Ablauf schulischen Lernens ermöglichen,
- Förderung von Eigeninitiative und Unternehmensgeist von Schülern durch Unterstützung von Schüler- und Juniorenfirmen, Unternehmens- und Kapitalmarktplanspielen,
- Entwicklung und Erprobung von Schulprogrammen mit Schwerpunkt "Wirtschaft und Arbeitsleben".

Die *Stiftung Partner für Schule NRW* wurde 2003 gemeinsam vom Land NRW (Ministerium für Schule, Jugend und Kinder) und Unternehmen schwerpunktmäßig aus der IT-Branche gegründet. Sie fördert die Zusammenarbeit zwischen Schule und Wirtschaft und versteht sich dabei als Partner für Schulen, denn mit der Stiftung können Schulen mit Unterstützung von Unternehmen gemeinsame Projekte in der Schule realisieren. Sie ist aber auch Partner der Wirtschaft, da sie die aktive Teilhabe von Unternehmen an konkreten schulischen Entwicklungen ermöglicht. Die Ziele sind:

- Förderung der Basiskompetenzen der Schülerinnen und Schüler,
- Förderung des Lernens mit neuen Medien und Integration in den Schulalltag,
- Förderung der Vermittlung ökonomischer Bildung in der Schule,
- Förderung von Maßnahmen zur Erleichterung des Übergangs von Schule zum Beruf,
- Förderung einer neuen Lernkultur,
- Förderung der Qualitätsentwicklung von Schule und Unterricht.

Die Stiftung vermittelt zwischen Schule und Wirtschaft und bietet sich beiden Seiten als Partner im Bereich des Bildungssponsorings an. Sie vermittelt Partnerschaften von Schulen und Unternehmen und initiiert Projekte zur Umsetzung der genannten Ziele. Außerdem leitet sie von Schulen angeregte Projekte an potentielle Projektsponsoren weiter und steht im Verlauf der Projekte für beide Seiten beratend zur Verfügung. Die Partnerunternehmen definieren in Kooperation mit der Stiftung Partner für Schule Ziele und Umfang der Projekte. Das Stiftungsbüro erbringt vereinbarte Dienstleistungen zur Umsetzung der Projekte. Weitere Schwerpunkte sind die Presse- und Öffentlichkeitsarbeit sowie eine Online-Plattform, die u.a. zur Transparenz der Aktivitäten der Stiftung beiträgt (www.partner-fuer-schule.nrw.de).

Das *Internetportal Schule – Wirtschaft* ist eine bundesweite Informations- und Kommunikationsplattform für alle Aktivitäten an der Schnittstelle Schule-Wirtschaft und wird Institut Unternehmen und Schule Service GmbH, das organisatorisch an den Lehrstuhl für Chemie-Didaktik an der Universität Düsseldorf angebunden ist, herausgegeben. Das Portal (www. portal-schule-wirtschaft.de) eröffnet den Zugang zu einer Vielzahl von Initiativen, Projekten und Aktionen zum Thema Kooperation von Schule und Wirtschaft.

Auf Konzeptionen des Instituts gehen auch die KURS (Kooperationsnetze von Unternehmen der Region und Schulen) oder KSW (Kooperationsnetze Schule – Wirtschaft) genannten regionale Lernpartnerschaften zurück, die in einer Region möglichst flächendeckend Wirtschaft und Schulen vernetzten wollen. Vor allem werden Kooperationspartnerschaften zwischen einzelnen Unternehmen und Schulen gefördert, unterstützt und organisiert. Die Kooperationen werden u.a. unterstützt durch:

- Workshops für Kooperationsmanagement,
- Unterrichtsmaterialien,
- Hilfestellung bei Betriebserkundungen.

4. Literatur

Deutsches Jugendinstitut (2002): Schule und soziale Netzwerke, erste Ergebnisse der Befragung von Schulleitern zur Zusammenarbeit allgemein bildender Schulen mit anderen Einrichtungen und Personen, Zwischenbericht. München.

Institut für Schulentwicklungsforschung Dortmund (2003): Zwischenbilanz der wissenschaftlichen Begleitung des BUS-Programms. Dortmund

Johanssen, Thomas/Stöck, Kay (2004): Perspektiven in der Perspektivlosigkeit. In: Pädagogik Heft 4, abgedruckt auf: www.produktionsschule-altona.de/download/perspektiven.pdf

Nentwig-Gesemann, Iris u.a. (2005): Schlüsselerlebnisse und Lernprozesse Jugendlicher in zukunftsqualifizierender Projektarbeit. In: Deutsche Kinder- und Jugendstiftung (Hrsg.): Jung. Talentiert. Chancenreich? Beschäftigungsfähigkeit von Jugendlichen fördern. Opladen

Schmidt, Mareike (Hrsg.) (2002): Innovative Schulmodelle für eine verbesserte Vorbereitung von Jugendlichen auf Erwerbsarbeit, Materialien aus dem Forschungsschwerpunkt: Übergänge in Arbeit des Deutschen Jugendinstituts. München

Der Girls'Day – Mädchen-Zukunftstag als Maßnahme zur geschlechterbezogenen Berufsorientierung

Wenka Wentzel

1. Berufswahl erfolgt nach Geschlecht

Angesichts der hohen Jugendarbeitslosigkeit ist es wichtig für junge Frauen und Männer, sich für Ausbildungsberufe zu entscheiden, die nicht nur ihren Erwartungen und Fähigkeiten entsprechen, sondern ihnen darüber hinaus auch Chancen auf dem Arbeitsmarkt bieten. Allerdings orientieren sich die beruflichen Richtungsentscheidungen auch heute noch stark an geschlechtsstereotypen Vorstellungen, die den beiden Geschlechtern unterschiedliche Interessen und Fähigkeiten zuschreiben. Sowohl junge Frauen als auch junge Männer ergreifen jeweils ein sehr eingeschränktes Spektrum an Ausbildungsberufen. Dabei münden Frauen überwiegend in kaufmännische und Dienstleistungsberufe ein, Männer dagegen in gewerblich-technische. So werden junge Frauen besonders häufig Bürokauffrau, Kauffrau im Einzelhandel, Arzthelferin und Friseurin. Junge Männer dagegen durchlaufen am häufigsten Ausbildungen als Kraftfahrzeugmechatroniker, Kaufmann im Einzelhandel, Koch und Elektroniker (Bundesministerium für Bildung und Forschung 2005: 117). Über die Hälfte der Frauen (54 %) ergreifen einen der zehn am häufigsten von Frauen besetzten Ausbildungsberufe – die Männer münden dagegen nur zu einem Drittel in die am stärksten von Männern besetzten Berufe ein (Bundesministerium für Bildung und Forschung 2005: Übersicht 2.2.7./7). Das Berufswahlspektrum der jungen Frauen ist damit deutlich enger als das der Männer. Auch die Fächerwahl der Studierenden ist geschlechtsspezifisch geprägt: Frauen sind besonders stark in den Lehramtsstudiengängen und den Sprach- und Kulturwissenschaften vertreten (Nissen et al. 2003: 31).

Das geschlechtsspezifische Berufswahlverhalten führt dazu, dass die meisten Berufe entweder weiblich oder männlich dominiert sind. Der Arbeitsmarkt ist demzufolge weiterhin zu einem großen Teil in „Frauenberufe" und „Männerberufe" segregiert (Granato/Schittenhelm 2003). Berufsorientierung und die faktische Einmündung junger Menschen in den Beruf ist damit nie losgelöst von Geschlecht zu betrachten, da dieses neben und auch in Kombination mit Faktoren wie sozialem Hintergrund, Migrationshintergrund oder einheimischer Herkunft sowie einer Ansiedlung in neuen oder alten Bundesländern einen wesentlichen Einfluss ausübt.

Demzufolge ist es unerlässlich, die berufliche Orientierung von Jugendlichen beiderlei Geschlechts vor diesem Hintergrund zu begleiten. Die spezifische Problemlage von jungen Frauen und jungen Männern erfordert jeweils angepasste Maßnahmen und Projekte. Ein Beispiel für eine solche Maßnahme ist der Girls'Day – Mädchen-Zukunftstag. Aus der Perspektive des Aktionstages für Mädchen heraus werden in diesem Artikel die Ausprägungen und Folgen geschlechtsspezifischer Berufsorientierung geschildert und die Möglichkeiten von Kooperationen für die Jugendhilfe aufgezeigt.

2. Implikationen der geschlechtsspezifischen Berufsorientierung

Ein dermaßen eingeengtes Berufswahlspektrum beider Geschlechter ist auf verschiedenen Ebenen kontraproduktiv:

- Aus volkswirtschaftlicher Sicht ist es problematisch, dass junge Frauen sich häufig auf soziale und Dienstleistungsberufe beschränken, weil damit die Begabungsressourcen der jungen Frauen nicht genutzt werden. Es ist damit zu rechnen, dass mittelfristig zu wenig qualifizierte Fachkräfte im technischen Bereich zur Verfügung stehen. Eine Zunahme von Frauen in diesen Berufen kann den prognostizierten Fachkräftemangel abfedern (Rheinberg/Hummel 2004). Besonders interessant ist eine Zunahme von Frauen für die Unternehmen und Betriebe auch deshalb, weil diese sich bereits als Schülerinnen durch ihre durchschnittlich besseren Schulnoten als qualifiziert erweisen.
- Auf das Ziel der Verwirklichung der Chancengleichheit der Geschlechter wirkt sich die geschlechtsspezifisch eingeschränkte Berufsorientierung ebenfalls negativ aus. Denn frauendominierte Berufe weisen im Vergleich zu so genannten „Männerberufen“ eine Reihe von Einschränkungen und ungünstigen Arbeitsbedingungen auf. Die Tätigkeiten werden sozial weniger anerkannt, werden niedriger entlohnt und bieten weniger Aufstiegsmöglichkeiten als viele technische Berufe. Obwohl meist davon ausgegangen wird, dass frauendominierte Berufe sich besonders gut für die Vereinbarung mit einer Familientätigkeit eignen, ist dies häufig nicht der Fall: So bringen gerade Berufe im sozialen und gesundheitlichen Bereich lange Arbeitszeiten und Schichtdienste mit sich und erfordern damit viel Flexibilität von den Beschäftigten (Nissen et al. 2003: 51 ff.). Eine beinahe ausschließliche Besetzung von Berufen in Erziehung und Pflege durch Frauen ist auch auf sozialer Ebene problematisch: In Kindergärten, Grundschulen sowie der Kranken- und Altenpflege besteht ein Bedarf an

männlichen Bezugs- und Pflegepersonen, der nicht abgedeckt werden kann.

- Für die jungen Frauen und Männer bewirkt die starke Fremdbestimmtheit der Berufswahl eine große Einschränkung bezüglich des Anspruches auf die Verwirklichung persönlicher Interessen und die Ausschöpfung persönlicher Potenziale. Das enge berufliche Spektrum von Auszubildenden beiderlei Geschlechts ist teilweise darauf zurückzuführen, dass die Schulabgängerinnen und Schulabgänger berufliche Möglichkeiten, die eventuell ihren Fähigkeiten und Interessen besonders entsprechen, gar nicht als solche wahrnehmen, weil diese außerhalb der Bandbreite des von ihnen als passend imaginierten Berufsspektrums angesiedelt sind. Somit ergreifen junge Frauen und Männer teilweise Berufe, die ihren Fähigkeiten und Vorstellungen von Berufstätigkeit nicht oder nur eingeschränkt entsprechen, weil ihnen keine Alternativen bekannt sind.
- Gerade bei Mädchen mit schlechten Startchancen, die Förderangebote der Jugendberufshilfe durchlaufen, ist eine große Konzentration auf als „frauentypisch" geltende Berufsfelder festzustellen, wie z.B. Hauswirtschaft, Reinigung oder Gastgewerbe. Diese weisen die oben aufgeführten Nachteile in hohem Maße auf und bieten kaum Chancen auf stabile Arbeitsmarktperspektiven (Frank 2003: 13). Dies ist besonders prekär, weil Schülerinnen durchschnittlich bessere Schulnoten und höhere Schulabschlüsse aufweisen als Schüler. Dennoch beginnen sie weit seltener, nämlich zu 41 %, Ausbildungen im dualen System, das die günstigste Möglichkeit zur anschließenden Einmündung in einen Beruf bietet (Bundesministerium für Bildung und Forschung 2005: 112). Die Vermittlungschancen sind für junge Frauen mit Hauptschulabschluss sogar schlechter als für junge Männer ohne Hauptschulabschluss (Granato/Schittenhelm 2000: 130).

3. Einflussfaktoren: Rollenvorstellungen und Umwelt

Die Faktoren, die dazu führen, dass Frauen selten in technischen, informationstechnischen, handwerklichen und naturwissenschaftlichen Berufen zu finden sind, sind vielfältig: Schon im Kindesalter werden Mädchen – und auch Jungen – gesellschaftliche Normen und Stereotype vermittelt, sowohl durch ihre Eltern als auch ihr weiteres soziales Umfeld. Den Geschlechtern werden häufig unterschiedliche Vorlieben und Begabungen zugeordnet, Mädchen und Jungen werden meist den herrschenden Weiblichkeits- und Männlichkeitsbildern entsprechende Freizeitgestaltungen angeboten und entsprechende Interessen in den „passenden" Gebieten werden eher unterstützt und als Begabungen wahrgenommen als in den „geschlechtsuntypischen". Dies beeinflusst die berufliche Orientierung von Mädchen und Jungen grundlegend (Hoose/Vorholt 1996). Berufsorientierung findet damit nicht erst kurz vor dem Eintritt in einen Beruf statt, sondern ist als Prozess zu betrachten, der in frühem Alter beginnt und sich über die Einmündung in ein Arbeitsverhältnis hinaus erstreckt.

Einen großen Einfluss üben auch die Schulen als diejenigen Institutionen aus, die alle Jugendlichen regelmäßig erreichen. Ihr gesellschaftlicher Auftrag zur Unterstützung der beruflichen Orientierung der Jugendlichen wird in der Rahmenvereinbarung über die Zusammenarbeit von Schule und Berufsberatung der Kultusministerkonferenz und der Bundesagentur für Arbeit beschrieben: „In den Schulen der Sekundarstufe I und II ist die Berufswahl- und Studienorientierung ein fester Bestandteil der schulischen Arbeit. ... Die Schule unterstützt Schülerinnen und Schüler in Kooperation mit der regionalen Wirtschaft, über Praktika und andere betriebliche Kontakte reale Einblicke in die Arbeitswelt zu bekommen“ (Bundesagentur für Arbeit, KMK 2004: 4). Wichtig ist für die Schülerinnen und Schüler, die oft kaum über die Inhalte einzelner Berufe und die Arbeitsbedingungen in den jeweiligen Berufsfeldern informiert sind, dass ihnen hierüber konkrete Informationen vermittelt werden, beispielsweise auch über die einschränkenden Bedingungen in den frauendominierten Berufen. Daneben ist die Vermittlung von Praxiskontakten zum Sammeln konkreter Erfahrungen und zur Überprüfung der eigenen Vorstellungen sehr wünschenswert. Schülerinnen und Schüler brauchen darüber hinaus Hilfestellung, um sich mit ihrer Lebensplanung auseinander zu setzen. So ist es auch eine wichtige Aufgabe der Schule, den Jugendlichen einen Hintergrund zu bieten, vor dem sie sich mit der Frage auseinander setzen, was für sie in ihrer späteren Lebensführung entscheidend ist, um realisieren zu können, welche Eigenschaften ein zukünftiger Beruf für sie haben sollte, um ihr Lebenskonzept zu unterstützen. Unter dem Geschlechteraspekt ist hier vor allem die Frage zu betrachten, wie sich die Schülerinnen und Schüler eine Vereinbarung von Berufs- und Familientätigkeit vorstellen.

Die Schule beeinflusst allerdings nicht nur durch gezielten Unterricht bzw. Maßnahmen zur Berufsorientierung die Vorstellungen der Jugendlichen bezüglich ihrer beruflichen Potenziale, sondern hat als eine entscheidende Sozialisationsinstanz darüber hinaus einen großen Einfluss auf die Selbstwahrnehmung der Jugendlichen und ihre Sicht auf Geschlechterrollen. Die Kategorie Geschlecht und die damit verbundenen Rollenerwartungen und Zuschreibungen werden in den Schulen als Orte sozialer Interaktion immer wieder neu definiert – dieser Prozess wird als Doing Gender bezeichnet. (Faulstich-Wieland et al. 2004: 23). Sowohl die Unterrichtsinhalte, die sich in mathematisch-naturwissenschaftlichen Fächern eher an den Lernformen von Jungen orientieren (Faulstich-Wieland/Nyssen 1998: 14) als auch die Interaktionsstrukturen der Schüler/innen untereinander sowie zwischen Schülerinnen, Schülern und Lehrkräften und die oft eher negativen Einschätzungen der

Leistungen von Schülerinnen in diesen Fächern durch die Lehrkräfte (Faulstich-Wieland 2004: 35 ff) sind Faktoren, die zu einer negativen Selbstwahrnehmung der Schülerinnen bezüglich ihrer Fähigkeiten in Mathematik und Naturwissenschaften beitragen.

In einem späteren Stadium der beruflichen Orientierung ist auch der Arbeitsmarkt ein großes Hindernis für Frauen, die gern männerdominierte Berufe ergreifen würden. Denn wenngleich sich durchaus viele junge Frauen trotz anderslautender Signale der Umwelt für technische, informationstechnische, naturwissenschaftliche oder handwerkliche Tätigkeiten interessieren (Frauen geben Technik neue Impulse 2005: 40 ff), werden sie nur selten tatsächlich eingestellt. In Fallstudien wurde für Schulabgängerinnen nachgewiesen, dass sie technische und handwerkliche Berufe nicht ergriffen, weil sie durch die schlechten Zugangschancen abgeschreckt wurden oder weil sie von Ausbildungsbetrieben nicht eingestellt wurden (Lemmermöhle 2002). Es lässt sich feststellen, dass die Bedingungen der Einmündung junger Frauen in männerdominierte Berufe entgegen der Erfordernisse der Arbeitsmarktstrukturen, die eine stärkere Integration von Frauen in männerdominierte Berufe verlangen und entgegen diesbezüglicher Verlautbarungen von Verbänden und Vereinigungen sowie Einzelunternehmen und -institutionen weiterhin schwierig sind. So münden junge Frauen seltener als Männer in Ausbildungsberufe ihrer Wahl ein (Bundesministerium für Bildung und Forschung 2005: 79). Besondere Zugangsprobleme haben dabei Frauen, die männerdominierte Berufe ergreifen wollen (Bundesministerium für Bildung und Forschung 2003: 44 und 277). Auch nach der Einmündung in den Beruf treten weiter deutliche Unterschiede zwischen den Geschlechtern auf: Studien über Akademikerinnen in technischen Bereichen zeigen, dass z.B. Ingenieurinnen und Informatikerinnen doppelt so häufig arbeitslos sind wie Ingenieure und Informatiker und häufiger als diese in Teilzeit arbeiten. Frauen im Ingenieurwesen und der Informatik arbeiten weit seltener in Führungspositionen und beziehen ein niedrigeres Einkommen als die Männer in diesen Bereichen (Plicht/Schreyer 2002). Diese ungünstigen Bedingungen signalisieren den jungen Frauen auf der individuellen Ebene, dass sie es als Minderheit schwer haben werden, Fuß zu fassen. Um eine Zunahme von Bewerbungen junger Frauen für „frauenuntypische" Berufe zu bewirken, müssen die Unternehmen und Betriebe Schülerinnen mit gezielten Maßnahmen ansprechen, um ihnen zu verdeutlichen, dass sie sich junge Frauen als Arbeitnehmerinnen wünschen. Sie müssen ihnen zum anderen aber auch durch ihre Personalpolitik verdeutlichen, dass sie weibliches Personal tatsächlich willkommen heißen, sie auf den unterschiedlichen Ebenen nicht benachteiligen und darüber hinaus strukturelle Nachteile für Frauen durch passende Aktivitäten abfedern.

Der Hintergrund der verschiedenen Aspekte in Elternhaus, Schule, Arbeitswelt oder Berufsberatung (zur Berufsberatung siehe Ostendorf 2005), die eine Orientierung von Mädchen und jungen Frauen hin zu technischen, informationstechnischen, handwerklichen und naturwissenschaftlichen Berufen behindern, ist eine gesellschaftlich verbreitete Zuschreibung von Charakteristika und Fähigkeiten als jeweils frauen- oder männertypisch. Frauen, so wird häufig vorausgesetzt, sind sozial orientiert, kommunikativ und können demzufolge gut mit Menschen arbeiten. Für Männer wird dagegen davon ausgegangen, dass sie einerseits praktische Tätigkeiten gut ausführen können, aber andererseits auch eine Disposition zu theoretischem, abstraktem Denken aufweisen. Somit werden beide Geschlechter jeweils als geeignet für spezifische Berufsfelder betrachtet, die den jeweiligen Zuordnungen entsprechen. Dabei wird außer Acht gelassen, dass Interessen und Fähigkeiten von persönlichen Dispositionen und nicht vom Geschlecht abhängen. Deutlich wird die Hinfälligkeit der Annahme von einer geschlechtsspezifischen Passung der Berufe auch bei einer näheren Betrachtung von Arbeitsbedingungen in einzelnen Berufen. So erfordern viele Frauenberufe, zum Beispiel in der Pflege, durchaus große körperliche Kräfte, während andererseits Vorurteile bestehen, dass Frauen für handwerkliche Berufe aufgrund des Erfordernisses körperlichen Einsatzes nicht geeignet seien. Auch existieren technische und naturwissenschaftliche Berufe, die frauendominiert sind, wie der der technischen Zeichnerin oder der Chemielaborantin. Andererseits wird für technische Berufe immer häufiger betont, wie wichtig Schlüsselkompetenzen wie Kommunikations- und Teamfähigkeit für die gemeinsame Entwicklung von Lösungen und für Kundenkontakte sind – Fähigkeiten, die klassisch Frauen zugeschrieben werden. Die Zuschreibung der Eignung der Geschlechter zu den jeweiligen Berufen ist also eher auf soziale Konstruktionen zurückzuführen und weniger auf tatsächlicher Entsprechung bestimmter Eigenschaften.

Die aufgeführten Ursachen für eine eindimensionale Berufswahl beider Geschlechter sind also vielfältig, reichen von Stereotypen und Rollenvorstellungen über private und öffentliche Sozialisationsinstanzen bis zu der Personalpolitik der Arbeitgeber. Diese Spannbreite zeigt, dass Maßnahmen, die die bestehenden Verhältnisse verändern sollen, nicht an einem singulären Punkt ansetzen dürfen, sondern sich an ein breites Spektrum von Akteurinnen und Akteuren richten müssen.

4. Der Girls'Day – Mädchen-Zukunftstag als Anstoß zur Orientierung

Der Girls'Day ist ein Aktionstag, der sich speziell an Mädchen wendet mit dem Ziel, ihnen Anstöße zu einer Berufswahl aus einem breiteren Berufsspektrum zu geben. Gleichzeitig richtet der Tag sich auch an Unternehmen, Betriebe, Behörden und andere Institutionen, die als Arbeitgeber fungieren, um ihnen die Möglichkeit zu geben, sich mit der Thematik der geschlechtsspezifischen Berufsorientierung auseinander zu setzen und Strategien zu erproben.

Der alljährlich am vierten Donnerstag im April stattfindende Tag bietet Mädchen die Möglichkeit, in Unternehmen, Betrieben, Bildungseinrichtungen, Universitäten, Behörden und weiteren Organisationen einen Tag lang praktisch „frauenuntypische" Berufe zu erleben. In Werkstätten, Büros und Laboren können sie erste Einblicke in die Praxis wichtiger zukunftsträchtiger Bereiche der Arbeitswelt gewinnen. Sie können experimentieren und programmieren, das Innenleben eines Computers entdecken, Internetseiten erstellen oder eine Lichtschranke bauen, Technik verstehen und selbst ausprobieren. Durch den gebotenen Einblick, kombiniert mit der Erfahrung, dass praktische Tätigkeiten im technischen Bereich interessant und weniger schwierig als befürchtet sind, erleben die Mädchen Berufe, die ihnen für den eigenen Zukunftsweg eher unvorstellbar waren, als Optionen für spätere berufliche Tätigkeiten. Der Aktionstag richtet sich an Mädchen ab der fünften Jahrgangsstufe, um die Schülerinnen schon in einem Alter erreichen zu können, in denen sie noch keine Vorbehalte gegenüber als „frauenuntypisch" geltende Berufsfelder haben.

Für die Unternehmen und Institutionen bietet der Tag die Möglichkeit, junge Frauen anzusprechen, um ihnen zu verdeutlichen, dass das jeweilige Unternehmen ihnen eine interessante berufliche Zukunft bieten kann. Damit können sie den Schülerinnen signalisieren, dass sie als Arbeitskräfte erwünscht und gefragt sind und sich der Einsatz dafür, eine der jeweils vorgestellten Ausbildungen selber zu ergreifen, lohnt.

Zum ersten Mal wurde der Aktionstag im Jahr 2001 durchgeführt. Die Anzahl der Teilnehmenden stieg rasant; am Girls,Day – Mädchen-Zukunftstag 2005 nahmen den offiziellen Anmeldungen nach ca. 127.000 Mädchen und 7.000 Unternehmen, Betriebe und Institutionen teil.[1]

---

1 Die tatsächliche Zahl der teilnehmenden Schülerinnen und Unternehmen ist allerdings weit höher, da viele Kontakte zwischen Schülerinnen und Unternehmen auf informellem Wege zustande kamen und der Koordinierungsstelle somit nicht bekannt sind.

Der Tag wird von einer bundesweiten Koordinierungsstelle, Länderkoordinierungsstellen in den meisten Bundesländern sowie über 280 regionalen Arbeitskreisen vorbereitet, unterstützt und wissenschaftlich begleitet. Gefördert werden die Koordinierungsstellen vom Bundesministerium für Bildung und Forschung, vom Bundesministerium für Familie, Senioren, Frauen und Jugend sowie vom Europäischen Sozialfonds. Darüber hinaus wird die Durchführung des Girls,Day – Mädchen-Zukunftstags von einem breiten Aktionsbündnis, bestehend aus bundesweiten Zusammenschlüssen von ArbeitgeberInnen, ArbeitnehmerInnen und der Politik konzeptionell begleitet und mit einer breiten Öffentlichkeitsarbeit unterstützt.

Die Vermittlung der Mädchen an die einzelnen Aktionsplätze erfolgt über eine bundesweite „Aktionslandkarte" der Koordinierungsstelle. Die Anmeldungen von Schülerinnen und Unternehmen / Betrieben werden durch das regionale Engagement der Arbeitskreise unterstützt. Durch die Koordinierungsstelle werden auch Aktionsmaterialien erstellt und bundsweit verteilt. Die konkrete Durchführung liegt aber bei den Unternehmen, Betrieben und Institutionen, die sich bereit erklären, Mädchen an diesem Tag zu sich einzuladen und die das Aktionsprogramm in ihrem Hause planen und umsetzen sowie bei den Schulen, die den Aktionstag inhaltlich und organisatorisch begleiten.[2]

Das Konzept des Girls,Day – Mädchen-Zukunftstag beruht somit darauf, viele Akteurinnen und Akteure in beispielsweise Unternehmen, Bildungsinstitutionen, Verbänden und Vereinen, Stadtverwaltungen oder regionalen Agenturen für Arbeit mit einzubinden. Dies ermöglicht einerseits, ein Projekt dieses Umfanges und dieser Reichweite durchzuführen, da der Arbeitsaufwand und die Kosten auf viele Stellen verteilt werden. Andererseits werden die AkteurInnen durch ihre direkte Beteiligung dazu angeregt, sich aktiv mit der Thematik auseinander zu setzen und einzelne Maßnahmen möglicherweise auch über den Tag hinaus in ihrem Wirkungskreis aufzugreifen und weiterzuentwickeln. Auch im Rahmen des Aktionstages initiierte Kooperationen können über den Tag hinaus fortgeführt und etabliert werden.

Der Girls'Day wird seit 2002 im Rahmen einer jährlich stattfindenden Fragebogenerhebung evaluiert, die die Entwicklungen im Laufe der Durchführungsjahre des Aktionstages untersucht. Hierfür werden jeweils drei Gruppen bezüglich der Berufsorientierung von Schülerinnen befragt: Schülerinnen, Unternehmen / Betriebe sowie Schulen. Ausgewertet wurde 2005 ein Rück-

---

2 Eine ausführliche Darstellung der Durchführung des Girls`Day – Mädchen-Zukunftstags sowie der organisatorischen und institutionellen Hintergründe des Projektes finden sich in der Publikation „Von Null auf Hunderttausend", siehe Literaturverzeichnis.

lauf von 16.200 Fragebögen von Schülerinnen, 2.300 von Unternehmen/ Betrieben und 530 von Schulen.[3] [4]

5. Die berufliche Orientierung von Schülerinnen

Die Befragung der Schülerinnen im Rahmen der Evaluation des Mädchen-Zukunftstags soll u.a. darüber Aufschluss geben, inwieweit sie sich vorstellen können, in einem Beruf in Technik, Informationstechnik, Naturwissenschaften oder Handwerk tätig zu sein.[5] So wurden sie danach gefragt, in welchen Tätigkeitsbereichen sie sich vorstellen können, später zu arbeiten.

Abbildung 1: Präferierte berufliche Tätigkeitsfelder

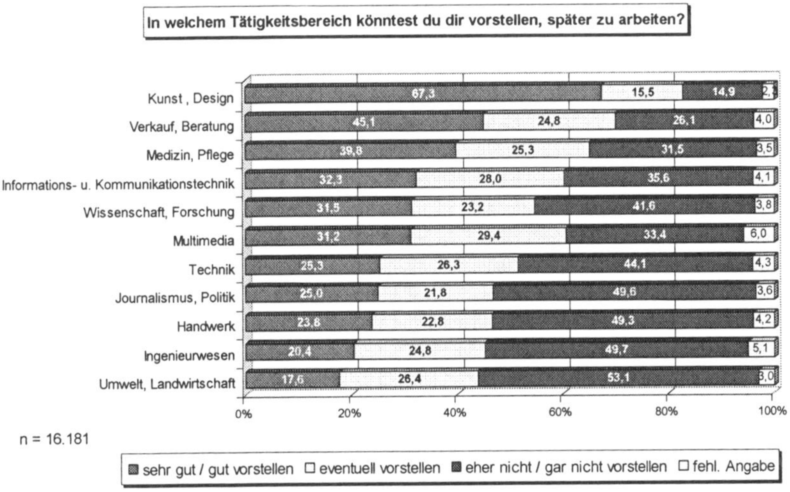

3 Die Mädchen wurden als eine repräsentative Stichprobe aus allen Teilnahmerinnen am Girls'Day gezogen. Alle teilnehmenden Organisationen, Unternehmen und Betriebe wurden befragt, so dass auch die Befragung dieser Gruppe repräsentative Ergebnisse bietet. Die Befragung der Schulen dagegen ist nicht repräsentativ, weil die mit Fragebögen angeschriebenen Schulen nicht nach dem Zufallsprinzip ausgewählt wurden, sondern aus einem Adressverteiler mit teilnehmenden Schulen stammen.

4 Die Ergebnisse der Evaluation werden jährlich in Buchform beim W.-Bertelsmann Verlag veröffentlicht. Die Evaluationsergebnisse 2005 werden im Frühjahr 2006 erscheinen.

5 Die befragten Schülerinnen waren größtenteils zwischen zwölf und 15 Jahren alt (64 %), und zu jeweils ca. 17 % entweder zwischen zehn und zwölf oder über 15 Jahren. Sie besuchten zu 42 % das Gymnasium, zu 29 % die Realschule, zu 14 % die Haupt- und zu 9 % die Gesamtschule.

Es zeigt sich, dass die Berufsfelder, die als typisch weiblich gelten, besonderen Anklang bei den Mädchen finden. Die meisten Nennungen verzeichneten die Bereiche Kunst / Design (67 %), Verkauf / Beratung (45 %) und Medizin / Pflege (40 %). Aber auch Bereiche, die männerdominiert sind, werden durchaus häufig genannt. So konnten sich 32 % gut vorstellen, im informations- und kommunikationstechnischen Bereich zu arbeiten. Selbst die stark männerdominierten Felder Technik, Handwerk und Ingenieurwesen wurden von jeweils zwischen 19 % und 23 % der Mädchen genannt.

Was verbinden die Mädchen mit Berufen in Technik und Naturwissenschaften? Um einen Eindruck davon zu erlangen, inwieweit die Schülerinnen gesellschaftliche Stereotype der Eigenschaften dieser Berufe übernommen haben, was sie an den Berufsbildern anzieht oder abschreckt, wurde ihnen eine Reihe von Aussagen über Berufe in Naturwissenschaften und Technik genannt, die sie als mehr oder weniger zutreffend bewerten sollten. Dabei ging es sowohl um Arbeitsbedingungen als auch um die Einschätzung der Charakteristika dieser Berufe.

Abbildung 2: Aussagen zu technischen und naturwissenschaftlichen Berufen

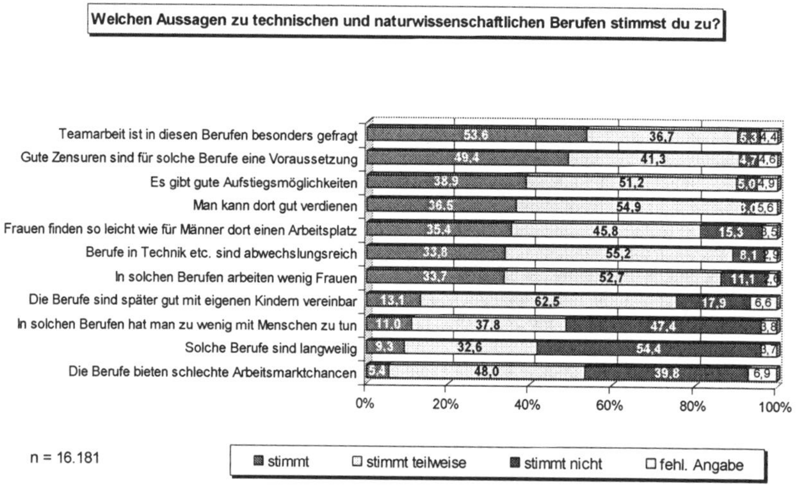

Am häufigsten wurde der Aussage zugestimmt, dass Berufe in Technik und Naturwissenschaften Teamarbeit erfordern: 54 % teilten diese Einschätzung und nur wenige Befragte lehnten sie ab (5 %). Das gesellschaftliche Vorurteil von „menschenscheuen Bastlern" in technischen Berufen wird von den Mädchen also nicht geteilt.

Ein weiteres Vorurteil bezüglich der Berufe in bisher männerdominierten Berufen ist, dass die Tätigkeiten in diesen Bereichen trocken und langweilig seien. Dieses Bild bestätigten die befragten Mädchen nicht: „Berufe in Technik, Informationstechnologie und Naturwissenschaften sind abwechslungsreich", fand ein Drittel der Mädchen und darüber hinaus stimmte über die Hälfte dieser Behauptung eingeschränkt zu. Während das gängige gesellschaftliche – vourteilsbehaftete – Bild von Berufen in der Technik eine eher menschenferne, trockene Tätigkeit widerspiegelt, gelten diese beruflichen Felder gleichzeitig im öffentlichen Diskurs als zukunftsträchtig, was die Einkommenshöhe, die Karrierechancen und die Arbeitsmarktlage anbelangt. Mehrere Items überprüften die Wahrnehmung dieser Faktoren durch die Mädchen. Tatsächlich wurden die Verdienst- und Aufstiegsmöglichkeiten der Berufe in Naturwissenschaften und Technik von jeweils über der Hälfte der Mädchen ambivalent eingeschätzt; dennoch fielen die Einschätzungen mit jeweils über einem Drittel eindeutiger Zustimmungen eher positiv aus.

Insgesamt zeigt die Analyse der Antworten der Mädchen zu der Fragestellung nach den Eigenschaften technischer und naturwissenschaftlicher Berufe, dass sie in ihren Nennungen ein relativ positives Bild von technisch-naturwissenschaftlichen Berufen gerade in den Punkten aufweisen, die oftmals als die besonders hinderlichen Faktoren bei der Orientierung hin zu diesen Berufen betrachtet werden: Die Schülerinnen gehen häufig davon aus, dass diese Tätigkeiten abwechslungsreich und kommunikativ sind. Dagegen sind ihnen die berufslaufbahnbezogenen Eigenschaften der Berufe, die gemeinhin als besonders positiv gewertet werden, nur teilweise bewusst.

Schülerinnen, die unterschiedliche Schultypen besuchen, weisen in der Beantwortung der Fragen teilweise differierende Präferenzen und Einschätzungen auf. Während einige Aspekte keine nennenswerten Unterschiede zwischen Schülerinnen verschiedener Schularten erkennen lassen, fallen in anderen Punkten Abweichungen auf. Ein Blick auf die Frage nach der Einschätzung von Eigenschaften technischer und naturwissenschaftlicher Berufe zeigt, dass die Schülerinnen der verschiedenen Schultypen mit diesen Berufsfeldern unterschiedliche Charakteristika verbinden: Hauptschülerinnen schätzen Berufe in der Technik verhältnismäßig seltener als abwechslungsreich ein (26 %; Gymnasiastinnen: 39 %).[6] Dagegen bewerten sie die Verdienstmöglichkeiten allerdings deutlich positiver als die Gymnasiastinnen (42 % versus 34 %). Die Aussagen der Schülerinnen der einzelnen Schultypen bezüglich verschiedener Berufsfelder, in denen sie sich eine spätere Tätigkeit vorstellen können, entsprechen teilweise den Chancen, die ihre voraussichtlichen Abschlüsse

6 Da leider keine gesonderten Befragungsergebnisse von Sonder- und Förderschülerinnen vorliegen, können hier nur die Befragungsergebnisse der Schülerinnen von Haupt- und Realschulen sowie Gymnasiastinnen verwendet werden. Da in den Fällen, in denen die Antworten der Schülerinnen der einzelnen Schultypen voneinander abweichen, regelmäßig die Antworten der Hauptschülerinnen und der Gymnasiastinnen die extremen Ausprägungen einnehmen, während die Antworten der Realschülerinnen ungefähr den Durchschnitt repräsentieren, werden hier die Rückmeldungen von Gymnasiastinnen und Hauptschülerinnen als Vergleichsdaten für die Antworten von relativ privilegierten versus eher benachteiligten Schülerinnen herangezogen.

ihnen bieten. So möchten Hauptschülerinnen seltener als Gymnasiastinnen in Wissenschaft und Forschung arbeiten, dagegen häufiger im Handwerk. Unabhängig von der Erreichbarkeit durch schulische Abschlüsse dürfte dagegen das allgemein gehaltene Item „Technik" in der Auflistung möglicher Berufsfelder sein, dessen Nennung allgemein die Affinität der Befragten zu technischen Berufen abbildet, ohne dabei ein spezifisches Berufsbild zu nennen. 31% der Hauptschülerinnen können sich gut vorstellen, später beruflich im technischen Bereich tätig zu sein, die befragten Gymnasiastinnen dagegen nur zu 13 %. Offensichtlich also liegt den Hauptschülerinnen der Gedanke an einen technischen Beruf sehr viel näher als den Gymnasiastinnen.

Bei der Betrachtung dieser Ergebnisse ist allerdings zu beachten, dass die Mädchen direkt im Anschluss an die Teilnahme am Girls,Day – Mädchen-Zukunftstag befragt worden sind, so dass anzunehmen ist, dass die Teilnahme am Aktionstag das Bild der Mädchen von den Eigenschaften der jeweiligen Berufe mitgeprägt hat. Die Gestaltung der Aktionsprogramme in den meisten Unternehmen, Betrieben und Institutionen basiert auf kommunikationsintensiven Einheiten und Aufgaben und verdeutlicht Mädchen somit besonders die abwechslungsreichen, menschenbezogenen Aspekte der jeweiligen Berufe. Die hier beschriebene Haltung der Schülerinnen zu technischen und naturwissenschaftlichen Berufen lässt sich also nicht für alle Mädchen der Altersklassen generalisieren, sondern ist wahrscheinlich teilweise auf den Erfolg des Girls,Day zurückzuführen. Unter Berücksichtigung dieser Tatsache zeigt sich hier, dass junge Frauen Berufe in Technik und Naturwissenschaften durchaus als interessante, abwechslungsreiche Tätigkeiten wahrnehmen – möglicherweise allerdings nur, wenn sie die positiven Aspekte der Tätigkeiten praktisch erfahren können.

Es lässt sich zeigen, dass der Girls'Day auf die berufliche Orientierung der Mädchen tatsächlich Einfluss nimmt (vgl. Abbildung 3). Viele Mädchen haben einen so positiven Eindruck von den vorgestellten Berufen gewonnen, dass sie diese für eine berufliche Zukunft in Betracht ziehen würden. 47 % gaben an, Berufe kennen gelernt zu haben, die sie interessieren, und 30 % konnten sich vorstellen, in den jeweiligen Berufen später zu arbeiten. 5 % erklärten, am Girls,Day – Mädchen-Zukunftstag ihren Wunschberuf gefunden zu haben.

Auch hier zeigen sich wieder auffällige Unterschiede zwischen Schülerinnen unterschiedlicher Schultypen: Hauptschülerinnen gaben über doppelt so häufig wie Gymnasiastinnen an, am Aktionstag einen neuen Wunschberuf gefunden zu haben (7 % versus 3 %) und fühlten sich häufiger durch die praktische Erfahrung in einem schon vorher gehegten Berufswunsch bestätigt (8% versus 5 %). Somit hat ihre Erfahrung am Mädchen-Zukunftstag sie öfter als die Gymnasiastinnen zu einer verbalen Festlegung auf einen bestimmten vorgestellten Beruf bewegt – während die eher allgemein gehaltenen Interessenäußerungen, die die anderen Items darstellen, von Schülerinnen unterschiedlicher Schultypen gleich beantwortet wurden. Allerdings ist beinahe ein Fünftel der Hauptschülerinnen am Aktionstag eher abgeschreckt worden, so dass ihr Statement lautete: „Ich weiß jetzt, was ich nicht machen will". Die Gymnasiastinnen antworteten dagegen nur zu 12 % in diesem Sinne. Die Hauptschülerinnen sind also anscheinend eher als die Gymnasiastinnen bereit, die Erfahrungen, die sie am Aktionstag gemacht haben, in konkrete Zukunftsvisionen bezüglich der jeweiligen vorgestellten Berufe umzusetzen – seien diese nun positiv oder negativ.

Abbildung 3: Auswirkungen des Girls,Day auf den Berufswunsch

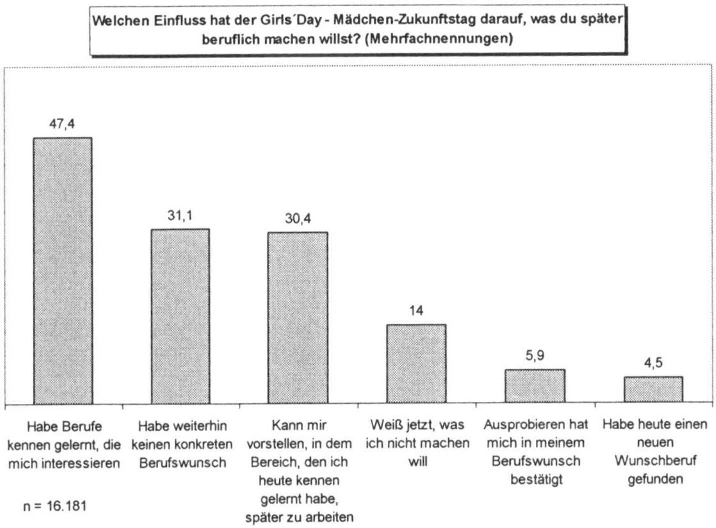

Die Statements der Schülerinnen im Anschluss an den Girls'Day müssen als Momentaufnahmen begriffen werden, da davon auszugehen ist, dass die Eindrücke vom Tag im Laufe der Zeit an Bedeutung verlieren und durch andere Einflüsse überlagert werden. Um den Schülerinnen die Möglichkeit zu geben, den Aktionstag optimal zu nutzen, ist es wichtig, ihnen weitere Aktivitäten, Projekte und Maßnahmen anzubieten, in denen sie die Erfahrungen vertiefen können, die sie am Mädchen-Zukunftstag gemacht haben. Zum einen ist eine inhaltliche Auseinandersetzung mit dem Thema der geschlechtsspezifischen Berufsorientierung unerlässlich – z.B. durch die Schulen und durch komplementäre Angebote der Jugendhilfe zur Berufs- und Lebensplanung. Zum anderen können die zahlreichen Angebote wie Betriebspraktika, Schnuppertage in Unternehmen und Universitäten oder Mädchen-Technik-Projekte dazu beitragen, dass die Mädchen überprüfen können, ob sie die Berufsfelder auch nach einer intensiveren Auseinandersetzung als attraktiv einstufen. Eine Teilnahme am Girls'Day an mehreren Jahren in Folge in altersgerecht konzipierten Aktionsprogrammen, in denen die Mädchen verschiedene Berufsbereiche kennen lernen können, kann die berufliche Orientierung optimieren.

Die Befragung der Unternehmen, Betriebe und Institutionen gibt Aufschluss darüber, inwieweit der Girls'Day in möglicher Kombination mit anderen Angeboten tatsächlich junge Frauen zu Bewerbungen um Praktika oder Ausbildungsplätze in den Organisationen animiert hat, die sie am Girls'Day besucht haben. Von den Organisationen, die schon in mindestens einem der Vorjahre am Mädchen-Zukunftstag ein Aktionsprogramm durchgeführt haben, gaben 22 % an, dass sich frühere Girls'Day-Teilnehmerinnen später bei ihnen beworben haben. Offensichtlich hat ein Teil der Mädchen aufgrund der Inhalte der vorgestellten Berufe, des Einblicks in den Arbeitsalltag in den jeweiligen Organisationen sowie aufgrund des Einsatzes, den die Organisationen aufwiesen, um ihnen dieses zu präsentieren, die jeweiligen Berufslaufbahnen als passend eingeschätzt.

6. Initiierung von Kooperationen von Schulen und Betrieben

Eine breite und erfolgreiche Durchführung des Girls'Day ist darauf angewiesen, dass der Tag getragen wird von veranstaltenden Unternehmen und Betrieben, von den Schulen und von weiteren Stellen, die den Tag koordinierend, durch das Durchführen von Aktionen und Veranstaltungen oder durch Öffentlichkeitsarbeit unterstützen. Diese Akteurinnen und Akteure auf lokaler, regionaler, aber auch landes- und bundesweiter Ebene entwickeln anlässlich des Girls'Day zusammen Aktivitäten und Maßnahmen, um den Tag fruchtbar durchzuführen, seine Inhalte öffentlich zu Diskussion zu stellen sowie zu verbreiten und geschlechtsspezifische Berufsorientierung zu einem öffentlich beachteten Thema zu machen. Teils sind die Akteurinnen und Akteure schon lange im Feld geschlechtsspezifischer Arbeit oder Mädchenarbeit aktiv und nutzen den Aktionstag, um ihre Arbeit durch ein öffentlich stark beachtetes Ereignis wie den Girls'Day stärker nach außen tragen zu können, aber auch als gut kommunizierbaren Anlass, um andere Akteurinnen und Akteure wie Unternehmen, aber auch Institutionen, Schulen, Verbände und Vereine, Kammern, politische Zusammenhänge und auch Medien anzusprechen, zu einer Zusammenarbeit zu bewegen und die entstandenen Kontakte für weitere Kooperationen zu nutzen. Derlei Akteurinnen sind beispielsweise kommunale Gleichstellungsbeauftragte, Beauftragte für Chancengleichheit der regionalen Agenturen für Arbeit, Mädchenverbände oder -projekte, aber auch engagierte Lehrkräfte oder Unternehmen, die bereits aktiv in der Frauenförderung sind. Für andere Akteurinnen und Akteure dagegen ist der Mädchen-Zukunftstag einer der ersten Anlässe, zu dem sie sich mit der Thematik der geschlechtsspezifischen Berufsorientierung befassen. Sie nutzen den inzwischen sehr bekannten Aktionstag entweder, um einen konkreten Rahmen zu haben für ein schon länger geplantes Engagement für die Erweiterung des Berufswahlspektrums von Mädchen oder aber wurden durch engagierte Personen oder Institutionen angeregt, sich zu beteiligen. Dies gilt beispielsweise für Schulen oder auch Betriebe, die noch keine Aktivitäten bezüglich geschlechtsspezifischer Berufsorientierung durchgeführt haben. Diesen Akteurinnen und Akteure kann der Girls'Day als passender Rahmen dienen, sich mit der Thematik auseinander zu setzen und – ggf. mithilfe von Anregungen durch die bundesweite Koordinierungsstelle – Konzepte zu entwickeln, die am Aktionstag und auch über den Tag hinaus greifen. So können Schulen Unterrichtseinheiten zu geschlechtsspezifischer Berufsorientierung entwickeln und Unternehmen und Betriebe Konzepte erproben, wie junge Frauen anzusprechen sind und wie Angebote gestaltet sein können, die von Schülerinnen als interessant empfunden werden.

Was ist besonders wichtig, um Schülerinnen für Berufe in Technik, Informationstechnik, Naturwissenschaften und dem Handwerk zu gewinnen?

Abbildung 4: Unternehmen und Betriebe: Einschätzung von Maßnahmen

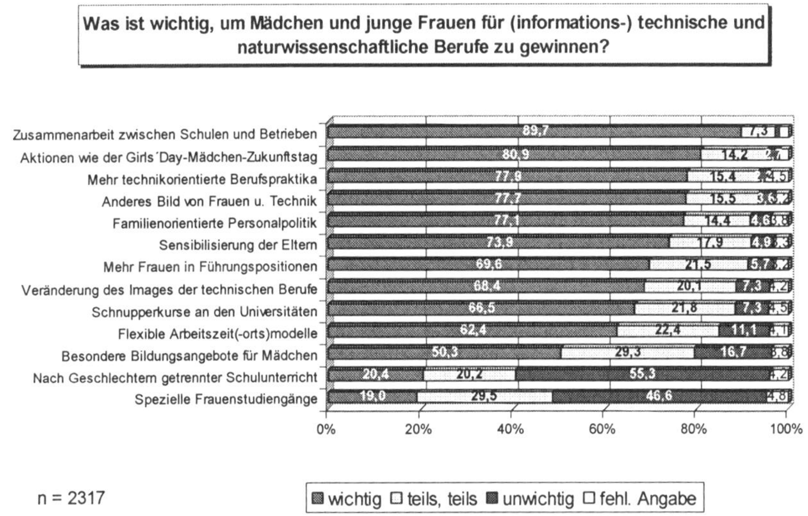

Diese Frage wurde sowohl an die teilnehmenden Unternehmen und Betriebe als auch an die Schulen gestellt. Einhellig waren beide Befragungsgruppen der Meinung, dass Kooperationen zwischen Unternehmen und Schulen das wichtigste Element seien – beide Befragungsgruppen nannten dieses Item zu

90 %. Daneben wurden von beiden Befragungsgruppen viele weitere Elemente als wichtig bezeichnet. Die Unternehmen legten dabei den Schwerpunkt stärker auf praktische Erfahrungen der Mädchen im betrieblichen Arbeitsablauf wie die Teilnahme am Girls'Day und Betriebspraktika, die Schulen betonten stärker die Veränderung gesellschaftlicher Stereotype und die verstärkte Durchführung von Bildungsangeboten.Die praktische Umsetzung der als erfolgreich betrachteten Maßnahmen erfolgte nur bei einem Teil der befragten Gruppen. Die Unternehmen und Betriebe kooperierten zu 41 % mit Schulen und boten zu einem Drittel technikorientierte Berufspraktika oder Schnuppertage für Schülerinnen an. Die befragten Schulen dagegen gaben nur zu 36 % an, überhaupt diesbezügliche Maßnahmen für Schülerinnen durchzuführen. Aus dieser Gruppe führten 55 % Kooperationen mit Betrieben durch, 43 % boten Angebote nur für Schülerinnen an wie beispielsweise Computerkurse oder Mädchen-Technik-AGs. 24 % führten technikorientierte Berufspraktika für die Schülerinnen durch.

Abbildung 5: Maßnahmen in den Unternehmen / Betrieben

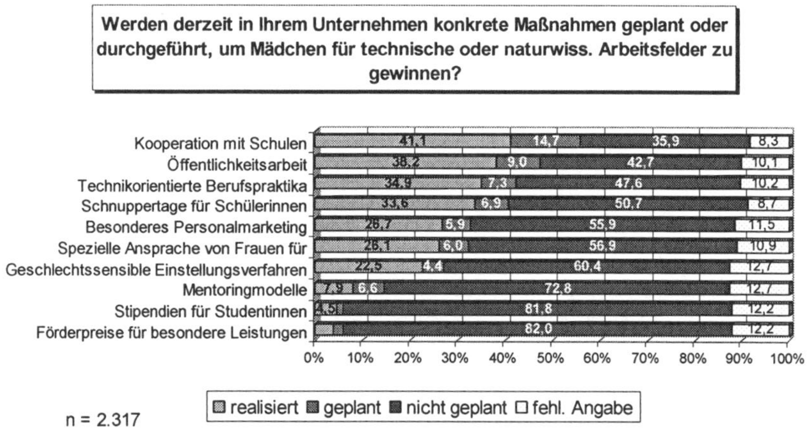

Es ist also festzustellen, dass viele Unternehmen, Betriebe und Institutionen durchaus engagiert für eine Erweiterung des Berufswahlspektrums von Mädchen eintreten und auch eine ganze Reihe von Schulen ein großes Engagement aufweist. Dennoch ist wünschenswert, dass noch mehr Organisationen und Schulen Maßnahmen ergreifen, die sich diesbezüglich an Mädchen richten.

Eine Zunahme von Aktivitäten erfordert in erster Linie an stabiles Netzwerk an Kooperationspartnern, mit denen sich Vorhaben verwirklichen lassen. Diese lassen sich auch bei einer Teilnahme am Girls'Day aufbauen: Sowohl die Schulen als auch die Unternehmen / Betriebe, die schon in den Vorjahren am Girls'Day teilgenommen haben, gaben bei der Befragung 2005 häufiger als die Ersteilnehmenden an, Maßnahmen durchzuführen. Dies galt besonders stark für Maßnahmen, die in auf einer Zusammenarbeit von Schulen und Unternehmen beruhen, wie Schnuppertage und Praktika (Frauen geben Technik neue Impulse 2005: 80 f; 95 f). Die Teilnahme am Girls'Day kann also zu einem insgesamt größeren Engagement der Akteurinnen und Akteure bezüglich geschlechtsspezifischer Berufsorientierung beitragen.

7. Der Girls'Day als Aktionstag zur Berufsorientierung in der Jugendhilfe

14 % der Schülerinnen, die 2005 am Mädchen-Zukunftstag teilgenommen haben, waren Hauptschülerinnen, Gymnasiastinnen waren dagegen zu 42 % vertreten. Da diese numerischen Verhältnisse jeweils ungefähr dem Anteil an Schülerinnen in Deutschland entsprechen, die die jeweiligen Schultypen besuchen, lässt sich nicht von einer anteilmäßigen Unterrepräsentanz der Hauptschülerinnen sprechen. Nichtsdestotrotz ist es wünschenswert, dass am Girls'Day in höherem Maße auch Schülerinnen vertreten sind, die Schulen mit niedriger qualifizierendem Abschluss besuchen, da es für gerade diese Gruppen mit ungünstigen Ausgangsbedingungen und eingeschränkten Chancen wichtig ist, Alternativen zu den herkömmlichen Berufswahlmustern kennen zu lernen und weitere Perspektiven zu sehen. Dies gilt auch für die Schülerinnen von Sonder- und Förderschulen, die bisher nur in relativ geringer Zahl am Aktionstag teilnehmen.

Gerade für Schülerinnen mit schlechten Startchancen kann der Girls'Day als niederschwelliges Angebot von großem Nutzen sein. Hier können sie sich unverbindlich in Bereichen umschauen, die ihnen zunächst entlegen scheinen mögen. Möglicherweise können die Anregungen aber ihr Interesse wecken, darauf aufbauende Fördermaßnahmen in ähnlichen Bereichen zu ergreifen. Da sich bei Hauptschülerinnen stärker als bei Gymnasiastinnen zeigt, dass die am Mädchen-Zukunftstag vorgestellten Berufe ihr Interesse wecken und dass sie im Rahmen des Aktionstages einen positiven Eindruck von Berufen in Technik oder im Handwerk gewinnen, ist gut vorstellbar, dass dies insgesamt für einen Teil der Schülerinnen mit schlechten Startchancen gilt, seien es Haupt- oder auch Förderschülerinnen.

In den Fördermaßnahmen der Jugendberufshilfe finden sich überwiegend junge Männer ohne Schulabschluss und junge Frauen mit Schulabschluss (Schittenhelm 2001). Dies weist darauf hin, dass es diesen Frauen trotz der erfolgreichen Beendung der Schullaufbahn nicht gelungen ist, sich in den ersten Ausbildungsmarkt einzugliedern. Auch für diese Gruppe ist es wichtig, sich in einem möglichst breiten Spektrum angebotener Ausbildungsmöglichkeiten in der Jugendhilfe orientieren zu können, besonders, weil die angebotenen „frauentypischen" Berufe wenig zukunftsträchtig sind. Alternativen können ihnen neue berufliche Möglichkeiten eröffnen.

Viele Unternehmen und Betriebe sind allerdings eher interessiert daran, Gymnasiastinnen oder Realschülerinnen zum Girls'Day einzuladen, da die Abschlüsse dieser Schulzüge ihren Einstellungsbedingungen entsprechen. Für Hauptschülerinnen oder gar Schülerinnen von Förder- oder Sonderschulen ist auch auf dieser Ebene der Zugang erschwert. Sie bedürfen deshalb verstärkt der Unterstützung von außen, sei es durch Lehrerinnen und Lehrer oder durch Akteurinnen aus Institutionen und Projekten der Jugendhilfe. So zeigt die Evaluation des Girls'Day auch, dass Hauptschülerinnen häufiger als Gymnasiastinnen Hilfestellung durch die Lehrenden beim Finden eines Aktionsplatzes erhalten. Das Prinzip des Mädchen-Zukunftstags, dass die einzelnen Akteurinnen und Akteure in Kontakt treten müssen, um durch Kooperationen gewinnbringende Aktionen zu gestalten, gilt hier einmal mehr. Der Girls'Day kann als Anregung dienen, gezielte Maßnahmen durchzuführen und Konzepte zu entwickeln, die auf eine Erweiterung des Berufswahlspektrum zielen und dabei die individuellen Potenziale und Interessen zum Ausgangspunkt machen. Gerade weil es in der Jugendhilfe noch immer an geschlechtsbezogener Unterstützung der beruflichen Orientierung mangelt (Frank 2003), kann der Tag eine Möglichkeit zur Initiierung und Entwicklung von Aktivitäten darstellen, die auch über den Tag hinaus wirksam sind.

8. Literatur

Bundesagentur für Arbeit/KMK (2004): Rahmenvereinbarung über die Zusammenarbeit von Schule und Berufsberatung zwischen der Kultusministerkonferenz und der Bundesagentur für Arbeit. Internetquelle www.kmk.org/aktuell/RV_Schule_Berufsberatung.pdf

Bundesministerium für Bildung und Forschung (Hrsg.) (2005): Berufsbildungsbericht. Bonn

Bundesministerium für Bildung und Forschung (Hrsg.) (2003): Berufsbildungsbericht, Bonn

Faulstich-Wieland, Hannelore/Nyssen, Elke (1998): Geschlechterverhältnisse im Bildungssystem – Eine Zwischenbilanz. In: Rolf, Hans-Günter/Bauer, Karl-Oswald/Klemm, Klaus (Hrsg.): Jahrbuch der Schulentwicklung, Ausgabe Nr. 10. Weinheim, S. 163-199

Faulstich-Wieland, Hannelore (2004): Mädchen und Naturwissenschaften in der Schule. Expertise für das Landesinstitut für Lehrerbildung und Schulentwicklung Hamburg. Hamburg. Internetquelle www.erzwiss.uni-hamburg.de/personal/faulstich-wieland/Expertise.pdf

Faulsstich-Wieland, Hannelore; Weber, Martina; Willems, Katharina (2004): Doing Gender im heutigen Schulalltag. Weinheim / München

Frank, Monika (2003): Mädchen und junge Frauen in der Jugendberufshilfe. In: Betrifft: Mädchen. Weiteres Berufsraten – Lebens- und Berufsplanung von Mädchen. Heft 2, S. 11-14

Frauen geben Technik neue Impulse e.V. (Hrsg.) (2005): Wentzel, Wenka. Girls'Day – Mädchen-Zukunftstag. Ein Tag zur Erweiterung des Berufswahlspektrums von Mädchen in Deutschland und vier weiteren europäischen Staaten. Evaluationsergebnisse 2004. Bielefeld

Frauen geben Technik neue Impulse e.V. (Hrsg.) (2004): Von null auf hunderttausend. 4 Jahre Girls'Day – Mädchen-Zukunftstag. Bielefeld

Granato, Mona/Schittenhelm, Karin (2003): Wege in eine berufliche Ausbildung: Berufsorientierung, Strategien und Chancen junger Frauen an der ersten Schwelle. In: ibv: Informationsdienst für Beratungs- und Vermittlungsdienste der Bundesanstalt für Arbeit, April 2003, S. 1049-1070

Granato, Mona/Schittenhelm, Karin (2000): Junge Frauen im Übergang zwischen Schule und Beruf: Chancen und Perspektiven. In: Bundesministerium für Familie, Frauen, Senioren, Jugendliche und Stiftung SPI (Hrsg.): Mädchen in sozialen Brennpunkten. Berlin, Bonn

Hoose, Daniela/Vorholt, Dagmar (1996): Sicher sind wir wichtig – irgendwie!? Der Einfluss von Eltern auf das Berufswahlverhalten von Mädchen. Untersuchung im Auftrag des Senatsamtes für die Gleichstellung Freie und Hansestadt Hamburg. Senatsamt für die Gleichstellung, Hamburg

Lemmermöhle, Doris (2001): Berufs- und Lebenswegplanung - gleiche Spielregeln für Mädchen und Jungen. In: Projektgruppe Berufsorientierung in Südniedersachsen (Hrsg.): Von „No-Future" keine Spur. Göttingen, S. 3-9

Lemmermöhle, Doris (2002): Neue Chancen – Alte Zwänge? Berufsfindungsprozesse junger Frauen. In: Dokumentation der Fachtagung „Arbeit und Geschlecht" vom 20. März 2002, Frau und Beruf Bottrop (Hrsg.). Bottrop

Nissen, Ursula/Keddi, Barbara/Pfeil, Patricia (2003): Berufsfindungsprozesse von Mädchen und jungen Frauen. Erklärungsansätze und empirische Befunde. Opladen

Ostendorf, Helga (2005): Steuerung des Geschlechterverhältnisses durch eine politische Institution. Die Mädchenpolitik der Berufsberatung. Opladen

Plicht, Hannelore/Schreyer, Franziska (2002): Ingenieurinnen und Informatikerinnen. Schöne neue Arbeitswelt? IAB Kurzbericht. Aktuelle Analysen aus dem Institut für Arbeitsmarkt- und Berufsforschung der Bundesanstalt für Arbeit. Ausgabe Nr. 11

Reinberg, Alexander/Hummel, Markus (2004): Fachkräftemangel bedroht Wettbewerbsfähigkeit der deutschen Wirtschaft. In: Aus Politik und Zeitgeschichte. Bundeszentrale für politische Bilddung (Hg.), S. 3-10

Schittenhelm, Karin (2001): Wege in den Beruf? : Mädchen und junge Frauen in der Jugendberufshilfe. In: SOS-Dialog, S.12-17

Kooperationsmanagement von Netzwerken im Übergang Schule – Beruf

Holger Spieckermann

1. Einleitung

Der Übergang zwischen Schule und Beruf stellt nicht nur für die Jugendlichen, die die Schule verlassen und in die Berufswelt eintreten sollen, eine Herausforderung dar. Auch die professionellen Akteure, die diesen Übergang begleiten, sind vor Herausforderungen gestellt, die sich von den traditionellen Aufgabenstellungen in der sozialen Arbeit unterscheiden. Schule und Beruf sind in zwei unterschiedlichen administrativen Systemen angesiedelt und folgen der Logik ihrer aus der Tradition entwachsenen Handlungsrationalitäten (Kraimer 2005), die eine Grenzüberschreitung zwischen den Systemen und den Aufbau von Kooperationsstrukturen erschweren. Eine Änderung in dem jeweiligen System kann nicht von außen, sondern nur von innen oder durch die Änderung von äußeren Rahmenbedingungen erfolgen. So plädiert Greese (2005) dafür, die Trennung von Erziehung und Bildung aufzuheben und aus der Landesverantwortung in die kommunale Verantwortung zu geben. Es gibt aber auch Erkenntnisse aus empirischen Untersuchungen, die Hinweise auf erfolgreiches Netzwerkmanagement im Übergang Schule – Beruf in den derzeitigen Verwaltungsstrukturen geben.

Bange/Eberle (2003) kommen im Rahmen eines Modellprojektes zur Kooperation von Jugendhilfe und Schule zu der Erkenntnis, dass nur mit einem konsequenten Projektmanagement, der Definition und Kontrolle von Zielen die erforderliche Nachhaltigkeit erreicht werden kann. Im Rahmen einer Untersuchung zur Schule im Stadtteil in Gebieten des Bund-Länder-Programms „Soziale Stadt“ wird die Herbeiführung einer politischen Entscheidung, die Schulentwicklung als ein prioritäres Handlungsfeld festlegt, als Vorraussetzung hervorgehoben (Olejniczak/Schaarschmidt 2005). Die Autorinnen stellen fest, dass eine Mitwirkung von Schulakteuren in den Stadtteilgremien der untersuchten Stadtteile weitgehend vollzogen wurde, aber nur aufgrund neuer Kooperations- und Arbeitsformen gelingen konnte. Die Optimierung der Steuerungsstrukturen, die Stärkung von Netzwerkkompetenzen, die Netzwerkanalyse und die Weiterentwicklung von Netzwerkstrukturen werden als Empfehlungen für die Weiterführung der Kooperationen formuliert.

Auf den Aspekt der Fortbildung und des Trainings als systemisches Element der Netzwerkarbeit weist auch Czermanski (2003) zur Netzwerkarbeit in Schulen hin. Die Kooperation muss freiwillig sein, es muss klare Verantwortlichkeiten und Spielregeln geben, der Nutzen der Investition in die Kooperationen muss vermittelt werden. Entscheidend sind persönliche Begegnungen als Basis für die Schaffung von vertrauensorientierten Beziehungen. Für die Netzwerkarbeit in der Schule sind die Unterstützung der Schulleitung und der Einbezug der Schulaufsicht unabdingbar.

Diese empirischen Befunde aus dem Bereich Schule und Jugendhilfe decken sich mit grundsätzlichen Erkenntnissen zum Netzwerkmanagement (Schubert 2005, Spieckermann 2005). Im Bereich Schule und Jugendhilfe wird auch immer die Forderung nach einer Institutionalisierung der geschaffenen Netzwerkstrukturen gestellt, um sie langfristig abzusichern (Florecke/Holtappels 2004). Erkenntnisse aus dem Übergangsmanagement in Köln zeigen, dass die institutionelle Verstetigung des Kooperationsmanagements davon abhängig ist, welches Netzwerkziel angestrebt wird. Eine Institutionalisierung systemübergreifender existierender Netzwerkstrukturen bedarf eines längeren Zeithorizontes, während eine formelle Verankerung von thematischen Kooperationsfeldern eher gelingen kann. Im Folgenden soll anhand eines Kölner Beispiels dargelegt werden, wie das Netzwerkmanagement auf verschiedenen Hierarchieebenen konzeptionell angelegt und umgesetzt wurde. Bestandteil des aus EU-Mitteln geförderten Programms war eine prozessbegleitende Evaluation, die ihren Schwerpunkt auf die Evaluierung der Kooperation gelegt hat (Spieckermann 2003). Die Ergebnisse zeigen anhand einer Netzwerkanalyse die entstandenen Vernetzungsstrukturen zwischen Schule, Jugendhilfe und der kommunalen Verwaltung. Zusätzlich wurden Erfolgsfaktoren wie Informationsfluss, vertrauensorientierte Beziehungen, Verbindlichkeit und Effektivität der Netzwerkarbeit regelmäßig im Projektverlauf erhoben. In welchen Formen eine institutionelle Absicherung erfolgt ist, wird an Projektbeispielen aus dem Kölner Übergangsmanagement Schule – Beruf verdeutlicht.

2. Übergangsmanagement Schule – Beruf in Köln

Ausgangspunkt ist die Jugendarbeitslosigkeit, als einem zentralen sozialen Problem in Köln. Es ging darum, ein Übergangsmanagement zu installieren, das die direkte Überleitung von Schule in Ausbildung und Arbeit nachhaltig verbessert. Dieses Übergangsmanagement hat durch entsprechende Gremien eine koordinierende Funktion mit Verantwortlichkeiten auf der Ebene der Gesamtstadt und in den abgebenden und aufnehmenden Institutionen. Das Vorhaben wurde durch die EU-Programme BESCHÄFTIGUNG und EQUAL gefördert (Reiberg 2001) und hat in den vergangenen Jahren die Strukturen des Übergangsmanagements aufgebaut. Es sollte eine Arbeitsstruktur weiterentwickelt werden, die in Form eines Schnittstellenmanagements die Arbeitsbereiche Schulen, Maßnahmeträger und Betriebe miteinander verbindet. Im Zentrum des Übergangsmanagement steht die gezielte Förderung der Kooperation zwischen den Akteuren, die in dem Schnittstellenbereich Übergang Schule – Beruf tätig sind. Handlungsfelder sind unter anderem:

- das Praxisangebot in den Betrieben,
- die betrieblichen Akteuren im Berufsorientierungsprozess der Schulen,
- die Entwicklung von Initiativen zur Ausweitung des Ausbildungsplatzangebotes,
- die personale und mediale Präsenz der Arbeitsmarktakteure im Berufsorientierungsprozess der Sekundarstufe I,
- Zusammenarbeit von abgebenden Sekundarstufe I-Schulen und den aufnehmenden Berufskollegs bzw. Maßnahmeträgern,
- Optimierung didaktischer Ansätze im Bereich der Vermittlung von Deutsch und Mathematik/ Naturwissenschaften,
- Optimierung der Projekt- und Maßnahmelandschaft.

Ein Hauptaugenmerk liegt auf jugendlichen Zielgruppen, die in besonderer Weise gefördert werden müssen wie jugendliche Migranten, Jugendliche mit Sonder- oder Hauptschulabschluss oder Mädchen mit Migrationshintergrund. Das Ziel besteht darin, die direkten Beziehungen zwischen dem Schul- und Qualifizierungsbereich und dem ersten Arbeitsmarkt inhalts- und zielgruppenbezogen zu stärken.

Die beschriebenen Themenfelder und Ziele wurden von 2002 bis 2004 in zwölf Einzelprojekten im Rahmen der EU-Gemeinschaftsinitative EQUAL[1] konkretisiert. Der thematische Schwerpunkt und die Zielgruppen der zwölf Teilprojekte sind nur mittelbar die benachteiligten Jugendlichen. Der Ansatz zielt auf eine Stärkung der intermediären Strukturen im Übergang Schule – Beruf. Es geht beispielsweise um die Erarbeitung von Weiterbildungskonzepten, die Entwicklung von Weiterbildungsmaterialien oder Handreichungen, die Schulung von Trainern oder Lehrern, um Vermittlungsprozesse zu begleiten. Dies soll durch die Etablierung von neuen Kooperationen zwischen den verschiedenen Einrichtungen beim Übergang von der Schule in den Beruf, beispielsweise zwischen Schule, Agentur für Arbeit, Handwerksbetrieben oder IHK, geschehen. Neben dieser vertikalen Vernetzung soll eine horizontale oder Quervernetzung etabliert werden, in dem sich positive Erfahrungen und Verfahrensweisen für andere Teilprojekte nutzen lassen. Dies führt zu

---

1 Die aus dem Europäischen Sozialfonds geförderte Gemeinschaftsinitiative EQUAL zielt darauf ab, neue Wege zur Bekämpfung von Diskriminierung und Ungleichheiten von Arbeitenden und Arbeitsuchenden auf dem Arbeitsmarkt zu erproben (www.equal.de).

Lösungsansätzen, die sich auf andere Teilprojekte übertragen oder verallgemeinern lassen. Die Entwicklungspartnerschaft wird also zum aktivierenden Faktor im Rahmen bestehender Strukturen, sucht diese zielorientiert weiterzuentwickeln und mittelfristig in das Regelsystem zu überführen.

2.1 Netzwerken für das Mainstreaming - Erfolgskriterien der Entwicklungspartnerschaft

Unter Mainstreaming wird die Vermittlung und Verbreitung der Projektergebnisse verstanden. Entscheidend für den Erfolg ist letztlich die Frage, inwieweit Innovationen erfolgreich von der Modellebene in die arbeitsmarktpolitischen Instrumente transferiert werden können. Die Mainstreamingaktivitäten umschließen zwei Zielrichtungen:

- Horizontales Mainstreaming zielt darauf ab, die entwickelten innovativen Handlungsansätze für die Bedürfnisse anderer Projektträger aufzubereiten und die Verbreitung in der Praxis sicherzustellen.
- Vertikales Mainstreaming hat zum Ziel, die Innovationen für die Weiterentwicklung der Berufsbildungs- und Arbeitsmarktpolitiken auf Bundes- und Länderebene sowie auch auf kommunaler Ebene fruchtbar zu machen (BMWA 2004).

Die Evaluation des Innovationsnetzwerkes Köln, eines Vorläuferprojektes der jetzigen Entwicklungspartnerschaft, kommt zu der Erkenntnis, dass Netzwerkmanagement als eine Kernkompetenz und Erfolgsbedingung gelten kann (Kohlmeyer/ Mauruszat/ Seyfried 2000, Petran/Winter 2001, Petran/Vornhoff 2001). Entsprechend ist ein entscheidendes Instrument zur Erreichung des Ziels der EQUAL-Entwicklungspartnerschaft in Köln das Netzwerkmanagement zwischen den verschiedenen Akteuren. Die Prozessqualität bzw. der Output ist hier der Aufbau neuer Formen der Kooperation und von Vernetzungsstrukturen. Es ist geplant, Lernprozesse zwischen den Teilprojekten und verschiedenen Gremien zu initiieren, um innovative Lösungsstrategien der Zusammenarbeit zu entwickeln.

Unter Kooperation wird hier mehr als soziale Beziehungen oder locker geknüpfte Netzwerke verstanden. Kooperation ist eine auf zeitliche Dauer angelegte, kontinuierliche Zusammenarbeit zwischen zwei oder mehr Partnern, die der Erreichung eines bestimmten Ziels dient. Sie ist mit einem formalen Grundgerüst ausgestattet, um ein Mindestmaß an Verbindlichkeit zwischen den Beteiligten herzustellen. Die konkrete Ausgestaltung kann sich in einem Spektrum zwischen reinen Beratungsfunktionen und Sitzungsteilnahmen bis zu konkreten vertraglichen Vereinbarungen erstrecken. Im Unterschied zu informellen Beziehungsnetzen sind eine gemeinsame Werteebene und interpersonale Sympathie zwar hilfreich, aber nicht zwingend notwendig.

Entscheidend für den Erfolg ist einerseits die *formale Organisationsstruktur* des Netzwerkes. Zentrale Qualitätskriterien sind:

- die Trennung zwischen strategischer und operativer Handlungsebene,
- die Schaffung von geeigneten Gremien und Organisationsformen auf den verschiedenen Hierarchieebenen,
- die Kooperationsformen zwischen den Gremien sowie
- die formale Absicherung und die Regularien der Kooperation.

Ein weiteres Erfolgskriterium ist auf der anderen Seite das *Netzwerkmanagement*, d.h. die konkrete Organisation und Umsetzung der Kooperation im Rahmen der formalen Organisationsstruktur. Entsprechende Ansatzpunkte des Netzwerkmanagements sind u.a.:

- klare personelle bzw. institutionelle Zuständigkeiten,
- die Sicherung des Informationsflusses,
- die Etablierung von gemeinsamen Kommunikationsformen,
- die zentrale Koordination der Entwicklungspartnerschaft,
- die Koordination der einzelnen Gremien,
- die Einführung von Prinzipien des Projektmanagements,
- die Schaffung von informellen Vernetzungen zwischen den Akteuren.

Die Überprüfung der Kooperations- und Netzwerkstrukturen erfolgt im Rahmen der Evaluation der Entwicklungspartnerschaft Köln sehr differenziert mit den Methoden der sozialen Netzwerkanalyse und der teilnehmenden Beobachtung durch die prozessbegleitende Evaluation.

3. Ergebnisse der Netzwerkanalyse

Viele Aspekte des Netzwerkmanagements sind in der formalen Konstruktion der Entwicklungspartnerschaft bereits berücksichtigt und installiert. Die formale Organisationsstruktur bietet einen klar definierten institutionellen Rahmen und verbindliche Strukturen. Die Geschäftsführung übernimmt das Management der Entwicklungspartnerschaft, ist Ansprechpartner bzw. Vermittler in allen zentralen Fragen und übernimmt die Funktion eines Promoters, um die inhaltlichen Zielstellungen dauerhaft voranzutreiben. Durch die Einrichtung von Gremien auf unterschiedlichen Hierarchieebenen und für unterschiedliche inhaltliche Schwerpunkte ist die vertikale und horizontale Vernetzung der Akteure gewährleistet.

Abbildung 1: Entwicklung des Kooperationsnetzwerks EQUAL in Köln[2]

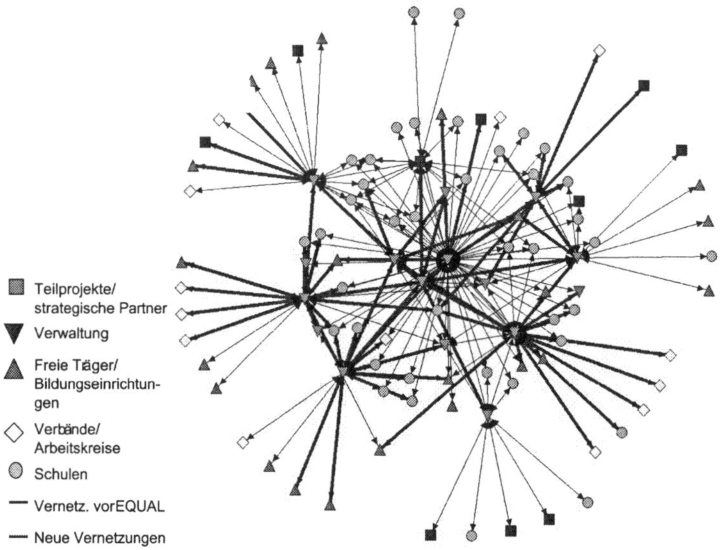

Die Kooperationsstrukturen zwischen den Akteuren des Feldes Übergang Schule – Beruf sind ein soziales Netzwerk, das mit dem Instrumentarium der sozialen Netzwerkanalyse untersucht wurde. In einer ersten Netzwerkanalyse wurden Ende 2002 die Kooperationsbeziehungen der Entwicklungspartnerschaft erfasst. Im Jahr 2002 ist das Netzwerk sternförmig orientiert mit einer hoch verdichteten zentralen Zone, die aus den Trägern und Bearbeitern der Teilprojekte besteht (keine Abbildung). Diese Netzwerkstruktur ist charakteristisch für ein richtungsoffenes, aber zentralisiertes Netzwerk, in dem viele redundante Kooperationsbeziehungen existieren. Im Vergleich wurde Mitte 2004 das Netzwerk der Kooperationspartner, die gemeinsam an der Erstellung eines Produktes mitwirken, nochmals systematisch erhoben. Hier wurde zwischen Kooperationsbeziehungen unterschieden, die bereits vor dem E-QUAL-Vorhaben existierten und Vernetzungen, die erst durch EQUAL ent-

2 Das Netzwerk wurde nach einem mathematischen Algorithmus abgebildet, der die eng vernetzten Akteure in das Zentrum rückt, während die Akteure mit wenigen Beziehungen an der Peripherie dargestellt werden. Es handelt sich um keine Abbildung der vollständigen Vernetzungsstruktur, da hier lediglich die Vernetzungsbeziehungen der EQUAL-Teilvorhaben zu den jeweiligen Kooperationspartnern dargestellt werden. Die Vernetzungen der Kooperationspartner untereinander wurden nicht erfasst. Auch sind die Arbeitskreise und andere Gremien nicht konsequent, sondern nur bei expliziter Nennung dargestellt.

standen sind. Aus dem Gesamtbild lassen sich einige charakteristische Merkmale der Kölner Entwicklungspartnerschaft und auch Veränderungen zu der letzten Erhebung der Netzwerkstrukturen feststellen. Im Jahr 2004 ist das Netzwerk deutlich umfangreicher und komplexer geworden, es gibt wesentlich mehr Akteure und mehr Vernetzungen untereinander (vgl. Abbildung). Die sternförmige Grundstruktur hat sich erhalten, aber es hat sich eine Vielzahl von Verästelungen in Form von neuen Kooperationsbeziehungen gebildet. Das Netzwerk basiert auf Vorvernetzungen, die schon vor EQUAL existierten (ca. zwei Drittel der Vernetzungen). Durch EQUAL haben sich aber auch neue Vernetzungen ergeben. Mehr als ein Drittel der Kooperationsbeziehungen sind durch EQUAL entstanden. Während sich das Netzwerk Ende 2002 eher als richtungsoffenes Netzwerk beschreiben ließ, weisen die entstandenen Strukturen auf eine Dynamik von richtungsoffenen und zielorientierten Projektnetzwerken hin. Richtungsoffene Beziehungen ergeben sich eher „zufällig" durch gemeinsame Gremienarbeit, Begegnungen auf Veranstaltungen, gemeinsame Interessenslagen oder Sympathie. Zielorientierte Beziehungen werden bewusst und intentional eingegangen, um Informationen zu erhalten, zu verteilen, um Unterstützung zu werben, gemeinsame Projekte voranzutreiben etc. (Schubert u.a. 2001). Im Zentrum des Kölner Netzwerkes steht das Schulamt für die Stadt Köln (hier mit dem Schulverwaltungsamt zusammengefasst). Netzwerktheoretisch ist das Schulamt der „Star"-Akteur, der in der Mitte des Netzwerkes steht und die höchste Vernetzung hat. Darum gruppieren sich die Teilprojekte sowie einzelne Schlüsselakteure der Steuerungsgruppe. Hervorzuheben ist die erfolgreiche Einbindung der Berufskollegs und Schulen in das EQUAL-Netzwerk (in der Abbildung als Kreise dargestellt). Diese sind zum Teil sogar in mehreren Teilvorhaben engagiert.

3.1 Qualitäten der Kooperation

Die quantitative Erfassung der Netzwerkstruktur erlaubt noch keine Rückschlüsse auf die Inhalte und die Produktivität der Kooperation. Deshalb wurde neben der quantitativen Erfassung und der Charakterisierung der Vernetzungsstrukturen mit der Messung von Einstellungsskalen eine qualitative Einschätzung der Kooperation vorgenommen. Hinter den formulierten Aussagen stehen Erfolgsindikatoren einer produktiven Kooperationskultur, die sich als förderlich für den Aufbau sowie die Pflege kontinuierlicher und tragfähiger Kooperationsstrukturen herausgestellt haben (Petran/Winter 2001):

- die gründliche Information der Partner, d.h. gegenseitige Information und Kommunikation,
- die Offenheit und Bereitschaft der Kooperationspartner,
- die Transparenz des Informationsflusses,

- gemeinsame Zielsetzungen,
- gemeinsame und verbindliche Planungen,
- klar definierte Kooperationsstrukturen, verbindliche Organisation,
- Unterstützung und Absicherung durch die Verwaltung,
- der Einsatz einer zentralen Koordination,
- Zusammenarbeit auf verschiedenen Ebenen und
- ausreichende Handlungsspielräume der beteiligten Partner.

Diese Indikatoren wie Informationsfluss und Transparenz, Verbindlichkeit, Vertrauen, Effektivität der Kooperation und Effektivität der Gremien (Anzahl der Gremien, Teilnahme der Akteure) wurden in der Evaluationserhebung operationalisiert und an mehreren Zeitpunkten abgefragt.

Abbildung2: Erfolgsindikatoren für ein produktives Netzwerkmanagement 2002 bis 2005

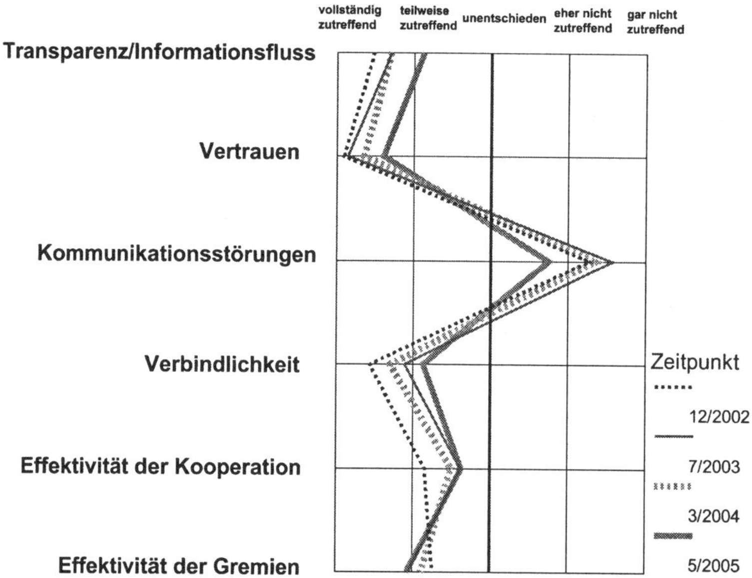

Im Zeitverlauf zwischen 2002 und 2003 lassen sich verhältnismäßig wenige Änderungen in der Kooperation der Akteure feststellen. So wird die Gremienstruktur durchgehend zufrieden stellend beurteilt. Es besteht ein sehr hohes Vertrauenspotential im Netzwerk, die Transparenz bzw. der Informationsfluss wird positiv bewertet. Die Kooperationen werden von den Akteuren überwiegend als verbindlich und effektiv wahrgenommen. Nur gegen Ende der Förderdauer lässt diese positive Wahrnehmung etwas nach und es wird etwas häufiger über Kommunikationsstörungen berichtet. Die Ursachen hierfür sind überwiegend in dem Charakter der Projektförderung zu sehen, so dass gegen Ende der Projektlaufzeit Konkurrenzen der Träger um die Ressourcen zunehmen, was nachteilige Wirkungen auf die Netzwerkkultur hat.

3.2 Mainstreaming durch Netzwerkarbeit

Erfolgkriterien für die Entwicklungspartnerschaft sind nicht allein die Wirksamkeit der einzelnen Produkte und der von ihr erprobten Innovationen zum Abbau von Diskriminierungen am Arbeitsmarkt. Die von der Entwicklungspartnerschaft entwickelten Best-Practice-Modelle bilden die Grundlage des darüber hinausgehenden Mainstreamingprozesses.

Die Effekte des horizontalen Mainstreaming lassen sich ausschnittsweise durch die oben beschriebenen Netzwerkanalysen quantitativ und qualitativ darstellen. Der Rückgriff auf vorhandene Netzwerkstrukturen, die auf Vorgängerprojekten basieren oder aus dem Netzwerkumfeld der Projektbeteiligten stammen, war ein wichtiger Erfolgsfaktor für die Projekte. Teilvorhaben, die nicht auf ein vorhandenes Netzwerk zurückgreifen können, haben ungleich schwierigere Startbedingungen. Auch die individuellen Vorerfahrungen der Projektmitarbeiter und die dadurch gesammelten Kompetenzen mit dem System Schule und mit Lehrern sind eine wichtige Voraussetzung. Die enge Anbindung der Entwicklungspartnerschaft an das Schulamt bzw. die Trägerschaft einiger Teilprojekte durch das Schulamt für die Stadt Köln erlaubte einen unmittelbaren Zugang zu den Schulen im Sinne des horizontalen Mainstreaming.

Demgegenüber wurde das vertikale Mainstreaming nur summarisch in Bezug auf die Resultate evaluiert. Um die Produkte der Kölner Entwicklungspartnerschaft in das Regelsystem zu überführen, wurde das Mainstreaming auch auf die Ebene des Landes Nordrhein-Westfalen ausgedehnt. Am 18. Februar 2004 wurde vom Landesausschuss für Berufsbildung des Landes Nordrhein-Westfalen einstimmig das Grundsatzpapier „Empfehlungen zur besseren Förderung junger Menschen im Übergang von der Schule zum Beruf (Entwurf vom 29. Januar 2004)“ beschlossen. In diesem Papier werden zentrale inhaltliche Forderungen und Ansätze aufgegriffen, die im Rahmen der Kölner Entwicklungspartnerschaft entstanden sind. So werden eine flächendeckende Durchführung von Verfahren zur Kompetenzfeststellung von Jugendlichen und deren Zertifizierung sowie die konsequente Einführung von Berufswahlkoordinatoren empfohlen.

4. Fallbeispiele für die institutionelle Absicherung des Netzwerkmanagements

Die institutionelle Absicherung der Ergebnisse des Netzwerkmanagements im Übergang Schule – Beruf ist davon abhängig, welche Netzwerkziele erreicht werden sollen und welche Form der Verstetigung bzw. Institutionalisierung angestrebt werden. Eine dauerhafte Etablierung von Kooperationsstrukturen und deren formelle Absicherung stellt nach wie vor eine besondere Herausforderung dar, vor allem wenn es sich um die Schaffung neuer Netzwerke oder um die Verankerung systemübergreifender Vernetzungsformen handelt. Dies soll an ausgewählten Projekten aus Köln verdeutlicht werden (Schulamt für die Stadt Köln 2005). Die Projekte "Hand-Werk-Lernen" und "Interkulturelle Elternarbeit" entwickeln und erproben neue Kooperationsformen, die langfristig implementiert werden sollen. Die Projekte "Jobpass" und "Potenzialerhebungen für sozial benachteiligte Jugendliche" erproben neue diagnostische Verfahren, um sie im Regelsystem zu etablieren.

4.1 Hand – Werk - Lernen

Handwerk Lernen ist ein präventiver Ansatz in der Schule, um die Arbeitstugenden und die Schlüsselqualifikationen und somit die Berufsreife der Schülerinnen und Schüler zu fördern. Handwerker simulieren durch die praktische Arbeit in den Werkstätten die Anforderungen der Arbeitswelt. Damit wird für die Schüler ein authentischer Übungsraum geschaffen. Gemeinsam mit Pädagogen und den handwerklichen Fachkräften wird ein handlungsorientiertes Unterrichtskonzept für die Sekundarstufe I entwickelt. Schülerinnen und Schüler der Klassen 7–10 verbringen einen Arbeitstag in der Woche in der Werkstatt. Lehrerinnen und Lehrer bereiten diesen Unterricht inhaltlich vor und nach. Die Vorteile liegen darin, dass

- „Schlüsselqualifikationen“ von Handwerkern authentischer vermittelt werden, weil sie Vertreter der „anderen Welt“ – der Berufs- und Arbeitswelt – sind,
- Handwerker eine andere Lebenswirklichkeit als die Lehrer in die Schule einbringen – eine Lebenswirklichkeit, die den Schüler/-innen und deren sozialem Umfeld eher entspricht,
- die Herstellung eines Produkts in der Werkstatt eine „werkimmanente Motivation“ beinhaltet, die auch die Entfaltung von Eigenaktivität bei Aneignung für voraussetzende schulische Lerninhalte fördert,

- das mit eigenen Händen „gefertigte Produkt“ einen hohen Wert darstellt und dieser Wert bei den Schülern zu einer Steigerung des „Selbstwertes“ führt.

Durch das Arbeiten in den Werkstätten, durch die Mitarbeit in Schülerfirmen und durch Praktika in Betrieben entdecken und verstärken die Jugendlichen Kompetenzen, die für die Berufsreife grundlegend sind. Die Lernmotivation der Schüler und der Lehrkräfte wird erheblich verbessert. Die Schulentwicklung erfährt viele innovative Impulse für die Veränderung innerer Strukturen und es erfolgt eine Öffnung der Schule zum Schulumfeld und der Arbeitswelt (Steuerungsgruppe Modellprojekt 2005).

Diese neuen Kooperationsformen sind evaluiert worden und haben sich aus Sicht der beteiligten Akteure bewährt. Das Projekt hat den Status eines Modellvorhabens, dessen Förderung 2005 vom Land NRW verlängert wurde, so dass die Finanzierung der Handwerkerstellen in den Schulen mittelfristig gesichert ist. Entsprechend dem Modellcharakter ist eine langfristige Förderung aus Landesmitteln nicht wahrscheinlich, so dass das Ziel eines Transfers bzw. einer Integration von Kompetenzen aus der Berufwelt in den Schulbereich nur durch eine Umwidmung von Lehrerstellen in Handwerkerstellen erreicht werden kann.

4.2 Interkulturelle Elternarbeit

Der erfolgreiche Einbezug von Migranteneltern in den Prozess der Berufsorientierung und Berufsfindung gilt als ein Schlüsselproblem auf dem Weg zu einer effektiven Integration von Jugendlichen in das Arbeits- und Berufsleben. Ziel war es, die Eltern von Migrantenjugendlichen besser zu befähigen, den Prozess der Berufsorientierung ihrer Kinder aktiv und in Kooperation mit der Schule zu unterstützen und zu begleiten. Räumlich zielt das Projekt vorrangig auf Stadtteile mit besonderen sozialen Problemlagen. Zur Umsetzung wurden folgende Vorgehensweisen entwickelt (Bärsch 2005):

- Es wurden wöchentliche *Müttercafés* von Müttern aus zwei Schulen initiiert. Auf den Treffen wurden unterschiedliche Themen der Berufsorientierung behandelt wie das deutsche Schulsystem, das duale Ausbildungssystem, einzelne Berufsfelder oder Beiträge der Eltern zum Schulerfolg der Kinder.
- Auf regelmäßig stattfindenden *Elternabenden* referierten und diskutierten Fachleute über einzelne Themen der Berufsorientierung bei Jugendlichen.

- Es wurden regelmäßige *Exkursionen* von Elterngruppen bei verschiedenen Kölner Firmen, Ämtern, der Arbeitsagentur Köln, der IHK und Weiterbildungseinrichtungen durchgeführt, damit die Eltern sich gezielt informieren und nachfragen können.

Das Müttercafé und die Exkursionen stießen bei den Migranten auf großes Interesse. Als problematisch hat sich teilweise die Einbindung der Schule und der Lehrer in die Konzeption erwiesen. So ist es an einem Standort erst im Projektverlauf gelungen, das Müttercafé in die Schule zu verlagern, wo es dann aber auf viel positive Resonanz bei der Lehrerschaft stieß. An einem anderen Standort ist die Implementierung und Verstetigung des Müttercafés nicht gelungen. Für die Fortführung des Projektes reichen die geschaffenen selbsttragenden Strukturen noch nicht aus, so dass eine Fortführung mit einer geänderten Konzeption in der zweiten Phase der EQUAL-Initiative erfolgt.

4.3 JobPass – Zertifizierung von außerschulischen Leistungen

Um Jugendlichen mit besonderem Förderbedarf die Aufnahme einer Ausbildung zu erleichtern bzw. sie an den ersten Arbeitsmarkt heranzuführen, ist der JobPass entwickelt worden. Im JobPass werden Praxiserfahrungen und Kompetenzgewinne durch Praktika, Vereinsarbeit, Schülerinitiativen, berufsvorbereitenden Maßnahmen und ähnliche Tätigkeiten dokumentiert. Er stellt für die Jugendlichen im Übergang Schule - Beruf eine Ergänzung zu Zeugnissen dar und enthält betriebs- und ausbildungsrelevante Informationen. Der JobPass ist ein DIN A4 großes Heft mit Formularen für den Nachweis von Kompetenzen. Fähigkeiten, Fertigkeiten und Kenntnisse, die im Freizeitbereich, in der Ausbildungs-, Berufsvorbereitung oder der Berufswahlorientierung von Jugendlichen ab dem 8. Schuljahr erworben werden, können im JobPass verlässlich nachgewiesen werden. Ein besonderer Schwerpunkt ist die Dokumentation von Schlüsselqualifikationen und Qualifizierungsbausteinen, die in Anlehnung an Ausbildungsrahmenpläne des entsprechenden Berufsfeldes entwickelt wurden. Für den Erwerb der im JobPass attestierten Fertigkeiten werden unter Einbeziehung von erfahrenen Partnern wie Innungen, Kammern, dem Schulamt für die Stadt Köln, Bildungsträgern, Ausbilderinnen und Ausbildern Qualifizierungsbausteine entwickelt, die sich an den Rahmenplänen anerkannter Ausbildungsberufe orientieren und Schlüsselqualifikationen einbeziehen (Stadtteilbüro Nippes u.a. 2005).

Mit dem JobPass ist ein Verfahren entwickelt und erprobt worden, das bei den beteiligten Akteuren vor Ort auf großes Interesse und Nachfrage stieß. Gleichzeitig ist es mit diesem Instrument gelungen, die strategischen Partner zu überzeugen, den JobPass flächendeckend in der Region Köln einzuführen. Dabei wird der JobPass in den bereits existierenden Berufswahlpass integriert. Über Kontakte zum „Regionalen Bündnis gegen Jugendarbeitslosigkeit für die Region Hagen/Ennepe Ruhr“ ist der JobPass dort bereits adaptiert worden.

4.4 Potenzialfeststellungsverfahren für benachteiligte Jugendliche

Im Übergang von der Schule in den Beruf ist es für Jugendliche wichtig, Fähigkeiten, Neigungen und Kompetenzen zu erkennen, um zielorientiert einen beruflichen Weg zu wählen. Formale Bildungsabschlüsse geben, insbesondere im Hinblick auf handwerklich-praktische Berufsfelder, hierzu nur unzulängliche Hinweise, so dass den Jugendlichen häufig eine berufliche Orientierung schwer fällt und eine erfolgreiche berufliche Integration mit Umwegen verbunden ist. Ein Ansatz, der berufsbezogene individuelle Stärken zu erfassen versucht, sind so genannte Assessment Center. Verhalten wird in simulierten Situationen, die der beruflichen Realität nachempfunden sind, beobachtet und kann anhand eines fundierten Instrumentariums beurteilt werden. Assessment-Verfahren können einen sinnvollen Beitrag für die berufliche Integration von Schülern leisten. Der Aufwand solcher Verfahren lohnt allerdings nur, wenn die gewonnenen Daten auch in vollem Maße zum Wohle der Jugendlichen genutzt und Assessment-Verfahren sinnvoll in das Schul- und Fördersystem eingebettet werden. Mit dem Modell "start" des Instituts für Maßnahmen zur Förderung der beruflichen und sozialen Eingliederung e.V. wurde ein Assessment-Verfahren nach Köln geholt, das die Feststellung berufsbezogener Kompetenz im Hinblick auf zwölf Berufsfelder erlaubt. Ebenfalls wurde im Rahmen des Frühabgänger-Projekts "ProSekKo" gemeinsam mit den beteiligten Lehrkräften die "Strukturierte Praxisbeobachtung" entwickelt - ein Assessment-Verfahren, das in den Praxisunterricht in den Berufskollegs eingebettet ist. Die Qualität der Ergebnisse eines Assessment Centers hängen bedeutend von der Qualität der Beobachtung ab. Es wurden deshalb Schulungen für Fachleute aus schulischen und sozialen Bereichen zu qualifizierten Beobachtern durchgeführt. Dabei galt es auch Multiplikatoren mit dem Ansatz des Assessment-Centers vertraut zu machen, so dass Assessment nun einen Weg in das Kölner Schul- und Fördersystem finden kann.

Nach dem Beschluss des Landesausschuss für Berufsbildung flächendeckende Kompetenz- bzw. Potenzialfeststellungsverfahren einzuführen, erfolgte die konkrete Umsetzung im Rahmen des Programms "Kompetenzcheck 2005" des Ministeriums für Arbeit, Gesundheit und Soziales NRW. Jugendliche können kostenlos an einem Kompetenzcheck teilnehmen und sich ihre Kompetenzen bescheinigen lassen.

5. Resümee

Voraussetzung für erfolgreiches Netzwerken ist die Gleichberechtigung aller Netzwerkpartner. Aber Netzwerke und Netzwerkmanagement finden nicht im hierarchiefreien Raum statt und die Befürwortung von Kooperation führt nicht automatisch zur Kooperation. Beim Netzwerkmanagement gilt es einerseits die Machtverhältnisse und anderseits die Einbindung der Akteure in die vorhandenen Interdependenzgeflechte zu berücksichtigen (Maykus 2004). Netzwerke haben eine Geschichte, sie haben einen prozesshaften Charakter und unterliegen einem kontinuierlichen Veränderungsprozess. Somit können die Analyse und Genese der vorhandenen Netzwerkstrukturen sowie die Anwendung der Prinzipien des Netzwerkmanagements dazu beitragen erfolgreiche Projekte nachhaltig zu machen und sie aus dem Projektstatus in das Regelsystem zu überführen. In dem EQUAL-Projekt "Übergangsmanagement Schule – Beruf in Köln" wurde in der Konzeptions- und Umsetzungsphase sowohl der Systemlogik als auch der Netzwerklogik Rechnung getragen. Die Trennung von strategischer und operativer Ebene in der Gremienstruktur, die Aufgabenverteilung für das vertikale und horizontale Mainstreaming erfolgte unter Berücksichtigung der vorhandenen Hierarchien und der Handlungslogik ihrer Akteure. Auf der operativen Ebene wurde auf die freiwillige Mitwirkung der Akteure aus den verschiedenen Bereichen hingewirkt, in dem auf die Vorteile und Synergien des Engagements verwiesen wurde, um die Grenzen zwischen den Verwaltungssystemen Schule und Beruf zu überbrücken. Entsprechend der Systemlogik kam die Schlüsselrolle der Entwicklungspartnerschaft der Koordination durch das Schulamt für die Stadt Köln zu, die als Schnittstelle zwischen strategischer und operativer Ebene sowie zwischen den Systemgrenzen fungierte.

Auf der operativen Ebene stellt sich auch das Problem der systemübergreifenden Kooperation viel konkreter. In der Netzwerklogik spielen vor allem das Engagement einzelner Akteure (Personen und Institutionen) und deren Netzwerkkompetenzen eine Rolle. So stellte der Zugang zu den Schulen bei den konkreten Maßnahmen erwartungsgemäß das größte Problem dar. Die Kooperation ist in hohem Maße von dem Engagement einzelner Personen abhängig und noch nicht strukturell an den Schulen verankert. Die einzelnen Teilprojekte zielten darauf über Arbeitskreise und persönliche Netzwerke diese Grenzen durchlässiger zu machen.

Die Fallbeispiele Hand-Werk-Lernen und Interkulturelle Elternarbeit zeigen, dass die Etablierung neuer Vernetzungsstrukturen, die nur teilweise auf vorhandene Kooperationsnetzwerke aufbauen kann, eine schwierige Herausforderung darstellt. Sie erfordern eine kontinuierliche Netzwerkarbeit über einen Zeitraum von mehreren Jahren und benötigen zur institutionellen Absicherung finanzielle Ressourcen. Die Entwicklung neuer Verfahren wie der

JobPass und die Potenzialfeststellungsverfahren können verhältnismäßig schnell implementiert werden können. Das Bundesland kann als Akteur schnell reagieren und Rahmenbedingungen schaffen, um innovative Ansätze flächenhaft umzusetzen. Voraussetzung ist neben der Entwicklung eines innovativen Verfahrens die gezielte Netzwerkarbeit in den politischen Landesgremien.

6. Literatur

Bange, Klaus/ Eberle, Hans-Jürgen/ Schnarr, Gotthard (2003): Kooperative Jugendhilfe - Ein Jugendamt bewegt sich? Erfahrungen aus einem Modellprojekt. Hamburg

Bärsch, Jürgen (2005a): Interkulturelle Elternarbeit. Eltern von Migrantenjugendlichen verstärkt in die Berufs- und Bildungsorientierung ihrer Kinder einbeziehen. Endbericht. Köln: Eigenverlag

Bundesministerium für Wirtschaft und Arbeit (BMWA) (2004): Innovation durch Vernetzung. Berlin: Eigenverlag

Coelen, Thomas (2004): Kommunale Jugendbildung. Vernetzung von Jugendhilfe und Schule als kommunales Angebot. In: Hartnuß, Birger (Hrsg.) (2004): Handbuch Kooperation von Jugendhilfe und Schule. Ein Leitfaden für Praxisreflexionen, theoretische Verortungen und Forschungsfragen. Berlin: Eigenverl. des Deutschen Vereins für Öffentliche und Private Fürsorge, S. 349-370

Czerwanski, Annette (2003): Schulentwicklung durch Netzwerkarbeit. Erfahrungen aus den Lernnetzwerken im "Netzwerk innovativer Schulen in Deutschland". Gütersloh

Florecke, Peter/ Holtappels, Heinz Günter (2004): Qualitätsentwicklung in der Kooperation von Jugendhilfe und Schule. In: Hartnuß, Birger (Hrsg.) (2004): Handbuch Kooperation von Jugendhilfe und Schule. ein Leitfaden für Praxisreflexionen, theoretische Verortungen und Forschungsfragen. Berlin: Eigenverl. des Deutschen Vereins für Öffentliche und Private Fürsorge, S. 897-922

Greese, Dieter (2005): Jugendamt und Schule. Erziehung und Bildung lassen sich heute nicht mehr trennen. In: Blätter der Wohlfahrtspflege 2/2005, S. 57-60

Kohlmeyer, Klaus/ Maruszat, Regine/ Seyfried, Erwin (2000): Lokale und regionale Netzwerke in GI Beschäftigung. Diskussionspapier. Berlin: Eigenverlag

Kompetenzzentrum Präventive Jugendsozialarbeit (2004): Vernetzung. Newsletter zur Präventiven Jugendsozialarbeit 1/2004. Köln

Kompetenzzentrum Präventive Jugendsozialarbeit (2005): Abschlussgefährdete Schülerinnen und Schüler. Informationsbroschüre 2005. Köln

Kraimer, Klaus (2005): Schule und Jugendhilfe. Zwei Sozialisationsagenturen müssen zueinander finden. In: Blätter der Wohlfahrtspflege 2/2005, S. 51-53

Maykus, Stephan (2004): Kooperation von Lehrern und Sozialpädagogen - regulierte Machtverhältnisse als Voraussetzung und Ergebnis einer funktionalen Kooopera-tionsstruktur und -kultur? In: Hartnuß, Birger (Hrsg.) (2004): Handbuch Kooperation von Jugendhilfe und Schule. ein Leitfaden für Praxisreflexionen, theoretische Verortungen und Forschungsfragen. Berlin: Eigenverl. des Deutschen Vereins für Öffentliche und Private Fürsorge, S. 349-370

Olejniczak, Claudia/ Schaarschmidt, Maike (2005): Schule im Stadtteil. Fallstudie im Rahmen der Evaluation des integrierten Handlungsprogramm "Soziale Stadt NRW". Hannover, Essen: Eigenverlag

Petran, Wolfgang/ Vornhoff, Herrmann (2001): Qualitätsentwicklung in der beruflichen Bildung durch lokale Netzwerke - Ausgewählte Ergebnisse europäischer Studien. In: INBAS 2001, Lokale und regionale Netzwerke zur sozialen und beruflichen Integration Jugendlicher. Aktuelle Beiträge aus Theorie und Praxis, Offenbach 2001, S. 67-74

Petran, Wolfgang/ Winter, Joachim (2001): Kooperations- und Verbundmodelle, lokale und regionale Netzwerke - Ausgewählte Ergebnisse einer Evaluation der Modellversuchsreihe INKA II. In: INBAS 2001, Lokale und regionale Netzwerke zur sozialen und beruflichen Integration Jugendlicher. Aktuelle Beiträge aus Theorie und Praxis, Offenbach 2001, S. 45-54

Reiberg, Ludger (2001): Übergangsmanagement Schule Beruf in Köln: Grundlagen und Umrisse einer neuen Arbeitsstruktur. In: INBAS 2001, Lokale und regionale Netzwerke zur sozialen und beruflichen Integration Jugendlicher. Aktuelle Beiträge aus Theorie und Praxis, Offenbach 2001, S. 137-142

Schubert, Herbert (2005a): Netzwerkmanagement. In: Schubert, Herbert (2005): Sozialmanagement. Zwischen Wirtschaftlichkeit und fachlichen Zielen. Wiesbaden: Verlag für Sozialwissenschaften, S. 187-210

Schubert, Herbert (2005): Das Management von Akteursnetzwerken im Sozialraum. In: Bauer, Petra / Otto, Ulrich (Hrsg.) (2005): Mit Netzwerken professionell zusammenarbeiten. Bd. 2: Institutionelle Netzwerke in Steuerungs- und Kooperationsperspektive. Tübingen: dgvt-Verlag , S. 73-104

Schubert, Herbert/ Fürst, Dietrich/ Rudolph, Ansgar/ Spieckermann, Holger (2001): Regionale Akteursnetzwerke. Analysen zur Bedeutung der Vernetzung am Beispiel der Region Hannover. Opladen

Schulamt für die Stadt Köln (Hrsg.) (2005): Newsletter Übergangsmanagement Schule - Beruf in Köln Nr. 1/2005. Köln

Spieckermann, Holger (2003): Evaluation des Kooperationsmanagement im Rahmen der Entwicklungspartnerschaft „Übergang Schule – Beruf in Köln“. In: Philip Potter, Herbert Klemisch (Hrsg.) (2003), Evaluationsansätze in Kooperationsvorhaben, Beispiel aus der Praxis von Entwicklungspartnerschaften im EQUAL Programm, Köln: KNI-Verlag, S. 38-46

Spieckermann, Holger (2005b): Evaluation als Partizipations- und Lernprozess. In: Schubert, Herbert (2005): Sozialmanagement. Zwischen Wirtschaftlichkeit und fachlichen Zielen. Wiesbaden: Verlag für Sozialwissenschaften, S. 259-280

Spieckermann, Holger (2005): Zur Evaluation von Netzwerken und Kooperationsmanagement. In: Bauer, Petra / Otto, Ulrich (Hrsg.) (2005): Mit Netzwerken professionell zusammenarbeiten. Bd. 2: Institutionelle Netzwerke in Steuerungs- und Kooperationsperspektive. Tübingen: dgvt-Verlag , S. 181-200

Stadtteilbüro für Nippes/ Netzwerk Soziale Dienste und Ökologische Bildungsarbeit e.V. (Hrsg.) (2005): JobPass für die Region Köln. Projektdokumentation. Köln

Steuerungsgruppe Modellprojekt Hand-Werk-Lernen (Hrsg.) (2005): Dokumentation Hand-Werk-Lernen. Köln

Kooperation zwischen Jugendhilfe und Schule in der Praxis
Ergebnisse einer Befragung der Kommunen in NRW

Maria Icking

Auf der kommunalen Ebene werden wichtige Rahmenbedingung für die Zusammenarbeit zwischen Jugendhilfe und Schule gesetzt. Im Rahmen einer Expertise zum 8. Kinder- und Jugendbericht der Landesregierung NRW wurde deswegen zu diesem Themenfeld eine landesweite Befragung aller Kommunen und Kreise des Landes durchgeführt, deren Ergebnisse im Folgenden dargestellt werden.

Die Erhebung wurde im Frühsommer 2004 auf der Basis eines weitgehend standardisierten Fragebogens durchgeführt. Der erste Teil der Befragung thematisiert die Rahmenbedingungen für die Kooperation. Es geht u.a. um die Zuständigkeit und um die Verankerung der Kooperation in der Verwaltung, um unterstützende Kommunikationsstrukturen und Gremien und um die Verbindlichkeit und Nachhaltigkeit der Kooperation. Wegen der grundsätzlich unterschiedlichen Bedingungen für die Kooperation wurde bei diesem Teil der Befragung zwischen Kommunen mit einem Jugendamt und Kommunen ohne Jugendamt unterschieden. Der zweite Teil der Befragung bezog sich auf die Beteiligung der Schulen und Einrichtungen der Jugendhilfe, auf die Themen der Kooperation und die Beteiligung weiterer Partner aus dem außerschulischen Bereich.

1. Rahmenbedingungen für die Kooperation bei den Kommunen und Landkreisen mit Jugendamt

In NRW haben zum Zeitpunkt März 2004 28 von 31 Landkreisen ein Jugendamt. In den drei Landkreisen ohne Jugendamt haben alle kreisangehörigen Kommunen ein Jugendamt bzw. kooperieren im Einzelfall mit einer benachbarten Kommune. Dagegen gibt es einige Landkreise, deren Jugendämter für fast alle kreisangehörigen Kommunen und Gemeinden im Bereich der Jugendhilfe zuständig sind. Zudem finden sich Landkreise, oft am Rande von Großstädten und Ballungsgebieten, in deren Kreisgebiet es Kommunen und Gemeinden mit eigenem Jugendamt gibt, so dass die Zuständigkeit des Kreisjugendamtes sich nur auf die Gemeinden und Kommunen ohne Jugendamt bezieht.

Hintergrund ist u.a. die nur in NRW mögliche Einrichtung von eigenen Jugendämtern, die schon ab 25.000 Einwohnern möglich ist. Aus diesem Grund verfügt NRW im Unterschied zu anderen Bundesländern über zahlreiche kleine Jugendämter. Von insgesamt 182 Städten mit einer Einwohnerzahl über 25.000 haben 147 Städte (80,8 %) ein eigenes Jugendamt.

Von 28 angeschriebenen Landkreisen und 147 Städten mit Jugendamt haben zusammen 120 Kommunen und Kreise (68,6 %) geantwortet. Mit 75% war die Rücklaufquote bei den Großstädten über 250.000 Einwohnern am größten und bei den Landkreisen mit knapp 61 % am geringsten.

Die für die Kooperation von Jugendhilfe und Schule auf kommunaler und Kreisebene entscheidenden Ämter sind das Jugendamt, das Schulverwaltungsamt und das Schulamt (als untere staatliche Schulaufsicht). In den beiden erstgenannten Ämtern fasst der Kreis bzw. die Kommune seine Verantwortung als Schulträger für die Schule bzw. als Jugendhilfeträger für die Jugendhilfe zusammen.

Für die Zusammenarbeit zwischen diesen beiden Ämtern ist von Bedeutung, ob die Ämter im Zuständigkeitsbereich eines Dezernats liegen oder wie in vielen Kommunen zu zwei unterschiedlichen Dezernatsbereichen gehören. Sind sie im Zuständigkeitsbereich einer Dezernentin/eines Dezernenten verortet, so kann davon ausgegangen werden, dass sich dadurch insgesamt günstigere Rahmenbedingungen für die Kooperation ergeben.[1]

Während insgesamt in 60 % der Landkreise und Kommunen die Zuständigkeit für die Bereiche bereits in einem Dezernat oder Geschäftsbereich zusammengefasst wurde, zeigen sich zwischen den Landkreisen und den Kommunen je nach Größe deutliche Unterschiede. Bei den kleineren Städten ist die gemeinsame Zuständigkeit mehr verbreitet als in den Großstädten und Landkreisen (vgl. Grafik 1).

Die Kommunen und Landkreise mit einer gemeinsamen Zuständigkeit nennen die Einheiten überwiegend noch Dezernat (23); verbreitet ist auch der Begriff Fachbereich (17). Vorstandsbereich (2), Geschäftsbereich (2) und Betrieb (1) sind vergleichsweise wenig verwendete Begriffe. Wenn die inhaltlichen Zuständigkeiten angegeben werden, werden in unterschiedlichen Kombinationen die Bereiche Schule (bzw. Bildung), Jugend, Sport, Kultur und Soziales genannt.

---

1 Nach der in vielen Kommunen durchgeführten Organisations- und Verwaltungsreform heißen die Dezernate heute auch Geschäftsbereich, Vorstandsbereich oder Fachbereich. Gleichzeitig wird der Begriff Fachbereich auch als neuer Begriff für das klassische Amt in der kommunalen Verwaltung verwendet. Obwohl diese unterschiedliche Begrifflichkeit bei der Formulierung der Fragen berücksichtigt wurde, kann nicht ausgeschlossen werden, dass hier auch Missverständnisse aufgetreten sind.

Grafik 1: Zuständigkeit für Jugendhilfe und Schule in einem Dezernat oder Geschäftsbereich

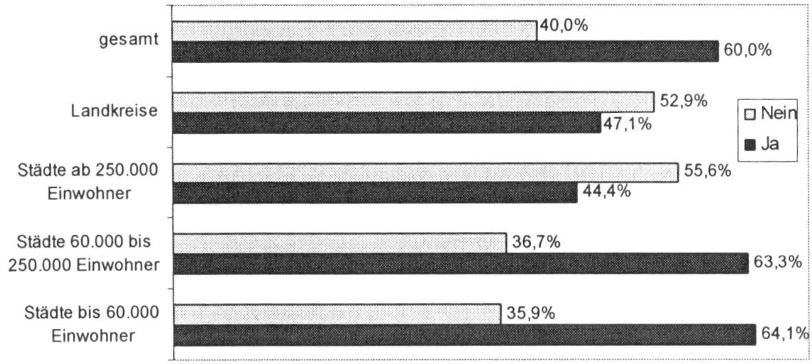

Eine weitere Frage bezog sich im Anschluss auf die Zusammenführung des Schulverwaltungsamts und des Jugendamts zu einem neuen gemeinsamen Amt bzw. zu einem Fachbereich. Hintergrund ist auch hier die Annahme, dass eine Koordination der Kooperationsaufgaben in diesem Feld durch ein gemeinsames neues Amt besser möglich ist als durch zwei getrennte Ämter. Überwiegend ist eine Zusammenführung der Ämter nicht in der Planung (fast 72 % gesamt, vgl. Grafik 2). In gut 17 % der Kommunen und Landkreise ist die Zusammenführung vollzogen bzw. in der Planung und in gut 11 % in der Diskussion. Bei den Landkreisen ist der Anteil derjenigen, die angeben, die Zusammenführung sei nicht in der Planung, am größten.

Grafik 2: Zusammenführung von Jugendamt und Schulverwaltungsamt bzw. der entsprechenden Fachbereiche

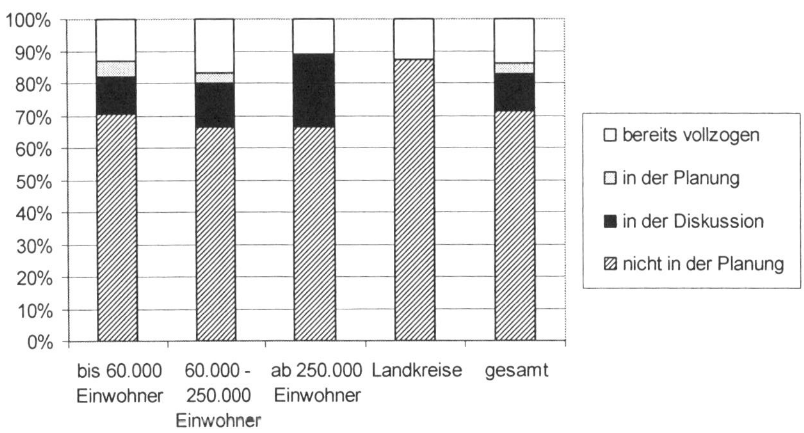

Vor dem Hintergrund der weit verbreiteten Trennung der Zuständigkeit für die Bereiche Jugendhilfe und Schule in zwei Ämter bzw. Fachbereiche ist von Bedeutung, wie die eigenständigen Ämter oder Fachbereiche in Fragen der Kooperation zusammenarbeiten. Unterschieden wurden die eher unverbindlichen Absprachen bei Bedarf und Arbeitsgruppen, die verbindlichere Strukturen signalisieren (vgl. Grafik 3).

Grafik 3: Strukturen der Kooperation zwischen Jugendamt und Schulverwaltungsamt (n=104)

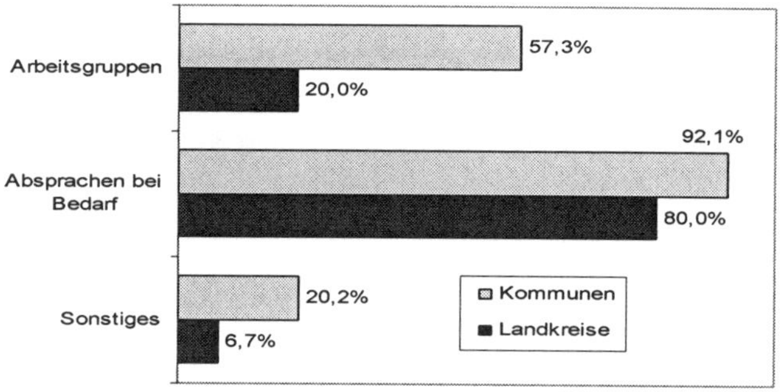

Bei den Kommunen wie bei den Landkreisen dominieren die Absprachen bei Bedarf, allerdings stellt sich das Bild bei Kommunen in Abhängigkeit von der Größe differenzierter dar. Während bei den kleinen Städten unter 60.000 Einwohnern nur knapp 40 % Arbeitsgruppen eingerichtet haben, liegt dieser Anteil bei den größeren Kommunen bei ca. 83 % bzw. 89 %. Bei den Landkreisen ist zu berücksichtigen, dass sie selbst nur begrenzt Schulträger für allgemein bildende Schulen (z.B. Sonderschulen) sind. Unter „Sonstiges" werden u.a. die Arbeitsgruppen genauer benannt (z.B. AG Offene Ganztagsgrundschule) oder weitere Formen aufgeführt. Im Wesentlichen werden hier genannt: regelmäßige Treffen auf der Leitungsebene, gemeinsame Planung (z.B. abgestimmte gemeinsame Fachplanung), gemeinsame Projekte und Aktionen.

Die Landkreise wurden zusätzlich zu den Strukturen ihrer Kooperation mit den örtlichen Schulverwaltungsämtern gefragt. Auch hier dominieren die Absprachen bei Bedarf (16 von 17 Landkreisen). Arbeitsgruppen haben nur sieben Landkreise (41 %) eingerichtet.

Eine besondere Qualität der Entwicklung von Kooperationsstrukturen ist dann gegeben, wenn es eine festgelegte *Federführung* für Kooperationsprojekte oder insgesamt die Kooperation zwischen Jugendhilfe und Schule in einer Kommune bzw. einem Landkreis gibt. Die Frage nach der Einrichtung einer federführenden Stelle für die Kooperation sollte also einerseits Hinweise geben auf die Verankerung des Themenfelds in der kommunalen Verwaltung und anderseits ist von Interesse, wo diese wegen der unterschiedlichen Zuständigkeit für Schulen bzw. Jugendhilfe angesiedelt ist. 43 von 102 Kommunen mit Angaben dazu (42,2 %), aber nur knapp 30 % der Landkreise haben eine federführende Stelle für die Kooperation eingerichtet. Aber auch die Situation in den Kommunen ist unterschiedlich; während bei den kleinen Städten unter 60.000 Einwohnern nur ca. 38 % eine federführende Stelle eingerichtet haben, liegt dieser Anteil bei den größeren Kommunen bei 47 % bzw. 55 %.

Bei den Kommunen ist die federführende Stelle überwiegend beim Jugendamt angesiedelt (ca. 40 %). Ansonsten ist sie bei der Schulverwaltung (ca. 12 %), bei dem gemeinsamen Amt oder Fachbereich (ca. 16 %) oder bei einer anderen Organisationseinheit eingerichtet. Im letzteren Fall liegt sie in sieben Fällen beim übergeordneten Dezernat oder Fachbereich, wird gemeinsam (Schulverwaltung und Jugendamt) ausgeführt (in zwei Fällen) oder wechselt zwischen den Ämtern (zwei Kommunen). In den fünf Landkreisen mit einer federführenden Stelle liegt diese in drei Kreisen beim Jugendamt (60 %), einmal beim gemeinsamen Amt und einmal ist sie bei einer Stabsabteilung der Landrätin angesiedelt.

Ist die Federführung im Jugendamt bzw. im entsprechenden Fachbereich angesiedelt, dann wird sie dort von der Amtsleitung oder von einem Team aus Fachabteilungen ausgeübt. Eher selten ist eine Fachabteilung allein zuständig. Im Fall der Federführung bei der Schulverwaltung wurde nur einmal die Leitung der Schulverwaltung als federführende Stelle konkret genannt.

Die Frage nach den *unterstützenden Kommunikationsstrukturen* und Gremien nimmt sehr unterschiedliche Aspekte auf. Es geht sowohl um Strukturen und Gremien in der politischen Vertretung und in der Verwaltung wie um eher fachbezogene Strukturen, die die Fachkräfte bei der Umsetzung unterstützen.

Eine verwaltungsinterne Planungs- und Steuerungsgruppe für die Kooperation wird häufig verbunden mit der Entscheidung über die Federführung etabliert; hier werden auf Stadtebene oder Kreisebene die wichtigsten Themen und Projekte der Kooperation bestimmt. Absprachen zur Kooperation zwischen Jugendhilfe und Schule können auch in Arbeitsgemeinschaften nach § 78 SGB VIII getroffen werden. Dafür müssen diese aber zusätzlich durch Vertreter von Schulen bzw. des Schulträgers besetzt werden.

Gemeinsame Sitzungen von Jugendhilfe- und Schulausschuss sind Kommunikationsstrukturen, die die entsprechenden politischen Gremien zusammen bringen, um etwa gemeinsame Grundsatzentscheidungen zu treffen. Ein gemeinsamer Jugendhilfe- und Schulausschuss als politisches Pendant zum gemeinsamen Fachbereich für Jugendhilfe und Schule dürfte dagegen noch vergleichsweise selten anzutreffen sein.

Ein wichtiges Instrument der Kooperation zwischen Jugendhilfe und Schule besteht in der gemeinsamen Fortbildung von Fachkräften aus dem

Bereich der Jugendhilfe und Lehrerinnen und Lehrern. Dies gilt insbesondere dann, wenn diese auch in der Praxis zusammenarbeiten, in einem Sozialraum tätig sind und so konkrete Projekte verabreden können.

Themenspezifische Arbeitskreise haben in der Vergangenheit ausgehend von spezifischen Problemlagen zu Kooperationsprojekten zwischen Jugendhilfe und Schule geführt, etwa zum Thema Gewalt an Schulen etc. Stadtteilarbeitskreise bzw. Runde Tische sind insbesondere in größeren Städten und in Landkreisen relevant, um die Kooperation zwischen Jugendhilfe und Schule sozialraumspezifisch zu organisieren. Dazu werden zum Teil vorhandene Stadteilarbeitskreise genutzt oder Runde Tische, die sich in vielen Sozialräumen gebildet haben.

Grafik 4: Unterstützende Kommunikationsstrukturen und Gremien

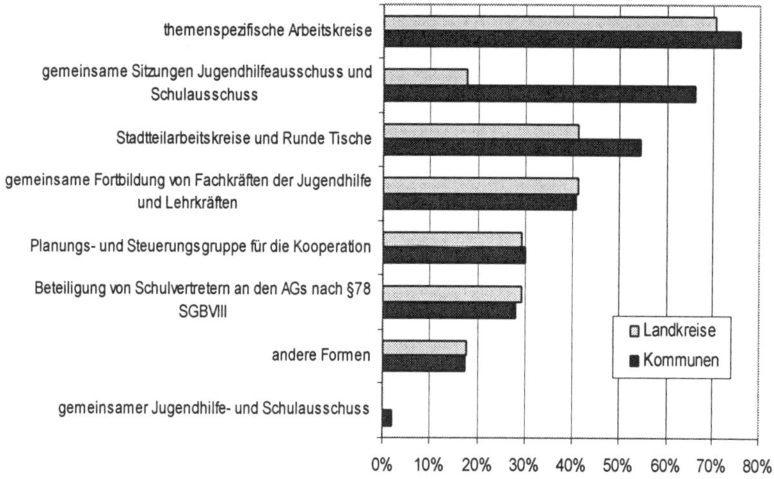

Bei der Frage nach unterstützenden Kommunikationsstrukturen und Gremien entfallen die meisten Nennungen auf themenspezifische Arbeitskreise (vgl. Grafik 4). Gemeinsame Sitzungen der Fachausschüsse des Rats stehen aber zumindest bei den Kommunen bereits an zweiter Stelle. Einen gemeinsamen Jugendhilfe- und Schulausschuss haben aber erst zwei Kommunen eingerichtet.

Die traditionelle Trennung von inneren und äußeren Schulangelegenheiten spiegelt sich in der Trennung von Schulverwaltungs- und Schulämtern wieder, die zum Teil aus Sicht der Kooperationspartner, insbesondere der Jugendhilfe als ausgesprochen kompliziert erscheint. Die in NRW zudem weiter unterteilte *Schulaufsicht* zwischen den Schulämtern der Kommunen und Kreise (zuständig für Grundschulen, Hauptschulen und Sonderschulen) sowie die höhere Schulaufsicht bei den Schulabteilungen der Bezirksregierung (zuständig für Real-, Gesamtschulen und Gymnasien) erschwert diese Situation noch zusätzlich.

Folgende Faktoren sprechen aber für eine Einbeziehung der Schulaufsicht in Kooperationsprojekten: Ausgehend von einem breiten Bildungsverständnis ist es notwendig, in möglichst vielen Bereichen eine Verbindung zwischen Unterricht und Kooperationsprojekten anzustreben; zuständig für Curricula und unterrichtsbezogenen Inhalte ist die Schulaufsicht. Kooperationsprojekte stehen nicht selten im Zusammenhang mit Schulentwicklungsprozessen (z.B. Schulprogrammentwicklung), für die ebenfalls die Schulaufsicht zumindest beratende Funktionen ausübt, nicht zuletzt entscheidet die Schulaufsicht über Ressourcen (z.B. Freistellungen von Lehrern und Lehrerinnen für Kooperationsvorhaben).

Tabelle 1: Kooperation mit der Schulaufsicht

	Kommunen	Landkreise
keine Kooperation	13,6%	
Kooperation	86,4%	100.0%
durch regelmäßige Arbeitstreffen	28,1%	41,2%
durch Absprachen bei Bedarf	91,0%	82,4%
durch Beteiligung der Schulaufsicht an Planungs- und Steuerungsgruppen	28,1%	29,4%
durch Beteiligung der Schulaufsicht an Sitzungen der mit dem Thema befassten Ratsausschüsse	21,3%	23,5%
sonstige Formen	9,0 %	17,6%

Nur wenige Kommunen, die alle zu den kleineren Kommunen unter 60.000 Einwohnern gehören, geben an, dass es bisher keine Kooperation mit der Schulaufsicht gibt (vgl. Tabelle 1). Bei den Kommunen und Landkreisen, wo eine Kooperation mehr oder weniger verbindliche Formen gefunden hat, dominieren die Absprachen bei Bedarf. In der Hälfte dieser Kommunen und Landkreise ist dies die einzige Kooperationsform.

Das Abschließen von *Kooperationsvereinbarungen/Kontrakten* ist eine verbindliche Form der Kooperation zwischen Jugendhilfe und Schule und hat insbesondere mit Einführung der Offenen Ganztagsgrundschule stark zugenommen. Während in fast 80 % der Kommunen bereits Kooperationsvereinbarungen abgeschlossen wurden, ist dieser Anteil in den Landkreisen mit ca. 53 % deutlich niedriger. Hintergrund dürften u.a. die Vereinbarungen zur Offenen Ganztagsgrundschule, die in knapp Dreiviertel der Kommunen mit Vereinbarungen eine Rolle spielen, in den Landkreisen dagegen fast keine Bedeutung haben.

Bei den weiteren Themen (ohne Offene Ganztagsgrundschule) zu denen Kooperationsvereinbarungen abgeschlossen wurden, zeigt sich eine deutliche Dominanz der Themen, die sich zum Bereich: Soziale Arbeit an Schulen

(Schulsozialarbeit, Jugendschutz, Hilfen zur Erziehung) zusammenfassen lassen (über 38 %) (vgl. Grafik 5). Auch ohne Berücksichtigung der Vereinbarungen zur Offenen Ganztagsgrundschule spielt das Thema Ganztagsbetreuung eine große Rolle; gemeint sind vor allem Vereinbarungen zu den Programmen „13 plus“ und „Schule von acht bis eins“.

10,6 % der genannten Themen, zu denen Vereinbarungen getroffen wurden, entfallen auf den Bereich Jugendarbeit, Freizeit, Kreativität. Hier ist nicht auszuschließen, dass diese Themen ebenfalls mit der Ganztagsbetreuung an Schulen im Zusammenhang stehen. Vereinbarungen zum Bereich Übergang Schule - Beruf sind mit 7,7 % der Themennennungen eher gering, hier ist aber zu berücksichtigen, dass vielfach Schulsozialarbeit allgemein diesen Bereich der Kooperation ebenfalls umfasst.

Unter sonstige Themen der Vereinbarungen fallen u.a. Themen im Zusammenhang mit Sozialraumorientierung, aber auch Fortbildungen und allgemeine Zielvereinbarungen zur Kooperation.

Grafik 5: Themen der Kooperationsvereinbarungen (n=104 Themennennungen)

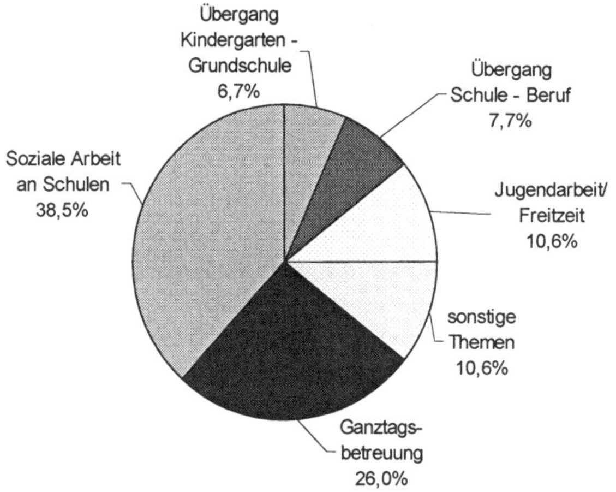

2. Rahmenbedingungen für die Kooperation bei den Kommunen ohne Jugendamt

Auch in Städten und Gemeinden ohne Jugendamt gibt es zahlreiche Kooperationsprojekte zwischen Einrichtungen und Diensten der Jugendhilfe und Schule. Diese Kommunen sind alle Schulträger, wobei die kleinste Gemeinde mindestens eine Grundschule unterhält.

Städten und Gemeinden ohne Jugendamt sind dagegen nicht öffentlicher Träger der Jugendhilfe, weil dafür das jeweilige Kreisjugendamt zuständig ist. Sie sind aber häufig Träger von Einrichtungen der Jugendhilfe, z. B. von Tageseinrichtungen für Kinder, von Einrichtungen der Kinder- und Jugendarbeit und manchmal auch Anstellungsträger für Schulsozialarbeiter/innen.

Einleitend wurden die Kommunen gefragt, ob es in ihrer Stadt bzw. Gemeinden eine Kooperation zwischen Schulen und Einrichtungen bzw. Diensten der Jugendhilfe gibt. Da nicht ausgeschlossen werden konnte, dass der Begriff „Jugendhilfe" zu eng im Sinne der Hilfen zur Erziehung verstanden würde, wurde ausdrücklich beispielhaft auf Tageseinrichtungen für Kinder, Jugendarbeit und Schulsozialarbeit verwiesen. Zudem wurde im Anschreiben auf die Bedeutung der eigenen kommunalen Einrichtungen verwiesen und empfohlen, sich bei der Beantwortung der Fragen gegebenenfalls mit den örtlichen Schulen und Einrichtungen abzustimmen. Im Hinblick auf Kooperationsprojekte, die in Zuständigkeit des Kreises als Jugendhilfeträger durchgeführt werden, wurde erwartet, dass diese ebenso einbezogen werden.

Die Kommunen wurden gebeten, auch dann den Fragebogen zurückzuschicken, wenn in ihrem Bereich keine Kooperation zwischen Jugendhilfe und Schule stattfindet. Von 249 angeschriebenen Kommunen ohne Jugendamt haben 149 Kommunen (59,8 %) geantwortet. Mit 63,6 % war die Rücklaufquote bei den kleinen Kommunen bis zu 10.000 Einwohnern am größten und bei den größeren Städten über 25.000 Einwohner am geringsten (45,7%).

101 von 149 antwortenden Kommunen (67,8 %) gaben an, dass in ihrer Kommune Jugendhilfe und Schulen kooperieren. Dieser Anteil variiert allerdings stark je nach Größe der Kommunen (vgl. Grafik 6). Während bei den kleinen Kommunen bis 10.000 Einwohner nur knapp die Hälfte angeben, dass in ihrer Kommune Jugendhilfe und Schulen kooperieren, liegt dieser Anteil bei den größeren Kommunen mit mehr als 25.000 Einwohnern bei knapp 90 %. Hintergrund dürfte in erster Linie die Zahl der Schulen sein. So verfügen in der Regel die kleineren Kommunen nur über wenige Grundschulen und nur eine Schule der Sekundarstufe I.

Grafik 6: Anteil der Städte und Gemeinden mit Kooperationen nach Größe

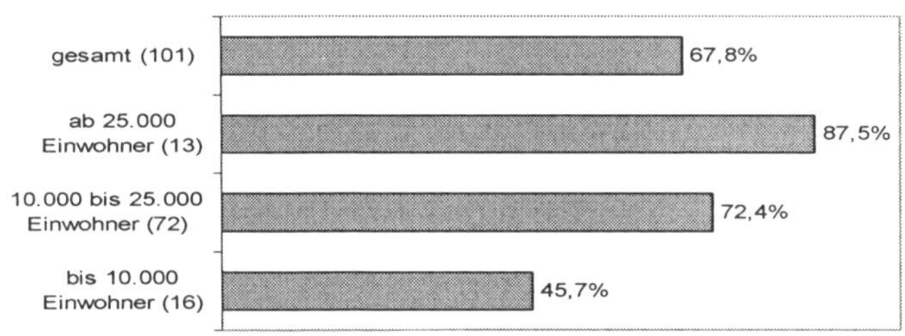

Auch auf Grund der verschiedenen Trägerstrukturen, Traditionen und regionalen Unterschiede ist die Situation in Kommunen, Gemeinden und Kreisen in Bezug auf die Trägerschaft von Einrichtungen der Jugendhilfe sehr unterschiedlich. So gibt es zahlreiche Kommunen, die zwar Schulträger sind, aber selbst über keine Einrichtungen der Jugendhilfe verfügen und insofern keine Kooperationsprojekte aus Sicht der Gemeinde umsetzen. Auch in solchen Kommunen kann es Kooperationsprojekte geben zwischen den einzelnen Schulen und den (freien) Trägern von Jugendhilfeeinrichtungen z. B. Tagesstätten und Jugendeinrichtungen bzw. zwischen den einzelnen Schulen und dem Kreisjugendamt.

Für die Frage nach Kooperationsstrukturen ist also bedeutsam, wer an diesen beteiligt ist und in welchem Umfang wer mit wem kooperiert. Möglich sind Kooperationsprojekte zwischen Schulen und Einrichtungen der Jugendhilfe in Regie der jeweiligen Stadt bzw. Gemeinde, zwischen Kommunen (im Einzelfall auch Schulen) und dem Kreisjugendamt, aber auch Projekte und Kooperationsformen von Schulen, die direkt mit Einrichtungen der Jugendhilfe (auch in freier Trägerschaft) zusammenarbeiten. Dabei kann nicht ausgeschlossen werden, dass gerade die Projekte auf der letzteren Ebene den Antwortgebern aus den Kommunen nicht in jedem Fall bekannt sein müssen und es dadurch auch zu möglichen Untererfassungen der Kooperation gekommen ist.

Grafik 7: Ebenen der Kooperation (n=101)

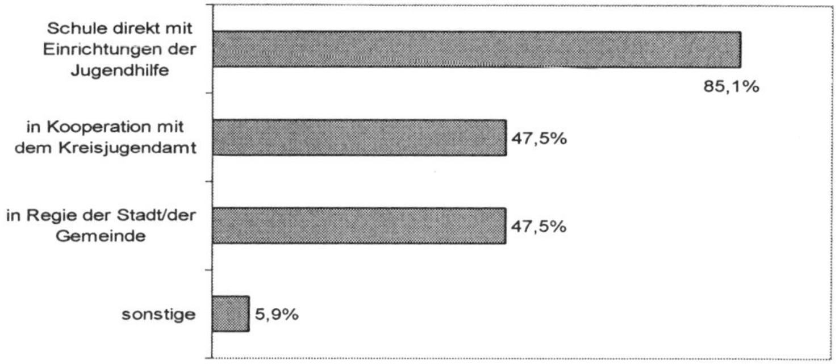

Nur bezogen auf die ersten beiden Ebenen gaben 24 Kommunen an, dass hier die Kooperation sowohl in eigener Regie wie auch in Kooperation mit dem Kreisjugendamt umgesetzt wird. Die anderen arbeiten entweder nur auf der einen oder der anderen Ebene. Unter den 86 Kommunen (85,1%), die angeben, dass hier die Schulen direkt mit Einrichtungen der Jugendhilfe zusammenarbeiten, sind nur 29 Kommunen, wo ausschließlich, d.h. ohne kommunale Beteiligung, die Schulen direkt mit Einrichtungen der Jugendhilfe kooperieren. Zusätzlich wurde unter sonstige Ebenen in drei Fällen die Kooperation mit der Schulaufsicht (z.B. im Bereich Fortbildung) genannt. Weitere Nennungen bezogen sich auf die Kooperation mit der Regionalkonferenz, mit dem Arbeitsamt und einem Gemeinwesenprojekt.

Bei der Kooperationsebene mit dem Kreisjugendamt (48 Kommunen, 47,5 %) ist die Komplexität dieses Kooperationsfeldes zu berücksichtigen. Je nach Bereich der Jugendhilfe sind die Aufgaben zwischen dem Kreisjugendamt und den Kommunen und Gemeinden ohne Jugendamt unterschiedlich aufgeteilt. So sind die Hilfen zur Erziehung immer beim Jugendhilfeträger, d.h. beim Kreis bzw. bei beauftragten Wohlfahrtsverbänden angesiedelt, zum Teil dezentral organisiert, so dass es in den Kommunen und Gemeinden ohne Jugendamt Außenstellen der Hilfen zur Erziehung des Kreisjugendamtes oder der Wohlfahrtsbände gibt. Demgegenüber stehen andere Bereiche der Jugendhilfe, etwa die Jugendarbeit, die weitgehend in kommunaler Trägerschaft organisiert und vom Kreisjugendamt oft nur fachlich begleitet bzw. auch finanziell gefördert werden.

Vor diesem Hintergrund ist die Frage nach den *Strukturen der Kooperation* mit dem Kreisjugendamt von Interesse. Auf vertragliche Grundlagen, hier im Sinne von Vereinbarungen mit dem Kreisjugendamt gemeint, kooperieren nur knapp 23 % der Kommunen (vgl. Grafik 8). In der Regel arbeiten die Partner auf der Basis von Absprachen bei Bedarf zusammen.

Grafik 8: Strukturen der Kooperation mit dem Kreisjugendamt (n= 48)

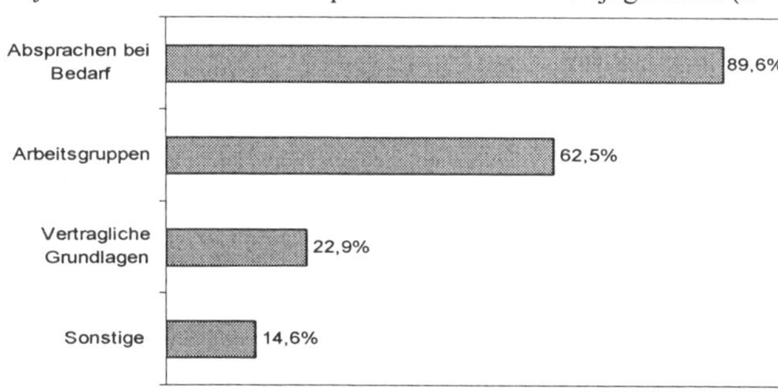

Unter sonstige Strukturen der Kooperation mit dem Kreisjugendamt verweisen die Kommunen auf die Zuständigkeit des Kreisjugendamts wegen der Größe der Gemeinde unter 25.000 Einwohner (2), auf gemeinsame Schulprojekte (3), auf ein im Aufbau befindliches Jugendhilfezentrum (1) und auf regelmäßige Koordinierungssitzungen (1).

Die Frage nach der Einrichtung einer *federführenden Stelle* für die Kooperation in der Verwaltung sollte einerseits Hinweise geben auf die Verankerung des Themenfelds in der kommunalen Verwaltung geben und anderseits ist von Interesse, wo diese wegen der unterschiedlichen Zuständigkeit für Schulen bzw. Jugendhilfe angesiedelt ist.

Bemerkenswert ist das Ergebnis, dass mit 46 Kommunen fast die Hälfte bereits eine federführende Stelle für die Kooperation eingerichtet hat. Sie ist überwiegend bei der Schulverwaltung (65,2 %) und nur selten beim Sozialamt (13 %) angesiedelt. Bei den Kommunen, wo die Federführung weder bei der

Schulverwaltung noch beim Sozialamt liegt, liegt sie in sechs Fällen beim übergeordneten Dezernat oder Fachbereich, wird gemeinsam (Schulverwaltung und Sozialamt) ausgeführt (in drei Fällen) oder ist in je einem Fall bei einer Stabsstelle angesiedelt bzw. wechselt zwischen den Ämtern. Die Zahl der Kommunen mit einer federführenden Stelle für die Kooperation ist im Übrigen leicht höher als bei den Kommunen mit Jugendamt und deutlich höher als bei Landkreisen.

Die Frage nach den *unterstützende Kommunikationsstrukturen* und Gremien nimmt sehr unterschiedliche Aspekte auf. Es geht sowohl um Strukturen und Gremien in der politischen Vertretung und in der Verwaltung wie um eher fachbezogene Strukturen, die die Fachkräfte bei der Umsetzung unterstützen.

Grafik 9: Unterstützende Kommunikationsstrukturen und Gremien (n=101)

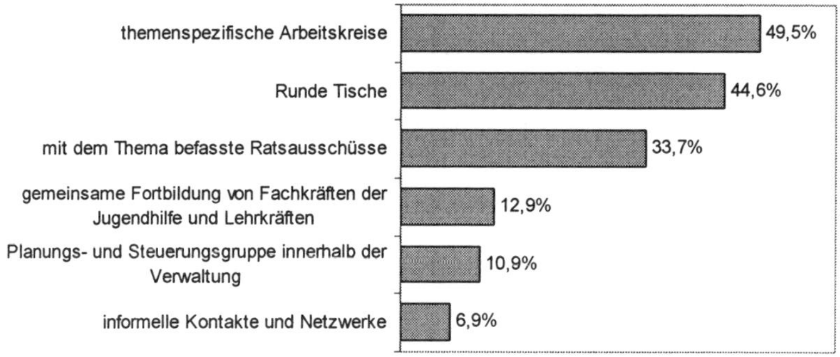

Die meisten Nennungen entfallen auf themenspezifische Arbeitskreise und „Runde Tische“ (vgl. Grafik 9). In einem Drittel der Kommunen unterstützen Ratsausschüsse, in der Regel der Schulausschuss, die Kooperation bzw. es sind dafür Unterausschüsse eingerichtet worden. Weniger bedeutsam sind dagegen Planungs- und Steuerungsgruppen innerhalb der Verwaltung. Informelle Kontakte und Netzwerke waren mehrfach Nennungen, die unter „andere Formen“ aufgeführt wurden. Insgesamt ist aber der Anteil der Kommunen, die auf solche Strukturen und Gremien zur Unterstützung der Kooperation zurückgreifen können, deutlich geringer als bei den Kommunen mit Jugendamt.

Knapp die Hälfte Kommunen gaben an, dass es bisher keine Kooperation mit der Schulaufsicht gibt. Damit ist dieser Anteil deutlich höher als bei den Kommunen mit Jugendamt. Bei den Kommunen, wo eine Kooperation mehr oder weniger verbindliche Formen gefunden hat, dominieren die Absprachen bei Bedarf (vgl. Tabelle 2).

Tabelle 2: Kooperation mit der Schulaufsicht (n=101)

keine Kooperation	48,5%	
Kooperation	51,5%	
durch regelmäßige Arbeitstreffen		21,2%
durch Absprachen bei Bedarf		88,5%
durch Beteiligung der Schulaufsicht an Planungs- und Steuerungsgruppen		19,2%
davon: durch Beteiligung der Schulaufsicht an Sitzungen der mit dem Thema befassten Ratsausschüsse		13,5%
sonstige Formen		7,7 %

Das Abschließen von *Kooperationsvereinbarungen/Kontrakten* gilt als sehr verbindliche Form der Kooperation zwischen Jugendhilfe und Schule und hat insbesondere mit Einführung der Offenen Ganztagsgrundschule zugenommen. Insgesamt geben 39 Kommunen (38,6%) an, dass Kooperationsvereinbarungen abgeschlossen wurden. Von diesen Kommunen haben 10 Kommunen Vereinbarungen zur Offenen Ganztagsgrundschule abgeschlossen, d.h. nur in knapp 26 % der Kommunen mit Vereinbarungen betreffen diese das Thema Ganztagsgrundschule, während dieser Anteil bei den Kommunen mit Jugendamt bei knapp 75 % liegt.

Bei den weiteren Themen (ohne Offene Ganztagsgrundschule) zu denen Vereinbarungen abgeschlossen wurden, zeigt sich, dass auch ohne Berücksichtigung der Vereinbarungen zur Offenen Ganztagsgrundschule das Thema Ganztagsbetreuung eine große Rolle spielt; gemeint sind vor allem Vereinbarungen zu den Programmen „13 plus" und „Schule von acht bis eins" (vgl. Grafik 10).

Die Themen, die zum Bereich: Soziale Arbeit an Schulen (Schulsozialarbeit, Jugendschutz, Hilfen zur Erziehung) zusammengefasst wurden (knapp 25 %), sind zwar ebenfalls von Bedeutung, der Anteil ist aber nicht so hoch wie in den Kommunen und Landkreisen mit Jugendamt, wo der Anteil dieses Bereichs der Kooperation ca. 39 % beträgt. Gründe dafür können in der Größe der Kommunen liegen, d.h. in den kleineren Kommunen ist der Bedarf nach sozialer Arbeit an Schulen möglicherweise geringer.

Grafik 10: Inhalte der Kooperationsvereinbarungen bzw. Kontrakte zu Kooperation (n= 41 Themennennungen)

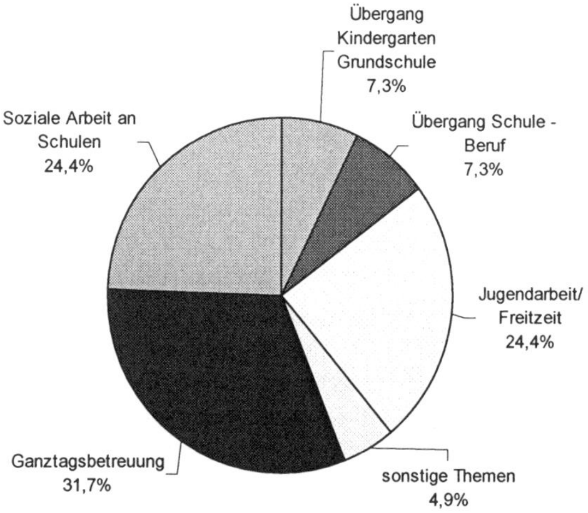

3. Bereiche und Themen der Kooperation

Bevor auf die einzelnen Bereiche der Jugendhilfe und auf die Themen der Kooperation eingegangen wird, ist von Interesse, in welchem Umfang die Schulen nach Schulformen beteiligt sind.

In den Kommunen mit Jugendamt sind die Hauptschulen, gefolgt von Sonderschulen und Gesamtschulen, die am stärksten beteiligten Schulformen (vgl. Grafik 11). Der entsprechende Anteil ist bei den Grundschulen geringer, allerdings sind sie, wenn sie beteiligt sind, fast ausschließlich stark beteiligt. Angesichts der großen Zahl der Grundschulen ist es nicht erstaunlich, dass noch nicht alle Grundschulen an Kooperationen etwa im Zusammenhang mit der Neugestaltung der Schuleingangsphase und der Ganztagsbetreuung beteiligt sind.

Realschulen und Gymnasien sind dagegen selten stark beteiligt, überwiegend sind sie weniger stark bzw. gering beteiligt; d.h. wenn sie überhaupt beteiligt sind, dann ist dies in den jeweiligen Kommunen nur ein kleinerer Teil der Realschulen und Gymnasien.

Die Aussagen der Landkreise betreffen Schulen in Kommunen ohne eigenes Jugendamt. Bei der Interpretation ist allerdings zu berücksichtigen, dass nicht alle Landkreise zu allen Schulformen Aussagen machen, obwohl alle Schulformen, mit Ausnahme möglicherweise der Gesamtschulen, in den Landkreisen vertreten sein dürften. Hier liegt die Vermutung nahe, dass die Landkreise nur Aussagen machen zu den Schulen, wo ihnen Kooperationsprojekte bekannt sind.

Grafik 11: Beteilung der Schulen nach Schulformen (in %)[2]

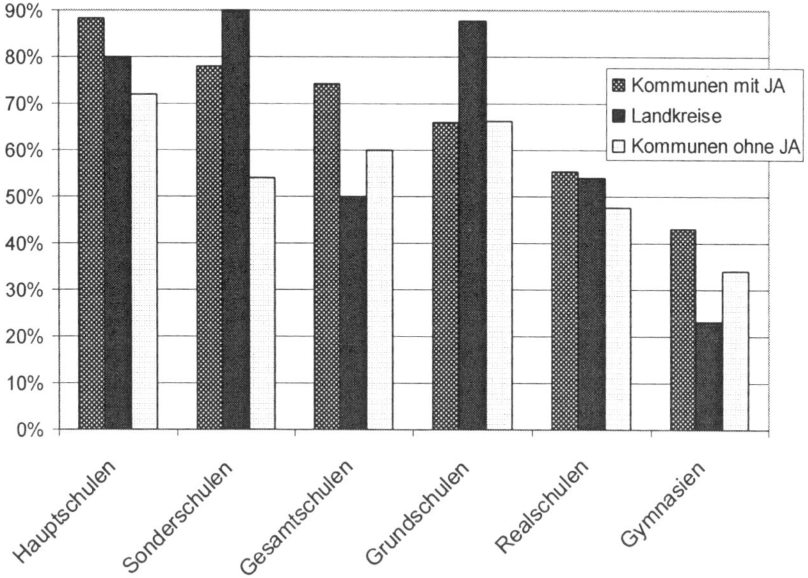

Bei Landkreisen ist die Beteiligung der Grundschulen auffallend hoch. Hintergrund ist hier vermutlich in starkem Maße die Kooperation mit Tageseinrichtungen im Zusammenhang mit der Gestaltung der Schuleingangsphase (vgl. Grafik 11). Die starke Beteiligung der Sonderschulen könnte mit der Bedeutung der Hilfen zur Erziehung als Aufgabe der Kreisjugendämter im Zusammenhang stehen.

Bei den Kommunen ohne Jugendamt ist die Beteiligung bei fast Schulformen im Vergleich insbesondere zu den Kommunen mit Jugendamt insgesamt etwas geringer. Dennoch geben auch hier mehr als 70 % aller Kommunen mit Hauptschulen an, dass die Hauptschulen stark bis weniger stark an Kooperationen mit Einrichtungen der Jugendhilfe beteiligt sind.

Die Beteiligung der Grundschulen ist in den Kommunen ohne Jugendamt so hoch wie in den Kommunen mit Jugendamt, d.h. eines der zentralen Themen der Kooperation mit den Grundschulen, die Gestaltung der Schuleingangsphasen, ist weitgehend unabhängig von der Größe in allen Kommunen relevant.

---

2 Differenziert nach Schulformen konnten die Angaben „stark beteiligt“ und „weniger stark beteiligt“ sowie „gering beteiligt“ und „nicht beteiligt“ gemacht werden In der Grafik wurden die ersten beiden Kategorien zusammengefasst.

Grafik 12: Beteiligung der Bereiche der Jugendhilfe[3]

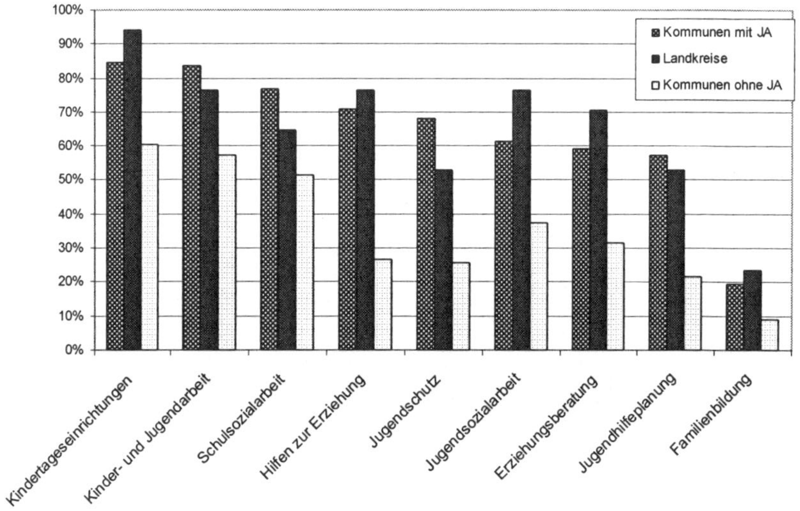

Tageseinrichtungen für Kinder (Kindergärten, Kitas) sind nach Angaben aller Kommunen und der Landkreise die am stärksten beteiligten Jugendhilfeeinrichtungen (vgl. Grafik 12). Hier dürfte sich bereits die Neugestaltung der Schuleingangsphase bezogen auf die Grundschule und die damit verbundenen verstärkten Kooperationserfordernisse zwischen Tageseinrichtung und Grundschule ausgewirkt haben.

Die Kinder- und Jugendarbeit und die Schulsozialarbeit liegen in den Kommunen auf dem zweiten bzw. dritten Rang, wobei allerdings die Schulsozialarbeit in den Kommunen mit Jugendamt deutlich häufiger als stark beteiligt angegeben wird, während die Kinder- und Jugendarbeit zwar beteiligt, dabei aber zu größeren Anteilen eher schwächer beteiligt ist.

Die hohe Beteiligung der Bereiche: Schulsozialarbeit, Hilfen zur Erziehung und Jugendschutz bei den Kommunen mit Jugendamt korrespondiert mit der starken Bedeutung, die der Themenbereich „soziale Arbeit" bei den Kooperationsvereinbarungen hat (vgl. Grafik 5).

Wie bei den Schulformen ist in den Kommunen ohne Jugendamt ist die Beteiligung aller Bereich der Jugendhilfe durchweg geringer, wobei allerdings Unterschiede zwischen den Bereichen sichtbar werden. Auffallend sind im Vergleich der Kommunen ohne Jugendamt mit den Landkreisen insbesondere die Unterschiede bei den Bereichen der präventiven Jugendhilfe. Am

3 Auch hinsichtlich der Beteiligung der Jugendhilfeeinrichtungen sind die Kategorien „stark beteiligt" und „weniger stark beteiligt" zusammengefasst worden.

deutlichsten wird dies bei den „Hilfen zur Erziehung“ die nach Auskunft der Landkreise fast dreimal stärker beteiligt sind als nach Angaben der Kommunen ohne Jugendamt, obwohl sie sich auf das gleiche Feld (Schulen in Kommunen ohne Jugendamt) beziehen. Offensichtlich nehmen die Landkreise die Beteiligung dieses Bereichs der Jugendhilfe, der eine der wichtigsten Aufgaben der Kreisjugendämter ist, stärker wahr als dies in den Kommunen der Fall ist. Umgekehrt kann bei den Angaben der Kommunen nicht ausgeschlossen werden, dass hier der Umfang der Kooperationsprojekte, die z.B. die Schulen direkt mit dem Kreisjugendamt oder mit anderen kreisweit arbeitenden Einrichtungen (Erziehungsberatung, Jugendsozialarbeit) umsetzen, nicht vollständig erfasst werden konnten, weil sie den Antwortgebern nicht bekannt sind.

In diesem Zusammenhang ist auch die Beteiligung der Jugendhilfeplanung zu sehen, deren Anteil in den Kommunen und Landkreisen mit Jugendamt deutlich höher ist, weil sie in erster Linie zum Aufgabenbereich dieser Institution zählt.

Nach den Fragen zur Beteiligung der Schulen und der Bereiche der Jugendhilfe wurden die Themen der Kooperation erfragt (vgl. Grafik 13).

Der Themenbereich: Übergang vom Kindergarten in die Grundschule fast überall bedeutsam.[4] Dies steht in Übereinstimmung mit der starken Bedeutung der Tageseinrichtungen für Kinder als beteiligte Jugendhilfeeinrichtung.

In den Kommunen mit Jugendamt ist das Kooperationsprojekt: Offene Ganztagsgrundschule von fast ebenso großer Bedeutung, wobei auffällig ist, dass dieser Themenbereich in den Kommunen ohne Jugendamt eine vergleichsweise geringere Bedeutung hat. Bedeutsamer ist hier das Themenfeld Ganztagsbetreuung in der Grundschule. Die Ganztagsbetreuung in der Sekundarstufe ist nach Einschätzung aller Kommunen und Landkreise zu deutlich geringeren Anteilen ein bedeutsamer Themenbereich der Kooperation.

Von zentraler Bedeutung sind aber offensichtlich auch Themenbereiche, die präventiv auf persönliche und soziale Konfliktfelder reagieren. So nennen mehr als 88 % bzw. mehr als 82 % der Landkreise die Gewaltprävention bzw. die Suchtprävention als bedeutsame Themenbereiche. Auch die hohe Zahl der Nennungen, die auf die Bereiche: Umgang mit schwierigen Kindern und soziale Kompetenztrainings entfallen, gehen in diese Richtung. Die dahinter stehenden Probleme haben offensichtlich eine erhebliche Bedeutung im Schulalltag

---

4 Die beiden Antwortkategorien: „sehr bedeutsam“ und „bedeutsam“ wurden zusammengefasst und der entsprechende Prozentanteil in der Grafik dargestellt. Die anderen Kategorien sind „geringe Bedeutung“, „keine Bedeutung“ und „ohne Angaben“

Tabelle 3: Themenbereiche der Kooperation

Themenbereiche	Kommunen mit Jugendamt	Landkreise	Kommunen ohne Jugendamt
Übergang Kindergarten Grundschule	94,2	94,1	84,9
Offene Ganztagsgrundschule	91,3	64,7	57,1
Umgang mit schwierigen Kinder	82,5	88,2	80,3
Gewaltprävention	80,6	88,2	79,5
Suchtprävention	79,6	82,4	73,7
Sprachförderung	79,6	47,1	69,6
Übergang Schule Beruf	75,7	76,5	77,0
Ganztagsbetreuung Primarstufe	74,8	52,9	68,4
Arbeit mit Schulmüden	71,8	70,6	53,3
Soziale Kompetenztrainings	68,0	64,7	67,2
Hausaufgabenhilfe	66,0	64,7	68,2
Hilfen gem. §35a KJHG	66,0	64,7	32,1
Peer-Education	59,2	64,7	64,7
Partizipation/Beteiligung	55,3	52,9	42,9
Ganztagsbetreuung Sekundarstufe	53,4	41,2	40,0
Geschlechtsspezifische Arbeit	52,4	35,3	66,7
Gestaltung von Schulhöfen	39,8	23,5	32,8
Erlebnispädagogische Projekte	35,0	41,2	45,0

Der Themenbereich: Übergang Schule Beruf ist mit ca. 75 % bei allen Kommunen und Landkreisen fast gleichstark bedeutsam.

Die Sprachförderung ist ein bedeutsamer Themenbereich vor allem in den Kommunen mit Jugendamt, ansonsten sind aber die unmittelbar schulunterstützende Bereiche (neben Sprachförderung, Hausaufgabenhilfe und Arbeit mit Schulmüden) von leicht geringerer Bedeutung.

Themenbereiche, die zur Jugendarbeit gezählt werden können (geschlechtsspezifische Arbeit, Peereducation, erlebnispädagogische Projekte, Partizipation/Beteiligung) sind ebenfalls von geringerer Bedeutung. Allerdings ist hier zu berücksichtigen, dass unter den Bereichen: Offene Ganztagsgrundschule und Ganztagsangebote auch bildungsorientierte Angebote mit kultur- und medienpädagogischen und kreativitätsfördernden Inhalten zu finden sind.

Am Beispiel der unterschiedlichen Angaben zum Bereich: Hilfen in Verbindung mit §35a KJHG wird wie bei den Hilfen zur Erziehung als Bereich der Jugendhilfe die unterschiedliche Wahrnehmung zwischen Landkreisen ohne Kommunen ohne Jugendamt deutlich.

Über die Träger der Jugendhilfe hinaus sind auch andere Kooperationspartner an Projekten mit Schulen beteiligt und zahlreiche Projekte werden nicht nur bilateral zwischen Jugendhilfe und Schule, sondern unter Einbeziehung weiterer Träger verwirklicht. Diese kommen insbesondere aus dem Bereich Sport, Medien und Kultur, aber es geht auch um Institutionen wie das Arbeitsamt bzw. die Berufsberatung sowie Wirtschaftsunternehmen und wirtschaftsnahe Organisationen.

Tabelle 4: Beteiligung freier Träger und anderer Kooperationspartner

Kooperationspartner	**Kommunen mit Jugendamt**	**Landkreise**	**Kommunen ohne Jugendamt**
Wohlfahrtsverbände	82,5	82,4	44,6
Kirchen	65,0	82,4	56,4
Elternvereine	62,1	58,8	50,5
Jugendverbände	57,3	58,8	20,8
Sportvereine	57,3	58,8	29,7
weitere Träger der Jugendarbeit	52,4	58,8	30,7
Arbeitsamt/Berufsberatung	51,5	17,6	31,7
Musikschulen/Kunstschulen	46,6	35,3	20,8
weitere Träger der Jugendsozialarbeit	40,8	64,7	11,9
Kulturvereine/Migrantenorganisationen	27,2	23,5	7,9
Unternehmen/Wirtschaftsorganisationen	22,3	5,9	16,9
sonstige Partner	11,7	5,9	6,9
Polizei	5,8	5,9	3,0

Die Kirchen und Wohlfahrtsverbände sind als freie Träger stark vertreten, weil sie vielfach Träger der Tageseinrichtungen für Kinder und Träger der Jugendarbeit und Jugendhilfe sind. Nicht überraschend ist, dass Kirchen in den Landkreisen und Kommunen ohne Jugendamt eine größere Bedeutung haben als in den Kommunen mit Jugendamt (vgl. Grafik 17).

Erstaunlich hoch ist der Anteil der Kommunen und Landkreise, die Elternvereine als Partner benennen. Dies dürfte in starkem Zusammenhang mit der Bedeutung der Ganztagsbetreuung stehen. Unterschiede hinsichtlich der Beteiligung der Jugendverbände, Sportvereine, weiterer Träger der Jugendarbeit bzw. der Jugendsozialarbeit lassen sich möglicherweise dadurch erklären, dass diese Träger eher regional oder kreisweit agieren und deswegen von den Landkreisen stärker wahrgenommen werden.

Große Unterschiede zeigen sich zwischen Kommunen und Landkreisen bei der Beteiligung des Arbeitsamts und der Unternehmen bzw. Wirtschaftsorganisationen. Hier liegen zwei Interpretationen nahe: Diese Kooperationen sind eher in größeren Kommunen zu finden und solche Kooperationen werden eher direkt zwischen Schulen und den entsprechenden Partnern umgesetzt, d.h. die Informationen darüber sind in den Behörden der Landkreise nicht verfügbar. Unter sonstige Partner wurde mehrfach die Polizei genannt. Weitere Partner in den Kommunen sind die Drogenberatung, RAA, Kinderschutzbund, VHS, Mütterzentrum, Wildwasser e.V., das Lokalradio und ein Fachschule für Sozialpädagogik.

4. Zusammenfassung und Resümee

- Insgesamt wurden 424 Kommunen und Landkreise angeschrieben, davon haben fast Zweidrittel geantwortet.
- In über 80 % der Kommunen werden Kooperationsprojekte zwischen Jugendhilfe und Schule durchgeführt.
- Auch bei den Kommunen ohne Jugendamt geben mehr als Zweidrittel der Kommunen an, dass es in ihrem Bereich eine Kooperation zwischen Schule und Jugendhilfe gibt, wobei sowohl kommunale Projekte wie solche, die in Zusammenarbeit mit dem Kreisjugendamt durchgeführt werden, berücksichtigt sind.
- In 60 % der Kommunen und Landkreisen mit Jugendamt liegt die Zuständigkeiten für Jugendhilfe und Schule in einem Dezernat/ Geschäftsbereich. Die Zusammenführung der zuständigen Ämter (Jugendamt, Schulverwaltungsamt) ist in gut 17 % der Kommunen und Landkreise vollzogen oder konkret in der Planung. In fast 60 % der Kommunen mit getrennten Ämtern kooperieren Jugendamt und Schulverwaltungsamt auf der Basis von eingerichteten Arbeitsgruppen.
- Fast die Hälfte der Kommunen ohne Jugendamt arbeitet bei den Kooperationsprojekten mit dem Kreisjugendamt zusammen, in über 60 % auf der Basis von Arbeitsgruppen. Ein großer Teil der Kooperationsprojekte wird also in Regie der Kommunen bzw. direkt zwischen Schulen und Einrichtungen der Jugendhilfe umgesetzt.
- In mehr als 40 % aller Kommunen ist eine federführende Stelle für die Kooperation benannt (bei den Landkreisen liegt der Anteil dagegen bei knapp 30 %). Bei den Kommunen mit Jugendamt und bei den Kreisen liegt die Federführung zu einem hohen Anteil beim Jugendamt; bei den Kommunen ohne Jugendamt überwiegend beim Schulverwaltungsamt.
- Unterstützende Kommunikationsstrukturen und Gremien sind in zu einem hohen Anteil in allen Kommunen und Landkreisen themenspezifi-

sche Arbeitskreise. In fast 70 % der Kommunen mit Jugendamt finden gemeinsame Sitzungen von Schul- und Jugendhilfeausschuss statt. Aber auch in einem Drittel der Kommunen ohne Jugendamt befassen sich Ratsausschüsse mit dem Thema. Gemeinsame Fortbildungen von Fachkräften der Jugendhilfe und Lehrkräften werden in 40 % der Kommunen angeboten.

- Alle Landkreise und fast 90 % der Kommunen mit Jugendamt kooperieren in mehr oder weniger geregelter Form mit der Schulaufsicht. Auch mehr als die Hälfte der Kommunen ohne Jugendamt beziehen die Schulaufsicht mit ein.
- In fast 80 % der Kommunen mit Jugendamt und knapp 40 % der Kommunen ohne Jugendamt wurden bereits Kooperationsvereinbarungen überwiegend zwischen Schulen und Einrichtungen der Jugendhilfe abgeschlossen. Überwiegend haben diese Kommunen Vereinbarungen zur Offenen Ganztagsgrundschule abgeschlossen. Weitere Vereinbarungen beziehen sich auf Soziale Arbeit an Schulen und Programme zur Ganztagsbetreuung.
- Haupt- und Sonderschulen sind die am stärksten beteiligten Schulformen in Hinblick auf Kooperationsprojekte. In zwei Drittel aller Kommunen sind auch Grundschulen wesentlich an Kooperationsprojekten beteiligt. Für Realschulen und Gymnasien hat die Kooperation mit der Jugendhilfe eine geringere Bedeutung.
- Die Tageseinrichtungen für Kinder gefolgt von der Kinder- Jugendarbeit und der Schulsozialarbeit sind die am stärksten beteiligten Bereiche der Jugendhilfe.
- Die hohe Beteiligung des Bereichs Schulsozialarbeit, aber auch der Bereiche Hilfen zur Erziehung und Jugendschutz korrespondieren mit der starken Bedeutung der Themenfelder Gewalt- und Suchtprävention, soziale Kompetenztrainings und weiterer präventiver Themen.
- Die Neugestaltung der Schuleingangsphase hat dazu geführt, dass der Übergang zwischen Kindergarten und Grundschule zu einem wichtigen Kooperationsthema zwischen Tageseinrichtungen und Grundschulen geworden ist.
- Gleichbedeutend mit diesen Themenbereichen ist der Themenkomplex Offene Ganztagsgrundschule und Ganztagsbetreuung in der Primarstufe.
- Wohlfahrtsverbände und Kirchen sind als Träger von Einrichtungen der Jugendhilfe die am häufigsten genannten Kooperationspartner. Deutlich mehr als die Hälfte der Kommunen geben Elternvereine als weitere Kooperationspartner an.

Die Ergebnisse der Befragung zeigen einerseits, dass in den Kommunen und Landkreisen Strukturen geschaffen wurden, die als Rahmenbedingungen Kooperationsprojekte unterstützen (federführende Stellen, Arbeitsgruppen, Kooperationsvereinbarungen). Andererseits ist die Struktur der Jugendhilfe mit den Jugendämtern als öffentlichem Jugendhilfeträger und Einrichtungen der Jugendhilfe in kommunaler und freier Trägerschaft nach wie vor sehr komplex und vielgestaltig. An den Ergebnissen der Befragung wird dies insbesondere deutlich an den zum Teil großen Differenzen zwischen den Einschätzungen der Kommunen ohne Jugendämter und den Landkreisen, d.h. die Wahrnehmung der Kooperation ist hinsichtlich Umfang und Themenfelder je nach Perspektive entsprechend unterschiedlich.

Die in Kooperationsprojekte einbezogenen Schulformen, Bereiche der Jugendhilfe und Themenbereiche geben Hinweise darauf, dass die Integrationsfunktion der Jugendhilfe (Förderung, Betreuung, Prävention) ihren Stärken entsprechend auch „genutzt“ wird. In welchem Umfang in den Kooperationsprojekten eine neue Qualität von Bildungsprozessen im Sinne nichtformaler und informeller Bildung realisiert wird, ist so noch nicht erkennbar. Hier bedarf es weiterer, insbesondere qualitativer Forschung, die eher in der Lage ist, diese Fragestellungen in den Blick zu nehmen. Die in den Beiträgen dieses Bandes aufgeführten konkreten Kooperationsprojekte geben zumindest Hinweise auf diese Bildungsaspekte.

Kommunale Bildungsberichterstattung – Basis der Planung kommunaler Bildungsräume

Fragen der Verschränkung von Schulentwicklungs- und Jugendhilfeplanung

Stephan Maykus

In der Fachdiskussion der letzten Jahre zum Thema Kooperation von Jugendhilfe und Schule werden in vielen Veröffentlichungen an abschließender Stelle notwendige Rahmenbedingungen für die Entwicklung von Zusammenarbeit benannt. Eine entsprechende Praxis wird bei deutlicher Expansion unterschiedlichster Formen der Zusammenarbeit von Schule und Jugendhilfe stets als entwicklungsbedürftig und in ihrem Erfolg als abhängig von zentralen Rahmenbedingungen und Voraussetzungen angesehen – eine dieser Voraussetzungen ist in der entsprechenden Aufzählung regelmäßig anzutreffen: die Abstimmung und Verknüpfung von Schulentwicklungs- und Jugendhilfeplanung. Dies ist bislang ausschließlich als Forderung formuliert, als Bedingung auf der Steuerungs- und Planungsebene, die die Praxisentwicklung der Kooperation günstig beeinflussen soll. Noch selten aber wird ein entsprechender Praxisvollzug berichtet, vielmehr trifft man die Einschätzung an, dies sei eine Perspektive und befinde sich in den Anfängen. Dabei stellen sich mehrere Fragen: Welcher Weg wird dabei in der Praxis beschritten? Was sind zugrundeliegende Erfahrungen und Erwartungen? Und was ist eigentlich das Ergebnis einer Verknüpfung? Die Forderung danach suggeriert ja auch, dass es „nur" an einer organisierten Berührung und Überschneidung beider Planungsbereiche fehlt – braucht es dann also einfach nur Zeit, um eine bislang gar übersehene Parallelität zu überwinden, während die Anschlussfähigkeit bereits gegeben ist? Oder deutet der Stand darauf hin, dass gerade diese so schwierig ist? Wenn ja, woran liegt das? Passt überhaupt zusammen, was idealerweise nur noch in gemeinsamen Konzepten organisiert werden soll?

Als Stand kann man durchaus formulieren: Die infrastrukturelle Ebene der Kooperation von Jugendhilfe und Schule, Fragen einer abgestimmten Bedarfseinschätzung und Angebotsentwicklung, werden bislang noch kaum bedacht. Kooperation von Jugendhilfe und Schule ist nicht selbstverständlich Gegenstand einer gezielten Strukturierung durch Planungsaktivitäten. Im Zuge des bundesweiten Ausbaus der Ganztagsschulen und Ganztagsangebote (als einem aktuellen Anlass neben weiteren im Bereich von Jugendhilfe und Schule) wird diese Perspektive vermehrt formuliert und fachlich plausibel, jedoch scheint die Entwicklung gemeinsamer Planungsprojekte in der Praxis häufig schwierig. Jugendhilfe und Schule verfügen beide über eine Planungstradition mit einem jeweils speziellen institutionellen Hintergrund, eigenen

Themen und Leitvorstellungen, eigenen Planungsmethoden und –logiken. Der Schritt von der Plausibilität zur konkreten Praxis gemeinsamer Planung steht damit an, mithin auch die Vergewisserung beider Aspekte, zu der im Folgenden ein Beitrag geleistet werden soll.

Nach einer Skizzierung von Anlässen für die Verschränkung von Schulentwicklungs- und Jugendhilfeplanung werden vor diesem Hintergrund drei Fragen verfolgt:

1. Was sind gängige und in der Praxis bestehende Planungsverständnisse und –erfahrungen von Jugendhilfeplanung und Schulentwicklungsplanung? Was sind Kriterien der jeweiligen Planung? *(Vergegenwärtigung und Vergleich der beiden Planungskonzepte),*
2. Welche Schnittstellen sind erkennbar und können Anknüpfungspunkte für die Entwicklung einer verschränkten Schulentwicklungs- und Jugendhilfeplanung sein? *(Erörterung von Potenzialen gemeinsamer Planung),*
3. Welche Rahmenbedingungen sind notwendig, damit ein gemeinsames Planungskonzept Praxis werden kann? Inwiefern sind demnach auch Grenzen und Ambivalenzen der Entwicklung gemeinsamer Konzepte erkennbar? *(Entwurf einer kooperativen Planungsstruktur und –organisation).*

Im Ergebnis soll die Verschränkung beider Planungskonzepte als eine erste Phase eines weiterführenden Entwicklungsprozesses verstanden werden – auf dem Weg zu einer kommunalen Bildungsberichterstattung als gemeinsames Produkt und Brücke zwischen zwei weiterhin eigenständig existierenden und schnittstellenbasierten Planungskonzepten von Schul- und Jugendhilfeverwaltung.

1. Anlässe für die Verschränkung von Schulentwicklungsplanung und Jugendhilfeplanung

Die vermehrte Forderung nach einer abgestimmten Planung von Schule und Jugendhilfe erhält eine zunehmend breitere Basis ihrer Begründung und ihrer konkreten Umsetzung, es sind vor allem vier Punkte, die sich hier anführen lassen:

1. Jugendhilfe und Schule gehen vermehrt eine gemeinsame Praxis ein: Von der Schulsozialarbeit als erstem konkreten und verbreiteten Feld sozialpädagogischer Arbeit in Schulen hat sich die Praxis hin zu einem breiten Rahmen der Kooperation von Jugendhilfe und Schule entwickelt, was auch begrifflich die engere Perspektive der Schulsozialarbeit abgelöst hat. Stattdessen und darüber hinaus gibt es vielfältigste Formen der Zusammenarbeit an allen Schulformen, wie schulbezogene Jugendarbeit, die gemeinsame Gestaltung des Schulalltags, freizeitbezogene Aktivitäten, Zusammenarbeit in sozialräumlicher Weise, Begleitung des Überganges von der Kindertagesstätte in die Grundschule, Ganztagsangebote für Schulkinder (nach SGB VIII und z.B. SchulG NRW), die Zusammenarbeit mit den Hilfen zur Erziehung usw. Es ist also ein Praxisfeld entstanden, das inzwischen in einem hohen Maße heterogen geworden ist, Züge eines Querschnittthemas annimmt und damit auch einen erhöhten Koordinierungsaufwand auslöst. Zumal dann, wenn man keine planlosen Entwicklungsschübe zulassen, sondern bedarfs- und ressourcenorientiert dieses Feld der Zusammenarbeit gestalten möchte (und gegenwärtig – aufgrund knapper werdender Ressourcen – ja auch tun muss). Kooperation als Praxis ist damit auch zum Gegenstand von Planung geworden, wobei die Planungsstrategien daraufhin geprüft und abgestimmt werden müssen. Dabei stellen sich Fragen wie: In welcher Form ist dies effektiv möglich? Welche Informationen sind notwendig für die Planung dieses Feldes? In welchen Zusammenhängen und auf welches Ziel hin sollen sie verwendet werden? Was sind Kriterien, um Befunde zu bewerten?

2. Kommunale Bildungsplanung wird als wichtige Grundlage eines neuen Systems von Bildung, Betreuung und Erziehung angesehen: Auf dem Weg zu einem abgestimmten System von Bildung, Betreuung und Erziehung formuliert die Kommission des 12. Kinder- und Jugendberichtes (Vgl. BMFSFJ 2005) eine zentrale Herausforderung – den Aufbau einer kommunalen Bildungsplanung als integrierte Fachplanung. „Erforderlich ist eine kommunale Bildungsplanung, die geeignet ist, die Vermengungen und Begrenzungen der Teilsysteme Kinder- und Jugendhilfe sowie Schule zu überwinden und ein konsistentes Gesamtsystem für Bildung, Betreuung und Erziehung im kommunalen Raum zu entwickeln. Dazu sind kommunale Jugendhilfeplanung und Schulentwicklungsplanung zu integrieren sowie mit der Sozialplanung und der Stadtentwicklungsplanung abzustimmen. Zentraler Akteur einer solchen Bildungsplanung muss die Kommune sein“ (ebd., S. 359).

3. Kommunale Steuerung der Kooperation von Jugendhilfe und Schule gerät in den Blick: Es wird damit die strategische Ebene in den Blick genommen, zunächst weg von der einzelnen Schule, dem einzelnen Kooperationsprojekt, hin zu Strukturfragen, den Angeboten in einer Stadt, kleinräumig in einem Stadtteil, ihren Bezügen zu den Lebenslagen der jungen Menschen und ihren Familien, zu Fragen der Prioritätensetzung, der kommunalpolitischen Entscheidungsprozesse, der Rahmenbedingungen für die Weiterentwicklung des Feldes. Hierfür stellt Planung ein Instrument dar und ist in seiner Steuerungswirkung zu hinterfragen und ggf. entsprechend zu prüfen und (neu) zu konzipieren (eben auch ämterübergreifend). Um damit schließlich auch wieder den Blick auf die einzelne Schule oder die Jugendhilfeangebote zu werfen, Impulse zu liefern und strukturelle Rahmenbedingungen zu schaffen, die die Arbeit vor Ort unterstützen können. Die aktuelle Entwicklung der Ganztagsbetreuung verlangt z.B. laut Richtlinie des Ministeriums für Schule und Weiterbildung in NRW zur Einführung der offenen Ganztagsschule im Primarbereich ein abgestimmtes Vorgehen der kommunalen Schul- und Jugendhilfeträger (z.B. bei der Standortauswahl, der Beschreibung von sozialen Lebenslagen der Schüler(innen), des Angebots- und Raumbedarfes, von Platzzahlen etc.). Beispiele einer solchen Zusammenführung von Schulentwicklungs- und Jugendhilfeplanung liegen bereits vor (z.B. aus der Stadt Witten, siehe Abschnitt 3).

4. Abgestimmte Planungsprozesse tauchen in rechtlichen Zusammenhängen auf: Im Zuge eines stärker steuernden und strategischen Blicks auf die Kooperation von Jugendhilfe und Schule taucht die Forderung nach einer abgestimmten Planung beider Seiten in mehreren rechtlichen Bereichen auf:

- *Kinder- und Jugendhilfegesetz KJHG (SGB VIII):* Im § 80 SGB VIII ist der öffentlicher Träger der Jugendhilfe dazu verpflichtet ein bedarfsgerechtes Angebot an Jugendhilfeleistungen zu planen und vorzuhalten, das dem Auftrag der Gestaltung und Erhaltung förderlicher Lebensbedingungen für junge Menschen und Familien gerecht werden soll (§ 1 SGB VIII). Im speziellen Bereich der Kooperation von Jugendhilfe und Schule soll es bedarfsgerechte Angebote für schulpflichtige Kinder geben (nach § 24 SGB VIII), schulbezogene Jugendarbeit (§ 11 SGB VIII) und Jugendsozialarbeit, die sich unter anderem Fragen der schulischen Integration sozial und individuell benachteiligter junger Menschen widmet (§ 13 SGB VIII).
- *Schulgesetze der Länder* (hier das Beispiel Nordrhein-Westfalen): Im Schulgesetz NRW ist im § 80 die Verpflichtung zur Schulentwicklungsplanung kodifiziert, die sich auf die Planung der Schulangebote nach Schulformen, Schularten und Schulstandorten bezieht, um ein wohnortnahes, gleichmäßiges und gleichwertiges Bildungs- und Abschlussangebot vorhalten zu können. Diese Planungsvorgabe, die anlassbezogen zum Tragen kommt (siehe Abschnitt 2), bekommt dann für Kooperation eine besondere Relevanz, wenn die Forderung nach Schulöffnung und Zusammenarbeit mit außerschulischen Partnern (§ 5 SchulG NRW) sowie die Möglichkeit, Schulen als Ganztagsschulen zu führen (§ 9 SchulG NRW), kommunale Praxis werden soll.
- *Landesausführungsgesetze SGB VIII*: Die Perspektive einer abgestimmten Planung taucht z.B. auch im neuen Kinder- und Jugendfördergesetz des Landes Nordrhein-Westfalen von 2005 auf. Für den Bereich der Kinder- und Jugendförderung ist ein eigenständiger Paragraph handlungsleitend für die Kooperation von Jugendhilfe und Schule (§ 7 KJFöG NRW) und im 3. Absatz wird schließlich die Initiative des öffentlichen Trägers gefordert, „(...) im Rahmen einer integrierten Jugendhilfe- und Schulentwicklungsplanung ein zwischen allen Beteiligten abgestimmtes Konzept über Schwerpunkte und Bereiche des Zusammenwirkens und über Umsetzungsschritte (...)“ zu entwickeln. Das wirft wei-

tere Fragen auf, denn die Forderung beschreibt nicht nur ein Ergebnis (Integriertheit der Planungen), sondern auch Qualitäten des Planungsprozesses: Abstimmung, damit Kommunikation, Aushandlung, Beteiligung auf der Grundlage eines Konzeptes (siehe hierzu auch § 8 Abs. 3 KJFöG NRW, Abstimmung von Jugendhilfeplanung mit anderen Bereichen von Planung).

- *Richtlinien zur Einführung von Ganztagschulen der Länder* (hier wieder das Beispiel NRW): Der Erlass zur Einführung von offenen Ganztagsschulen des Ministeriums für Schule und Weiterbildung sieht bei der Umgestaltung einer Schule zu einer offenen Ganztagsschule das Zusammenwirken von Schule, Schulträger und Träger der Jugendhilfe (gemäß §§ 76 Nr. 7 SchulG und § 81 SGB VIII) vor, und dies auf der Grundlage einer Zusammenführung von Schulentwicklungsplanung und Jugendhilfeplanung.

Integriertheit, Abstimmung und Zusammenführung – das sind die formulierten Zielperspektiven in diesen Zusammenhängen, die Fragen nach der Koppelungsmöglichkeit, der Koordination und einer kooperativen Planungsstruktur und –organisation aufwirft, die von Seiten der Schulentwicklungs- und Jugendhilfeplanung gleichermaßen gebildet wird. Passt zusammen, was integriert werden soll? Was sind die Voraussetzungen für eine Abstimmung und Zusammenführung? An diese Fragen kann man sich nur mit einem Vergleich beider Verfahren annähern, was im folgenden Abschnitt in pointierter Weise geschehen soll.

2. Schulentwicklungs- und Jugendhilfeplanung: beide Konzepte im Vergleich

Zunächst fällt der Blick auf Unterschiede, wenn man sich beide Planungsverfahren vergegenwärtigt, die sich laut Hetz/Schnurr in drei Punkten zeigen:

„Institutionelle Einbindung: Jugendhilfe und Jugendhilfeplanung sind kommunale Aufgaben, Schule ist Ländersache, Kommunen haben als Schulträger lediglich die Verantwortung für Gebäude, Betrieb und technisches Personal (äußere Schulangelegenheiten).
Planungsverständnis: Jugendhilfeplanung ist beteiligungs- und prozessorientiert und hat einen sehr umfassenden und komplexen Gegenstandsbereich, Schulentwicklungsplanung ist eine kommunale Standortplanung; sie ist eher ergebnisorientiert und setzt die Planungsvorgaben der Schulbehörden im örtlichen Kontext um.
Planungsmethoden: Jugendhilfeplanung braucht neben einer umfassenden quantitativen und qualitativen Datengrundlage eine differenzierte Planungsstruktur, um die Beteiligung und die Einbindung in die politischen Entscheidungswege sicher zu stellen. Schulentwicklungsplanung arbeitet fast ausschließlich mit quantitativen Kategorien und spielt sich vorwiegend im Kontext der öffentlichen Verwaltung ab"(Hetz/Schnurr 2005: 11).

Abbildung 1: Kriterienorientierter Vergleich beider Planungsverfahren

Merkmale	Jugendhilfeplanung	Schulentwicklungsplanung
Ziele	bedarfsgerechtes, ausreichendes, rechtzeitiges Jugendhilfeangebot	wohnortnahes, gleichwertiges und –mäßiges Bildungs- bzw. Abschlussangebot
Grundcharakter	komplexer Planungsgegenstand	standardisierter Planungsgegenstand
Vorgehen	Prozessorientierung aktive Beteiligung	anlassbezogen eher formelle Beteiligung
Methoden	qualitativ-quantitativ kommunikativ	quantitativ
Inhalte	Bestandsaufnahme Bedarfsklärung, Empfehlungen	Bestandsaufnahme Prognose und Bedarf Empfehlungen

Quelle: eigene Darstellung

In der Abbildung 1 sind die beiden Planungsverfahren anhand mehrerer Kriterien vergleichend dargestellt (eigene Darstellung; vgl. dazu grundlegend Jordan/Schone 2000 sowie Mauthe/Pfeiffer 2000). Eine Kooperation auf der Planungsebene, so Merchel (vgl. 2004), bedeutet gegenwärtig überwiegend die Einbeziehung von Schulvertretern in Planungsgruppen der Jugendhilfeplanung, vor allem im Zuge eines vermehrt sozialräumlichen Vorgehens, das unterschiedliche Akteure vor Ort in Planungsfragen einbezogen wissen will. Das Manko dabei ist jedoch, dass es kaum eine erkennbare Kontinuität (in zeitlicher wie organisatorischer Sicht) gibt und dass nur eine Auswahl von Schulen (die einen Bezug zum Sozialraum haben) einbezogen ist. Planungsansätze der Jugendhilfe sind bislang nur bedingt im Interessensbereich der Schule präsent (vgl. ebd.). Daher ist es vor dem Hintergrund vermehrter fachlicher Anlässe für eine abgestimmte Planung notwendig, eine konzeptionelle und organisatorische Verknüpfung beider Planungsverfahren zu entwickeln und ihre Planungslogiken in ein Verhältnis zu bringen, das der Entwicklung bildungsbezogener Angebotsstrukturen gerecht wird. Der kriteriengeleitete Vergleich in der Abbildung 1 vergegenwärtigt die Unterschiede von Schulentwicklungs- und Jugendhilfeplanung, jedoch zeigen die Grundlagen und angestrebten Maßnahmenempfehlungen beider Planungskonzepte auch Anknüpfungspunkte (s. Abbildung 2).

Abbildung 2: Kriterienorientierter Vergleich beider Planungsverfahren

Merkmale	Jugendhilfeplanung	Schulentwicklungsplanung
Grundlagen	Handlungsbereiche/ Angebote Zielgruppen Sozialräume Probleme	Planungsraum Demografische Entwicklung Angebot/Raumbestand
Maßnahmenempfehlungen	angebotsstrukturell konzeptionell	schulorganisatorisch schulbaulich
Impulse für gemeinsame Planung	Sozialraumorientierung/Kleinräumigkeit Praxisentwicklung: Kooperation (SSA, Kita), Ganztagsbetreuung, Schulautonomie/-profile Empirischer Fundierung von Planungszielen Qualitativ-konzeptionelle Orientierung	

Quelle: eigene Darstellung

Ist Jugendhilfeplanung an den im SGB VIII formulierten Handlungsbereichen der Jugendhilfe orientiert und geht ferner sozialraum-, zielgruppen- oder auch themen- und problembezogen vor, und verfolgt Schulentwicklungsplanung eine demografieorientierte, planungsraumbezogene (schuleinzugs- bzw. schulbezirksbezogene) Angebotsplanung, so ist hier eine wichtige Brücke zu schlagen: Beide Planungskonzepte werden kommunal durchgeführt und beziehen sich daher auf die Gestaltung kommunaler Bildungsräume. Ein neues System von Bildung, Betreuung und Erziehung, das Partner aus Schule und Jugendhilfe vor Ort, in sozialen Räumen und Kommunen in ein neues Ergänzungsverhältnis bringen will, verlangt daher eine entsprechende Planungsgrundlage, eine neuen Auftrag an Planung. Diese erweiterte, dem praktischen Ziel entsprechende institutionenübergreifende Planungsgrundlage kann weder von der Jugendhilfeplanung noch von der Schulentwicklungsplanung allein hergestellt werden; ihre aus den unterschiedlichen bisherigen Aufträgen resultierenden methodischen und planungsorganisatorischen Begrenztheiten können vielmehr durch Ansätze und Erfahrungen der anderen Seite erweitert werden und eine Schnittstelle bilden. Diese Schnittstelle kommt zustande (siehe Abbildung 2), indem methodische, datenbezogene und planungsstrukturelle Aspekte beider Planungsgrundlagen in Verbindung gebracht werden. Es gibt demnach mindestens vier Brücken zwischen Schulentwicklungs- und Jugendhilfeplanung:

- *der soziale Raum als Bezugsgröße* für Schulentwicklungsplanung und Jugendhilfeplanung: beide Seiten sollten dies als zentrale Grundlage für die Bedarfsklärung und Konzipierung von Angebotsstrukturen nehmen und ihre Raumbezüge entsprechend aufeinander abstimmen,
- die bestehende *Kooperationspraxis mit einem Aufforderungs- und Koordinierungscharakter für Planung*: Schulsozialarbeit, schulbezogene Jugendarbeit, Übergänge vom Kindergarten in die Grundschule und Ganztagsangebote für Schulkinder verlangen nach Planungszugängen (Bedarfseinschätzungen) beider Seiten,
- die *Notwendigkeit einer empirischen Fundierung von bildungsbezogenen Planungsprozessen*: erstens im Sinne demografischer Vorausschätzungen, die in der Schulentwicklungsplanung bereits jetzt bedeutsam sind und in der Jugendhilfe zwar nicht in gleicher Weise, jedoch als Indikator für Bedarfsvorausschätzungen des Feldes schulbezogener Angebote der Jugendhilfe herangezogen werden können; zweitens durch die Erstellung sozialstruktureller Analysen – Sozialatlanten – als gemeinsame Informationsbasis, die eine einseitig an Schülerzahlen orientierte Schulentwicklungsplanung um Sozialdaten ergänzt, genauso wie sozialstrukturelle Analysen der Jugendhilfeplanung um bildungsrelevante Daten; drittens durch die Einführung einer kommunalen Bildungsberichterstattung, die Sozialstruktur-, Jugendhilfe- und Bildungsdaten in einem Berichtswesen bündelt und in eine interpretative Zusammenschau bringt (siehe Abschnitt 5), sowie
- eine darüber hinaus *qualitativ ausgerichtete Planung* beider Seiten: was im Sinne von Beteiligung bereits in der Jugendhilfeplanung berücksichtigt wird, in der Schulentwicklungsplanung erst zu entwickeln wäre, in Form der Beteiligung weiterer Akteure wie z.B. Jugendamt, Jugendhilfeträger, Elternvertreter. Auf dieser Grundlage hätte Schulentwicklungsplanung auch eine Chance, Impulse für die pädagogische Entwicklung einzelner Schulen zu liefern. Umsetzungsfragen wie Schulautonomie, Schulprofilbildung und Schulöffnung können dann auch durch Planungsprozesse wesentlich mitangeregt werden.

Diese vier Brücken können die jeweiligen Planungskontexte bereits je für sich anreichern, aber vor allem sind es Verbindungslinien, die zu einer abgestimmten und neuen Qualität von Planung führen können – einer bildungsbezogenen Planung. Als Motor für die Betonung und Nutzung der Verbindungslinien braucht es konkrete praktische Anlässe und Praxiskontexte, die Planungsrelevanz haben und die Planungsverfahren jeweils an ihre Grenzen führen, die eine Erweiterung und Ergänzung um Planungskonzepte der anderen Seite daher herausfordern und plausibel werden lassen. Ein Beispiel für einen solchen praktischen Anlass ist die Einführung der offenen Ganztagsschule im Primarbereich in Nordrhein-Westfalen, die das Potenzial einer ämterübergreifenden Planung (exemplarisch in einer Kommune) vergegenwärtigen kann.

3. Exemplarischer Planungskontext: Die Bedeutung von Planungsstrategien im Kontext der offenen Ganztagsschule in NRW

Die offene Ganztagsschule in Nordrhein-Westfalen soll eine veränderte Kultur von Lernen und Lehren ermöglichen, eine Schule, die Bildung, Betreuung und Erziehung zu einem Gesamtkonzept vereint. Die vielfältige Gestaltung des Schulalltags und die individuelle Förderung von Schülerinnen und Schülern soll dabei durch die Kooperation mit außerschulischen Partnern realisiert werden. Diesen pädagogischen Leitzielen werden die organisatorischen Grundsätze der offenen Ganztagsschule an die Seite gestellt. Es sind dies die Offenheit und Freiwilligkeit des Ganztagsangebotes, die Kooperationsorientierung von Schule sowie eine Bedarfs- und Planungsorientierung der kommunalen Träger von Schule und Jugendhilfe bei der Einführung der Ganztagsschulen (vgl. MSJK 2004). Was bedeutet demnach die Einführung der offenen Ganztagsschule, aus dem planerischen Blickwinkel betrachtet? Eine Kommune soll im Zusammenwirken von Schulträger und Jugendhilfeträger

- den quantitativen und qualitativen *Bedarf feststellen*,
- von jeder Schule ein pädagogisches *Konzept*, Schulprogramm über das Ganztagskonzept vorlegen,
- Kooperationspartner in der Gemeinde und im Schulumfeld gewinnen,
- den Einsatz von Lehrkräften und des nicht-lehrenden pädagogischen Personals planen,
- *organisatorische* Abläufe der *Planung* und Umsetzung schaffen, die die Kontinuität des Ganztagsschulangebotes sichern soll,
- eine *strukturelle Verknüpfung* der Angebote mit anderen Aktivitäten der Schule und im Schulumfeld herstellen sowie
- die einzelnen Schulkonzepte angehender Ganztagsschulen in Verbindung mit einem kommunalen Konzept des Schulträgers bringen (*institutionelle und infrastrukturell-kommunale Perspektive*).

Diese Punkte (vgl. ebd.) zeigen eine Reihe von planungsrelevanten Aspekten auf: Konzepte, Bedarfsklärungen, Prioritäten/Standortauswahl, Rahmenbedingungen vor Ort prüfen, Trägerverhandlungen/ Kooperationsvereinbarungen, Qualitätsstandards, Organisation und Kostenpläne, Entwicklungspläne/Langfristigkeit, strukturelle Veränderungen/Integration der bestehenden Angebote – und eben ämterübergreifende Kooperation. Der landespolitische Impuls muss also kommunal ausgestaltet werden; dabei werden die Mittel über den Schulträger verteilt, was die Steuerungs- und Planungsebene auf den Plan ruft, denn für diesen Prozess werden vorbereitend und begleitend, kontinuierlich Informationen in Form von Daten gebraucht, die Jugendhilfeplanung und Schulentwicklungsplanung im oben skizzierten Sinnc beisteuern können und die daher auch zu diesem Zweck zusammengebracht werden sollten.

Wie kann das aussehen – wie kann es praktisch umgesetzt werden? Ein Beispiel aus der Stadt Witten (s. Abb. 3 und ausführlicher Schmidt/Cordt/Ebel 2004), das den Planungsprozess der offenen Ganztagsschule dort beschreibt, liefert wichtige Anhaltspunkte.

Abbildung 3: Das Beispiel der Stadt Witten - Planungsprozess der offenen Ganztagsschule

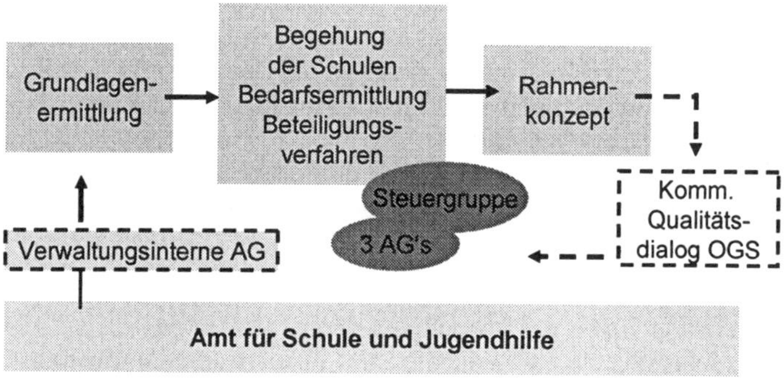

Quelle: eigene Darstellung

Die verwaltungsbezogene Grundlage der abgestimmten Planung ist ein *Amt für Schule und Jugendhilfe,* das bereits vor der offenen Ganztagsschule zusammengeführt wurde, auch mit dem Ziel einer schritt weisen Zusammenlegung von Schulentwicklungsplanung und Jugendhilfeplanung. Dies ist kein Garant für eine funktionierende Koordination beider Planungsverfahren, kann sie aber erleichtern. In diesem Zusammenhang wurde eine *verwaltungsinterne AG* gegründet, aus beiden Ämtern und beiden Planungsbereichen bestehend. Die *Grundlagenermittlung* wurde im Sinne einer Standortplanung vorgenommen, indem gemeinsam Strukturdaten erstellt wurden (Bevölkerungsentwicklung, Infrastruktur, sozialräumliche Profile), des weiteren der Raumbestand an Schulen, die Schülerzahlenentwicklung bis 2010, die Anzahl der Betreuungsgruppen sowie eine Bestandsanalyse der bestehenden Kooperationspartner in diesem Feld realisiert wurden. Auf dieser Grundlage wurden eine *Begehung* der Schulen und eine *Bedarfsermittlung* (in Form einer Elternbefragung mittels Fragebogen, auf die Grundschulbezirke bezogen, sowie mittels Informationsveranstaltungen) durchgeführt. Das fachplanerisches Ziel der offenen Ganztagsschule macht eine praktische Abstimmung nötig: zwischen freien und öffentlichem Jugendhilfeträger und dem Schulträger, so dass eine *Steuerungsgruppe* gebildet wurde (Teilnehmer sind: Schulleitungen, AG der Kindertagesstätten, die Träger schulischer Betreuungsangebote, das

Schulamt, Schulentwicklungsplanung, Jugendhilfeplanung, Stadtsportbund, Musikschule, Jugendring, Kinder- und Jugendbeauftragter) sowie *drei AG's* (AG Standortplanung, zur Durchführung einer Sozialraum- und Schulstandortanalyse; AG Trägerschaft, in der bisherige/potentielle Träger sind sowie eine AG Qualität mit dem Ziel, für die Angebotsgestaltung eine Definition personeller Mindeststandards, des Zeitumfangs, der Regelgruppenstärke und der Elternbeiträge vorzunehmen). Im Ergebnis ist ein *Rahmenkonzept* erstellt worden, das zukünftig in einen *Wirksamkeitsdialog* eingebunden sein könnte (z.B. zu Themen wie Elternbeteiligung, Fortbildung, Qualitätsentwicklung im Ganztag) (vgl. ebd.).

Dieses Beispiel zeigt einen pragmatischen und darin wirkungsvollen Zugang zur abgestimmten Planung: die kommunale Einführung der offenen Ganztagsschule bringt beide Seiten (und weitere Partner) an einen Tisch, und lässt fünf wichtige Stützpfeiler für eine abgestimmte Planung erkennen, die man wie folgt verallgemeinern kann:

- *Kongruentes Planungsziel*: es wird das gleiche Ziel verfolgt, es gibt einen gleichen Nenner für Planung, hier die Einführung offener Ganztagsschulen,
- *Nutzenoptimierung*: beiden Planungskontexte bringen ihr Know-how ein und bilden eine Eigenständigkeit in Kooperation, die auch den eigenen Arbeitsprozess verbessert,
- *Organisation:* es werden Strukturen und organisatorische Grundlagen, mithin Verbindlichkeiten geschaffen,
- *Kommunikation:* Beteiligung ist abgesichert, unterschiedlichen Meinungen und Perspektiven wird Raum gegeben sowie
- *Kontinuität*: es wird langfristig, prozesshaft und nicht situativ geplant.

Wenngleich die Stadt Witten ausgehend von einem konkreten Planungsanlass am Anfang einer abgestimmten und koordinierten Planung steht, sind damit wichtige Grundlagen geschaffen, die über die Einführung der offenen Ganztagsschule hinausgehen können und eine gemeinsame Bildungsplanung auch für andere Bereiche der Kooperation von Jugendhilfe und Schule in der Kommune grundlegen (die im Abschnitt 2 benannt wurden); es sind auf diese Weise wichtige Strukturen und organisatorische Verankerungen einer abgestimmten Schulentwicklungs- und Jugendhilfeplanung gebildet worden.

4. Strukturen und Organisation von verschränkter Schulentwicklungs- und Jugendhilfeplanung

Die Organisation einer abgestimmten Schulentwicklungs- und Jugendhilfeplanung sollte auf zwei zentralen Fundamenten beruhen: erstens auf einer Planungsorganisation, die einerseits Schnittstellen zwischen den bestehenden Verwaltungsstrukturen, Fachbereichen und Planungsabläufen herstellt und ihr einen strukturell abgesicherten Rahmen verleiht, andererseits neue planungsrelevante Gremien und Orte der Kommunikation initiiert. Und zweitens auf einem expliziten Datenkonzept, das Ziele der Datenerfassung und –auswertung, Erklärungs- und Hypothesenmodelle sowie Planungsziele definiert und das zentrale Dach einer gemeinsamen Informationsbasis abgestimmter Planung darstellt.

Planungsorganisation: Hier sollten zunächst die bestehenden Strukturen in ein stärkeres Koppelungsverhältnis gebracht werden, so dass die zuständigen Mitarbeiter(innen) einen konkreten Bereich der Zusammenarbeit erhalten und mit dem Ziel gemeinsamer Planungsprozesse ausfüllen können. Hierbei sind die Fachbereiche bzw. Verwaltungen von Jugendhilfe und Schule wie auch deren Ausschüsse als vorrangige Ebenen der partiellen Verknüpfung zu nennen. Davon ausgehend sind Planungsgruppen auf der Ebene der Planungsfachkräfte (auch unter Beteiligung der Schulaufsicht) als auch auf der Ebene von Leitungen und Fachkräften aus dem Feld der Kooperation von Jugendhilfe und Schule zu bilden. Anknüpfungspunkte für entsprechende Planungsfragen bieten hier die Schulleiterkonferenzen, Arbeitsgemeinschaften nach § 78 SGB VIII und themenbezogene Planungsgruppen von Fachkräften (vgl. Hetz/Schnurr 2005). Die Planungsgremien übernehmen als Orte der Kommunikation eine wichtige Brückenfunktion zwischen Schule und Jugendhilfe und erfüllen wesentliche Voraussetzungen einer qualitativ aufgewerteten Bildungsplanung: sie bieten eine kleinräumig orientierte Diskussionsgrundlage, ermöglichen die Beteiligung unterschiedlicher Akteure bei der Bestandsaufnahme, bilden einen Rahmen für die Entwicklung von Bewertungskriterien und Leitbilder bei der Frage nach Entwicklungsbedarfen, können Ideen und Konzepte erarbeiten und den Planungsfachkräften in der Schul- und Jugendhilfeverwaltung bei der Formulierung von kommunalpolitischen Handlungsbedarfen wichtige Hinweise liefern. Das fachliche Ziel als Initiierungsgrundlage hierfür wäre die Gestaltung von Bildungsbedingungen für junge Menschen in der Kommune, auf das hin die gegenwärtigen Planungsstrukturen und Informationsgrundlagen beider Planungsverfahren geprüft und gegebenenfalls erweitert werden müssen. Neben der Planungsorganisation ist daher auch ein explizites bildungsbezogenes Datenkonzept wichtig.

Datenkonzept: Es soll Daten in ihrem Umfang, die Frage der Zusammenschau von Datenbereichen und der Interpretation sowie hinsichtlich der Periodizität ihrer Erhebung und Dokumentation klären (wichtige Eckpfeiler: Kleinräumigkeit, Kontinuität, Kombination quantitativer und qualitativer Daten). Hier fließen fachliche Grundlagen über Bildungsorte, -qualitäten, ihres Zusammenspiels und zu ihrer Gestaltung und Organisation ein und werden übersetzt in eine Planungsstrategie, die sich als Verknüpfung von Empirie (Informationen), Kommunikation (Interpretation) und Reflexion (Einordnung und Irritation der bestehenden Praxis) darstellt und diese Elemente in ein systematisches Ergänzungsverhältnis bringt (vgl. Maykus 2006).

Beide Fundamente, Planungsorganisation und Datenkonzepte, müssen je vor Ort entwickelt und ausdifferenziert werden, hängen von gegebenen Planungszielen und –bedingungen ab, von kommunalpolitischen Schwerpunktsetzungen und verwaltungsbezogenen Rahmenbedingungen. In der Abbildung 4 sind daher vier Fragekomplexe formuliert, die Impulse und Anregungen für die zielorientierte Klärung einer abgestimmten Planung liefern können.

Abbildung 4: Vier Checkfragen für die zielorientierte Entwicklung kooperativer Planungsstrukturen

1. Bezüge vor Ort klären:
Wer ist angesprochen? Was sind die Ebenen und Bereiche integrierter Planung?
Mit konkreten Planungsprozessen verbindet man zunächst die Umsetzung durch eine oder mehrere zuständige Personen in den Ämtern: In welchen Zusammenhängen arbeiten sie? Mit welchen Aufträgen hinsichtlich des Themas Kooperation? Inwiefern ist das Thema Planung in den Verwaltungen verankert, welchen Stellenwert hat sie? Dann weitet sich der Blick auf weitere planungsrelevante Orte und Kontexte wie z.B. Schul- und Jugendhilfeausschüsse. Schließlich stellt sich die Frage nach den Inhalten und Konzepten, nach Methoden und Verfahren, nach der Beschaffenheit und dem Inhalt von Datenbeständen und –bänken, nach Form und Verwendungszusammenhängen von Planungsberichten, nach der Frage des Transfers von Ergebnissen, nach Erwartungen – allesamt Bereiche, die in den Blick geraten, wenn man sagt, zwei Planungsbereiche sollen zusammengeführt werden, in Berührung kommen. Das Bild einer integrierten Planung muss also auf unterschiedlichsten Ebenen entstehen und entwickelt werden, bedeutet Entwicklungsarbeit auf vielen „Baustellen“, die für sich genommen betrachtet und wieder in Beziehung gesetzt werden müssen.

2. Vorteile Kooperativer Planung vermitteln:
Was ist der Nutzen integrierter Planungsmodelle?
Wesentlicher Motor dafür kann (und muss) ein antizipierter Nutzen sein, für alle an der Planung Beteiligten, für die Gestaltung von Strukturen, für die Realisierung z.B. von Ganztagsangeboten an einer Schule, schließlich für ein gutes, besseres Angebot für Schüler(innen), das durch Planung kalkulierbarer, beschreibbar und überprüfbar wird, in seinen Entwicklungen beobachtet und möglichst bedarfsgerecht weiterentwickelt werden kann. Wie sieht der Nutzen konkret aus? Können die Arbeitsabläufe der Planer(innen) durch ein integriertes Konzept verbessert werden? Werden Datenbänke und –bestände qualifiziert? Eröffnet ein Zuwachs an Informationen Planungsoptionen? Oder ist es nur zusätzliches Mühsal, überfordernd, im vorgefundenen Arbeits-

alltag kaum zu integrieren? Es stellt sich die Frage nach den Bedingungen in der Planungspraxis vor Ort.

3. Bedingungen vor Ort klären:
Welche Bedingungen können die Entwicklung integrierter Modelle fördern und erschweren?
Die Frage nach förderlichen (gegebenen oder eben auch zu entwickelnden) Rahmenbedingungen ebenso wie die Analyse hinderlicher Bedingungen: Reicht das Zeitbudget der Beteiligten aus, muss es umstrukturiert werden, mit welchen Prioritäten und Kompromissen? Mit welchen Folgen für die eigenen Tätigkeiten? Reichen die Personalressourcen aus, gibt es einen Bedarf an Weiterqualifizierung? Wie soll ein integriertes Planungskonzept organisatorisch verankert werden, wo? Inwiefern erschweren gegebene organisatorische Festlegungen auch ein solches Ziel? Kommt man nur zu einer anderen Zusammenarbeit, oder auch zu einer anderen Qualität von Planung? Werden innere und äußere Schulangelegenheiten angenähert? Berührt Planung damit auch Konzepte der Einzelschule? Inwiefern ist Schule Thema der Jugendhilfeplanung? Soll es eine gemeinsame Steuerungsgruppe geben? Gemeinsame Ausschusssitzungen?

4. Vom Ergebnis her denken:
Kooperative Planung - was ist das gebildete Ganze (und soll es werden)?
Schließlich stellt sich vor dem Hintergrund die Frage nach dem greifbaren Ergebnis: Welche Gestalt nimmt die integrierte Planung, nehmen die erste Schritte dorthin in einer Kommune an? Auf welcher der benannten Ebenen und Bereiche widerspiegelt sich das Neue besonders und inwiefern – betrifft es Personen, Konzepte, Strukturen, Datenbänke als Mittel, Methoden, in welcher Reihenfolge, mit welchen Prioritäten? Was sind also erkennbare Profile einer integrierten Planung vor Ort?

Vielleicht könnte man sagen, dass auf diesem Weg eine erste Entwicklungsphase eingegangen und erprobt wird, die weiter ausdifferenziert werden und die mittelfristig in eine zweite Phase münden kann – ggf. zukünftig in eine entscheidende Phase, die als zentraler Motor für eine breite Perspektive der abgestimmten Planung fungieren könnte. Wie eingangs benannt ist im 12. Kinder- und Jugendbericht in diesem Zusammenhang von kommunaler Bildungsplanung die Rede. Vielleicht sollte man eher von einer kommunalen Bildungsberichterstattung sprechen, als Produkt und Prozess beider Planungszusammenhänge, um nicht nur den Planungsprozess, sondern auch die Planungsorganisation und den gemeinsamen empirischen Basisdatenbestand zu betonen sowie um zu verdeutlichen, dass weder Schulentwicklungs- noch Jugendhilfeplanung für sich genommen ersetzt wird, sondern ihr Ergänzungsverhältnis vielmehr eine wichtige Grundlage darstellt, sie qualifiziert und Anknüpfungspunkte für übergreifende sozialplanerische Ziele liefern kann. Wie könnte eine solche kommunale Bildungsberichterstattung aussehen?

5. Ausblick: Von der verschränkten Planung zur kommunalen Bildungsberichterstattung

Die entscheidende Grundlage einer kommunalen Bildungsberichterstattung ist ein Datenkonzept, das aus drei Säulen besteht: Schul-/Bildungsdaten, Sozialstrukturdaten sowie Jugendhilfedaten (s. Abb. 5), sie in kleinräumiger Aufbereitung in eine interpretative Zusammenschau bringt und darin Impulse für die Gestaltung kommunaler Bildungsräume, in der Breite des Feldes der Kooperation von Jugendhilfe und Schule verstanden, liefert.

Abbildung. 5: Von der verschränkten Planung zur kommunalen Bildungsberichterstattung

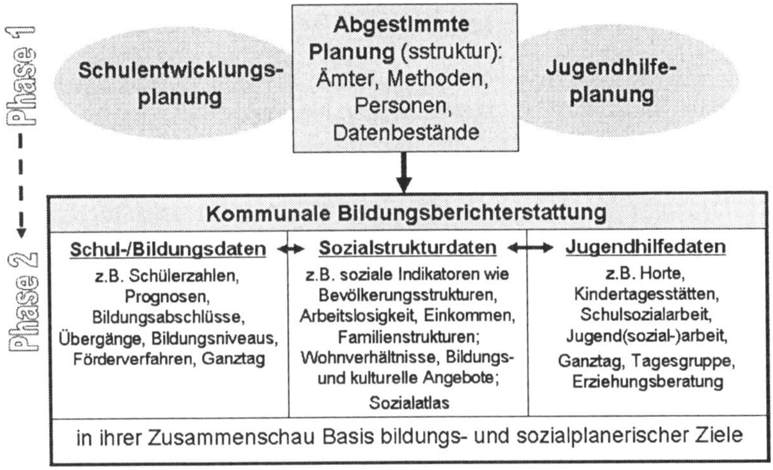

Quelle: eigene Darstellung

Eine abgestimmte Struktur von Schulentwicklungs- und Jugendhilfeplanung sollte durch einen klaren kommunalpolitischen Auftrag gestützt und vorangetrieben werden. Das Ziel und Produkt „Kommunale Bildungsberichterstattung erhielte damit einen verbindlichen Rahmen und kann ihr Potenzial in mehrfacher Hinsicht entfalten: die Qualifizierung kommunalpolitischer Entscheidungsstrukturen und Ressourcenverteilungen anhand einer fundierten empirischen Datenbasis (die Aufschluss gibt über den Bestand und Entwicklungsmöglichkeiten lokaler bildungsbezogener Angebotsstrukturen), die Anregung konzeptioneller Innovationen und Veränderungen seitheriger Kooperationspraxis zwischen Schule und Jugendhilfe (im Sinne reflexiver Impulse mit Anregungen für Organisations- und Strukturentwicklungen) sowie die Optimierung von kommunalen und ämterübergreifenden Planungsprozessen und –

strukturen. Die dabei entstehenden kooperativen Planungskontexte von Schule und Jugendhilfe müssen auf einem gemeinsamen Planungsverständnis beruhen, möglichst angeregt durch ein kommunales Leitbild „Bildung in unserer Region“, das den Planungsverfahren ein gemeinsames fachliches Ziel gibt und notwendige Erweiterungen der bisherigen Planungsroutinen augenscheinlich werden lässt, mithin eine qualitativ wie quantitativ orientierte Bildungsplanung begründen lässt. Eine derart abgestimmte Planung muss auf der kommunalen Ebene als Querschnitt- und Daueraufgabe verstanden und durch die notwendigen Planungsressourcen (vor allem Personal und Ausstattung) gestützt werden. Weitere Gelingensbedingungen für eine abgestimmte Planung sind:

- Ressort- und verwaltungsübergreifende Abstimmungen (v.a. gemeinsame Sitzungen von Schul- und Jugendhilfeausschuss, koordinierte Budgets, erweiterte Schulträgerschaften im Sinne einer qualitativen Orientierung),
- Initiierung und Durchführung eines kommunalen Qualitätszirkels relevanter Akteure der Ebenen Steuerung, Planung und Praxis,
- Einrichtung einer Koordinierungsstelle, z.B. In Form eines kommunalen Bildungsbüros.

Das Entwicklungsziel „Kommunale Bildungsberichterstattung“ braucht Zeit und löst nicht nur die Frage nach notwendigen Voraussetzungen für sie aus, sondern auch Herausforderungen. Dabei sollte man sich vergegenwärtigen, auch (und gerade) im Planungsbereich vom jungen Menschen her zu denken, denn die Verbesserung der Angebotsqualität und Bildungsbedingungen sollte der entscheidende Motor für eine abgestimmte Planung sein. Letztlich bewegt sich das Vorhaben „zwischen Empirie und Persönlichkeiten“, eine Abstimmung von Planungsverfahren betrifft viele Ebenen und verlangt Raum und Entwicklungszeit für einen Wandel der Planungsstrukturen durch ihre Annäherung. Es braucht ferner Offenheit, Freiräume und eine Auseinandersetzungskultur der Beteiligten in diesem Prozess, damit nicht nur abgestimmt, sondern vielmehr ein drittes, gemeinsames Projekt eingegangen wird, etwa als kommunale Bildungsberichterstattung. Schließlich würde ein solches gemeinsames Projekt verdeutlichen, dass Integriertheit nicht das Verschmelzen der bisherigen Schulentwicklungsplanung und Jugendhilfeplanung bedeutet, nicht ihr Aufheben (gerade die Jugendhilfeplanung hat weiter reichende Aufgaben, die über diese Fragstellung hinausgehen); vielleicht sollte man daher, um Missverständnissen vorzubeugen, statt von Integriertheit von einer organisatorisch und strukturell abgesicherten Schnittstellenbildung beider Planungsverfahren sprechen, die ihre Sinnstiftung in mehrfacher Hinsicht bekäme: sie würde die je eigene Planungstätigkeit bereichern und verbessern, die Praxisstrukturen von Schule und Jugendhilfe verändern, ihr Kooperationsfeld gestalten helfen, vor allem aber auch die Planungsergebnisse optimieren: eine sozialräumlich verankerte, bedarfsgerechte und attraktive Angebotsstruktur der Bildungs- und Entwicklungsförderung junger Menschen in einer Kommune.

6. Literatur

BMFSFJ (Hrsg.) (2005): Zwölfter Kinder- und Jugendbericht. Berlin.

Hetz, H./Schnurr, J. (2005): Perspektiven für die Kooperation von Jugendhilfeplanung und Schulentwicklungsplanung auf örtlicher Ebene. Münster (unveröffentlichte Expertise im Rahmen des BLK-Verbundprojektes „Lernen für den Ganztag“)

Jordan, E./Schone, R. (2000): Handbuch Jugendhilfeplanung. Münster.

Mauthe, A./Pfeiffer, H. (2000): Ratgeber Schulentwicklungsplanung. Stuttgart.

Merchel, J. (2004): Kooperation auf der Planungsebene: Jugendhilfeplanung und Schulentwicklungsplanung. In: Hartnuß, B./Maykus, S. (Hrsg.): Handbuch Kooperation von Jugendhilfe und Schule. Berlin.

Maykus, S. (2006) Hinwendung zum Empirischen bedeutet nicht Abwendung vom Kommunikativen: Anmerkungen zur Mehrdimensionalität von Planungsprozessen. In: Maykus, S. (Hrsg.): Herausforderung Jugendhilfeplanung. Weinheim und München.

Ministerium für Schule, Jugend und Kinder des Landes Nordrhein-Westfalen (Hrsg.)(2004): Die offene Ganztagsgrundschule. Ein Leitfaden für Schule und Jugendhilfe. Düsseldorf.

Schmidt, J./Cordt, B./Ebel, S. (2004): Der Planungsprozess der offenen Ganztagsschule in Witten. In: Jugendhilfe aktuell (H. 3), S. 33-36

Zukunftsschulen im Wohnquartier - Integriertes Handeln stärken

Gaby Grimm

Noch sitzt der so genannte „PISA-Schock" den Entscheidungsträgern auf Bundes-, Landes- und kommunaler Ebene in den Knochen. Die Ergebnisse der Studie Programme for International Student Assessment (PISA) haben die Politik, die Fachwelt und auch die Öffentlichkeit aufgeschreckt. Den Kernproblemen wie mangelnde Lesekompetenz, fehlende Mathematikkenntnisse und einem hohen Anteil an Schulabgängern / -abgängerinnen ohne Hauptschulabschluss wird mit vielfältigen Maßnahmen und Reformen begegnet (vgl. u.a. www.bmbf.de). In keinem vergleichbaren Land ist die soziale Herkunft so eng mit einem erfolgreichen Bildungsweg von Kindern und Jugendlichen verknüpft ist wie in Deutschland (vgl. u. a. Block/Klemm 2005). Im Februar 2006 bestätigte diesen Befund der PISA-Studie der UNO-Berichterstatter Munoz nach einem zehntägigen Aufenthalt in Deutschland und begründetet dies v.a. mit kostenpflichtigen Kindergärten, frühzeitige Aufteilung der Kinder in verschiedene Schulformen sowie die mangelnde Integration von Kindern und Jugendlichen mit Migrationshintergrund (vgl. www.spiegel.de/unispiegel/schule vom 21. Februar 2006). Speziell in den belasteten Nachbarschaften der Großstädte und Gemeinden zeigen sich diese Defizite des Bildungssystems und nehmen die Integrationsaufgaben und die allgemeinen Beratungs- und Erziehungsaufgaben der Institutionen zu. „Die Bildungschancen in unserer Gesellschaft sind systematisch entlang den Barrieren sozialer und sozialräumlicher Ungleichheit verteilt" (Strohmeier 2002: 61f.).

Integrierte Stadt(teil)entwicklung

Wurde im Rahmen des ökonomischen Strukturwandels der Städte in den 70er-Jahren noch von so genannten „sozialen Brennpunkten" gesprochen, so hat sich die Spaltung der Städte und Gemeinden in privilegierte und benachteiligte Regionen seit den 90er Jahren manifestiert. Das 1999 gestartete Bund-Länder-Programm „Stadtteile mit besonderem Entwicklungsbedarf – die soziale Stadt" (kurz: Soziale Stadt) fordert die Entwicklung integrierter, gebietsbezogener Problemlösungsstrategien für eine ganzheitliche Stadt(teil)-entwicklung. Komplexen Problemfeldern wird mit einer ressortübergreifenden Politik-Koordination begegnet. Auf der Grundlage integrierter Handlungskonzepte erhalten Kommunen und Gemeinden für jeweils ausgewählte Programmgebiete projektbezogene Fördermittel. Die Handlungskonzepte sollen jenseits der vorhandenen Fachlogiken kommunaler Behörden die unterschiedlichen Vorstellungen und Sichtweisen der Fachressorts, relevanter Akteure sowie Bewohner/innen des Quartiers zusammenbinden. Zur Umsetzung und Koordination der Maßnahmen vor Ort gilt das Stadtteil- bzw. kommunale Quartiermanagement als zentrales Instrument (vgl. ARGEBAU 2000, Grimm 2004).

Die Gemeinden und Kommunen stehen nun einerseits vor der Aufgabe, benachteiligte Bevölkerungsgruppen nachhaltig zu unterstützen, um Ghettos zu vermeiden und sozialen Aufstieg zu ermöglichen (vgl. u.a. Mäding 2004). Andererseits sind sie aufgefordert die öffentliche Infrastruktur mit Blick auf die Überalterung der Gesellschaft anzupassen und auf Grund des Bevölkerungsrückgangs abzubauen. Schon heute ist erkennbar, dass die Schülerkohorten soweit zurückgehen werden, dass Kommunen und Gemeinden aufgefordert sind, Schulstandorte zu schließen oder zusammenzulegen (vgl. u.a. Rösner 2005, Rösner/Kanders 2005). In einer Zwischenbewertung des Bund-Länder-Programms soziale Stadt wird die zentrale Rolle der Schulen „(…) für das Abbremsen der „Abwärtsentwicklung“ bzw. für eine „Trendwende“ in der Entwicklung der untersuchten Quartiere“ (Aehnelt et al. 2004:12) hervorgehoben. Forschungsergebnisse des Dortmunder Instituts für Schulentwicklungsforschung (IFS) zur Ganztagsschulen bestätigen die Wechselwirkung gelingender Schulöffnungskonzepte und ihre Einbindung in „gemeinwesenbezogene Rahmenkonzepte städtebaulicher und/oder schul- und jugendentwicklungsplanerischer Art“ (Holtappels 2005: 136). Aber immer noch fehlt es grundsätzlich an gesamtstädtischen und lokalen „strategischen Allianzen zwischen Schulämtern, Schulen, Kommunalverwaltungen und Quartiersmanagement“ (Aehnelt et al. 2004: 12).

Die „offene“ Ganztagsschule: Kooperation von Schule und Jugendhilfe

Obgleich sich schon 1984 der 7. deutsche Jugendhilfetag mit dem Schwerpunktthema Jugendhilfe und Schule befasste, rückt erst über das Investitionsprogramm des Bundes „Zukunft Bildung und Betreuung“ mit der Förderung der „offenen Ganztagsschule“ seit 2003 die Kooperation von Schule und Jugendhilfe in den Fokus der bildungs- und jugendhilfepolitischen Debatte (vgl. v.a. Hartnuß/Maykus 2004). Über die Entwicklung ganztägiger Angebote an „Schulen als Lebensraum“ sollen die individuelle Förderung im schulischen und Freizeitbereich sowie die Erprobung innovativer pädagogischer

Konzepte ermöglicht werden. In einer Analyse vorliegender Forschungsergebnisse zur Umsetzung länderspezifischer Vorgaben fasst Olk (2004) zusammen, dass zwar „auf zahlreiche erfolgreiche Kooperationserfahrungen und –ansätze sowie förderliche Bekanntmachungen, Empfehlungen und Erlasse von Ministerien" zurückgegriffen werden kann. Aber längst nicht „von einer fachlich begründeten und strategischen Entwicklung (...) zur Kooperation gesprochen werden kann" (ebd.: 86).

Derzeit dominiert in Deutschland mit der offenen Ganztagsschulen das additive Organisationsmodell: am Vormittag Unterricht und am Nachmittag für einen Teil der Schüler/innen Hausaufgabenbetreuung und Freizeitangebote durch außerschulische Träger (wie etwa Jugendhilfe, Sport- und Kulturvereine). Weder in den Schulkonzepten noch in der Personalstruktur wird das Ganztagsangebot institutionell verankert, „denn nur bei etwa einem Drittel der ganztägigen Formen gab es in der Schule Kooperationsbeauftragte und nur in der Hälfte der Fälle ein festes Gremium für das Ganztagsangebot." (Holtappels 2005: 133; vgl. auch Hartnuß/Maykus 2004). Zur Entwicklung fachbereichsübergreifender Unterstützungsangebote sind Lehrkräfte, Sozialarbeiter/innen und Erzieher/innen zunehmend aufgefordert, das weitestgehend institutionsbezogene Handeln zugunsten abgestimmter Vorgehensweisen aufzugeben (vgl. auch Deinet 2004). Noch dominieren in den Systemen Schule und Jugendhilfe die je spezifischen Unterstützungsmaßnahmen: die schulischen Förderpläne auf der einen Seite, die Hilfepläne nach §36 KJHG im Bereich der Jugendhilfe auf der anderen Seite. Damit dominiert auch der jeweils fachliche Blick. Denn weder werden die sozialpädagogischen Fachkräfte systematisch in das Verfahren zur Feststellung des sonderpädagogischen Sonderbedarfs einbezogen, noch beteiligen die Jugendämter die Mitarbeiter/innen der Regeleinrichtungen (wie etwa Kindertageseinrichtung, Jugendzentren, Schule) an der Erstellung von Hilfeplänen (vgl. Grimm 2005). Wenn sich die Fachkräfte verschiedener Einrichtungen „auf gleicher Augenhöhe" begegnen, können frühzeitig individuelle Hilfesettings für Kinder und Familien entwickelt werden. Eine Verbesserung der Schnittstelle Schule und Jugendhilfe ist auch an dem Übergang von Kindertagesstätte zur Grundschule relevant.[1] Andere Formen der Durchlässigkeit am Übergang von vorschulischer und schulischer Bildung zu entwickeln, gewinnt angesichts ungleicher Bildungschancen ebenso an Bedeutung wie die Gestaltung der Schnittstellen von der Primarstufe zum Sekundarbereich.

---

1 So will bspw. die Bundesbildungsministerin Schavan u.a. auf der Grundlage erster Erfahrungen im Bundesland Hessen mit der Entwicklung von Bildungsplänen für 0 bis 10jährige sog. „Bildungshäuser" fördern, die Kindertagesstätten und Grundschulen unter einem Dach vereinen (vgl. Fettig 2006).

Zukunftsschulen im Wohnquartier: Innovation durch Integration

Auf der Grundlage von Forschungsergebnissen zur Praxis der offenen Ganztagsschule (vgl. Hartnuß/Maykus 2004), in der Jugendhilfe (vgl. u.a. Hinte et al. 2003) und im Quartiermanagement (vgl. u.a. Grimm 2004) bietet es sich an, verschiedene Institutionen und Fachbereiche wie etwa die Kindertageseinrichtungen, Schulen und Angebote der Jugendhilfe miteinander zu verzahnen. Und auch den Herausforderungen des demografischen Wandels wird mit integrierten Lösungsansätzen effektiv begegnet. Die „Zukunftsschulen im Wohnquartier" sind modular aufgebaute Sozial- und Bildungseinrichtungen, die Kindertageseinrichtung, Grundschulen und weiterführende Schulen ebenso umfassen können wie Angebote der Weiterbildung und Qualifizierung, der Jugend- und Familienhilfe sowie der interkulturellen oder der Seniorenarbeit und vielem mehr.[2]

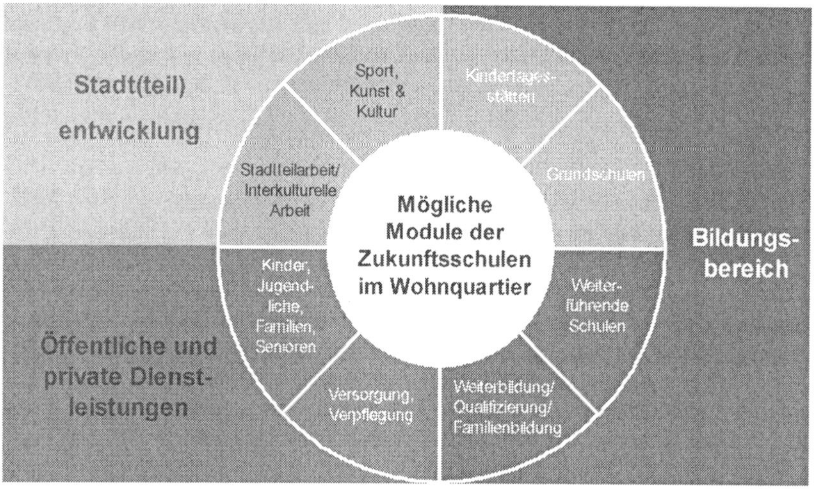

co: HOCHTIEF Construction AG 2006

Zukunftsschulen öffnen sich für vielfältige Zielgruppen und werden so zum Mittelpunkt eines Wohnquartiers, einer Gemeinde oder eines innerstädtischen Bereichs. Dabei ist eine Zukunftsschule immer wieder eine „Maßanfertigung" für den jeweiligen Standort. Welche Module miteinander verzahnt werden, ist abhängig von den vor Ort ansässigen Institutionen sowie der Sozialstruktur

2 Ausführlichen Erläuterungen diese Konzept finden sich in Grimm, Gaby (Hg.): Zukunftsschulen. Das Werkbuch Zukunftsschulen im Wohnquartier. Essen 2006 (Veröffentlichung in 08/2006).

im Quartier. Diese neuartige und integrierte Sozial- und Bildungseinrichtung steht allen Bewohner/innen des Quartiers bzw. der Stadt zur Verfügung und bietet zur Umsetzung vielfältiger Aktivitäten eine unterstützende Raumstruktur zur Verfügung (zu neuen Ansätzen im Schulbau vgl. u.a. Becker et al 1997, Buddensiek 2001, Dreier et al 1999, Wüstenrotstiftung 2004 und auch www.zukunftsschulen.de). Neben künstlerischen, sportlichen und Vereinsaktivitäten können ggf. Fortbildungsmaßnahmen besucht werden oder auch ehrenamtliche Tätigkeiten übernommen werden. Die Vernetzung und weitestgehend multifunktionale Nutzung einzelner Räume und Gebäudeteile bietet vor allem im laufenden Betrieb zahlreiche Vorteile. Der Zusammenschluss der verschiedenen Einrichtungen spart Raum und Zeit.

Im Folgenden werden einige ausgewählte inhaltliche Aspekte einer Zukunftsschule im Wohnquartier zusammengefasst, die sowohl Auswirkungen auf eine pädagogische und methodische Konzeptentwicklung, als auch auf die Organisations- und Personalstruktur haben werden: [3]

- Selbständige Ganztagsschule mit neuen inhaltlichen Konzepten
  - → Entwicklung von Schulprogramm und Schulprofil als Vorgabe weiteren Handelns für den Primar-, Sekundar- und für den Berufsschulbereich unter Berücksichtigung des Standortes (privilegierte, durchschnittliche oder benachteiligte Quartiere)
  - → Kooperation und Austausch von Fachkräften unterschiedlicher Disziplinen
  - → Entwicklung von Finanzierungskonzepten; integrierte Personal- und Organisationsentwicklung; Qualitätssicherung
  - → Stärkere Rhythmisierung des Tages
  - → Neue Lehr- und Lernformen (fächerübergreifender, projektorientierter Unterricht, außerschulisches Lernen); Nutzung kreativer Elemente wie beispielsweise Musik, Theater, Kunst
  - → Vermittlung von Basiskompetenzen wie Lesen und Schreiben, Mathematik und Naturwissenschaften; Medienkompetenz; soziale und kommunikative Kompetenzen
  - → Entwicklung individueller Lern-, Förder- und Bildungspläne; *eigenverantwortliches* Lernen (lernen zu lernen); Aktivierung und Stärkung vorhandener Potenziale
  - → Förderung der Eigenverantwortung, Selbstorganisation und Selbsthilfe bei Kindern, Jugendlichen und Erwachsenen
  - → Streitschlichter-Seminare, Coolness-Trainings, Zivilcourage-Trainings
  - → Unterrichtsräume für verschiedene Lerngruppen-Größen, Differenzierungsräume, Lernateliers

3 Eine umfangreichere tabellarische Zusammenfassung siehe bei Grimm 2005b

→ Schaffung von Räumen für Schüler/innen-Mitwirkung (SV-Räume, Schüler/innen-Cafes)
→ Arbeitsräume für Lehrkräfte, interne Kommunikation sowie Kommunikation mit Dritten
→ Begegnungsräume für internes und externes Personal (Teamarbeit)
→ Praxisorientierte Aus- und Weiterbildung

- Schnittstellen-Management

→ Unterstützung eines fließenden Übergangs von der KiTa zur Grundschule sowie von der Grundschule zur weiterführenden Schule
→ Verbindliche Kontrakte zwischen Schule und Jugendhilfe (Erziehungsberatung, Soziale Dienste, offene Kinder- und Jugendarbeit, ambulante erzieherische Hilfen)
→ Bildung, Betreuung und Erziehung unter einem Dach

- Wissensmanagement

→ Jahrgangsübergreifende Lern- und Arbeitsgruppen; Kinder der Kinder-Tagesstätte lernen mit Kindern und Jugendlichen aus der Schule; Kinder unterrichten Kinder
→ Senior-Partner/innen bringen ihre Erfahrungen und ihr Wissen ein; Lehrangebote von Schüler/innen für Senior/innen sowie umgekehrt
→ Kinder- und Seniorenwerkstätten, Familiengarten, Geschichtswerkstätten etc
→ Gestaltung von Bildungsorten und Lernwelten

- Gesundheitsförderung

→ Gesundes Frühstück, Ernährungsberatung etc.
→ Schulküchen und Schulgärten
→ Konzipierung einer „bewegten Schule" durch Sportunterricht, Sport- und Bewegungskonzepte unter Berücksichtigung von Trendsportarten
→ Bewegungsräume auf Schulhöfen und im Gebäude
→ Ausstattung der Räume mit entsprechendem Mobiliar
→ Ökologische Schulgestaltung, kindgerechte und ökologische Gestaltung des Schulhofes
→ Konzept-Entwicklung für die Kooperation mit Ergotherapeuten/therapeutinnen, Motopäden/Motopädinnen etc.

- Elternarbeit und Öffnung der Räume für „Dritte"

→ Einrichtung von Beratungs- und Gruppenräumen (unter anderem für Sprachförderung, Einzelberatung, Familien-Beratung)

- → Zusammenspiele von hauptamtlich und ehrenamtlich Tätigen in der Einrichtung und im Wohnquartier
- → Schaffung von Kommunikationsmöglichkeiten und Räumen für eine multifunktionale Nutzung ermöglichen
- → Wohnbereichsbezogene Verpflegungsangebote (Essensmöglichkeiten für alle Zielgruppen im Wohnquartier)
- → Räume schaffen für Erwachsenenbildung sowie Beschäftigung und Qualifizierung

- Integrierte Stadt(teil)entwicklung und Quartiermanagement
  - → Integration stadtteilbezogener Dienstleistungen in ein Gesamtkonzept
  - → Verknüpfung kommunaler und öffentlicher Dienstleistungen
  - → Räume schaffen für Stadtteilarbeit, Jugendhilfe, offene Kinder- und Jugendarbeit, Seniorenarbeit, verschiedene Beratungsangebote uvm.
  - → Nutzung der Einrichtung auch in den Ferienzeiten
  - → Kooperation von Schule und Wirtschaft
  - → Berufswahl-Orientierung; Praxisbezug in der Ausbildung (u.a. Schul- und Betriebspraktika)
  - → Modularisierung der Ausbildungsangebote; Entwicklung von Stufen-Ausbildungsgängen für leistungsschwächere Jugendliche und ggf. Entwicklung von Zusatz-Qualifikationen.

Viele Schulen oder auch Stadtteilprojekte setzten einzelne der dargestellten Maßnahmen in Kooperation mit Partnern/Partnerinnen um. Oftmals handelt es sich dabei jedoch um temporäre Aktivitäten oder Modellprojekte, deren Weiterführung oftmals nur mit hohem zeitlichen und personellen Aufwand gelingt. Eine Verstetigung der Angebote gelingt nur dann, wenn die Angebote in die Regelförderung des Trägers übernommen werden (vgl. Grimm 2005a).

Mit dem Konzept *Zukunftsschulen im Wohnquartier* wird konsequent der *integrierte Ansatz* verfolgt, der, speziell für den Bereich Schule und Jugendhilfe, einem Paradigmenwechsel gleichkommt: Weg von der bloßen Kooperation, hin zur Integration der Institutionen.

Von der Kooperation zur Integration von Schule und Jugendhilfe

Die Entwicklung von „Zukunftsschulen im Wohnquartier" als integrierte Sozial- und Bildungseinrichtungen bedarf veränderter Personal- und Organisationsstrukturen sowie innovativer Finanzierungs- und Betriebsmodelle (zur Notwendigkeit integrierter und flexibler Handlungsansätze vgl. v.a. Hartnuß/Maykus 2004). Nun zeigen praktische Erfahrungen und auch wissenschaftliche Erkenntnisse, dass ein abgestimmtes und integriertes Handeln von Fachkräften verschiedener Disziplinen den Lebensalltag von Kindern, Jugendlichen und ihren Familien im Wohnumfeld unterstützen kann (vgl. auch BFSFJ 2005). Die Ergebnisse bspw. des Essener Modellprojektes EPSO (Evaluation präventiv und sozialräumlich orientierter Jugend- und Erziehungshilfe; vgl. Kalter/Schrapper 2004, Grimm 2005a) zeigen u.a., dass eine gezielte interdisziplinäre Zusammenarbeit zwischen Jugendhilfe und Bildungseinrichtungen im Wohnquartier den Blick der beteiligten Akteure/Akteurinnen (z.B. Jugendhilfe, Schule, KiTa) zunehmend auf die vorhandenen Ressourcen und Potenziale der Kinder, Jugendlichen und ihrer Familien richtet.

Zur Verzahnung des Schul- und Jugendhilfebereichs bietet sich die Entwicklung einer integrierten Personal- und Organisationsstruktur entwickelt. Integrierte Teams könnten sich aus folgenden Fachbereichen und Professionen zusammensetzen (vgl. auch die Module I-III des folgenden Schaubilds):

- Schule (Lehrkräfte)
- Jugendhilfe
  - Erziehungsberatung = EB (Psychologen)
  - Kindertagesstätte = KiTa (Erzieher/innen, Heilpädagoginnen)
  - Allgemeiner bzw. Kommunaler Sozialer Dienst = ASD (Sozialarbeiter/innen)
  - Hilfen zur Erziehung = HzE (Sozialarbeiter/innen)
  - Jugendförderung/Jugendverbandsarbeit /offene Kinder- und Jugendarbeit = JZ (Sozialarbeiter/innen).

Die Fachkräfte der Module IV und V aus den Arbeitsfeldern Kultur, Sport, Gesundheit, Seniorenarbeit, Stadtteilarbeit, interkulturelle Arbeit, Weiterbildung etc. werden als sozialräumliche bzw. gesamtstädtische Ressourcen je nach lokalspezifischem Bedarf miteinbezogen. In der Regel haben diese Akteure nicht nur Aufgaben am Schulstandort, so dass sich verbindliche Kooperationsvereinbarungen mit den jeweiligen fachlichen Einheiten anbieten („Kontraktmanagement“). Erfahrungen bestehen hier in der offenen Ganztagsschule oder auch im Rahmen integrierter Stadtteilentwicklungsprozesse.

Integrierte Personal- und Organisationsstruktur

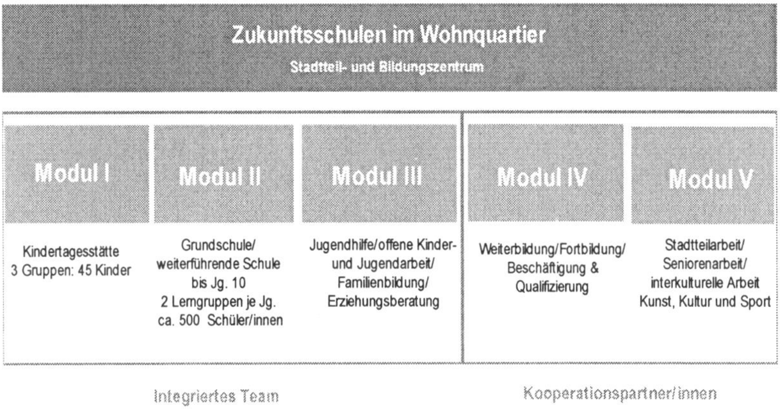

co: HOCHTIEF Construction AG

Je nach Standort wird genau zu definieren sein, welche Fachbereiche und Institutionen personelle Ressourcen

a.) für ein integriertes Team oder
b.) zur Umsetzung verbindlicher Kooperationsvereinbarungen bereitstellen.

Zu berücksichtigen ist dabei auch, dass Schulen und Kindertagesstätten den Personaleinsatz institutionsbezogen steuern, für die Jugendhilfe jedoch der soziale Raum als Steuerungsgröße dient (vgl. Hinte 2004).

Im Rahmen der Umsetzung eines solchen integrierten Ansatzes, der einem Paradigmenwechsel von der Kooperation Schule - Jugendhilfe unter Beibehaltung der fachlichen Säulen hin zu einer konsequenten Integration pädagogischer Handlungsfelder unter Beibehaltung der fachlichen Identitäten gleich kommt, sind folgende Schritte notwendig:

- Zusammenführung von verschiedenen Finanzierungssträngen,
- Veränderung bestehender Organisationsstrukturen,
- Erweiterung von Weiterbildungs- und Ausbildungsangebote.

Bei der Finanzierung ist zu beachten, dass zum einen für etwaige Investitionen intelligente Lösungen gefunden werden müssen (z.B. durch den Aufbau von „Lokalen Bündnissen für Zukunftsschulen“), und zum anderen für die Gestaltung der inhaltlichen Arbeit die Budgets der Fachbereiche mit je unterschiedlichen Anteilen in den Betrieb einfließen. Derzeit kann davon ausgegangenen werden, dass die Budgets für die Kindertageseinrichtung, die Schule und ggf. ein Kinder- und Jugendzentrum komplett in den Betrieb einer

Zukunftsschule einfließen, während vermutlich nur Anteile der Budgets des ASD (Allgemeiner Sozialer Dienst), der HzE (Hilfen zur Erziehung) und der EB (Erziehungsberatung) für den Betrieb der Einrichtung zur Verfügung gestellt werden können.

Entwicklung eines integrierten Budgets

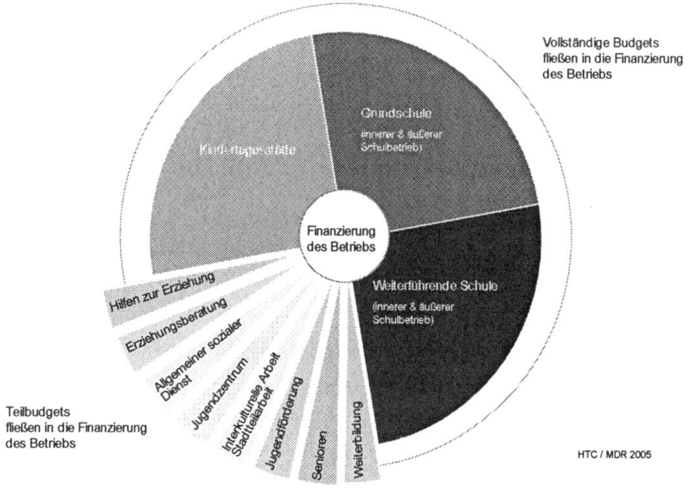

Im Zentrum dieses Ansatzes stehen die lebensweltlichen Bezüge der Menschen und der soziale Raum als Steuerungsgröße. Chancengleichheit zu gewährleisten und damit auch den sozialen Frieden zu sichern kann u.a. durch Investitionen in eine generationenübergreifende und lokale Sozial- und Bildungsinfrastruktur gelingen.[4] Solche Konzepte erfordern eine veränderte Ausbildung und ggf. die Entwicklung neuer Berufsbilder. Noch fehlen indes in der Lehrerausbildung sozialpädagogische Inhalte und in der sozialpädagogischen Ausbildung schulische Aspekte.

---

4 Als erste bundesdeutsche Kommune macht sich Mülheim an der Ruhr auf den Weg, die Chance der Entwicklung einer „Zukunftsschule im Wohnquartier" im Stadtteil Eppinghofen (Programmstadtteil „Soziale Stadt NRW") zu prüfen. Bis zum Herbst 2006 wird von der HOCHTIEF Construction AG in Kooperation mit der Verwaltung eine Machbarkeitsstudie erstellt.

Literatur

Aehnelt, Reinhard/Häußermann, Hartmut/Jaedicke, Wolfgang/Kahl, Michaela/Toepel, Kathleen (2004): Zwischenevaluierung des Bund-Länder-Programms „Förderung von Stadtteilen mit besonderem Entwicklungsbedarf – die soziale Stadt". Kurzfassung des Instituts für Stadtforschung und Strukturpolitik GmbH im Auftrag des Bundesministeriums für Verkehr, Bau- und Wohnungswesen. Berlin

ARGEBAU (Ausschuss für Bauwesen und Städtebau und Ausschuss für Wohnungswesen) 2000: Leitfaden zur Ausgestaltung der Gemeinschaftsinitiative „Soziale Stadt", zweite Fassung, Stand 01.03.2000, abgedruckt in: Difu (Deutsches Institut für Urbanistik Hg.): Programmgrundlagen. Arbeitspapier zum Programm Soziale Stadt, Bd. 3, Berlin

Becker, Gerold/Bilstein, Johannes/Liebau, Eckart (Hg.) (1997): Räume bilden. Studien zur pädagogischen Topologie und Topographie, Seelze/Velbert

BFSFJ (Bundesministerium für Familie, Senioren, Frauen und Jugend (Hg.) (2005): Zwölfter Kinder und Jugendbericht. Bericht über die Lebenssituation junger Menschen und Leistungen der Kinder- und Jugendhilfe in Deutschland. Bildung, Betreuung, und Erziehung vor und neben der Schule. Berlin

Block, Rainer/Klemm, Klaus (2005): Gleichwertige Lebensverhältnisse im Bundesgebiet? Demografische, ökonomische, institutionelle und familiale Bedingungen des Lernens im Bundesländervergleich. Essen

Buddensiek, Wilfried (2004): Zukunftsfähiges Leben in Häusern des Lernens, 2001 Deinet, Ulrich: Die Bedeutung von Kooperation für die Erfolg der Offenen Ganztagsgrundschule. In: inform 04/2004, S. 3-10

Difu (Deutsches Institut für Urbanistik) im Auftrag des Bundesministeriums für Verkehr, Bau- und Wohnungswesen (2003): Strategien für die Soziale Stadt, Erfahrungen und Perspektiven – Umsetzung des Bund-Länder-Programms „Stadtteile mit besonderem Entwicklungsbedarf – die soziale Stadt", Bericht der Programmbegleitung. Berlin

Dreier, Annette/ Kucharz, Diemut/ Ramseger, Jörg/ Sörensen, Bernd (1999): Grundschulen planen, bauen, neu gestalten, hrsg. vom Vorstand des Grundschulverbandes. Hannover

Fettig, Andreas (2006): Bildung von kleinst auf. In: NRZ vom 30.03.06

Grimm, Gaby (2004): Stadtentwicklung und Quartiermanagement. Entwicklung und Aufbau lokalspezifischer Organisations- und Steuerungsstrukturen. Essen

Grimm, Gaby (2005a) EPSO – Evaluation präventiver und sozialräumlich orientierter Jugend- und Erziehungshilfen. Projektstadtteil Essen-Altendorf, Abschlussbericht hrsg. vom Diakoniewerk Essen, Band 7. Essen

Grimm, Gaby (2005): Zukunftsschulen als Stadtteil- und Bildungszentrum im Wohnquartier. In: www.stadtteilarbeit.de/seiten/theorien/grimm/zukunftsschulen.htm (30.November 2005)

Hartnuß, Birger/Maykus, Stephan (Hg.) (2004): Handbuch Kooperation von Jugendhilfe und Schule. Ein Leitfaden für Praxisreflexionen, theoretische Verortungen und Forschungsfragen. Berlin

Hinte, Wolfgang (2004): Sozialraumorientierung, Budgets und die Praxis integrierter Erziehungshilfen. In: Peters, Friedhelm/Koch, Josef (Hg.): Integrierte erzieherische Hilfen. Flexibilität, Integration und Sozialraumbezug in der Jugendhilfe. Weinheim/Basel, S. 57-73

Hinte, Wolfgang/Litges, Gerhard/Springer, Werner (2003): Sozialräumliche Finanzierungsmodelle. Qualifizierte Jugendhilfe auch in Zeiten knapper Kassen. Berlin

Holtappels, Heinz Günter (2005): Empirische Erkenntnisse über ganztägige Schulformen in Deutschland. In: Otto, Hans-Uwe/Coelen, Thomas (Hg.): Ganztägige Bildungssysteme. Innovation durch Vergleich. Münster/New York/München/ Berlin, S. 123-143

Kalter, Birgit/Schrapper, Christian (2003): EPSO – Evaluation Präventiver und Sozialräumlich Orientierter Jugend- und Erziehungshilfen in vier Essener Stadtteilen. Zwischenbericht. Koblenz, Heft 11

Mäding, Heinrich (2004): Demographischer Wandel und Kommunalfinanzen – Einige Trends und Erwartungen. In: Deutsche Zeitschrift für Kommunalwissenschaften, 43, S. 84-102

Olk, Thomas (2004): Kooperation von Jugendhilfe und Schule – Das Verhältnis zweier Institutionen auf dem Prüfstand. In: Hartnuß, Birger/Maykus, Stephan (Hg.): Handbuch Kooperation von Jugendhilfe und Schule. Ein Leitfaden für Praxisreflexionen, theoretische Verortungen und Forschungsfragen. Berlin, S. 69 - 101

Rösner, Ernst 2005): Schulentwicklung in NRW. Rahmenkonzept einer Allgemeinen Sekundarschule. Gutachten erstellt im Auftrag des Verbands Bildung und Erziehung (VBE) Landesverband Nordrhein-Westfahlen. Dortmund

Rösner, Ernst/Kanders, Michael (2005): Schulentwicklung in NRW. Bestandsgefährdung weiterführender Schulen in Nordrhein-Westfalen. Gutachten erstellt im Auftrag des Verbands Bildung und Erziehung (VBE) Landesverband Nordrhein-Westfahlen. Dortmund

Strohmeier, Klaus Peter (2002): Bevölkerungsentwicklung und Sozialraumstruktur im Ruhrgebiet, Reihe Demografischer Wandel der Projekt Ruhr GmbH. Essen

Wüstenrot Stiftung (Hg.) (2004): Schulen in Deutschland Neubau und Revitalisierung. Stuttgart/ Zürich

Angaben zu den Autoren und Autorinnen

Deinet, Ulrich, Dr. rer. soc., Dipl.-Pädagoge, Vertretungsprofessur für Didaktik/Methodik der Sozialpädagogik an der Fachhochschule Düsseldorf, davor 11 Jahre Referent für Jugendarbeit beim Landesjugendamt Westfalen-Lippe in Münster, langjährige Praxis in der Offenen Kinder- und Jugendarbeit, Veröffentlichungen u.a. zu den Themen: Kooperation von Jugendhilfe und Schule, Sozialräumliche Jugendarbeit, Sozialraumorientierung, Konzept- und Qualitätsentwicklung.

Becker, Helle, Dr., Studium der Kultur- und Erziehungswissenschaften, seit 1995 freiberuflich mit dem Büro "Expertise & Kommunikation für Bildung" in Essen, Projektmanagerin und in der Fortbildung tätig. Arbeitsschwerpunkte: Jugendarbeit, Bildungstheorie, politische und kulturelle Bildung, europäische und internationale Jugend- und Bildungsarbeit und Bildungspolitik, Zusammenarbeit Schule – Jugendhilfe, Bildung für nachhaltige Entwicklung, Qualitätsfragen., Lehraufträge an den Universitäten Köln, Hagen und der Hochschule Niederrhein Mönchengladbach; Projektleiterin des GEMINI-Projekts „Politik & Partizipation in der Ganztagsschule“.

Grimm, Gaby, Dr., Studium der Erziehungswissenschaft und Sozialarbeit in Essen, Projektleiterin am „Institut für Stadtteilbezogene Soziale Arbeit und Beratung“ der Universität Duisburg-Essen, lokale Leiterin des Modellprojekts „Evaluation präventiver und sozialräumlich orientierter Jugend- und Erziehungshilfen" (EPSO) in Essen-Altendorf beim Diakoniewerk Essen, seit 2004 Leiterin für „Innovative Projekte“ bei der HOCHTIEF Construction AG. Arbeitsschwerpunkte: Sozialraumorientierung in der Sozialen Arbeit, Jugendhilfe, Quartiersmanagement und Schule.

Icking, Maria, Dr. phil., Dipl.-Pädagogin, beschäftigt bei der G.I.B. Gesellschaft für innovative Beschäftigungsförderung mit dem Aufgabenbereich Monitoring und Evaluation der ESF-kofinanzierten Arbeitspolitik des Landes NRW. Weitere Schwerpunkte sind betriebliche und berufliche Aus- und Weiterbildung, Übergang Schule Beruf

Knauer, Raingard, Dr.paed, Diplom-Pädagogin, Diplom-Sozialpädagogin, Professorin an der Fachhochschule Kiel, Fachbereich Soziale Arbeit und Gesundheit, Schwerpunkte: Erziehung und Bildung im Kindesalter, Partizipation von Kindern und Jugendlichen, Kooperation Jugendhilfe und Schule

Leonhardt, Ulrike, Dipl. Sozialpädagogin, Planungsreferentin für pädagogische Schulentwicklung in einer Kommune; Lehrbeauftragte an verschiedenen Fachhochschulen; freiberufliche Tätigkeit in der Projektberatung und Prozessbegleitung in den Bereichen Schulentwicklung und Organisationsentwicklung. Interessenschwerpunkt: Kooperationsfeld „Schule und Jugendhilfe", Adoleszenzforschung

Maykus, Stephan, Dr. phil., Dipl.-Sozialpädagoge, mehrjährige Tätigkeit in Forschungsprojekten zur Kooperation von Jugendhilfe und Schule an der Universität Greifswald, Referent im Landesjugendamt Stuttgart, seit 2004 wissenschaftlicher Mitarbeiter im Arbeitsbereich Jugendhilfe und Ganztagsschule im ISA Institut für soziale Arbeit e.V. in Münster; Lehrbeauftragter am Institut für Erziehungswissenschaft (Abteilung Sozialpädagogik) der Universität Tübingen. Arbeitsschwerpunkte: Kooperation von Jugendhilfe und Schule, Jugendhilfeplanung und -berichterstattung, Qualitätsmanagement

Schnabel, Beate, Dipl. Soziologin, Dipl. Sozialpädagogin, Gruppenanalytikerin, gruppenanalytische Supervisorin, Gründerin des Frankfurter Instituts für Interkulturelle Forschung und Beratung e.V., Mitarbeit im Frankfurter Zentrum für Ess-Störungen e.V. und bei JuFa e.V. Interessenschwerpunkt: Adoleszenzforschung und Migration

Spieckermann, Holger, M.A., Studium der Soziologie und Germanistik in Hannover, 1995 bis 2000 Tätigkeit in verschiedenen Forschungs- und Beratungseinrichtungen im Bereich Stadt- und Regionalentwicklung in Hannover, 2000 bis 2005 wissenschaftlicher Mitarbeiter Fachhochschule Köln, seit 2005 Geschäftsführung Institut für Management und Organisation e.V. in Köln

Streblow, Claudia, Dr. phil., Diplom-Sozialpädagogin(FH), Evaluationsbeauftragte der Deutschen Kinder- und Jugendstiftung. Arbeitschwerpunkte: Evaluation, Qualitätsentwicklung, qualitative Forschungsmethoden, Kooperation Jugendhilfe - Schule, Rekonstruktive Sozialpädagogik

Thimm, Karlheinz, Dr., Lehrer und Erziehungswissenschaftler, Professor für Soziale Arbeit in Bildung, Schule, Beruf an der Evangelischen Fachhochschule Berlin, davor Leiter der Landeskooperationsstelle Schule – Jugendhilfe Brandenburg, Themen: Schulverweigerung, Jugendhilfe und Schule

Wentzel, Wenka, Diplom-Soziologin, beschäftigt bei der bundesweiten Koordinierungsstelle des Girls'Day- Mädchen-Zukunftstag, angesiedelt beim Kompetenzzentrum Technik - Diversity- Chancengleichheit, verantwortlich für die Evaluation des Girls'Day.